CIA
Central Intelligence Agency

Victor Marchetti
John D. Marks

CIA

Mit einer Einführung
von Melvin L. Wulf

Deutsche Verlags-Anstalt

Titel der amerikanischen Originalausgabe
The CIA and the Cult of Intelligence
A. Knopf, Inc., New York

Ins Deutsche übertragen von
Dr. Hans-Heinz Werner und Friedrich A. Kloth

ISBN 3 421 01702 6

Umschlaggestaltung: Dieter Zembsch
Gesamtherstellung:
Deutsche Verlags-Anstalt GmbH, Stuttgart
Printed in Germany

Und ihr werdet die Wahrheit erkennen
und die Wahrheit wird euch freimachen.

Johannes 8,32

(Inschrift an der Marmorwand
in der Haupthalle des CIA-Hauptquartiers
in Langley, Virginia).

Inhalt

Vorbemerkung des Verlegers

Durch Anordnung des Bundesgerichts wurden die Autoren verpflichtet, das Manuskript dieses Buches der CIA zur Rezension vor der Veröffentlichung vorzulegen. Nach den Bestimmungen des Gerichtsbeschlusses ordnete die CIA die Streichung von 339 Stellen von verschiedener Länge an. Auf die Forderungen, die der juristische Vertreter der Autoren an die CIA stellte – und den Beginn des Prozesses hin, den der Verlag und die Autoren gegen die CIA anstrengten und in dem sie die damit verbundene Zensur anfochten – wurden 171 Streichungen wieder eingesetzt. Weitere 140 Stellen zusätzlich von Teilen von zwei weiteren wurden durch einen Bundesrichter für die Veröffentlichung freigegeben, stehen aber wegen wiederholter Einsprüche nicht für die Wiedergabe zur Verfügung. Einen vollen Bericht über diese Ereignisse liefert die Einführung durch Melvin L. Wulf, Juristischer Direktor der American Civil Liberties Union, die auf Seite 21 beginnt.

Wie das Manuskript von »CIA« gegenwärtig vorliegt, demonstriert es mit bemerkenswerter Klarheit das tatsächliche Arbeiten des »Klassifizierungssystems« der CIA. In dieser Ausgabe sind die Stellen, die die CIA ursprünglich streichen ließ – und später zögernd zur Wiedereinsetzung freigab – **halbfett** gedruckt. Feste Streichungen, einschließlich der 140 weiteren Stellen, die freigegeben wurden, aber prozessual noch gebunden sind, werden als leere, von Typosignalen (▶ ◀) eingeschlossene Stellen angezeigt. Der freie Platz entspricht der tatsächlichen Länge der Streichungen.

Vorwort der Verfasser

I.

Meine Einführung in das Nachrichtengeschäft erfolgte während der frühen Jahre des Kalten Kriegs, während ich bei der US-Armee in Deutschland Dienst tat. Dort wurde ich 1952 in die »Spezialschule« des Europäischen Kommandos in Oberammergau geschickt, um Russisch und die Grundelemente der Nachrichtenmethoden und -techniken zu studieren. Nachher wurde ich zum Dienst an der DDR-Grenze eingeteilt. Die Informationen, die wir dort hinsichtlich der Pläne und Tätigkeiten des Gegners sammelten, waren nur von geringer Bedeutung, aber der Dienst als solcher war gut, ja manchmal sogar aufregend. Wir glaubten, daß wir die Welt für die Demokratie freihielten und daß wir in der vordersten Linie der Verteidigung gegen die Ausbreitung des Kommunismus standen.
Nachdem ich den Militärdienst verlassen hatte, kehrte ich an die Pennsylvania State University zurück, wo ich sowjetische Studien und Geschichte als Hauptfach belegte. Kurze Zeit vor meinem Examen wurde ich insgeheim von der CIA rekrutiert, in die ich offiziell im September 1955 eintrat. Der Kampf zwischen der Demokratie und dem Kommunismus erschien wichtiger als je, und die CIA stand in der vordersten Front dieses internationalen Ringens. Ich wollte meinen Teil dazu beitragen.
Von einem Jahr abgesehen, das ich zumeist in der Ausbildung in den »Heimlichen Diensten« verbrachte, war der größte Teil meiner Laufbahn bei der CIA der analytischen Arbeit gewidmet. Als Spezialist für das sowjetische Militärwesen leistete ich Forschungs-

und dann laufende Nachrichtendienstarbeit und machte schließlich nationale Beurteilungen – zur damaligen Zeit die höchste Form der Nachrichtenproduktion. Ich war zu einem Zeitpunkt der führende Experte der CIA – und wahrscheinlich auch der US-Regierung – für die sowjetische Militärhilfe an die Länder der Dritten Welt. Ich war an der Aufdeckung der geheimen Tätigkeit Moskaus beteiligt, die in der kubanischen Raketenkrise gipfelten, und schließlich auch bei der Lösung des Rätsels des sowjetischen »ABM-Problems«.
Von 1966 bis 1969 diente ich als Stabsoffizier im Büro des Direktors der CIA, wo ich Positionen wie Spezieller Assistent des Chefs der Planung, Programmierung und des Haushalts, Spezieller Assistent des Leitenden Direktors und Leitender Assistent des Stellvertretenden Direktors, einnahm. Während dieser Jahre begriff ich allmählich, wie diese so sehr in Abteilungen aufgespaltene Organisation als Gesamtheit arbeitete und was ihre Gesamtrolle in der US-Nachrichtengemeinde wirklich war. Der Ausblick aus dem Büro des Direktors war denkbar aufschlußreich und entmutigend zugleich. Die CIA fungierte nicht, wie man der Öffentlichkeit und dem Kongreß bekanntgab, als zentrales Clearinghaus und als Produzent nationaler Nachrichten für die Regierung. Ihr Grundauftrag bestand in verborgenen Operationen, besonders verdeckten Aktionen – der Einmischung in die inneren Angelegenheiten anderer Nationen. Der Direktor der CIA war auch nicht eine dominierende – oder sehr interessierte – Figur in der Leitung und dem Management der Nachrichtengemeinde, an deren Spitze er angeblich stand. Viel eher galt seine Hauptsorge, wie die seiner meisten Vorgänger und des gegenwärtigen Direktors der Agentur, der Überwachung der heimlichen Tätigkeiten der CIA.
Enttäuscht und mit vielen der Politiken und Praktiken der Agentur – und übrigens auch mit denen der Nachrichtengemeinde und der US-Regierung – nicht einverstanden, nahm ich 1969 meinen Abschied von der CIA. Da ich aber so viele Jahre mit der Doktrin der »nationalen Sicherheit« geimpft worden war, konnte ich zuerst nicht in der Öffentlichkeit sprechen. Und ich war auch, das muß ich gestehen, immer noch von der Mystik der Agentur und des Nachrichtengeschäfts im allgemeinen durchtränkt; ich bewahrte sogar noch eine gewisse Zuneigung zu beiden. Ich versuchte daher, meine Gedanken – oder vielleicht genauer gesagt, meine Gefühle –

in romanhafter Form auszudrücken. Ich schrieb einen Roman *The Rope Dancer* (Der Seiltänzer), in dem ich dem Leser schilderte, wie das Leben in einem Geheimdienst wie der CIA wirklich war und worin der Unterschied zwischen dem Mythos und der Realität in diesem allzu romantisierten Beruf bestand.

Die Veröffentlichung des Romans brachte zwei Dinge zuwege. Sie brachte mich in Kontakt mit vielen Menschen außerhalb der in Inzucht lebenden, isolierten Welt des Nachrichtendienstes, die über die dauernd wachsende Größe und Rolle des Nachrichtenwesens in unserer Regierung besorgt waren. Und das wiederum überzeugte mich, auf eine offene Kritik und, wie ich hoffte, auf eine Reform im Nachrichtensystem der USA hinarbeiten zu müssen. In der Erkenntnis, daß die CIA und die Nachrichtengemeinde unfähig sind, sich selbst zu reformieren und daß Präsidenten, die das System für ihren Privatbesitz ansehen, nicht die Absicht haben, es grundsätzlich zu ändern, hoffte ich, Unterstützung für ein umfassendes Studium des Nachrichtendienstes im Kongreß zu gewinnen. Ich mußte jedoch bald erfahren, daß die Kongreßmitglieder, die die Macht besaßen, Reformen durchzusetzen, keinerlei Interesse daran hatten. Den andern fehlten entweder die Mittel, um bezeichnende Änderungen zu bewirken oder sie waren einfach zu apathisch. Daher beschloß ich ein Buch, dieses Buch, zu schreiben, in dem ich meine Ansichten über die CIA ausdrückte und die Gründe erklärte, warum ich glaube, daß die Zeit gekommen ist, die US-Nachrichtengemeinde zu überprüfen und zu reformieren.

Die CIA und die Regierung haben hart und lange – und nicht immer moralisch – zuerst darum gekämpft, die Niederschrift dieses Buches und dann seine Veröffentlichung zu verhindern. Durch technische Spitzfindigkeiten und dadurch, daß sie das Gespenst der Verletzung der »nationalen Sicherheit« heraufbeschworen, gelang es ihnen, eine Beschneidung meiner verfassungsmäßigen Rechte auf freie Rede in einer noch nie dagewesenen Art zu erreichen. Sie haben sich eine ungerechtfertigte und unerhörte *permanente* gerichtliche Verfügung gegen mich gesichert, die bestimmt, daß alles, was ich *in Tatsachenberichten, Romanen oder anders* über das Thema des Nachrichtenwesens schreibe oder sage, zuerst durch die CIA zensiert werden muß. Unter dem Risiko der Mißachtung des Gerichts kann ich nur auf eigene Gefahr sprechen und muß der

CIA 30 Tage gewähren, meine Schriften zu lesen und zu zensieren, ehe ich sie einem Verleger zur Prüfung vorlege.
Man hat gesagt, daß zu den Gefahren, mit denen sich eine demokratische Regierung im Kampf gegen totalitäre Systeme wie den Faschismus und den Kommunismus konfrontiert sieht, auch die gehört, daß die demokratische Regierung das Risiko auf sich nimmt, die Methoden ihrer Gegner nachzuahmen und daß sie dadurch gerade die Demokratie zerstört, die sie zu verteidigen sucht. Ich muß mich fragen, ob meine Regierung mehr darauf bedacht ist, unser demokratisches System zu verteidigen oder darauf, die Methoden der totalitären Regimes nachzuahmen, um ihre bereits unmäßige Macht über das amerikanische Volk aufrechtzuerhalten.

Victor Marchetti

Oakton, Virginia
Februar 1974

II.

Anders als Victor Marchetti trat ich nicht in Regierungsdienste, um Nachrichtenarbeit zu leisten. Als ich 1966 frisch aus dem College kam, trat ich statt dessen in den Auswärtigen Dienst. Meine erste Stelle hätte London sein sollen, da aber das Rekrutierungsbüro auf meine Dienste drängte, riet mir das Außenministerium, der beste Weg, keine Uniform anziehen zu müssen, sei der, als Zivilberater in dem sogenannten Befriedungsprogramm nach Vietnam zu gehen. Ich stimmte zögernd zu, verbrachte die nächsten achtzehn Monate dort und kehrte gerade nach der Tet-Offensive im Februar 1968 nach Washington zurück. Aus persönlicher Anschauung wußte ich, daß die amerikanische Politik in Vietnam unwirksam war, ich war aber einer derjenigen gewesen, die geglaubt hatten, daß die Vereinigten Staaten »gewinnen« könnten, wenn man nur die richtige Taktik anwenden würde. Als ich wieder in der Heimat war, kam ich bald zu der Einsicht, daß die amerikanische Politik in Indochina nicht nur unwirksam, sondern völlig falsch war.

Das Außenministerium hatte mich dem Büro für Nachrichtenwesen und Forschung zugeteilt, und mich zuerst als Analytiker der französischen und belgischen Angelegenheiten und dann als Stabsassistenten des Nachrichtendirektors im Außenministerium eingesetzt. Da dieses Büro die Verbindung des Außenministeriums zur Nachrichtengemeinde zur Aufgabe hat, wurde ich zum ersten Mal in das weltweite Netz der amerikanischen Spionage eingeführt, nicht so sehr als Teilnehmer, sondern als Stöberer in streng geheimen Papieren und als Notizenschreiber bei Tagungen auf höchster Nachrichtenebene. Hier traf ich auf die gleiche Vergeudung und Unwirksamkeit, die ich schon in Vietnam kennengelernt hatte, und, was noch schlimmer war, die gleiche Denklogik, die unser Land zuerst nach Vietnam geführt hatte. In den hohen Räten der Nachrichtengemeinde gab es kein Gefühl dafür, daß die Einmischung in die Angelegenheiten anderer Länder nicht das inhärente Recht der Vereinigten Staaten sei. »Sei kein Idealist, du mußt in der ›realen‹ Welt leben«, sagten die Professionals. Ich fand es immer schwieriger, dem zuzustimmen.

Für mich war die amerikanische Invasion in Kambodscha im April 1970 der »letzte Strohhalm, der dem Kamel das Rückgrat brach«. Ich fühlte mich persönlich betroffen, weil ich nur zwei Monate vorher bei einer Zuteilung zu einer Studiengruppe des Weißen Hauses dazu geholfen hatte, einen relativ pessimistischen Bericht über die Situation in Vietnam zu schreiben. Jetzt schien es, daß unsere ehrlichen Schlußfolgerungen über die prekäre Stellung der Regierung Thieu auf eine kleine Weise benützt worden war, um die Expansion des Krieges in ein neues Land zu rechtfertigen.

Ich wünsche jetzt, ich hätte dem Außenministerium an dem Tag den Rücken gekehrt, an dem die Soldaten nach Kambodscha gingen. Innerhalb weniger Monate fand ich jedoch eine neue Stellung als leitender Assistent bei Senator Clifford Case von New Jersey. Da ich die Gegnerschaft des Senators gegen den Krieg kannte, sah ich in meiner neuen Arbeit eine Chance, einen Versuch zu machen, das zu ändern, was, wie ich wußte, in der Art falsch war, wie die USA ihre Außenpolitik betreibt.

Während meiner drei Jahre bei Senator Case, als wir uns darauf konzentrierten, den Krieg durch Gesetzgebung zu beenden, die Nachrichtengemeinde einzuschränken und den Mißbrauch von Exekutivabkommen durch den Präsidenten zu zügeln, lernte ich Victor Marchetti kennen.

Bei unseren beiderseitigen Erfahrungen und Interessen im Nachrichtenwesen sprachen wir häufig darüber, wie die Lage verbessert werden könnte. Im Herbst 1972 hatte er, offensichtlich beunruhigt über die juristischen Aktionen der Regierung gegen das Buch, das er schreiben wollte, aber noch nicht geschrieben hatte, das Gefühl, daß er bei seiner Arbeit einen Helfer brauche. Am besten wäre natürlich ein Mitautor mit dem nötigen Sachverstand, um einen wesentlichen Beitrag leisten zu können, genauso wie beim tatsächlichen Schreiben zu helfen. Dieses Buch ist das Ergebnis unserer gemeinsamen Bemühungen. Ich machte mich in der Hoffnung an die Arbeit, daß das, was wir zu sagen haben, eine gewisse Wirkung auf die Öffentlichkeit haben wird und den Kongreß dahingehend beeinflußt, eine bedeutsame Kontrolle über den amerikanischen Nachrichtendienst einzusetzen und die Art von Interventionen im Ausland zu beenden, die nicht nur konterproduktiv, sondern auch mit den Idealen unvereinbar sind, nach denen unser Land sich selbst regieren soll. Ob diese Hoffnung irrig war, bleibt abzuwarten.

John D. Marks

Washington, D. C.
Februar 1974

Dank und Anerkennung

Die Arbeit an »CIA« begann Anfang 1972 und war von Anfang an mit Problemen belastet, die zum großen Teil von einer erzürnten CIA und einer irregeleiteten US-Regierung verursacht wurden. Durch die ganze Prüfung war uns unser Freund und Agent David Obst eine dauernde Quelle der Ermutigung und Hilfe. Gleichzeitig gewährten uns die guten Menschen von der American Civil Liberties Union – Aryeh Neier, Sandy Rosen, John Shattuck, Mimi Schneider und andere, besonders aber Mel Wulf – mehr als freien Rat und eine wirksame juristische Verteidigung unserer verfassungsmäßigen Rechte. Sie waren alle Freunde der besten Art. Besonderen Dank schulden wir unserem Lektor Dan Okrent und Tony Schulte von Knopf, die nie den Glauben verloren und uns immer Inspirationen gaben. Dem Präsidenten von Random House, Robert Bernstein, der den Mut hatte, angesichts einer furchterregenden Übermacht weiterzumachen, sind wir zutiefst verpflichtet. Zuletzt sagen wir Tim Boyd vom Fonds für forschenden Journalismus und all den anderen, die auf verschiedene Art halfen, unter den gegebenen Umständen aber anonym bleiben müssen, ein herzliches »Dankeschön«.

V. M. und J. D. M.

Einleitung von Melvin L.Wulf

Juristischer Direktor der American Civil Liberties Union (Amerikanische Union für bürgerliche Freiheiten)

Am 19. April 1972 wurde Victor Marchetti zum ersten amerikanischen Schriftsteller, dem je ein offizieller Zensurbefehl eines Gerichts der Vereinigten Staaten zugestellt wurde. Der Befehl verbot ihm, »in irgendeiner Form (1) irgendeine Information bezüglich nachrichtendienstlicher Tätigkeiten, (2) jegliche Information bezüglich Nachrichtenquellen und Methoden und (3) jegliche Nachrichteninformation zu enthüllen«.

Um sich diesen Gerichtsbeschluß zu sichern, waren Anwälte der Regierung am Morgen des 18. April in der Kammer von Richter Albert V. Bryan vom US-Distriktgericht für den östlichen Distrikt von Virginia in Alexandria erschienen, ohne Marchetti verständigt zu haben. Die Papiere der Regierung führten an, daß Marchetti von 1955 bis 1969 bei der CIA gearbeitet und daß er mehrere »Geheimnisabkommen« unterzeichnet habe, in denen er sich einverstanden erklärt hatte, keine Geheimnisse zu enthüllen, von denen er während seiner Anstellung Kenntnis erhalten hatte, daß er nach seinem Ausscheiden aus der CIA verbotene Information enthüllt habe, daß er plane, ein Sachbuch über die Agentur zu schreiben und daß die Veröffentlichung dieses Buches den Interessen der Vereinigten Staaten schweren und nicht wieder gutzumachenden Schaden zufügen würde.

Unter den Papieren, die dem Richter vorgelegt wurden, befand sich eine eidesstattliche Erklärung (als »Geheim« klassifiziert) von Thomas Karamessines, dem Stellvertretenden Direktor der Central

Intelligence Agency (Zentrale Nachrichtenagentur oder Behörde), dem Chef des CIA-Zweigs für verdeckte Operationen. Die eidesstattliche Erklärung besagte, ein Magazinartikel und eine Skizze des geplanten Buchs, beide von Marchetti verfaßt, seien der CIA übergeben worden; sie enthielten Informationen über die geheimen Tätigkeiten der CIA. Die Erklärung führte mehrere Punkte an und beschrieb, wie ihre Enthüllung nach Meinung der CIA für die Vereinigten Staaten schädlich sein würde. Auf Grund dieser und anderer eidesstattlicher Erklärungen, darunter einer von CIA-Direktor Richard Helms, unterzeichnete Richter Bryan einen vorläufigen Beschränkungsbeschluß, der es Marchetti untersagte, Informationen über die CIA zu enthüllen und der von ihm forderte, jedes »Manuskript, jeden Artikel oder andere schriftliche Werke, ob nun sachlicher oder anderer Art«, der CIA vorzulegen, »ehe er es an irgendeine Person oder Korporation weitergebe«. Diesen Beschluß stellten US-Marshals Marchetti zu; der nächste Monat verstrich in einem hektischen und erfolglosen Hin und Her, den Beschluß außer Kraft setzen zu lassen.
Marchetti bat die ACLU an dem Tag nach Erhalt des Beschlusses um Hilfe; am nächsten Tag war er in New York, um mit seinen Anwälten zu sprechen und seine Verteidigung vorzubereiten. Bei unserem ersten Erscheinen vor Gericht, am Freitag, dem 21. April, drängten wir Richter Bryan vergeblich, seinen Beschluß zurückzuziehen. Er weigerte sich auch, der Regierung zu befehlen, Marchettis Anwälte die »geheime« eidesstattliche Erklärung lesen zu lassen, weil keiner von uns Sicherheitsfreigabe besaß. Am folgenden Tag waren wir in Baltimore, um eine Berufung beim Appellationsgericht der Vereinigten Staaten zu arrangieren, mit dem Zweck, den zeitweiligen Beschränkungsbeschluß zu verwerfen. Das Gericht beschloß zwei Tage später, unsere Argumente anzuhören. Während der Sitzung in Baltimore gaben die Anwälte der Regierung bekannt, sie hätten sie Sicherheitsfreigabe auf mich übertragen lassen, so daß ich die geheime Erklärung lesen könne; ich könne jedoch keine Kopie bekommen. Sie sagten, sie würden auch für die anderen Anwälte der Verteidigung binnen der nächsten Tage die Freigabe erwirken. Man sagte uns aber, daß alle Zeugen, die wir zu der am Freitag stattfindenden Verhandlung vor Gericht bringen wollten, diese Sicherheitsfreigabe ebenfalls haben müßten, ehe wir

die geheime Erklärung mit ihnen diskutieren könnten. Das war schon eine höllische Art von Vorbereitung für eine Verhandlung; wir konnten nicht einmal mit vorgesehenen Zeugen sprechen, ehe sie nicht von der Regierung gebilligt waren.

Wir brachten die Berufung am Mittwoch vor dem Appellationsgericht vor, aber das war ebenfalls erfolglos: der zeitweilige Beschränkungsbeschluß blieb in Kraft. Unsere einzige Befriedigung war ein Gerichtsbeschluß, der es sowohl der CIA wie dem Justizministerium untersagte, unsere Zeugen irgendwie zu beeinflussen zu versuchen.

Am Freitag erschienen wir vor Richter Bryan und baten zögernd um eine Vertagung von zwei Wochen, weil es uns unmöglich gewesen war, uns Zeugen zu sichern, die an diesem Tag aussagen konnten. Das Verlangen nach Sicherheitsfreigabe hatte es uns unmöglich gemacht, den Fall mit den Zeugen zu besprechen, die sich wenigstens vorläufig bereit erklärt hatten, für die Verteidigung auszusagen. Was aber noch viel deprimierender war, wir hatten Schwierigkeiten, Personen zu finden, die überhaupt zu einer Aussage bereit waren. Wir hatten einige Dutzend möglicher Zeugen angerufen, die zum großen Teil ehemalige Mitglieder der Regierungen Kennedy und Johnson gewesen waren und in dem Ruf standen, Liberale und, in einigen Fällen, sogar Bürgerrechtler zu sein. Ich warte immer noch, daß die Hälfte von ihnen meine Anrufe beantwortet, von der anderen Hälfte waren die meisten ganz einfach verängstigt, mit dem Fall identifiziert zu werden; einige, darunter einige wenige, die selbst in ihren veröffentlichten Memoiren klassifiziertes Material bekanntgemacht hatten, stimmten mit der Regierung überein, daß Marchettis Feder lahmgelegt werden sollte. Am Ende unserer Liste stand kurz, aber bemerkenswert: Professor Abram Chayes von der Juristischen Fakultät der Harvard-Universität und ehemaliger Juristischer Berater des Außenministeriums in der Regierung Kennedy; Professor Richard Falk-Milbank, Professor für Internationales Recht in Princeton, Morton Halperin, ehemaliger Staatssekretär für Verteidigung und Angehöriger des Nationalen Sicherheitsrats unter Kissinger und Professor Paul Blackstock, ein Nachrichtenexperte von der Universität in Nordcarolina.

Die nächsten zwei Wochen verstrichen in der vergeblichen Suche nach Zeugen und anderen Erfordernissen vor der Verhandlung, einschließlich der Untersuchung von Karamessines und des Sicherheitsdirektors der CIA, die die Hauptzeugen der Regierung sein sollten.

Die Verhandlung begann und endete am 15. Mai. Sie bestand im wesentlichen darin, daß Karamessines den Inhalt seiner geheimen eidesstattlichen Erklärung wiederholte. So interessant es wäre, den Tag in Einzelheiten zu beschreiben, ist mir das untersagt, denn die Öffentlichkeit war ausgeschlossen und die Aussage der Regierungszeugen als »Geheim« klassifiziert. Das Resultat ist jedoch öffentlich bekannt. Es war ein glatter Sieg für die CIA, und Richter Bryan erließ eine dauernde Anordnung gegen Marchetti.

Die Ergebnisse der Berufung waren nicht viel besser. Die Gültigkeit der Injunktion wurde weithin bestätigt. Die einzige Beschränkung durch das Appellationsgericht war die, daß nur *klassifizierte* Informationen durch die CIA aus dem Buch gestrichen werden durften. Der Prozeß endete schließlich im Dezember 1972, als sich das Oberste Gericht weigerte, den Fall anzuhören. Es war eine große Niederlage für Marchetti, seine Anwälte und den Ersten Zusatz zur Verfassung der Vereinigten Staaten.

Das amerikanische Recht hat immer anerkannt, daß Injunktionen gegen Veröffentlichungen – »Vorbeschränkungen«, im juristischen Jargon – die Wurzel und die Äste der demokratischen Gesellschaft bedrohen. Bis 1971, als die *New York Times* gehindert wurde, die Pentagon-Papiere abzudrucken, hatte die Bundesregierung nie versucht, einer Veröffentlichung eine Vorbeschränkung aufzuerlegen, und die verschiedenen Versuche einzelner Bundesstaaten wurden einheitlich vom Obersten Gericht verworfen. Wie wir aus dem Fall der Pentagon-Papiere lernten, hat sich die Nixon-Regierung nicht durch zweihundert Jahre Geschichte davon abhalten lassen, die erste Administration zu sein, die versucht hat, die Veröffentlichung einer Zeitung zu verhindern. Sie erreichte jedoch nicht ihr spezifisches Ziel, die Veröffentlichung einer Zeitung zu unterdrücken – eine Zeitung wurde jedoch fünfzehn Tage lang an der Veröffentlichung gehindert, die erste derartige Beschränkung in der Geschichte Amerikas.

Daß die *Times* die Veröffentlichung unmittelbar nach der Entscheidung des Obersten Gerichts wieder aufnahm, schien zu bedeuten, daß der Fall mit einem Sieg geendet hatte. Obwohl es jedoch ein Sieg war, war es kein entscheidender, denn nur die Richter Black und Douglas sagten, daß Injunktionen gegen Veröffentlichungen *auf jeden* Fall verfassungswidrig seien. Die anderen Mitglieder des Gerichts machten es völlig klar, daß sie sich Umstände vorstellen könnten, wo solche Injunktionen trotz der Zusage des Ersten Verfassungszusatzes, der eine freie Presse garantierte, durchgesetzt werden würden. Die Anwälte der Regierung Nixon konnten die Bedeutung genau so lesen wie die Juristen der ACLU und sie erkannten bald, daß der Fall der Pentagon-Papiere kein K.o.-Schlag war. Bloße zehn Monate, nachdem sie von der *New York Times* zurückgeschlagen worden waren, waren sie daher wieder vor Gericht und versuchten das gleiche wieder mit Victor Marchetti.

Zu dem Fall der Pentagon-Papiere sind neun Meinungen niedergeschrieben worden. Unter all diesen Meinungen ragt nur ein Maßstab heraus, nach dem die Mehrzahl der Richter gestattet hätte, daß eine Information vor der Veröffentlichung unterdrückt wird: Der Beweis durch die Regierung, daß die Enthüllung »sicherlich einen direkten sofortigen und nicht wieder gutzumachenden Schaden für den Staat oder sein Volk zur Folge haben würde«. Wir waren mit diesem Maßstab einverstanden, weil wir sicher waren, daß nichts, was Marchetti enthüllt hatte oder in Zukunft enthüllen mochte, diese Wirkung haben würde. Es wurde uns jedoch nicht gestattet, die Regierung durch die Aussage unserer vier Zeugen auf die Probe zu stellen, weil Richter Bryan mit der Regierung übereinstimmte, daß sich der Fall Marchetti von dem der Pentagon-Papiere unterscheide. »Wir inhibieren in diesem Fall nicht die Presse«, sagten die Anwälte der Regierung. »Wir setzen lediglich die Erfüllung eines Vertrags zwischen Marchetti und der CIA durch. Es ist kein Fall des Ersten Zusatzes zur Verfassung, es ist lediglich eine Vertragsaktion.« Der Vertrag, auf den sie sich bezogen, war natürlich Marchettis Verpflichtung zur Geheimhaltung.

Alle Angestellten der CIA müssen ein Abkommen unterschreiben, in dem sie versprechen, keine Informationen zu enthüllen, die sie während ihrer Anstellung erfuhren und die sich »auf Nachrichtenquellen oder Methoden« beziehen, ohne sich zuerst durch die

Agentur dazu autorisieren zu lassen. Die Standardformel des Abkommens schließt finstere Drohungen der Strafverfolgung und das Versprechen ein, die leiseste Verletzung mit den schrecklichsten Folgen zu ahnden. Die einzige Schwierigkeit bei diesen Drohungen besteht darin, daß sie bisher nicht durchführbar waren. Abgesehen von der Enthüllung von Informationen, die durch die Atomenergiekommission klassifiziert wurden, ist es kein Verbrechen, klassifizierte Informationen zu enthüllen, es sei denn, das geschieht unter Umständen, die das einbeziehen, was man gewöhnlich als Spionage für eine fremde Macht versteht. Die Regierung versuchte, bei der Verfolgung Daniel Ellsbergs die Spionagestatuten auf seine Bestrafung für die Enthüllung der Pentagon-Papiere auszudehnen, obwohl er nicht die Absicht hatte, den Vereinigten Staaten zu schaden, wie das durch das Gesetz festgelegt ist. Obwohl die Verfolgung unter den dramatischsten Umständen »vermasselt« wurde, einschließlich eines wiederholten Versuchs Präsident Nixons, den verhandlungsführenden Richter zu beeinflussen, ist es unwahrscheinlich, daß die Appellationsgerichte eine so expansive Ausweitung der Spionagegesetze aufrechterhalten hätten – vorausgesetzt, daß die Geschworenen überhaupt zu einem Schuldspruch gelangt wären.

Jedenfalls verfiel die CIA, die daran zweifelte, wieweit die Drohung der Strafverfolgung nach einem zweifelhaften Gesetz Marchetti abschrecken würde, die CIA öffentlich zu kritisieren und dabei unvermeidlich einige ihrer Praktiken bloßzustellen, auf die Vertragstheorie als ein Mittel, sein Buch zu unterdrücken, noch ehe es gedruckt wurde. Die Theorie fand bei den Bundesrichtern, die den Fall behandelten, Anklang und erwies sich als erfolgreicher, als die Regierung vermutlich je zu hoffen gewagt hatte – und sicherlich mehr, als wir erwarteten. Es macht aber den Ersten Verfassungszusatz billig, wenn man sagt, ein Abkommen, nach dem ein Regierungsangestellter keine Regierungstätigkeit enthüllen darf, sei das gleiche wie ein Abkommen, hundert Ballen Baumwolle zu liefern. Es würde nämlich das zwingende demokratische Prinzip ignorieren, daß die Öffentlichkeit ein Recht hat, gut über die Tätigkeit ihrer Regierung informiert zu werden.

Natürlich werden einige sagen: »Aber das sind doch Geheimnisse«, und tatsächlich hat man einiges von dem, was Sie in diesem Buch lesen werden, als »geheim« angesehen. Aber »Geheimnisse« sind schon früher enthüllt worden – die Pentagon-Papiere enthielten buchstäblich Tausende. Jeder hohe Regierungsbeamte, der seine Memoiren schreibt, nachdem er aus dem Amt ausscheidet, enthüllt »Geheimnisse«, die er während seines Dienstes in der Regierung erfahren hat, und die meisten dieser hohen Regierungsbeamten haben ebenfalls Geheimhaltungsabkommen unterschrieben. »Geheimnisse« sickern regelmäßig durch Regierungsbedienstete an die Presse durch – manchmal sogar, um der offiziellen Politik zu dienen, manchmal aber nur, um den Ehrgeiz eines einzigen Mannes zu befriedigen. Tatsächlich hat die Enthüllung von Geheimnissen – sogar von solchen der CIA – in unserem Land eine lange und ehrenwerte Geschichte, und diese Übung hat sich als wertvoll erwiesen, weil sie die Öffentlichkeit mit wichtigen Informationen versorgt, die sie haben muß, um ihre gewählten Beamten beurteilen zu können.

Des weiteren schadet die Enthüllung von »geheimen« Informationen nur selten, weil die Entscheidung innerhalb der Regierung, Informationen zu klassifizieren, von einer geradezu berüchtigten Frivolität ist. Fachleute haben geschätzt, daß etwa 99 Prozent der Millionen von Dokumenten, die gegenwärtig klassifiziert werden, überhaupt nicht so eingestuft werden sollten. Die Enthüllung von »geheimen« Informationen im allgemeinen ist jedoch nicht nur harmlos, sie wirkt als ein Tonikum, das die Gesundheit unserer Nation fördert. Beamte der Regierung erhoben ein Geschrei, die Veröffentlichung der Pentagon-Papiere gefährde unmittelbar die Sicherheit der Nation. Als sie schließlich in ihrem gesamten Umfang veröffentlicht wurden, erlitt lediglich der Ruf von Beamten in der Kennedy- und der Johnson-Regierung Schaden, denen nachgewiesen wurde, daß sie die Nation hinsichtlich des Kriegs in Vietnam getäuscht hatten.

Wenn Sie dieses Buch lesen, werden Sie feststellen, daß es, anders als jedes andere Buch, das früher in den Vereinigten Staaten erschienen ist, leere Stellen aufweist. Das ist die bemerkenswerte Auswirkung des Erfolgs der Regierung. Sie werden auch feststellen, daß das Buch zwei Autoren hat: Victor Marchetti und John Marks. Das ist eine weitere bemerkenswerte Auswirkung des Erfolgs der

Regierung. Nachdem Victor Marchetti in seiner Arbeit beschränkt, in seinen Versuchen, sich bei den Appellationsgerichten durchzusetzen, geschlagen, von der Presse praktisch ignoriert und von seinen ehemaligen Kollegen bei der CIA gemieden wurde, nachdem er nicht einmal in der Lage war, die Fortschritte seiner Arbeit mit seinem Lektor bei Knopf zu diskutieren (weil es ja der Zweck der Injunktion war, dem Verleger zu verbieten, das Manuskript zu sehen, ehe die CIA die Gelegenheit gehabt hatte, es zu zensieren), erhob sich die ernste Frage, ob er das Buch überhaupt würde schreiben können. Die Entmutigung war stark und seine Verbitterung schwer. Wenn er das Buch nicht geschrieben hätte, wäre der Erfolg der Regierung total gewesen, denn das war ja ihr wirkliches Ziel. Glücklicherweise fanden sich Marchetti und Marks, und da sie die Ansichten hinsichtlich der Übel der geheimen Tätigkeiten teilten, konnten sie gemeinsam tun, was, wie die Regierung hoffte, überhaupt nicht geschehen sollte.

Als das Manuskript Ende August 1973 fertiggestellt war, wurde es der CIA übergeben. Dreißig Tage später, nach der durch die Injunktion vorgesehenen Frist, erhielten wir einen Brief der CIA, der 339 Stellen in dem Buch bezeichnete, die gelöscht werden sollten. Einige der Streichungen betrafen nur einzelne Wörter, einige mehrere Zeilen, einige Teile von Organisationsskizzen und viele ganze Seiten. Insgesamt wurde angeordnet, 15 bis 20 Prozent des Manuskripts zu streichen. Ich werde den Septemberabend nicht so bald vergessen, an dem Marchetti, Marks und ich im Büro der ACLU mehrere Stunden saßen und buchstäblich die gestrichenen Teile des Manuskripts herausschnitten, so daß wir den Rest an Knopf abliefern konnten. Es war eine wahre Teufelarbeit, die wir an diesem Tag leisteten.

Im Oktober reichten wir, zusammen mit Knopf, die Klage ein und fochten die Zensur der CIA an. Als wir am 28. Februar vor Gericht kamen, hatte die Agentur die Zahl der Streichungen von 339 auf 168 reduziert. Man sollte die Zurücknahme der Hälfte der ursprünglichen Einwände jedoch nicht für eine Großzügigkeit der CIA halten. Ganz im Gegenteil war es das Ergebnis unserer wiederholten Forderungen über einen Zeitraum von vier Monaten weg und die Erkenntnis der Agentur, daß wir noch wegen des allerletzten zensierten Worts kämpfen würden. Die Autoren gaben

nicht auf und wiesen Aufforderungen zurück, Teile des Buchs umzuschreiben, um die CIA zufriedenzustellen.
Bei der Verhandlung standen drei Fragen zur Entscheidung an: Bestanden die zensierten Teile des Buchs aus klassifizierter Information? Hatten die Autoren diese Informationen während ihrer Anstellung bei der Regierung erfahren? Und war etwas davon in der »öffentlichen Domäne«?
Nach einer Verhandlung von zweieinhalb Tagen, die die Zeugenaussagen von fünf hohen CIA-Angestellten einschloß, fällte Richter Bryan sein Urteil am 29. März. Zu unserer leisen Überraschung war es ein großer Sieg für die Autoren und den Verleger. Bryan stellte fest, daß es der Agentur mit wenigen Ausnahmen nicht gelungen sei nachzuweisen, daß die gestrichenen Stellen klassifiziert seien.
Für die CIA war die Entscheidung wahrscheinlich eine noch größere Überraschung. Da sie gewohnt war, ihren Willen durchzusetzen, ist ihr wahrscheinlich der Gedanke überhaupt nicht gekommen, daß ein einfacher Richter der Vereinigten Staaten ihren Erklärungen über klassifizierte Informationen widersprechen würde, denn während des ganzen Falls war es die Theorie der Regierung gewesen, daß das Material klassifiziert sei, wenn hochstehende Beamte das behaupteten. Unsere Ansicht, die durch die fachkundige Aussage von Morton Halperin vorgetragen wurde, besagte, daß ein korrekter Beweis für die Klassifizierung nötig sei. Da Dokumente, die spezifische Informationen als klassifiziert bezeichneten, oder das Zeugnis von Angestellten, die spezifische Informationen tatsächlich klassifiziert hatten, fehlten, wies Richter Bryan bloße Behauptungen hochstehender CIA-Beamter, diese Informationen seien klassifiziert, rundweg ab.
Von den 168 umstrittenen Punkten stellte er nur 27 fest, die er als klassifiziert bezeichnen konnte. Andererseits stellte er fest, daß Marchetti und Marks nur sieben der 168 Informationen außerhalb ihrer Regierungstätigkeit erfahren hatten und daß keine im »öffentlichen Bereich« war.
Das Urteil ist offensichtlich bedeutsam. Es gestattet, daß praktisch das ganze Buch veröffentlicht wird, wenn auch nicht sofort, da Richter Bryan die Rechtskraft seines Urteils verschob, um der Regierung die Möglichkeit zu einer Berufung zu geben. Das Urteil

nahm der CIA den Heiligenschein und verwarf die magische Autorität, die die Beschwörungen der Regierung von »nationaler Sicherheit« immer begleitet hat. Hoffentlich werden die höheren Gerichte zustimmen.

Natürlich wird es hinsichtlich des Themas der Enthüllung von Geheiminformationen Meinungsverschiedenheiten geben. Jeder Leser dieses Buchs mag selbst entscheiden, ob die Freigabe der Informationen, die es enthält, dem öffentlichen Interesse dient oder die Sicherheit der Nation verletzt. Ich für meine Person habe keinerlei Zweifel. Der einzelne Bürger wie die ganze Nation sind weit besser dran, wenn das Buch veröffentlicht wird. Der einzige Schaden, der im Lauf des Kampfs um die Veröffentlichung dieses Buchs angerichtet wurde, ist der, den der Erste Zusatz zur Amerikanischen Verfassung erlitt.

Erster Teil

Der Kult des Nachrichtendienstes

Aber diese Geheimhaltung . . . ist in
diesem Land ein Gott geworden und die
Leute, die Geheimnisse haben, reisen
in einer Art Bruderschaft . . . und
sie werden zu keinem anderen sprechen

Senator William J. Fulbright
Vorsitzender des Senatsausschusses
für auswärtige Beziehungen

November 1971

In unserer Nation existiert heute ein mächtiger und gefährlicher Geheimkult – der Kult des Nachrichtenwesens.
Seine Heiligen sind die geheimen Professionals der Central Intelligence Agency. Seine Patrone und Beschützer sind die höchsten Beamten der Bundesregierung. Seine Mitgliedschaft erstreckt sich weit über Regierungskreise hinaus; sie reicht bis in die Machtzentren der Industrie, des Handels, der Finanzen und der Gewerkschaften. Seine Freunde sind viele Leute in dem Gebiet des bedeutsamen Einflusses auf die Öffentlichkeit: der akademischen Welt und der Nachrichtenmedien. Der Kult des Nachrichtenwesens ist eine Geheimbruderschaft der amerikanischen politischen Aristokratie.
Ziel und Zweck des Kultes ist es, die Außenpolitik der US-Regierung durch verborgene und gewöhnlich illegale Mittel zu fördern, während der gleichzeitig die Ausbreitung des offen bekannten Feindes, des Kommunismus, eindämmen will. Der Tradition nach ist es die Hoffnung des Kults, eine Weltordnung zu fördern, in der Amerika an höchster Stelle als der unbestrittene internationale Führer regieren würde. Heute ist dieser Traum jedoch durch die Zeit und häufige Fehlschläge befleckt worden. So sind die Ziele des Kults jetzt weniger grandios, aber nicht weniger beunruhigend. Er scheint im wesentlichen die von selbst übernommene Rolle Amerikas als des dominierenden Schiedsrichters des sozialen, wirtschaftlichen und politischen Wandels in den erwa-

chenden Regionen Asiens, Afrikas und Lateinamerikas fordern zu wollen. Und sein weltweiter Kampf gegen den Kommunismus ist bis zu einem gewissen Ausmaß auf einen verborgenen Kampf reduziert worden, zu einem Selbstzweck, Stabilität an der Dritten Welt aufrechtzuerhalten, wobei alle Geheimmethoden eingesetzt werden, die gerade zur Verfügung stehen. Denn die Forderung der »Stabilität durch den Kult des Nachrichtendienstes« kann in einem Land die passive Einwilligung in einen revolutionären Wandel bedeuten; in einem anderen die aktive Aufrechterhaltung des Status quo und in einem dritten wieder eine entschlossene Anstrengung, die populären Trends zur Unabhängigkeit und zur Demokratie umzudrehen. Der Kult versucht das, was er, wie er glaubt, erreichen und was die US-Regierung – im Fall eines Fehlschlags oder einer Bloßstellung – ableugnen kann.

Die CIA ist sowohl das Zentrum wie das primäre Instrument des Kults des Nachrichtenwesens. Sie bestätigt sich in Spionage und Gegenspionage, in Propaganda und Desinformation (der absichtlichen Verbreitung falscher Informationen), in der psychologischen Kriegführung und in paramilitärischen Tätigkeiten, sie dringt in private Institutionen ein und manipuliert sie und schafft, wenn nötig, ihre eigenen Organisationen, »Besitz« genannt. Sie rekrutiert Agenten und Söldner durch Bestechung und erpreßt ausländische Beamte, ihre höchst unerfreuliche Aufgaben durchzuführen. Sie tut, was nötig ist, um ihre Ziele zu erreichen, ohne an die Moral zu denken, die dabei auf dem Spiel steht und ohne Rücksicht auf die moralischen Folgen ihrer Aktionen. Als der geheime Aktionsarm der amerikanischen Außenpolitik sind die mächtigsten Waffen der CIA ihre verborgenen Interventionen in die inneren Angelegenheiten von Ländern, die die Regierung der USA kontrollieren oder beeinflussen will.

Durch Mythen romantisiert, sind die Operationen der CIA aber auch durch falsche Images umwölkt und durch offizielle Täuschungen abgeschirmt. Ihre Tätigkeiten sind hinter geheimen und antiquierten Legalismen versteckt, die die Öffentlichkeit und sogar den Kongreß daran hindern, zu erfahren, was die geheimnisvolle Agentur tut – oder warum. Das rechtfertigt der Kult des Nachrichtendienstes damit, daß es Zweck der CIA sei, die »nationale Sicherheit« zu wahren, daß ihre Aktionen als Reaktion auf die

Bedürfnisse der nationalen Verteidigung erfolgen. Niemand braucht in einem Zeitalter, in dem die Geheimhaltung die »definitionale Arbeitsweise« der Sicherheit ist, mehr darüber wissen.
Der Kult ist darauf bedacht, die auswärtigen Angelegenheiten der US-Regierung ohne das Wissen oder die Teilnahme des Volks zu führen. Er erkennt einer fragenden Legislative oder einer forschenden Presse keine Rolle zu. Seine Anhänger glauben, daß sie allein das Recht und die Verpflichtung haben zu entscheiden, was zur Befriedigung der nationalen Bedürfnisse nötig ist. Obwohl er veraltete internationale Politiken und unerreichbare Ziele verfolgt, fordert der Kult des Nachrichtendiensts, daß er nicht durch das Volk, dem er zu dienen vorgibt, für seine Aktionen verantwortlich gemacht wird. Seinem Denken nach ist es ein privilegierter und zugleich geheimer Auftrag; die, die zum Kult gehören, sind dazu ordiniert und ihr Dienst ist gegen eine Überprüfung durch die Öffentlichkeit immun.

Die »Geheimmentalität« ist eine Geisteshaltung, die durch Geheimhaltung und Täuschung gedeiht. Sie ermutigt eine professionale Amoralität – den Glauben, daß rechtschaffene Ziele durch die Anwendung von prinzipienlosen und normalerweise nicht hinnehmbaren Mitteln erreicht werden können. So müssen die Führer des Kults ihre offiziellen Aktionen hartnäckig vor den Blicken der Öffentlichkeit hüten; etwas anderes würde ihre Fähigkeit, unabhängig zu handeln, beschränken; sie würden es dem amerikanischen Volk ermöglichen, nicht nur die Nützlichkeit ihrer Politiken, sondern auch deren Ethik zu beurteilen. Unter Mitarbeit eines zustimmungsbereiten, schlecht informierten Kongresses und mit der Ermutigung und der Hilfe einer Reihe von Präsidenten hat der Kult eine Mauer von Gesetzen und Durchführungsanordnungen um die CIA und sich selbst aufgebaut; eine Mauer, die wirksam die Überprüfung durch die Öffentlichkeit abgeblockt hat.
Wenn es nötig ist, haben die Mitglieder des Nachrichtenkults einschließlich unserer Präsidenten (die sich der großen Unternehmungen der CIA immer bewußt sind, sie im allgemeinen billigen und sie oft sogar tatsächlich initiieren), gelogen, um die CIA zu schützen und ihre eigene Verantwortung für ihre Tätigkeiten zu verbergen. Die Regierung Eisenhower belog das amerikanische

Volk hinsichtlich der Beteiligung der CIA an dem guatemaltekischen Staatsstreich von 1954, der Unterstützung der erfolglosen Rebellion in Indochina von 1958 und Francis Gary Powers U-2-Mission vom Jahr 1960. Die Regierung Kennedy log hinsichtlich der Rolle der CIA bei der geheimen Invasion in Kuba von 1961 und gab ihr Engagement erst zu, als das Unternehmen einen verheerenden Fehlschlag erlitten hatte. Die Regierung Johnson log über das Ausmaß des amerikanischen Regierungsengagements und des der CIA in Vietnam und Laos, und die Regierung Nixon log öffentlich über den Versuch der Agentur, die chilenische Wahl von 1970 zu beeinflussen. Für die Anhänger des Nachrichtenkults sind Heuchelei und Täuschung Standardtechniken geworden, um zu verhindern, daß sich die Öffentlichkeit über die heimlichen Operationen der CIA und die Verantwortung der Regierung für diese klar wird. Und diese Männer, die fordern, daß man sie für Ehrenmänner und wahre Patrioten hält, werden, wenn sie in ihren eigenen Netzen der Täuschung gefangen werden, sogar behaupten, die Regierung hätte das inhärente Recht, ihr eigenes Volk zu belügen.

Die Rechtfertigung für das »Recht zu lügen« besteht darin, daß Geheimhaltung bei verdeckten Operationen nötig sei, um zu verhindern, daß der »Feind« auf die Politik und die Aktionen der USA aufmerksam wird – oder, wie es in der Sprache des Geheimgewerbes heißt, die »Opposition«. Wenn diese Opposition, so behauptet man, nichts von den Operationen der CIA weiß, dann könnte sie nicht reagieren und die Tätigkeiten der CIA hätten gute Chancen auf Erfolg. Trotzdem weiß die Opposition in vielen Fällen genau, daß verdeckte Operationen gegen sie gerichtet sind, und leitet, wenn möglich, Gegenmaßnahmen ein. Die Überfliegungen durch die U-2 und später durch die Foto-Satelliten waren und sind, den Sowjets und China genausogut bekannt wie die sowjetischen Himmelsspione über den Vereinigten Staaten der CIA; wenn man sich mit Unternehmungen dieser Größenordnung befaßt, gibt es keine Wege, sie vor der Opposition geheimzuhalten. Denn auch die Opposition bedient sich eines professionellen Nachrichtendiensts. Tatsächlich fing das sowjetische KGB (Komitet gosudarstvennoj bezopasnosti = Komitee für Staatssicherheit, A.d.Ü.) von 1952 bis 1964, auf dem Höhepunkt des Kalten Kriegs, elektronisch die geheimsten Meldungen ab, die durch den Koderaum der amerikanischen Botschaft in Moskau liefen. Dieser Einbruch in die Geheimhaltung richtete aber augenscheinlich wenig Schaden für die nationale Sicherheit der Vereinigten Staaten an, genausowenig wie die Sowjetregierung zusammenbrach, weil die CIA jahrelang die Privatgespräche der obersten Sowjetführer abfing, wenn sie über die Funktelefone in ihren Autos sprachen. Beide Parteien wußten mehr als genug, um Auswirkungen solcher Lecke auszuschalten. Tatsache ist, daß in diesem Land die Geheimhaltung genausosehr dazu dient, um den Kongreß und die Öffentlichkeit nicht erfahren zu lassen, was ihre Regierung tut, als diese Tätigkeiten vor der Opposition abzuschirmen. Das Nachrichtenestablishment arbeitet so, wie es das tut, um seine Aktionsfreiheit zu bewahren und eine Verantwortung zu vermeiden.

Ein großer Teil der Machtstellung der CIA hängt von ihrer sorgfältigen Mythologisierung und Glorifizierung der Leistungen des geheimen Berufs ab. Manchmal hat das sogar die Förderung einer perversen öffentlichen Bewunderung für die Geheimpraktiken der Nachrichtendienste der Opposition zur Folge, um die Öffentlichkeit einzuschüchtern und damit die Aktionen der CIA zu rechtfertigen. Was immer die Methode ist, der Verkauf des Nachrichtengeschäfts ist dazu bestimmt, ihn als eine Art geheimnisvollen und oft magischen Beruf zu sehen, der fähig ist, schrecklich schwierige, wenn nicht sogar wunderbare Taten zu vollbringen. Wie die meisten Mythen sind die Intrigen und Erfolge der CIA über die Jahre weg eher eingebildet als real gewesen. Was unglücklicherweise real ist, ist die Bereitschaft sowohl der Öffentlichkeit wie der Anhänger des Kults die Fiktion zu glauben, die das Nachrichtengeschäft tränkt.

Die ursprüngliche Mission der CIA war es, das Nachrichtensammlungsprogramm der verschiedenen Regierungsabteilungen und Behörden zu koordinieren und die nötigen Berichte und Studien zu liefern, die die nationale Führung zur Durchführung der US-Außenpolitik brachte. Das war Präsident Trumans Anschauung, als er den Kongreß ersuchte, durch die Annahme des National Security Act (des Nationalen Sicherheitsgesetzes) von 1947 den geheimen Nachrichtendienst einzurichten. Aber General William

»Wild Bill« Donovan, Allen Dulles und die anderen Veteranen des Office of Strategic Services (OSS – Büro für geheime Dienste) aus der Kriegszeit –, einer Korporation praktisch ohne Vorschriften, romantisch und wagemutig zugleich und nach den kühnsten Träumen des Geheimdienstmannes zurechtgeschneidert – dachten anders. Sie sahen die Agentur als das Geheiminstrument, durch das Washington außenpolitische Ziele erreichen konnte, die durch die Diplomatie nicht zu erlangen waren. Sie glaubten, daß der Herrschermantel der Weltführung von den Briten an die Amerikaner weitergereicht worden sei und daß ihr eigener Geheimdienst dort weitermachen müsse, wo die Briten aufgehört hatten. So suchten sie den Kongreß zu beeinflussen, ihnen die Macht zu geben, Geheimoperationen durchführen zu können.

Daß Truman versuchte, eine offene Nachriehtenorganisation zu schaffen, die das Gewicht auf das Sammeln und die Analyse von Informationen legte und weniger auf geheime Unternehmungen, war lobenswert. Daß er glaubte, er könne die Advokaten geheimer Unternehmungen kontrollieren, war, in der Rückschau, eine schwere Fehlrechnung. Der Kongreß ließ sich in einer Atmosphäre der Spannung des Kalten Kriegs von den Nachrichtenprofessionals überreden. Mit der Annahme des National Security Act von 1947 gestattete er der neuen Behörde besondere Ausnahmen von dem normalen Überprüfungsverfahren durch den Kongreß, und diese Ausnahmen wurden zwei Jahre später durch den Central Intelligence Act von 1949 noch erweitert. Eine der größten und weitreichendsten Folgen hatte der Artikel in dem Gesetz von 1947, der der CIA »gestattete, derartige andere Funktionen und Pflichten durchzuführen, die mit dem Nachrichtenwesen verwandt sind . . . wie sie der Nationale Sicherheitsrat von Zeit zu Zeit anordnen kann«. Aus diesen wenigen unschuldigen Worten konnte der CIA über die Jahre weg eine geheime Charta entwickeln, die auf den Direktiven des NSR und Durchführungsanweisungen des Präsidenten basierte, eine Charta, die fast völlig im Widerspruch zu der offensichtlichen Absicht des Gesetzes stand, das die Behörde einsetzte. Dieser vage Satz hat der CIA die Freiheit gegeben, sich in geheimen Unternehmungen zu engagieren, das Recht, sich insgeheim in die inneren Angelegenheiten fremder Nationen einzumischen. Das ist gewöhnlich mit der ausdrücklichen Billigung des Weißen Hauses gesche-

hen, aber fast immer ohne die Zustimmung des Kongresses und praktisch nie mit Wissen der amerikanischen Öffentlichkeit.
Nichts zu wissen hat bedeutet, daß die Öffentlichkeit nicht einmal erkannt hat, wie oft die CIA versagte. Auf dem Gebiet der klassischen Spionage waren die geheimen Dienste der CIA ganz besonders erfolglos in den Versuchen, ihre Hauptziele zu durchdringen und auszuspionieren. Der Penkowsky-Fall in den frühen 60er Jahren, der einzige Fall von Spionageunternehmen gegen die Sowjets, auf die die Agentur mit Stolz verweisen kann, war ein reiner Glücksfall, den der britische Geheimdienst für die CIA möglich gemacht hat. Die laut verkündete Operation mit dem Berlin-Tunnel Mitte der 50er Jahre war in Wirklichkeit ein riesiges Anzapfen von Telefonen – sie produzierte tatsächlich Tonnen von trivialem Material und Geschwätz, lieferte aber nur wenig an hochklassiger Nachrichteninformation, die durch die Nachrichtenanalytiker der Agentur verwendet werden konnte. Der wahre Wert des Unternehmens war die Verlegenheit die sie dem KGB verursachte, und die gute Publicity, die es der CIA einbrachte. Gegen China gab es keinerlei durch Agenten erzielte Erfolge.
Es war jedoch ein Glück für die Vereinigten Staaten, daß die technischen Fachleute der CIA in Zusammenarbeit mit ihren Kollegen im Pentagon und auf dem privaten Sektor im Verlauf der Jahre in der Lage waren, eine Vielzahl von elektronischen Methoden zu entwickeln, um viele nützliche Informationen aus der UdSSR und China zu sammeln. Aus diesen Sammlungssystemen, die durch Material ergänzt wurden, das aus diplomatischen Kanälen und offenen Quellen stammte (Zeitungen, Zeitschriften und so weiter) konnten die Analytiker in der CIA und anderswo in der Nachrichtengemeinde mit den Entwicklungen bei den kommunistischen Mächten Schritt halten.
Den Heimlichen Diensten der CIA ist es in der Gegenspionage besser ergangen als in der klassischen Spionage. Aber auch hier kamen die Gewinne zum großen Teil rein glücklich zustande. Die meisten Erfolge wurden nicht durch Spione erzielt, sondern durch die guten Dienste von Überläufern, die, gegen die Gewährung von Sicherheit, alle Informationen auslieferten, die sie besaßen. Selbst von diesen bescheidenen Leistungen muß man noch die Fehlinformationen abziehen, die durch »Dezeptionen« weitergegeben wur-

den – von Doppelagenten, die von der Gegenseite ausgesandt oder »aufgedeckt« wurden, damit sie überliefen und die CIA verwirrten. Auf ihrem Lieblingsgebiet des operationellen Unternehmens, der verdeckten Aktion, hat die Agentur die größten Erfolge erzielt, ihre Patzereien und Versager haben den Vereinigten Staaten aber auch viel Verlegenheit verursacht. Offensichtlich spielte die CIA bei der Freihaltung Westeuropas vom Kommunismus in den frühen Jahren des Kalten Kriegs eine Schlüsselrolle, obwohl sie bei den Versuchen, den Eisernen und den Bambus-Vorhang Ende der 40er und Anfang der 50er Jahre zurückzurollen, traurig irrte. Sie war auch – wenn auch fragwürdig – darin erfolgreich, die Ausbreitung des Kommunismus in anderen Gebieten der Welt aufzuhalten. Einige ihrer »Siege« setzen aber heute der Regierung der USA schwer zu. Man muß sich fragen, ob es nicht weiser gewesen wäre, wenn die CIA nicht in Guatemala, Kuba und Chile eingegriffen, wenn sie ihre Geheimrolle im Iran oder anderswo im Nahen Osten nicht gespielt, wenn sie sich nicht so stark in den Angelegenheiten Südostasiens – besonders in Indochina – engagiert hätte. Die CIA hat das aber getan und unsere Nation wird mit den Folgen dieser Aktionen leben müssen.

Wenn ihre geheimen Tätigkeiten kritisiert werden, verweist die Führung der CIA oft mit unaufrichtigem Stolz auf die Arbeit der Nachrichtenanalytiker. Aber auch hier ist der Rekord der Agentur fleckig geworden. Die vielen Irrtümer in der Einschätzung der strategischen militärischen Fähigkeiten und Absichten der Sowjets und der Chinesen waren für die Regierungsbeamten eine dauernde Quelle der Belastung. Oft hat sie jedoch die Gefahren und Folgen eines US-Engagements in der Dritten Welt, besonders in Südostasien und Lateinamerika, richtig eingeschätzt. Ironischerweise stützen sich die Geheimoperatoren, die die Agentur kontrollieren, nur sehr wenig auf die Nachrichtenanalytiker innerhalb ihrer eigenen Organisation, und die Stabsfunktionäre des Weißen Hauses tendieren dazu, gegenüber den Warnungen der Analytiker genauso sorglos zu bleiben. Da der geheime Nachrichtendienst der CIA zum großen Teil in dem ausführenden Zweig der Behörde eingeschlossen ist, gibt es für den Kongreß oder andere keine Gelegenheit, diese Warnungen dazu zu verwenden, um die Politik der Regierung und die Geheimtätigkeit der CIA in Frage zu stellen.

Gelegentlich traten bei geheimen Operationen spektakuläre Rückschläge in aller Öffentlichkeit ein – der Abschuß des U-2-Flugzeugs und die Invasion in der Schweinebucht zum Beispiel – und weitere Untersuchungen von Journalisten und Kongreßabgeordneten haben der Öffentlichkeit in diesen Fällen eine gewisse Vorstellung davon gegeben, was die CIA wirklich tut. In jüngster Zeit hat die Untersuchung des Watergate-Skandals einige der geheimen Tätigkeiten der CIA in den USA selbst aufgedeckt und einen erschreckenden Ausblick auf die Methoden gewährt, die die Behörde seit Jahren in Übersee angewandt hat. Die Hilfe, die den »Plumbers« (»Klempnern«) des Weißen Hauses durch die CIA geleistet wurde, und die Versuche, die Agentur in die Tarnung zu verwickeln, haben auf die Gefahren hingewiesen, die eine ungenügend kontrollierte geheime Nachrichtenorganisation für die amerikanische Demokratie darstellt. Da die Gelegenheiten für Geheimoperationen im Ausland dahinschwinden und vereitelt werden, sind die, deren Laufbahn auf verdeckten Aktionen basiert, in steigendem Maß versucht, ihre Talente gerade gegen die Bürger der Nation zu richten, zu deren Dienst sie sich bekennen. In der widrigen Atmosphäre des Kalten Kriegs aufgepäppelt, durch die Geheimhaltung beschirmt und durch einen Patriotismus angespornt, der jede andere Meinung als eine Bedrohung der nationalen Sicherheit ansieht, haben die Geheimoperatoren der CIA die Fähigkeit, die Hilfsmittel, die Erfahrung – und die Neigung – ihr Geschick in wachsendem Maß auf dem Gebiet des Inlands anzuwenden.

Es kann keinerlei Zweifel geben, daß das Sammeln von Nachrichten eine notwendige Funktion einer modernen Regierung ist. Es liefert einen bezeichnenden Beitrag zu der nationalen Sicherheit und ist für die Führung der Außenpolitik von entscheidender Bedeutung. Ohne ein wirksames Programm, Nachrichten zu sammeln und die Fähigkeiten und die möglichen Absichten anderer großer Mächte zu analysieren, hätten die USA weder zuversichtlich verhandeln noch die S.A.L.T.-Abkommen abschließen oder mit ihren internationalen Rivalen ein gewisses Maß von Entspannung erreichen können. Der erwiesene Nutzen des Nachrichtendiensts steht nicht in Zweifel. Es sind vielmehr die illegalen und unethischen geheimen Operationen, die unter der Tarnung des Nachrichtendiensts durchgeführt werden sowie die zweifelhaften Zwecke, in denen sie durch unsere Regierung eingesetzt werden, die fragwürdig sind – sowohl aus moralischen Gründen wie in Begriffen des praktischen Nutzens für unsere Nation.

Die naheliegende Frage ist einfach eine des Zwecks. Sollte die CIA auf die Art fungieren, in der sie ursprünglich beabsichtigt war – als koordinierende Behörde, die für die Sammlung, Auswertung und die Aufbereitung von Auslandsnachrichten für die Verwendung durch Regierungspolitiker verantwortlich ist – oder sollte man sie funktionieren lassen, wie sie es in all den Jahren getan hat – als operativer Arm, als ein Geheiminstrument der Präsidentschaft und einer Handvoll mächtiger Männer, die von einer öffentlichen Rechnungslegung völlig unabhängig sind und deren Hauptzweck die Einmischung in die inneren Angelegenheiten anderer Staaten (und vielleicht unseres eigenen) durch die Mittel der Durchdringung, durch Agenten, durch Propaganda, verdeckte paramilitärische Interventionen und eine ganze Kollektion anderer schmutziger Tricks ist?

Ziel dieses Buchs ist es, dem amerikanischen Volk die »Inside-Information« zu liefern, die es braucht – und zu der es ohne jeden Zweifel berechtigt ist –, um die Bedeutung dieser Frage und die Bedeutung der Beschäftigung mit ihr zu verstehen.

Die Geheimtheorie

Seit einiger Zeit bin ich über die Art beunruhigt,
wie sich die CIA von ihrem ursprünglichen Auftrag
abgewandt hat. Sie ist ein operationeller
und manchmal ein Politik-machender Arm
der Regierung geworden.

Präsident Harry S. Truman

Dezember 1963

▶

◀ Henry Kissinger traf diese Feststellung nicht in der Öffentlichkeit, sondern bei einer geheimen Besprechung am 27. Juni 1970 im Weißen Haus. Das Land, auf das er sich bezog, war **Chile.**

In seiner Eigenschaft als Assistent des Präsidenten für Nationale Sicherheitsangelegenheiten war Kissinger Vorsitzender einer Sitzung des sogenannten 40er-Ausschusses, einer interministeriellen Gruppe, die für die Beaufsichtigung der hochriskanten Geheimunternehmungen der CIA eingesetzt war. Die Mitglieder des 40er-Ausschusses sind der Direktor des Central Intelligence, der Staatssekretär des Äußeren für Politische Angelegenheiten, der Stellvertretende Verteidigungsminister und der Vorsitzende der Vereinigten Stabschefs (zur Zeit der Sitzung über Chile war Generalstaatsanwalt John Mitchell ebenfalls Mitglied). Diese kleine Gruppe von Bürokraten und Politikern ist es – in enger Konsultation mit dem Präsidenten und den Ministerien, die diese Männer vertreten –, die Amerikas Geheimpolizei leitet.

An diesem Samstag im Juni 1970 war das Hauptthema, das dem Ausschuß vorlag: ▶

◀ Die Wahlen in Chile waren für den kommenden September vorgesehen und Allende, ein erklär-

ter Marxist, war einer der Hauptkandidaten. Obwohl Allende sich für den Fall seiner Wahl verpflichtet hatte, das demokratische System in Chile aufrechtzuerhalten, hatte der US-Botschafter in Chile ▶

◀

Der größte Teil der amerikanischen Gesellschaften, die in Chile stark investiert hatten, fürchteten ebenfalls einen möglichen Triumph Allendes. Wenigstens zwei dieser Gesellschaften, die International Telephone and Telegraph Corporation (ITT) und Anaconda Copper, gaben erhebliche Summen aus, um seine Wahl zu verhindern.

Botschafter Korrys Vorgesetzter im Außenministerium in Washington ▶

◀

Richard Helms – der damalige Direktor der CIA – vertrat eine etwas geteilte ▶

* Der offizielle Name dieses Teils der CIA lautet Directorate of Operations (Direktorium für Operationen). (Bis Anfang 1973 Directorate of Plans – Direktorium für Planungen); innerhalb der Agentur bezeichnet man ihn jedoch passender als die »Heimlichen Dienste«. Einige Kongreßmitglieder und gewisse Journalisten nennen ihn die »Abteilung der schmutzigen Tricks«, eine Bezeichnung, die vom CIA-Personal niemals verwendet wird.

◀ Presse – vielleicht mit Hilfe vom sowjetischen KGB – oder durch amerikanische Reporter, und daß solche Enthüllungen lediglich Allende helfen würden.
Helm's Position bei der Sitzung des 40er-Ausschusses war durch Erinnerungen an die chilenische Präsidentschaftswahl von 1964 beeinflußt. Zu diesem Zeitpunkt war er Chef der Heimlichen Dienste und aktiv bei der Planung der geheimen Bemühungen der CIA beteiligt gewesen, Allende zu schlagen, der damals gegen Eduardo Frei* kandidierte. Frei hatte die Präsidentschaft errungen, aber jetzt, sechs Jahre später, war es ihm durch die Verfassung untersagt, sein eigener Nachfolger zu werden und Allendes Kandidatur erschien daher sicherer als je zuvor.
Die antiamerikanischen Gefühle waren in Chile seit 1964 gewachsen und ein Grund dafür war die weitverbreitete Verstimmung über die amerikanische Einmischung in die inneren Angelegenheiten Chiles. Die chilenische Linkspresse war voll von Beschuldigungen hinsichtlich der Beteiligung der CIA an den Wahlen von 1964 gewesen, und diese Berichte waren nicht ohne Auswirkung auf die Wählerschaft geblieben. Des weiteren hatte 1965 die Bloßstellung des schlechtberatenen Projekts Camelot des Pentagon dem Ruf der US-Regierung weiter geschadet. Ironischerweise war Chile keines der Hauptzielländer des Camelot-Projekts, einer mit vielen Millionen Dollar ausgestatteten sozialwissenschaftlichen Forschungsstudie möglicher gegenrevolutionärer Techniken in Lateinamerika. Die Existenz von Camelot war jedoch zuerst in Chile bekannt geworden und die Zeitungen – jeder politischen Färbung – verdammten die

* Neun Jahre später stellte Laurence Stern von der *Washington Post* schließlich die massiven heimlichen Bemühungen der CIA bei den chilenischen Wahlen von 1964 bloß. Er zitierte einen US-Nachrichtenbeamten in strategischer Position, der gesagt hatte, »die Intervention der US-Regierung in Chile war himmelschreiend und fast obszön«. Stern berichtete, daß das Außenministerium und die Agentur für internationale Entwicklung (AID) mit der CIA zusammenarbeiteten, um bis zu $ 20 Millionen ins Land fließen zu lassen und daß eine »Leitung« für diese Geldmittel eine nach außen hin private Organisation namens International Development Foundation (Internationale Entwicklungsstiftung) war.

Studie als »Intervention« und »Imperialismus«. Eine Zeitung sagte in einem für die allgemeine Reaktion typischen Stil, »das Projekt Camelot sei bestimmt, die in Chile vorherrschende militärische und politische Situation zu untersuchen und die Möglichkeit eines antidemokratischen Coups festzustellen«. Politiker von Präsident Freis Christlich-Demokratischer Partei wie von Allendes Linksallianz protestierten beide öffentlich. Das Endresultat war, daß Washington sich veranlaßt sah, zuerst die begrenzte Tätigkeit von Camelot in Chile und dann das ganze Projekt einzustellen. Obwohl die CIA nicht zu den Förderern von Camelot gehört hatte, steigerte das Projekt die Furcht der Chilenen vor geheimen amerikanischen Nachrichtentätigkeiten.

1968 hatte das Direktorium für nationale Beurteilungen der CIA selbst nach einem sorgfältigen Studium der soziopolitischen Probleme Lateinamerikas eine Nationale Nachrichtenbeurteilung dieser Region für die Planer und die Politikmacher der US-Regierung hergestellt. **Die zentrale Schlußfolgerung war gewesen, daß die Kräfte, die in den lateinamerikanischen Entwicklungsländern auf einen Wandel drängten, so mächtig waren, daß man sie nicht mehr manipulieren könne.** Die Beurteilung war durch das Nachrichtendirektorium der Vereinigten Staaten unterschrieben worden, zu dessen Mitgliedern die Chefs der verschiedenen Nachrichtenbehörden der Regierung gehören. Dann hatte man sie zum Weißen Haus und in die Ministerien geschickt, die im 40er-Ausschuß vertreten waren.

Die Beurteilung von 1968 war tatsächlich gegen eine Art von Intervention eingetreten, die der 40er-Ausschuß 1970 hinsichtlich Chiles in Erwägung zog. Wie es aber so oft innerhalb der Regierung der Fall ist, wurde die sorgfältigste Vorausanalyse, die auf allen zur Verfügung stehenden Informationen beruhte, entweder ignoriert oder ganz einfach verworfen, als die Zeit kam, in einer spezifischen Frage eine Entscheidung zu treffen. ▶

◀

Henry Kissinger, der mächtigste einzelne Mann bei der 40er-Ausschuß-Sitzung über Chile, ▶

◀

Während der nächsten zwei Monate, ehe Allende offiziell durch den chilenischen Kongreß als Präsident bestätigt wurde, ▶

◀

Einige Monate später erklärte Präsident Nixon bei einer Pressekonferenz im Weißen Haus unaufrichtig: »Was die Geschehnisse in Chile anlangt, können wir nur sagen, daß ein Eingreifen der Vereinigten Staaten in eine freie Wahl und ein Umdrehen dieser Wahl, wie ich glaube, in ganz Lateinamerika Rückwirkungen ausgelöst hätte, die weit schlimmer gewesen wären als das, was in Chile geschah.«

Im folgenden Jahr, im Herbst 1972, wurde CIA-Direktor Helms bei einer seiner seltenen öffentlichen Vorlesungen in der Johns Hopkins-Universität gefragt, ob sich die CIA in die chilenische Wahl von 1970 eingemischt habe. Seine Antwort lautete: »Was kümmern Sie sich darum? Ihre Partei hat doch gewonnen.«

Helms war verständlicherweise verstört. Der Leitartikler Jack Anderson hatte erst vor kurzer Zeit die »ITT-Geschichte« aufgedeckt, die unter anderem enthüllte, daß die CIA tatsächlich daran beteiligt gewesen war, den Sieg Allendes zu vereiteln – selbst als er die Volksabstimmung bereits gewonnen hatte. Zum großen Kummer der Agentur hatte Anderson nachgewiesen, daß William Broe, der Chef der Abteilung Westliche Hemisphäre der Heimlichen Dienste der CIA, im September und Oktober 1970 sich mehrmals mit leitenden Angestellten der ITT getroffen hatte, um Wege zu besprechen, wie man die Amtsübernahme Allendes verhindern könne. (Das Direktoriumsmitglied der ITT, das später vor einem Untersuchungsausschuß des Senats zugab, daß er bei der Zusammenführung von CIA und ITT-Angestellten die Schlüsselrolle gespielt hatte, war John McCone, Direktor der CIA während der Regierung Kennedy und 1970 CIA-Berater.) Broe hatte der ITT und einigen anderen amerikanischen Gesellschaften mit großen Investitionen in Chile einen Vier-Punkte-Plan wirtschaftlicher Sabotage vorgeschlagen, der darauf berechnet war, die chilenische Wirtschaft bis zu einem Punkt zu schwächen, daß die chilenischen Militärbehörden eingriffen, um die Regierung zu übernehmen und so den Aufstieg der Marxisten an die Macht zu verhindern. ITT und die anderen Gesellschaften behaupteten später, sie hätten den Plan der CIA für »nicht durchführbar« gefunden. Aber fast auf den Tag drei Jahre nach Allendes Wahl wurde er zu einem Zeitpunkt, als eine ernste Inflation, ein Lkw-Fahrer-Streik, Lebensmittelknappheit und internationale Kreditschwierigkeiten Chile zusetzten, in einem blutigen Staatsstreich, der durch eine kombinierte Aktion der chilenischen Streitkräfte und der nationalen Polizei durchgeführt wurde, gestürzt und getötet. Seine marxistische Regierung wurde durch eine Militärjunta ersetzt. Welche Rolle die CIA und amerikanische Firmen bei dem Staatsstreich gespielt

haben mögen, ist nicht öffentlich bekannt und wird das vielleicht auch nie werden. Die ITT und die anderen Riesengesellschaften mit Investitionen in Chile haben jegliche Beteiligung an der Revolte in Chile strikt abgestritten. Das tat die US-Regierung auch, obwohl CIA-Direktor William Colby in einer geheimen Aussage vor dem Kongreßausschuß für Auswärtige Angelegenheiten (enthüllt durch Tad Szulc in der *Washington Post* vom 21. Oktober 1973) eingestand, daß die Agentur einige Nachrichtentarnungen hinsichtlich der einzelnen Bewegungen machen ließ, daß sie alle »politischen« Hauptparteien in Chile »infiltriert« und daß sie einigen chilenischen Gruppen eine »gewisse Hilfe geleistet« habe. Colby, selbst der ehemalige Direktor des blutigen Phoenix-Gegenspionageprogramms in Vietnam, sagte den Kongreßabgeordneten auch, daß die Hinrichtungen durch die Junta nach dem Putsch »etwas genützt« hätten, weil sie die Chancen verringert hätten, daß in Chile ein Bürgerkrieg ausbrechen würde – ein ausgezeichnetes Beispiel für die Sophistik, mit der die CIA ihre Strategie, »die Stabilität« in den Ländern der Dritten Welt zu fördern, verteidigt.
Selbst wenn die CIA nicht bei dem endgültigen Putsch intervenierte, führte die US-Regierung als Gesamtheit eine Reihe von Aktionen durch, die dazu bestimmt waren, das Regime Allendes zu unterhöhlen. Henry Kissinger bestimmte den Ton der offiziellen Einstellung der USA bei einer Pressekonferenz im September 1970, als er sagte, daß Allendes marxistische Regierung Argentinien, Bolivien und Peru anstecken würde – eine Überdehnung der geopolitischen Phantasie, die an die südostasiatische Dominotheorie erinnert. Eine weitere Maßnahme des Weißen Hauses und ein Hinweis auf die Methoden, die es anzuwenden bereit war, war der Einbruch in die chilenische Botschaft im Mai 1972 durch einige der gleichen Männer, die im nächsten Monat den Einbruch in das Watergate inszenierten. Und die USA unterminierten zugegebenermaßen die Allende-Regierung indem sie den größten Teil der Wirtschaftshilfe strichen, private Kreditquellen entmutigten und Anleihen durch internationale Organisationen blockierten. Beamte des Außenministeriums, die nach dem Staatsstreich vor dem Kongreß aussagten, erklärten, es sei der Wunsch der Regierung Nixon gewesen, daß das Allende-Regime wirtschaftlich zusammenbreche und damit den Sozialismus in Mißkredit bringe.

Henry Kissinger hat die Spekulation bei Journalisten und Kongreßmitgliedern abgetan, die CIA habe bei dem wirtschaftlichen Zusammenbruch mitgeholfen und dann den Sturz Allendes gesteuert; privat sagte er jedoch, die Geheimagentur sei nicht kompetent genug, um ein so schwieriges Unternehmen wie den chilenischen Coup durchzuführen. Kissinger hatte bereits über vier Jahre lang die allergeheimsten Operationen der CIA beaufsichtigt, als er diese geringschätzige Bemerkung machte. Ob er über die Nichtbeteiligung der Agentur in Chile die Wahrheit sagte oder ob er sich ganz einfach ein Stückchen offiziellen Lügens (»plausibles Dementi« genannt) gestattete, hätte jedenfalls er zusammen mit dem Präsidenten die kritischen Entscheidungen hinsichtlich der Situation in Chile fällen müssen. Die CIA ist nämlich keine unabhängige Behörde im weitesten Sinn des Wortes, noch ist sie eine Regierungsbehörde außer jeder Kontrolle. Trotz gelegentlicher Träume von Größe auf seiten einiger ihrer Heimlichen Operatoren unternimmt es die CIA nicht von sich aus, unangenehme Regierungen zu stürzen oder zu bestimmen, welche Diktatoren sie unterstützen will. Genauso wie es das Außenministerium auf Ersuchen des Präsidenten unternehmen würde, internationale Hilfsorganisationen an der Hingabe von Darlehen an »unfreundliche« Regierungen zu hindern, handelt die CIA in erster Linie dann, wenn sie durch die Exekutive dazu aufgerufen wird. Die Methoden und die Mittel der Agentur sind Hilfsmethoden, die der Präsident zugleich mit seinem Amt erhält.

Das Zügeln der Heimlichen Operationen der Agentur ist also nicht die totale, ja nicht einmal die grundlegende Lösung für das CIA-Problem. Der Schlüssel, zu der Lösung ist die Kontrolle und die Forderung nach der Verantwortung der Männer im Weißen Haus und anderswo in der Regierung, die die CIA und ihre verdeckten Operationen dirigieren oder billigen und sich dann hinter ihr verstecken. Dieses Ausweichen ist mehr als alles andere das Problem, das durch die CIA gestellt wird.

Nachrichtendienst gegen verdeckte Aktion

Der primäre Zweck jeder nationalen Nachrichtenorganisation ist es, »fertige Nachrichten« für die Politikmacher der Regierung zu liefern. Solche Nachrichten sind, im Gegensatz zu den Rohinformationen, die durch Spionage und andere heimliche Mittel erworben werden, Daten, die aus allen Quellen gesammelt werden – geheim, offiziell und offen – und die von wirklichen Experten speziell für die Bedürfnisse der nationalen Führung sorgfältig zusammengetragen und analysiert wurden. Der Vorgang ist schwierig, beansprucht viel Zeit und ist keineswegs ohne Fehler. Aber es ist die einzige weise Alternative zu einem nackten Verlassen auf die unzuverlässigen Berichte von Spionen. Die meisten Nachrichtenagenturen sind jedoch nichts mehr als Geheimdienste, die mehr durch heimliche Operationen fasziniert sind – von denen die Spionage nur ein Aspekt ist –, als daß sie sich mit der Produktion »fertiger Nachrichten« befassen. Die CIA stellt unglücklicherweise keine Ausnahme von dieser Regel dar. Die Taktiken, die die Verwendung von gut plazierten Agenten erfordern, die Verwendung von Geld, das Mustern von Söldnerarmeen und andere heimliche Methoden, die dazu bestimmt sind, die Politik ausländischer Regierungen zu beeinflussen (oder ihre Lebensdauer zu bestimmen), sind die, die jetzt die CIA beherrschen. Dieser Aspekt des modernen Nachrichtengeschäfts – die Einmischung in die Angelegenheiten anderer Länder – ist in der Agentur als verdeckte oder geheime Aktion bekannt.

Die Vereinigten Staaten begannen mit verdeckten Aktionen großen Stils während des Zweiten Weltkriegs. Das Office of Strategic Services (OSS – Büro für geheime Dienste) nahm bei den weit erfahreneren britischen Geheimdiensten die ersten Unterrichtsstunden und lernte es, verdeckte Operationen als Geheimwaffe gegen Deutschland und Japan anzuwenden. Bei Kriegsende löste Präsident Truman das OSS mit der Begründung auf, daß Kriegstaktiken wie paramilitärische Operationen, psychologische Kriegführung und politische Manipulationen nicht mehr akzeptabel seien, wenn das Land im Frieden lebe. Gleichzeitig erkannte Truman jedoch die Notwendigkeit einer ständigen Organisation, die alle Nachrichten, die den verschiedenen Ministerien der Regierung zur Verfügung standen, koordinierte und analysierte. Er war der Ansicht, daß es, wenn innerhalb der Regierung der Vereinigten Staaten 1941 eine derartige Agentur bestanden hätte, für die Japaner »schwierig, wenn nicht unmöglich« gewesen wäre, Pearl Harbor erfolgreich anzugreifen.

Truman dachte daher an eine »Koordinierung von Informationen«, als er 1947 die Errichtung der CIA vorschlug. Allen Dulles, der die Opposition zu Trumans »begrenzter Ansicht von Nachrichtendiensten« anführte, erklärte in einem Memorandum, das für den Senatsausschuß für die Streitkräfte vorbereitet wurde, daß »Nachrichtenarbeit in Friedenszeiten andere Techniken und anderes Personal erforderlich machen und auch ziemlich verschiedene Ziele haben werden . . . Wir müssen uns mit dem Problem im Kampf liegender Ideologien befassen, da sich die Demokratie mit dem Kommunismus konfrontiert sieht – nicht nur in den Beziehungen zwischen Sowjetrußland und den Ländern des Westens, sondern auch in den innenpolitischen Konflikten mit den Ländern Europas, Asiens und Südamerikas«. Dulles, der sechs Jahre später Direktor der CIA wurde, war es, der zu dem schließlichen Gesetz die Klausel beisteuerte, die es der Agentur ermöglichte, »derartige andere, mit dem Nachrichtenwesen verwandte Funktionen und Dienste« auszuüben, »die das Nationale Sicherheitskomitee von Zeit zu Zeit anordnen mag«. Das sollte der Angelpunkt der Macht der CIA werden.

Obwohl Truman fünfzehn Jahre später behauptete, er habe nicht beabsichtigt, die CIA zum Arm der US-Regierung für verdeckte Operationen werden zu lassen, war er es, der 1948 die ersten Nachkriegsprogramme für verdeckte Operationen autorisierte, obwohl er zuerst die Verantwortung nicht der CIA zuwies. Statt dessen schuf er eine im wesentlichen separate Organisation, das Office of Policy Coordination (OPC – Büro für politische Koordination) und ernannte einen erfahrenen OSS-Mann, Frank G. Wisner, Jr., zu dessen Chef. Truman ging wegen der Vollmacht für das OPC nicht vor den Kongreß. Er schuf es mit einem Federstrich seiner Präsidentenfeder, indem er eine geheime Direktive des Nationalen Sicherheitsrats, NSC 10/2, erließ. (Die CIA versah das OPC mit Tarnung und Unterstützung, aber Wisner berichtete direkt an den Außen- und den Verteidigungsminister.) Zwei Jahre später, als General Walter Bedell Smith Direktor der CIA wurde, machte er sich daran, alle Hauptelemente des nationalen Nachrichtenwesens unter seiner Kontrolle zu konsolidieren. Als Teil dieser Bemühungen versuchte er, Wisners Operationen in die CIA zu holen. Truman stimmte schließlich zu und am 4. Januar 1951 wurde das OPC und das Büro für Spezielle Operationen (Office of Special Operations – OSP) (eine ähnliche halb-unabhängige Organisation, die 1947 zur Sammlung von verdeckten Nachrichten errichtet wurde) mit der CIA verschmolzen. Sie bildeten das Planungsdirektorium, oder wie es in der Agentur bekannt wurde, das Büro der Heimlichen Dienste. Allen Dulles wurde zum ersten Chef der Heimlichen Dienste ernannt, Frank Wisner wurde sein Stellvertreter.

Mit ihren neugebildeten Heimlichen Diensten und ihrem Einsatz im Korea-Krieg weitete sich die CIA rasch aus. **Von weniger als 5000 Angestellten 1950 wuchs sie auf etwa 15000 im Jahr 1955** – und rekrutierte noch viele weitere als Vertragsanstellte oder ausländische Agenten. Während dieser Jahre gab die Agentur weit über eine Milliarde Dollar aus, um nichtkommunistische Regierungen in Westeuropa zu stärken, um politische Parteien um die ganze Welt zu unterstützen, um Radio Freies Europa und Radio Liberty für Propagandasendungen nach Osteuropa zu gründen, um Guerillaüberfälle auf das chinesische Festland durchzuführen, um die Asia Foundation (Asien-Stiftung) zu schaffen, um Linksregierungen in Guatemala und im Iran zu stürzen und eine ganze Menge anderer verdeckter Aktionen und Programme durchzuführen.

Während die Agentur die meisten ihrer Programme für erfolgreich hielt, gab es mehr als nur wenige Fehlschläge. Zwei bemerkenswerte Beispiele dafür waren Versuche, in den späten 40er Jahren Guerillabewegungen in Albanien und in der Ukraine einzusetzen, und zwar in Übereinstimmung mit der damaligen nationalen Besessenheit, den »Eisernen Vorhang zurückzurollen«. Von den Agenten, den Mitteln und der Ausrüstung, die durch die Agentur in diese Länder eingeschleust wurden, hat man fast ausnahmslos niemals wieder etwas gesehen oder gehört.

Ein weiterer schwerer Fehlschlag ereignete sich Anfang der 50er Jahre, als die CIA versuchte, einen ausgedehnten Untergrundapparat zu Spionage- und letztlich zu revolutionären Zwecken in Polen aufzubauen. Die Operation wurde durch Millionen von Dollar in Gold, das der Agentur gehörte, unterstützt. Es wurde in Raten nach Polen geschickt. Agenten in Polen, die Funkgeräte und Geheimschrifttechniken benützten, hielten regelmäßigen Kontakt mit ihren CIA-Führungsoffizieren in Westdeutschland. Tatsächlich baten die Agenten, man solle für die Bewegung weitere Agenten und noch mehr Gold schicken. Gelegentlich schlüpfte sogar ein Agent aus Polen heraus und berichtete über die Fortschritte der Operation – und bat um weitere Agenten und weiteres Gold. Die Agentur brauchte Jahre, ehe sie erfuhr, daß der polnische Geheimdienst schon fast vom ersten Tage an das Funknetz mitbenutzt hatte und daß in Polen keine wirkliche CIA-Untergrundbewegung existierte. Der polnische Geheimdienst hielt die Operation nur in Gang, um antikommunistische Emigranten zurück in die Heimat – und ins Gefängnis – zu locken. Während der Affäre gelang es den Polen auch, die CIA um Millionen Dollar in Gold zu erleichtern.

Ein Grund – und vielleicht der wichtigste – daß die Agentur von allem Anfang an dazu tendierte, sich zum großen Teil auf verdeckte Operationen zu konzentrieren, war die Tatsache, daß die CIA auf dem Gebiet der traditionellen Spionage (der Sammlung von Nachrichten durch Spione) nicht in der Lage war, viel gegen den Hauptfeind, die Sowjetunion, auszurichten. Mit ihrer geschlossenen Gesellschaft erwies sich die UdSSR praktisch als undurchdringlich. Die wenigen amerikanischen Offiziere des Nachrichtendienstes, die in das Land gelangten, wurden in ihrer Bewegungsfähigkeit stark eingeschränkt und genau überwacht. Das alles durchdringende innere Sicherheitssystem der Sowjetunion machte die Rekrutierung von Agenten und die Durchführung von heimlichen Operationen beinahe unmöglich. Auf ähnliche Schwierigkeiten, wenn auch in geringerem Ausmaß, stieß die CIA im übrigen Osteuropa. Die Operatoren konnten etwas leichter Agenten rekrutieren, aber strenge Sicherheitsmaßnahmen und die wirksame Geheimpolizei schränkten Erfolge in starkem Maß ein.

Trotzdem gelangen gelegentliche Spionagecoups wie damals, als Mitarbeiter der CIA einen osteuropäischen kommunistischen Funktionär fanden, der ihnen eine Kopie der Entstalisierungsrede Chruschtschows von 1956 beschaffte, die die CIA dann in die *New York Times* zur Veröffentlichung lancierte. Von Zeit zu Zeit lief auch ein gut unterrichteter Geheimnisträger in den Westen über und brachte der Agentur wertvolle Informationen. Diese Überläufer kamen natürlich gewöhnlich freiwillig herüber und nicht etwa wegen ingeniöser Methoden, die die CIA angewandt hatte. Ein ehemaliger Direktor der Heimlichen Dienste der Agentur, Richard Bissell, gab Jahre später in einer geheimen Erörterung mit Mitgliedern des Rats für Auswärtige Beziehungen zu: »In der Praxis war die Spionage jedoch enttäuschend, die allgemeine Schlußfolgerung ist die, daß die Spionage gegen den Sowjetblock oder andere verfeinerte Gesellschaften nicht eine erste Quelle von Nachrichten ist, obwohl sie manchmal brillante Erfolge aufzuweisen hat.«*

Bissell und sein Boß, Allen Dulles, waren es gewesen, die Mitte der 50er Jahre erkannt hatten, daß neue Wege gefunden werden mußten, um Nachrichten aus der UdSSR und den anderen kommunistischen Ländern zu beschaffen, wenn Agenten die Aufgabe nicht lösen konnten. In steigendem Maße wandte sich die CIA wegen der Lösung der Aufgabe Maschinen zu. Ende des Jahrzehnts hatte die Agentur das U-2 Spionageflugzeug entwickelt. Diese in großen Höhen fliegende Maschine, die mit Kameras und elektronischen Abhörgeräten bestückt war, brachte eine Fülle von Informationen über sowjetische Verteidigungsstellungen und Waffen zurück. Noch wichtiger waren Kommunikationsnachrichten (COMINT), elektronische Transmissionen, die um einen Preis von Milliarden von Dollar durch die Nationale Sicherheitsbehörde (NSA – National Security Agency) des Verteidigungsministeriums eingerichtet wurden.

Bissell wie Dulles glaubten jedoch, daß die erfolgreiche Anwendung menschlicher Eigenschaften den Kern der Nachrichtenkunst bilde. So war es ihnen klar, daß die Mitarbeiter der Agentur – wenn die Geheimen Dienste im Zeitalter der modernen technischen Spionage überleben wollten – ihre verdeckten Operationen ausweiten müßten, besonders in die inneren Angelegenheiten von Ländern, wo die Agentur heimlich arbeiten konnte.

In den unmittelbaren Nachkriegsjahren hatte sich das verdeckte Aktionsprogramm der CIA auf Europa konzentriert, da die

* Diese und alle folgenden Zitate aus der Bissell-Rede stammen aus den offiziellen Notizen über die Tagung. Die Notizen zitieren Bissell nicht direkt, sondern umschreiben eher seine Bemerkungen.

kommunistische Ausweitung nach Westeuropa eine reale Drohung darzustellen schien. Die Rote Armee hatte bereits Osteuropa besetzt und die vom Krieg verwüsteten Länder des Westens, die eben versuchten, ihre zertrümmerte Wirtschaft wieder aufzubauen, waren besonders verwundbar. In der Folge unterstützte die CIA politische Parteien und individuelle Führer, Gewerkschaften und andere Gruppen, besonders in Westdeutschland, Frankreich und Italien. Sie unterstützte auch osteuropäische Emigrantengruppen im Westen, als Teil eines Programms, auf der Höhe des Kalten Kriegs den Widerstand in den kommunistischen Ländern zu organisieren. »Es gab so viele CIA-Projekte«, schrieb der Leitartikler Tom Braden im Januar 1973, »daß es für einen Mann fast unmöglich war, sie im Gleichgewicht zu halten«. Braden sprach hier aus Erfahrung, weil er selbser der CIA-Abteilungschef gewesen war, der viele dieser Programme geleitet hatte. Ende der 50er Jahre waren jedoch amerikafreundliche Regierungen in Westeuropa fest verwurzelt und die US-Regierung hatte praktisch die Idee aufgegeben, den »Eisernen Vorhang zurückzurollen«.

So verlagerte sich das Hauptgewicht in den Heimlichen Diensten auf die Dritte Welt. Dieser Wandel spiegelte sich in einem gewissen Ausmaß in dem bürokratischen Bedürfnis der CIA als Geheimagentur, Räume zu finden, wo sie erfolgreich arbeiten konnte. Was noch wichtiger war, der Wandel erfolgte als Resultat eines verhärteten Entschlusses, die Vereinigten Staaten sollten die übrige Welt vor dem Kommunismus beschützen. Ein Eckstein dieser Politik war die Einmischung in die inneren Angelegenheiten jener Länder, die für sozialistische Bewegungen, mochten sie nun demokratisch oder revolutionär sein, besonders anfällig waren. Jahre später faßte Allen Dulles die vorherrschende Haltung der damaligen Zeit in einem Brief an den Korrespondenten Chalmers Roberts von der *Washington Post* zusammen. In bezug auf die Coups der CIA im Iran und in Guatemala, schrieb er: »Wo Beweise dafür auftauchen, daß ein Land ins Gleiten gerät und eine kommunistische Machtübernahme droht . . . können wir nicht auf eine schriftliche Einladung warten, wir müssen kommen und Hilfe bringen.«

Die Orientierung der CIA auf verdeckte Aktionen war den jungen Offizieren ganz offenkundig, die Mitte der 50er Jahre eine Operationsausbildung in **»Der Farm«, dem West Point der CIA**

in der Nähe von Williamsburg, Virginia – geführt unter der Tarnung einer Militärbasis mit dem Namen Camp Peary –, mitmachten (West Point ist die Militärakademie der Vereinigten Staaten, A.d.Ü.). Die meisten Techniken und Methoden, die damals dort gelehrt wurden, waren auf paramilitärische Tätigkeiten wie Infiltration und Exfiltration, Demolierung und nächtliche Fallschirmabsprünge ausgerichtet. Offiziere der Agentur stellten am Ende ihrer formellen heimlichen Ausbildung fest, daß die meisten offenen Stellen im Stab für verdeckte Aktionen sowie in der Special Operations Division (Abteilung für Sonderunternehmen – der paramilitärischen Komponente der CIA) zu finden waren. Versetzungen nach Europa wurden immer weniger begehrt, sogar Veteranen mit Erfahrungen in Europa ließen sich lieber auf Posten in den aufsteigenden Nationen, besonders im Fernen Osten, schicken.

Die Länder, die die Dritte Welt bildeten, boten weit lockendere Ziele für verdeckte Aktionen als die in Europa. Diese unterentwikkelten und oft korrupten Staaten schienen für die heimlichen Operationen der CIA wie maßgeschneidert. Richard Bissell sagte dem Rat für auswärtige Beziehungen: »Einfach weil [ihre] Regierungen viel weniger hoch organisiert sind, gibt es weniger Sicherheitsbewußtsein. Es wird auch viel mehr tatsächliche oder potentielle Verteilung der Macht unter den Parteien, Örtlichkeiten, Organisationen und Individuen außerhalb der zentralen Regierung geben.« Und in den häufigen Machtkämpfen innerhalb solcher Regierungen sind alle Faktionen für Hilfe von außen dankbar. Relativ kleine Summen, ob sie nun direkt den lokalen Kräften oder (für ihre Führer) in Schweizer Banken deponiert werden, können fast magische Wirkungen haben, wenn es gilt, labile politische Loyalitäten zu ändern. In einer derartigen Atmosphäre haben die Heimlichen Dienste der CIA über die Jahre weg beträchtliche Erfolge erzielt.

Säbelraßler und Geheime Kriege

Während der 50er Jahre waren die meisten verdeckten Unternehmungen der CIA nicht annähernd so raffiniert und subtil wie die,

die Bissell 1968 empfohlen hätte. Sie waren auch nicht auf die schnell wachsenden und »weniger hoch organisierten« Regierungen der Dritten Welt gerichtet. Verdeckte Operationen gegen die kommunistischen Länder Europas und Asiens dauerten an, das Hauptgewicht lag jedoch auf der heimlichen Propaganda, der Infiltration und Manipulation von Jugendbewegungen, Gewerkschaften, kulturellen Organisationen und so weiter. Die schwereren Tätigkeiten – paramilitärische Operationen, Coups und Gegencoups – waren jetzt für die operationell reifen Nationen Asiens, Afrikas und Lateinamerikas reserviert.

Der Prototyp der verdeckten Aktionen für die CIA war vielleicht die Arbeit von Luftwaffen-Oberst Edward Lansdale. Seine Erlebnisse unter den Auspizien der CIA, zuerst in den Philippinen und dann in Vietnam wurden so bekannt, daß er als Modell für die Hauptpersonen von zwei Bestseller-Romanen, *The Ugly American* von William J. Lederer und *The Quiet American* von Graham Greene wurde. Im ersten Buch war er ein Held, im zweiten ein patzender Narr.

Lansdale wurde Anfang der 50er Jahre als Berater bei dem philippinischen Verteidigungsminister (und späteren Präsidenten) Ramón Magsaysay im Kampf gegen die Huks, die örtlichen kommunistischen Guerillas, geschickt. Auf Lansdales Rat förderte Magsaysay die soziale Entwicklung und die Landreform, um die Unterstützung der Bauern zu gewinnen und sie von den Huks abzuziehen. Lansdale, hinter dem Millionen von Dollar aus geheimen US-Regierungsfonds standen, war aber so vorsichtig, auch andere, weniger konventionelle Methoden anzuweden. Ein solches Unternehmen war die Errichtung des Büros für Bürgerliche Angelegenheiten der Filipinos, das die Verantwortung für die psychologische Kriegführung erhielt.

Nach einem Interview mit Lansdale im Jahre 1972, der jetzt in Pension lebt, berichtete der Journalist Stanley Karnow:

> Eine [von Lansdale initiierte] Aktion der psychologischen Kriegführung spielte die abergläubische Furcht der philippinischen Landbewohner vor den *asuang*, einem mythischen Vampir, aus. Eine »Psywar«-Gruppe (Abteilung für psychologische Kriegführung) kam in ein Gebiet und setzte Gerüchte

in Umlauf, daß dort, wo die Basis der Kommunisten war, ein *asuang* lebe. Zwei Nächte später, nachdem die Gerüchte bei den Sympathisanten der Huks herumgewandert waren, legte die Gruppe den Rebellen einen Hinterhalt. Als eine Huk-Patrouille vorbeikam, schnappten sich die Männer im Hinterhalt den letzten Mann, durchbohrten seinen Hals nach Vampirart mit zwei Löchern, hängten seinen Körper auf, bis das Blut herausgelaufen war, und legten die Leiche wieder auf den Weg. Da die aufständischen Kommunisten genauso abergläubisch waren wie die anderen Filipinos, flohen sie aus dem Gebiet.

Nach Magsaysays Wahl zum Präsidenten im Jahre 1953 kehrte Lansdale nach Washington zurück. In den Augen der US-Regierung war seine Mission ein unbestreitbarer Erfolg gewesen: die Drohung einer kommunistischen Machtübernahme auf den Philippinen war beseitigt.
Ein Jahr später, als Vietnam durch das Genfer Abkommen provisorisch geteilt worden war, wurde Lansdale Südvietnam zugewiesen, um die Regierung Ngo Dinh Diem zu stützen. Er war schnell in der Organisation von Sabotage und Guerillakriegführung gegen Nordvietnam beteiligt; seine wirksamste Arbeit leistete er jedoch im Süden. Dort inszenierte er mehrere Programme der psychologischen Kriegführung und half Diem dabei, seine politischen Rivalen zu beseitigen. Seine Tätigkeiten, die in den Pentagon-Papieren ausführlich beschrieben wurden, erstreckten sich auf Befriedungsprogramme, militärische Ausbildung, ja sogar auf politische Beratung: Lansdale half, die Wahlen zu planen, als Diem 1955 in Südvietnam formell als Präsident kandidierte. Er verwendete Rot, die asiatische Farbe des Glücks, für Diem und Grün, das einen Hahnrei bezeichnet, für Diems Gegner. Diem siegte mit geradezu peinlich hohen 98 Prozent der Wählerstimmen und Lansdale schrieb man in amerikanischen Regierungskreisen den Erfolg eines weiteren Unternehmens zu. Bald darauf verließ Lansdale Vietnam.
In der Zwischenzeit führten andere Agenturmitarbeiter, die vielleicht weniger berühmt waren als Lansdale, verdeckte Aktionsprogramme in anderen Ländern durch. Kermit Roosevelt, von den

Oyster-Bay-Roosevelts, war der geistige Vater des Putsches im Jahre 1953, der Irans Ministerpräsidenten Mohammed Mossadegh stürzte. Der Coup von 1954 in Guatemala wurde durch die CIA dirigiert. Weniger erfolgreich war der Versuch Ende der 50er Jahre, den indonesischen Präsidenten Sukarno zu stürzen. **Im Gegensatz zu den Dementis durch Präsident Eisenhower und Außenminister Dulles, leistete die CIA den auf der Insel Sumatra operierenden Rebellengruppen direkte Hilfe. B-26-Maschinen der Agentur führten sogar Bombenangriffe zur Unterstützung der Insurgenten durch. Am 18. Mai 1958 schossen die Indonesier eine dieser B-26-Maschinen ab und nahmen den Piloten, einen Amerikaner namens Allen Pope, gefangen. Obwohl die amerikanische Regierung behauptete, Pope sei ein »Glücksritter«, stand er tatsächlich im Dienst einer Besitzgesellschaft der CIA, der Civil Air Transport.** Wenige Monate, nachdem Pope vier Jahre später aus dem Gefängnis entlassen worden war, flog er wieder für die CIA, dieses Mal mit der **Southern Air Transport einer Fluglinie im Besitz der Agentur** mit dem Sitz in Miami.

Als die Eisenhower-Jahre zu Ende gingen, stimmte man in der ganzen Nation überein, daß die CIA gerechtfertigt sei, wenn sie in dem Hinterhofkampf gegen den Kommunismus fast jede Aktion unternahm – und das trotz der plumpen Bemühungen Eisenhowers, sich aus dem Abschuß der U-2 herauszulügen. Diese Lügen führten zum Abbruch der Gipfelkonferenz von 1960. Die meisten Amerikaner stellten die CIA auf die gleiche Ebene oberhalb der Politik wie das FBI, und es war kein Zufall, daß der designierte Präsident Kennedy an dem gleichen Tag zu erklären beliebte, daß J. Edgar Hoover und Allen Dulles während seiner Regierung im Amt bleiben würden.

Der nationale Schock, den die heimliche Invasion in die Schweinebucht auslöste, war nötig, um – in hohen Regierungskreisen wie in der ganzen Nation – eine ernste Diskussion der CIA-Operationen herbeizuführen. Die CIA hatte nicht nur dabei versagt, das Castro-Regime zu stürzen, sie hatte in aller Öffentlichkeit gepatzt, und die US-Regierung war abermals beim Lügen ertappt worden. Zum ersten Mal richtete sich eine weitverbreitete öffentliche Kritik gegen die Agentur. Präsident Kennedy aber, der das riskante

Unternehmen gebilligt hatte, mußte erkennen, daß die CIA eine schwere Belastung darstellen konnte – sowohl für seine Außenpolitik wie für seinen persönlichen politischen Erfolg – genauso wie als geheimer und privater Besitz des Präsidentenamts. Fest entschlossen, daß es keine Wiederholung der Schweinebucht geben sollte, handelte Kennedy schnell, um die Kontrolle des Weißen Hauses über die Agentur zu festigen. Berichten zufolge soll er beteuert haben, er »werde die CIA in tausend Stücke zersplittern und sie in alle Winde streuen«. Der Zorn des Präsidenten war jedoch offensichtlich mehr die Folge des Fehlschlags der Agentur, Castro zu stürzen, als eine Reaktion auf ihre Methoden und Techniken. Zwar wurden weder die Mittel noch die Unternehmen der Agentur beschnitten, die Schweinebucht bezeichnete aber doch das Ende dessen, was wahrscheinlich das Goldene Zeitalter der Agentur gewesen war. Nie wieder bekam die Agentur so völlig freie Hand in ihrer Rolle als der heimliche Verteidiger der amerikanischen Demokratie. Kennedy führte seine Drohung, die CIA zu zerschlagen, nie aus, aber er entließ drei der Spitzenbeamten der Agentur und machte so die Linie der Verantwortung klar. Wenn Allen Dulles in Kennedys Augen vor nur wenigen Monaten in die gleiche unangreifbare Kategorie gehört hatte wie J. Edgar Hoover, hatte ihn die Schweinebucht entbehrlich gemacht. Im Herbst 1961 ersetzte John McCone, ein Rüstungslieferant, der früher die Atomenergiekommission geleitet hatte, Allen Dulles als CIA-Direktor. Binnen Monaten übernahm Generalmajor Marshall »Pat« Carter den Posten des Stellvertretenden Direktors von Generalmajor Charles Cabell und Richard Helms wurde an Stelle von Richard Bissell Chef der Heimlichen Dienste.

Kennedy ordnete auch an, daß General Maxwell Taylor, damals militärischer Sonderberater des Präsidenten und bald darauf Vorsitzender der Vereinigten Stabschefs, eine gründliche Studie über das amerikanische Nachrichtenwesen anfertigte. Mit Taylor arbeiteten daran Justizminister Robert Kennedy, Dulles und der Chef der Marine, Admiral Arleigh Burke. Der Bericht der Taylor-Kommission war in starkem Ausmaß eine Kritik der bei der Schweinebucht-Operation angewandten Taktik – nicht aber ihrer Ziele. Er forderte keine grundsätzliche Umstrukturierung der CIA, obwohl viele außenstehende Kritiker darauf drängten, daß die

Nachrichtensammlung und die analytischen Funktionen der Agentur völlig von dem verdeckten Aktionen-Arm getrennt werden sollten. Die Hauptempfehlung des Ausschusses lautete, daß die Agentur in Zukunft keine Unternehmungen durchführen sollte, bei der größere als Handfeuerwaffen verwendet wurden.
Taylors Bericht wurde, wenigstens im Prinzip, durch die Regierung Kennedy akzeptiert, aber die Hauptempfehlung wurde fast augenblicklich wieder mißachtet. Die CIA schloß nie ihre zwei gegen Castro gerichteten Hauptbasen im südlichen Florida, und die von der Agentur geförderten Überfälle von Exilgruppen auf Kuba dauerten bis in die Mitte der 60er Jahre an, wenn auch in einem weit geringeren Maß als dem in der Schweinebucht. Die Agentur wurde auch tief in den chaotischen Kampf hineingezogen, der **Anfang der 60er Jahre im Kongo ausbrach. Mitarbeiter des Heimlichen Dienstes kauften und verkauften regelmäßig kongolesische Politiker und die Agentur lieferte Geld und Waffen an die Anhänger Cyril Adoulas und Joseph Mobutus. 1964 hatte die CIA ihre eigenen Söldner in den Kongo importiert und B-26-Bomber der Agentur, geflogen von kubanischen Exilpiloten – viele davon waren Veteranen von der Schweinebucht –, führten regelmäßige Bombenangriffe gegen Insurgentengruppen durch.**
Während dieser Jahre weitete sich das amerikanische Engagement in Vietnam schnell aus, und die CIA steigerte, zusammen mit der übrigen US-Regierung, die Zahl ihres Personals und ihrer Programme in diesem Land. Neben anderen Tätigkeiten organisierte die Agentur Guerilla- und Kleinbootangriffe auf Nordvietnam. Sie bewaffnete und kontrollierte Zehntausende vietnamesischer Soldaten in irregulären Einheiten und baute ein riesiges Geheimdienst- und Verhörsystem auf, das bis in das letzte südvietnamesische Dorf reichte.
In dem benachbarten Laos führte die CIA tatsächlich – auf Befehl des Weißen Hauses – den Rest der US-Regierung in ein massives amerikanisches Engagement. Obwohl die Agentur in großem Maße Programme der politischen Manipulation und andere verdeckte Aktionen bis zum Jahre 1962 durchgeführt hatte, öffnete das Genfer Abkommen in diesem Jahr, das die Anwesenheit fremder Truppen in Laos verbot, das Land paradoxerweise für die CIA.

Fast von dem Augenblick an, in dem das Abkommen unterzeichnet wurde, entschied sich die Regierung Kennedy, die amerikanischen Programme in Laos nicht zurückzuziehen, sondern noch auszuweiten. Teilweise war das dadurch gerechtfertigt, daß die Nordvietnamesen ebenfalls das Genfer Abkommen verletzten, teilweise deshalb, weil Kennedy, den der Rückschlag in Kuba immer noch schmerzte, keine weitere Konfrontation mit den Kommunisten verlieren wollte und teilweise schließlich wegen der strategischen Bedeutung, die in der damals gerade modischen »Dominotheorie« auf Laos gelegt wurde. Da die Vereinigten Staaten nicht zugeben wollten, daß sie das Genfer Abkommen nicht einhielten, bekam die CIA – deren Angehörige technisch gesprochen keine »fremden Truppen« waren – den Auftrag, einen »geheimen« Krieg zu führen. Das Unternehmen Laos wurde eines der größten und teuersten in der Geschichte der Agentur, über 35000 opiumanbauende Meo und andere Angehörige der laotischen Bergstämme wurden in die Privatarmee der CIA, L'Armée Clandestine, rekrutiert. Von der CIA angeheuerte Piloten flogen Bombenangriffe und Nachschubflüge in agentureigenen Maschinen und als die Armée Clandestine schließlich nach langen Jahren des Kriegs weniger effektiv wurde, rekrutierte und finanzierte die CIA 17000 Thai-Söldner für den Zermürbungskrieg gegen die Kommunisten.

Ende der 60er Jahre drückten jedoch viele Karriereoffiziere der CIA ihre Opposition gegen die laotischen und die vietnamesischen Programme der Agentur aus – nicht, weil sie sich dem Indochina-Krieg widersetzten (das taten nur wenige), sondern weil die Programme zum großen Teil aus riesigen, unhandlichen halboffenen militärischen Unternehmen bestanden, denen die Raffinesse und die Geheimhaltung fehlten, die die meisten Mitarbeiter der Agentur bevorzugten. Des weiteren hatten sich die Kriege zu lange hingezogen und die meisten Offiziere glaubten nicht mehr an die Möglichkeit eines Siegs. Die Agentur befand sich daher in der peinlichen Lage, nicht genügend Freiwillige anziehen zu können, um die Einsätze in Vietnam durchzuführen. In der Folge mußte sie Personal aus anderen Gebieten der heimlichen Tätigkeiten für den Dienst in Südostasien rekrutieren.

Die Theorie der verdeckten Aktion

In einer derartigen Atmosphäre der Unruhe und des Zweifels trafen sich an einem Januarabend 1968 eine kleine Gruppe früherer Nachrichtenprofessionals und mehrere andere Mitglieder des Kults des Nachrichtenwesens, um die Rolle der CIA in der US-Außenpolitik zu besprechen. Die Begegnung fand nicht in Langley, Virginia, im Hauptquartier der CIA, statt, sondern im Harold Pratt House in der Park Avenue – dem Heim des Rats für auswärtige Beziehungen. Führer der Diskussion war der Investment-Bankier C. Douglas Dillon, früher US-Staatssekretär des Auswärtigen und Finanzminister; der Hauptredner war Richard Bissell, der ehemalige Chef der Heimlichen Dienste der Agentur, immer noch Berater der CIA und jetzt leitender Mitarbeiter der United Aircraft Corporation. Wie die meisten früheren Offiziellen der Agentur zögerte Bissell, seine Ansichten über den Nachrichtendienst der Öffentlichkeit bekanntzugeben und die Begegnung war daher auch privater Natur.
1971 besetzten jedoch radikale Studenten als Teil eines Protests gegen den Krieg das Gebäude in Cambridge, Massachusetts, das das Zentrum für internationale Angelegenheiten der Harvard-Universität beherbergt. Als die protestierenden Studenten einmal drinnen waren, verbarrikadierten sie die Eingänge und durchstöberten die Akten der Fakultätsmitglieder, die dort arbeiteten. Unter den Papieren, die dem Angehörigen des Zentrums, William Harris, gehörten, befanden sich die vertraulichen Notizen über die Tagung im Pratt House vom 8. Januar 1968. Harris gab ein Jahr später im privaten Gespräch zu, daß das Dokument in seinen Akten teilweise redigiert worden war, um besonders sensibles Material zu entfernen. Aber selbst so war die gestohlene Fassung die vollständigste Beschreibung der verdeckten Aktions-Strategie und -Taktik, die der Außenwelt je verfügbar gemacht wurde. Abgesehen von einigen Zeitungsartikeln, die 1971 erschienen, erweckte das Bissell-Papier, als es von der Afrikanischen Forschungsgruppe (African Research Group) abgedruckt wurde, fast kein Interesse bei den Nachrichtenmedien.

Von den höheren Beamten der Heimlichen Dienste der CIA war Richard Bissell einer der wenigen, die den Zweiten Weltkrieg nicht im OSS verbracht hatten; in jeder anderen Hinsicht war er jedoch der ideale Agentur-Professional. Als Zögling von Groton und Yale konnte er eine makellose Herkunft aus dem Establishment der Ostküste nachweisen. Bei der CIA war eine derartige Herkunft für den Erfolg nicht unbedingt erforderlich – aber sie half sicherlich, besonders während der Allen-Dulles-Jahre. Bissell besaß zudem den Vorteil einer akademischen Ausbildung, er hatte den Doktortitel in Wirtschaftswissenschaften erworben und hatte dieses Fach dann in Yale und an der MIT gelehrt. 1954 war er in die CIA eingetreten und zeigte sofort große Talente für die »heimliche« Arbeit. 1958 hatte Dulles Bissell zum Chef der Heimlichen Dienste ernannt.

Zu Beginn der Regierung Kennedy wurde Bissell in Kreisen des Weißen Hauses als der logische Kandidat für die Nachfolge von Dulles genannt, der damals nahe an 70 war. Brillant und weltmännisch gewandt, schien Bissell vollkommen in das Amt zu passen, nach David Halberstams Ausdruck war er das »beste und hellste« Bild der »New Frontier«. Aber die Popularität Bissells bei der Regierung Kennedy war nur von kurzer Dauer, denn Bissells Heimliche Dienste waren es, die die Invasion in der Schweinebucht in Kuba im April 1961 planten und durchführten. Bissells Leute hatten nicht nur einen Fehlschlag erlitten, sie waren nicht einmal dabei erfolgreich, eine gute Tarngeschichte oder »plausibles Dementi« zu erfinden, die jede verdeckte Aktion haben muß und die es der Regierung Kennedy gestattet hätte, die Schuld von sich abzuwälzen. Fidel Castro hatte der Welt die Wahrheit über die amerikanische Invasion in Kuba gesagt, während der Außenminister der Vereinigten Staaten und andere Regierungsbeamte öffentlich rundweg bei Lügen ertappt worden waren, als die Tarngeschichte platzte, die die Agentur geliefert hatte. So entließ Kennedy die Männer der CIA, die ihn in die Schweinebucht geführt hatten, ein Unternehmen, das er selbst gebilligt hatte. Bissell stürzte zusammen mit Dulles und dem Stellvertretenden Direktor Charles Cabell.

Bissells Nachfolger, Richard Helms, hatte es, obwohl er der zweite Mann im Kommando der Heimlichen Dienste gewesen war, fertiggebracht, durch das Unternehmen Schweinebucht bemerkenswert unberührt zu bleiben. Jahre später sprach ein sehr hoher CIA-Beamter noch voll Erstaunen über die Tatsache, daß in der

Agentur kein einziges Stück Papier existierte, das Helms sowohl mit der Planung wie mit der tatsächlichen Durchführung der Schweinebucht in Verbindung brachte. Dieser hohe Beamte kritisierte Helms, der sehr stark an der Beaufsichtigung des Unternehmens beteiligt gewesen war, keineswegs. Der hohe Beamte war ganz einfach von Helms' Geschick und seinem guten Urteil beeindruckt, weil er seine Unterschrift von allen Dokumenten hinsichtlich der Invasion sogar schon im Stadium der Planung ferngehalten hatte.

Helms übernahm das Amt als Chef der Heimlichen Dienste am 17. Februar 1962; Bissell erhielt einen Geheimdienstorden, der seine jahrelangen Dienste in der Agentur würdigen sollte. Bissell blieb jedoch als Berater in enger Verbindung mit den Programmen der Heimlichen Dienste, die CIA wollte die Dienste des Mannes nicht verlieren, der die Agentur zu einigen ihrer fortschrittlichsten Techniken geführt hatte. Er war während der 50er Jahre einer der ersten gewesen, die die Hoffnungslosigkeit einsahen, mit den klassischen Methoden gegen die Sowjets und die Chinesen zu spionieren. Deshalb hatte er die Verwendung der modernen Technologie als Nachrichteninstrument vorangetrieben. Er war wesentlich an der Entwicklung des U-2-Flugzeugs beteiligt gewesen, die bis zu dem Powers-Zwischenfall zu den größten Erfolgen der CIA gehört hatte. Bissell hatte auch mit der technischen Hilfe Kelly Johnsons und der sogenannten Skunk Works-Entwicklungsanlagen der Lockhead Aircraft Corp. die A-11 vorangetrieben, die später als SR-71 bekannt wurde, ein Spionageflugzeug, das mit fast dreifacher Schallgeschwindigkeit in noch größeren Höhen operieren konnte als die U-2.

Mehr noch – Bissell war eine treibende Kraft hinter der Entwicklung der Weltraumsatelliten für Spionagezwecke gewesen – zeitweilig zur großen Verlegenheit der Luftwaffe. Er hatte schnell das Spionagepotential erkannt, wenn man Hochauflösung-(Rasterung-) Kameras in Umlauf um den Erdball brachte, um geheime Einrichtungen in der Sowjetunion und in China zu fotografieren. Zum großen Teil dank der technischen Fortschritte der Wissenschaftler und Ingenieure, die unter Bissell arbeiteten, beherrschte die CIA die Programme der US-Regierung für Satellitenerkundung Ende der 50er und bis weit in die 60er Jahre. Selbst heute noch, nachdem die Luftwaffe die meisten operationellen Aspekte der

Satellitenprogramme übernommen hat, ist die CIA immer noch für viele der Forschungs- und Entwicklungsdurchbrüche verantwortlich. Zu der gleichen Zeit, in der Bissell viele der Neuerungen in der »Aufklärung von oben« in Gang setzte, arbeitete er für die Heimlichen Dienste in gesteigerter Betonung auf verdeckten Aktionsprogrammen in der Dritten Welt. Es war Bissell, der viel von der Theorie und den Techniken, die bei den vielen Unternehmungen der CIA im Ausland zu Standard-Prozeduren wurden, in die Praxis umsetzte.

Bissell sprach an jenem Januarabend im Rat für auswärtige Beziehungen in New York hauptsächlich über die verdeckte Aktion, und die Notizen liefern praktisch ein Lehrbuch, das die geheimen Operationen schildert. Unter seinen Zuhörern waren der ehemalige CIA-Offizielle Allen Dulles und Robert Amory, Jr., der ehemalige Nachrichtenchef des Außenministeriums, Thomas Hughes, der ehemalige Kennedy-Adjutant Theodore Sorensen, der Leitartikler Joseph Kraft und vierzehn andere.* Alle Anwesenden waren Männer, die den größten Teil ihres Lebens in der Regierung oder an ihrem Rand verbracht hatten. Man konnte ihnen vertrauen, daß sie darüber, was sie hörten, schweigen würden.
Der ehemalige Chef der Heimlichen Dienste, der vor einem wohlwollenden Kreis frei sprach, sagte:
Die verdeckte Aktion versucht, die inneren Angelegenheiten anderer Nationen mit verdeckten Mitteln zu beeinflussen, was man manchmal »Intervention« nennt.

> ... Die Technik ist im wesentlichen die der »Durchdringung«, einschließlich von »Durchdringungen« der Art, die die Klassiker der verdeckten Operationen in Schock versetzen, mit einer Mißachtung der »Maßstäbe« der »Regeln für die Agentenrekrutierung«. Viele der »Durchdringungen« nehmen nicht die Form eines »Anwerbens« an, sondern die Etablierung einer freundschaftlichen Beziehung (die durch gelegentliche Geldzu-

* Eine vollständige Liste der Teilnehmer, genauso wie die verfügbaren Notizen über die Sitzung sind in dem Anhang: »Die Bissell-Philosophie« enthalten.

wendungen gefördert werden können, was jedoch nicht sein muß).

Bissell erklärte, daß die CIA ihre eigenen Agenten im Innern – d. h. »Durchdringungen« – haben muß, wenn sie eine politische Partei finanzieren, die politische Haltung einer Zeitung beeinflussen oder einen militärischen Coup durchführen will. Die heimlichen Operatoren der CIA, die einen Auftrag in Übersee erhalten, heißen Führungsoffiziere und sie rekrutieren und beaufsichtigen die »Durchdringungen«. Ihre Dienstzeit beträgt normalerweise zwei bis drei Jahre, die meisten dienen mit falschen Titeln in amerikanischen Botschaften. Einige leben in einer sogenannten »tiefen Tarnung« im Ausland, sie posieren als Geschäftsleute, Studenten, Zeitungsreporter, Missionare, oder andere scheinbar völlig harmlose amerikanische Besucher.

> Das Problem der Agenturunternehmen in Übersee [fuhr Bissell fort] ist häufig ein Problem für das Außenministerium. Es ist fast immer wahr, daß örtliche Verbündete feststellen, daß sie es mit einem Amerikaner und einem *offiziellen* Amerikaner zu tun haben, da er fast unweigerlich als Regierungsangestellter der Vereinigten Staaten getarnt ist. Für diese Praxis gibt es wichtige Gründe und es wird immer wünschenswert sein, etwa CIA-Personal im Botschaftsbereich unterzubringen, wenn auch nur für örtliche »Kommando-Posten« und Kommunikationserfordernisse.
> Trotzdem ist es möglich und wünschenswert – wenn auch schwierig und zeitraubend –, in Übersee einen Apparat der nichtoffiziellen Tarnung aufzubauen. Das würde die Verwendung oder die Schaffung privater Organisationen erfordern, bei denen ein großer Teil des Personals keine US-Staatsbürger sind, da sie einen freieren Zugang zu der lokalen Gesellschaft haben, mit weniger Implikationen für die offizielle US-Haltung.

Welche Tarnung der Führungsoffizier auch haben mag, seine Rolle ist es, Agenten zu finden, die bereit sind, mit der oder für die CIA zu arbeiten. Sein Ziel ist es, die Gastregierung zu durchdringen, ihr inneres Funktionieren in Erfahrung zu bringen und sie für die Zwecke der Agentur zu manipulieren.

> Was aber die größeren und empfindlicheren Interventionen anlangt [fuhr Bissell fort], müssen die »Verbündeten« ihre eigene Motivierung haben. Insgesamt war die Agentur bei der Auffindung von Individuen und Mithilfen, mit denen und durch die sie in dieser Art arbeiten konnten, bemerkenswert erfolgreich. Impliziert in der Forderung einer schon bestehenden Motivierung ist die logische Folge, daß ein Versuch, den öffentlichen Verbündeten auf einen Kurs zu leiten, an den er nicht glaubt, zum mindesten seine Wirksamkeit reduziert und vielleicht das ganze Unternehmen zerstört.

Die verdeckte Aktion ist demnach eine Übung, »Verbündete« auszusuchen, die bereit sind, mit der CIA zusammenzuarbeiten, vorzüglich Individuen, die an die gleichen Ziele glauben wie die Agentur, zum mindesten Menschen, die manipuliert werden können, an diese Ziele zu glauben. CIA-Führungsoffiziere müssen darin erfahren sein, Menschen zu überzeugen, daß es in ihrem eigenen Interesse ist, wenn sie für die Agentur arbeiten. Ein guter Führungsoffizier wird normalerweise jedes zur Verfügung stehende Mittel anwenden, um einen in Aussicht genommenen Agenten zu rekrutieren: Appelle an den Patriotismus und den Antikommunismus können durch Schmeichelei verstärkt oder durch Geld und Macht versüßt werden. Gröbere Methoden, die Erpressung und Zwang in sich einschließen, können ebenfalls angewendet werden, sie sind aber offensichtlich weit weniger wünschenswert.

Damit die verdeckte Aktion besonders wirksam ist, sollte die Rekrutierung und Durchdringung geschehen, lange ehe eine tatsächliche Operation geplant ist. Wenn die US-Regierung sich insgeheim entscheidet, einen besonderen Coup in einem Land zu provozieren, ist es zu spät, daß sich die CIA-Führungsoffiziere auf die Suche nach lokalen Verbündeten machen. Wenn die Offiziere ihre Arbeit gut geleistet haben, werden sie statt dessen bereits ein Netz von Agenten in der Regierung dieses Landes aufgebaut haben, in den Streitkräften, der Presse, den Gewerkschaften und anderen wichtigen Gruppen; so sind in Dutzenden von Ländern tatsächlich schon »stehende Heere« aufgebaut, um der CIA zu dienen, wenn sich die Notwendigkeit ergibt. In der Zwischenzeit dienen diese Agenten der Agentur bereits, indem sie ihr Nachrichten zuspielen, die sie in ihren amtlichen Eigenschaften in Erfahrung gebracht haben. Diese Nachrichten können oft von taktischem Wert für die CIA bei der Bestimmung örtlicher Machtstrukturen und bei der Berechnung sein, wann eine verdeckte Aktion am wirksamsten wäre. Wieder sagte Bissell:

> [Es besteht] ein Bedürfnis für fortgesetzte Bemühungen zur Entwicklung von Kapazitäten für verdeckte Operationen, selbst wenn kein unmittelbares Bedürfnis für ihren Einsatz besteht. Die zentrale Aufgabe ist es, potentielle einheimische Verbündete – Individuen wie Organisationen – zu identifizieren, mit ihnen in Kontakt zu treten und mit ihnen eine Interessengemeinschaft herzustellen.

Dieser Vorgang wird in der Sprache der Geheimdienste »der Aufbau von Verbindungen« oder die Entwicklung des Arbeitsapparats genannt. Es ist eine Standard-Funktion aller geheimen CIA-Stationen und Basen in Übersee. Wenn ein Führungsoffizier nach mehreren Jahren Dienst auf einem Posten auf einen neuen Posten versetzt wird, gibt er sein Netzwerk von Agenten und Kontakten an seinen Nachfolger weiter, der den Kontakt mit ihnen aufrechterhalten, zugleich aber nach neuen »Verbindungen« suchen wird.
Je nach der Größe und der Bedeutung eines Landes können zwischen einem und Dutzenden von CIA-Führungsoffizieren dort arbeiten, ihre gemeinsamen Verbindungen können der Zahl nach in die Hunderte gehen. Die Planer einer Operation werden versuchen, die Verwendung der verfügbaren Verbindungen zu organisieren, um ein Maximum an Wirkung zu erzielen. Bissell:

> Eine verdeckte Intervention ist wahrscheinlich in Situationen am wirksamsten, wo man eine umfassende Anstrengung mit einer Anzahl getrennter Unternehmungen vornimmt, die dazu bestimmt sind, einander zu unterstützen und zu ergänzen und eine kumulative bezeichnende Wirkung zu haben.

Wenn die CIA-Offiziere einmal ihre Verbindungen aufgebaut haben, wird eine Intervention der USA oder deren Ausbleiben zum großen Teil von einer Beurteilung der potentiellen Wirksamkeit, der Bedeutung und der Vertrauenswürdigkeit der CIA-Agenten – oder mit Bissells Worten »Verbündeten« abhängen. Doch nur die Führungsoffiziere an Ort und Stelle und in einem geringeren Ausmaß ihre Vorgesetzten in den Vereinigten Staaten sind in der Lage, diese Beurteilung vorzunehmen, da nur die CIA die Identität ihrer Agenten kennt. Diese Information wird nicht mit Außenstehenden geteilt, sie ist nicht einmal innerhalb der Agentur allgemein bekannt, wo Agenten selbst in streng geheimen Dokumenten nur mit ihren Kodenamen aufgeführt sind. So ist es – wenn auch die Entscheidung über eine Intervention im Weißen Haus gefällt wird – die CIA selbst (und zwar durch ihre Heimlichen Dienste), die den Präsidenten und seine Berater mit einem großen Teil der wichtigen Informationen versieht, auf der ihre Entscheidung zu einer Intervention basiert.

Selbst wenn der Ruf der CIA für Ehrlichkeit und genaue Lagebeurteilung unangreifbar wäre (was nicht der Fall ist), beständen einige unvermeidliche Interessenkonflikte: Die CIA entwirft die Interventionspläne; sie ist die einzige Behörde mit dem spezifischen Wissen, um die Meriten und die Durchführbarkeit dieser Pläne zu bewerten, und sie ist schließlich auch der Aktionsarm, der die Pläne in die Tat umsetzt, wenn sie einmal gebilligt wurden. Wenn die CIA ihre Verbindungen einmal plaziert hat, besteht in der Agentur die Neigung, sie auch zu verwenden. Die Form der Intervention wird den Typ von Verbindungen widerspiegeln, die früher rekrutiert wurden. Ganz einfach deshalb, weil die Verbindungen zur Verfügung stehen, werden sich die höchsten Regierungsbeamten der USA in einer realen oder eingebildeten Krisensituation nur zu stark auf die CIA stützen. Für diese Beamten, den Präsidenten eingeschlossen, könnte die verdeckte Intervention eine leichtere Lösung für ein bestimmtes Problem sein, als die, den Ereignissen ihren natürlichen Lauf zu lassen oder eine mühevolle diplomatische Regelung zu suchen. Die Versuchung, sich in die inneren Angelegenheiten eines anderen Landes einzumischen, kann fast unwiderstehlich sein, wenn die Mittel zur Verfügung stehen.

Es ist einer der Widersprüche des Nachrichtenberufs wie er von der

CIA ausgeübt wird, daß die Ansichten ihrer wesentlichen Fachleute – ihrer Analytiker – bei den heimlichen Operationen, die sich mit verdeckten Aktionen befassen, nicht allzu viel Gewicht haben. Die Operatoren entscheiden gewöhnlich, welche Unternehmen durchzuführen sind, ohne die Analytiker zu konsultieren. Selbst wenn zur Sache gehörige Nachrichtenstudien und Beurteilungen zur Verfügung stehen, werden sie häufig ignoriert, es sei denn, sie decken sich mit der besonderen verdeckten Aktion, die den Operatoren eben am Herzen liegt. Seit den Tagen des OSS haben heimliche Operatoren – besonders im Einsatz – dem reservierteren Standpunkt von Analytikern mißtraut, die nicht direkt an der verdeckten Aktion beteiligt sind. Um sich gegen einen Kontakt mit den Analytikern zu sichern (und um die Einmischung hochrangiger Stabsmitglieder, selbst wenn sie aus dem Büro des Direktors sind, zu reduzieren), nehmen die Operatoren gewöhnlich zur strikten Sicherung ihrer Arbeit – dem Prinzip des Wissenmüssens – Zuflucht oder zu bürokratischen Täuschungsmanövern, wenn sie eine verdeckte Aktion planen oder dafür Billigung suchen. So ist es in der CIA durchaus möglich, daß die Nachrichtenanalytiker eine Sache sagen und die Offiziere der verdeckten Aktion die Genehmigung erhalten, eine andere durchzuführen. Obwohl die Analytiker 1958 nur wenig Möglichkeiten für eine erfolgreiche Rebellion gegen Präsident Sukarno sahen, unterstützten die Heimlichen Dienste den schließlich gescheiterten Staatsstreich. Trotz der Ansicht der Analytiker, daß Fidel Castro die Unterstützung des kubanischen Volkes besitze, versuchten die Operatoren der Agentur, ihn durch das Unternehmen Schweinebucht zu stürzen, und obwohl die Analytiker seit Jahren starke Zweifel an der Wirksamkeit von Radio Freies Europa und Radio Liberty hegten, unterstützte die CIA diese Propagandasender weiter mit Mitteln, bis sie 1971 schließlich vom Kongreß gezwungen wurden, ihre Unterstützung einzustellen. Obwohl die Analytiker klar darauf hinwiesen, daß die Kriege in Laos und Vietnam nicht zu gewinnen seien, hörte die operationelle Führung der CIA nie auf, neue Programme zur Unterstützung der lokalen Regime und in der Hoffnung auf einen Sieg über den Feind zu starten. **Die Analytiker hatten vor einer Einmischung in die lateinamerikanische Politik gewarnt, man versuchte es aber trotzdem, mit geheimen Aktionen**

die chilenischen Präsidentschaftswahlen von 1964 und 1970 zu manipulieren.

Der Theorie nach wird die Dichotomie, die zwischen den analytischen und den heimlichen Komponenten der Agentur besteht, an der Spitze gelöst. Auf der Direktorebene soll die analytische Produktion der CIA gegen die Ziele und Risiken der verdeckten Operationen abgewogen werden. Es funktioniert aber selten so und oft überhaupt nicht. Direktoren wie Allen Dulles und Richard Helms, die selbst lange Zeit heimliche Operatoren gewesen sind, tendierten dazu, ihr Urteil durch ihre Affinität zu geheimen Aktionen beeinflussen zu lassen. Selbst eine schwache Chance auf Erfolg genügte, ihre Billigung für einen Vorschlag zu verdeckten Aktionen zu erlangen. Die Ansichten der Analytiker wurden, wenn sie überhaupt die bürokratischen Ausflüchte der heimlichen Operatoren überlebten, gewöhnlich von der Führung der Agentur mit der Begründung verworfen, sie seien für die Zwecke der operationellen Planung zu vage oder zu unbestimmt.

Ungeachtet der Vorlieben des Direktors der CIA sind es der Präsident oder sein Berater für Nationale Sicherheit, die in jedem bedeutsamen Programm von versteckten Aktionen der CIA die Richtung angeben und ihr die letzte Billigung gewähren. Wenn die Operatoren ein derartiges Programm vorschlagen, antworten sie damit oft lediglich auf Direktiven des Präsidenten oder Befehlen des Nationalen Sicherheitsrats. Und immer wenn ein Vorschlag der CIA für eine verdeckte Aktion vorgelegt wird, werden die Pläne von dem 40er-Ausschuß revidiert, der interministeriellen Gruppe unter dem Vorsitz des Nationalen Sicherheitsberaters des Präsidenten. So ist der Wunsch des Präsidenten oder seines Beraters, insgeheim die inneren Ereignisse eines anderen Landes zu beeinflussen, häufig das Stimulans, das entweder die CIA in Gang setzt oder ihren Operatoren eine zweifelhafte Aktion gestattet. Erst dann setzt sich der Apparat in Bewegung. Erst dann werden die Analytiker bedeutungslos. Aber »erst dann« bedeutet »fast immer«.

Taktik

In seinem Vortrag vor dem Rat für auswärtige Angelegenheiten führte Bissell acht verschiedene Arten der Intervention in die inneren Angelegenheiten anderer Länder auf:

> (1) Politischer Rat und Beratung, (2) Subsidien für ein Individuum, (3) Finanzielle Unterstützung und »technische Hilfe« für politische Parteien, (4) Unterstützung von privaten Organisationen einschließlich von Gewerkschaften, Geschäftsfirmen, Kooperativen usw., (5) Verdeckte Propaganda, (6) »private« Ausbildung von Individuen und Austausch von Personen, (7) wirtschaftliche Operationen und (8) paramilitärische [oder] politische Operationen, die dazu bestimmt sind, ein Regime zu stürzen oder zu unterstützen (wie die Schweinebucht oder das Programm Laos). Die Unternehmungen können verschieden klassifiziert werden: nach dem Grad und der Art der Geheimhaltung, die ihre Legalität erforderlich macht und vielleicht nach ihrem wohlwollenden oder feindlichen Charakter.

Bissells fünfte und seine achte Kategorie – verdeckte Propaganda und paramilitärische Operationen – sind so groß und so bedeutsam, daß sie in späteren Kapiteln ausführlich diskutiert werden; in einem gewissen Sinne definieren sie sich auch selbst. Die anderen sechs Kategorien müssen jedoch zu diesem Zeitpunkt etwas erläutert werden.
Die ersten drei Punkte – politischer Rat und Beratung, Subsidien für ein Individuum und finanzielle Unterstützung und technische Hilfe an politische Parteien – sind gewöhnlich so eng aufeinander bezogen, daß man sie unmöglich trennen kann. ▶

◀ Die Reporter, die am 10. April 1971 über diese Affäre berichteten, bemerkten offensichtlich an den Gästen nichts Ungewöhnliches. Im Staatsspeisesaal saßen an weißgedeckten Tischen zu einem großen E geformt die übliche Auswahl ausländischer Würdenträger, US-Regierungsbeamte und Vertreter geschäftlicher Korporationen, die in den Nixon-Jahren bei solchen Gelegenheiten zu festen Einrichtungen geworden sind. Die Gästeliste, die vom Presseamt des Weißen Hauses geliefert wurde, nannte die Titel und Positionen fast aller Gäste. ▶

◀ Jahre später wurde er zum Oberbürgermeister von Westberlin gewählt. Während dieser Periode, ▶

◀ **Er war ein hart arbeitender Politiker in dem von den Alliierten besetzten Berlin, sein Ziel, die Sozialdemokratische Partei zu einer gangbaren Alternative zum Kommunismus zu machen** ▶

◀ Und an diesem Abend, nach dem Dinner, unterhielt die Sängerin Pearl Bailey die Gäste des Weißen Hauses im Ostsaal. Die *Washington Post* berichtete am nächsten Tag, daß sie das »Weiße Haus ins Schwanken gebracht« habe. ▶

◀
In gewissen Ländern, wo die CIA besonders aktiv gewesen ist, unterhält der Stationschef (COS-Chief of Station) engere Beziehungen zu dem Staatschef als der US-Botschafter. Der Botschafter wird gewöhnlich über die Geschäfte informiert, die zwischen dem COS (der offiziell der Untergebene des Botschafters ist) und dem Staatschef (bei dem der Botschafter offiziell als der persönliche Vertreter des Präsidenten der Vereinigten Staaten akkreditiert ist) durchgeführt werden. Bissell erwähnte jedoch Fälle, in denen die Beziehungen der CIA zu dem örtlichen Staatschef so spezieller Natur waren, daß der US-Botschafter über keine Einzelheiten informiert wurde, weil es entweder der Außenminister oder der Staatchef vorzogen, wenn der Botschafter von den Beziehungen nichts erfuhr. ▶

◀

Ein weiteres Beispiel für ein Land, in dem sich die CIA besonderer Beziehungen erfreut, ist Nationalchina. In Taiwan besteht die Beziehung der CIA jedoch nicht zu Präsident Tschiang Kai-schek, sondern zu seinem Sohn und offensichtlichen Erbe, Ministerpräsident Tschiang Tsching-kuo. Ein früherer Stationschef der CIA, Ray Cline, bis 1973 Direktor der Abteilung des Außenministeriums für Nachrichtenwesen und Forschung wurde innerhalb der Heimlichen Dienste zu einer Art Legende wegen seiner häufigen nächtelangen Trinkgelage mit dem jüngeren Tschiang. ▶

◀

In Südvietnam bestand Botschafter Ellsworth Bunker darauf, alle wichtigen Begegnungen mit Präsident Thieu selbst wahrzunehmen; Manchmal wurde Bunker von dem CIA-Chef begleitet, wenn es Geschäfte der Agentur zu besprechen gab. In Saigon gab es jedoch noch einen weiteren CIA-Beamten, der Thieu schon seit vielen Jahren kannte und der weiterhin Zutritt zu dem vietnamesischen Präsidenten hat. Einem früheren Assistenten von Botschafter Bunker zufolge diente dieser CIA-Beamte als Kanal zwischen Thieu und der amerikanischen Regierung, wenn ein formelles Treffen nicht erwünscht war oder wenn Thieu eine neue Idee vortragen wollte. ▶

gestrichen

◀ Die Agentur war der Ansicht, daß jeder Mann eine starke antikommunistische Kraft repräsentiert, die die Stabilität in einem potentiell labilen Land aufrechterhalten kann. Ganz allgemein gesprochen sind die Bindungen der CIA zu ausländischen politischen Führern, die Rat und Geld erhalten, äußerst delikat. Die CIA ist daran interessiert, den Führer und durch ihn seine Partei und sein Land zu einer Politik im Interesse der Vereinigten Staaten zu veranlassen. In den meisten Ländern der Dritten Welt ist es die Politik der Vereinigten Staaten, den Status quo aufrechtzuerhalten, deshalb sind die meisten Subsidien dazu bestimmt, die politische Basis der jeweiligen Machthaber zu stärken. Der ausländische Führer, der von der CIA Geld erhält, fördert typischerweise seine eigene Karriere und vermutlich das, was er für die legitimen Ziele seines Landes hält. Aber selbst diese Vermutung ist ziemlich ungewiß; die Fähigkeit jedes Politikers, für seine Aktionen logische Gründe aufzuführen, wächst wahrscheinlich, wenn er einmal die Entscheidung traf, derartige Mittel anzunehmen.

Die extensive Beteiligung der CIA an privaten Institutionen daheim und in Übersee (Bissells vierte Kategorie der verdeckten Aktionstaktik) ist einer der wenigen Aspekte der Bemühungen der Agentur in verdeckten Aktionen, die stark ins Blickfeld der Öffentlichkeit geraten ist. Dem Exposé des Magazins *Ramparts* von 1967 über die geheimen Verbindungen der CIA zur Nationalen Studentenassoziation (NSA – National Students Association) folgte schnell eine Fülle von Zeitungsartikeln, die sich mit den Subsidien der Agentur an Dutzende anderer Organisationen befaßten. Einige dieser Organisationen, besonders die, die als Kanäle für geheime Mittel verwendet wurden, standen direkt unter der Kontrolle der CIA. Andere wurden einfach von der Agentur finanziert und durch die Manipulation einiger weniger ihrer Schlüsselfiguren auf die Politik hingesteuert, die die Agentur wünschte. Sam Brown, ein ehemaliges Mitglied des Nationalen politischen Aufsichtsdirektoriums der NSA und späterer Führer in der McCarthy-Campagne von 1968 und der Antikriegsbewegung, erzählte David Wise und Thomas Biloss (den

Autoren des Buchs: *The Spionage Establishment* A.d.Ü.), daß die CIA im Fall der NSA ein oder zwei leitende Angehörige der NSA als ihre Kontaktpersonen aussuchten. Man sagte ihnen, sie sollten auf gewisse Geheimnisse achten und bat sie, einen Eid zu unterzeichnen, der sie zum Stillschweigen verpflichtete.

> Dann, so sagte Brown, sagte man ihnen: »Sie sind bei der CIA beschäftigt.« In diesem Augenblick saßen sie in der Falle, weil sie eine Erklärung unterzeichnet hatten, sie würden nichts enthüllen . . . Das ist der Teil der Angelegenheit, den ich für besonders widerwärtig und abscheulich halte. Menschen wurden in eine Beziehung mit der CIA düpiert, eine Beziehung, aus der es kein Entkommen gab.

Nicht alle Studentenführer, die im Lauf der Jahre durch die CIA rekrutiert wurden, waren jedoch mit diesem Arrangement unzufrieden. Einige traten später offiziell als heimliche Mitarbeiter in die Organisation ein. Einer wurde sogar leitender Assistent von Direktor Richard Helms, der gleiche Mann, der manchmal als Beamter der Agentur für Internationale Entwicklung posierte, um ahnungslose NSA-Führer in die Falle zu locken; er gab seine »Tarnung erst dann auf, wenn er Gelöbnisse der Geheimhaltung oder sogar Verpflichtungen der NSA zur Zusammenarbeit in spezifischen CIA-Programmen herausgeholt hatte.
Tom Braden, der von 1950 bis 1954 die Abteilung Internationale Organisationen der CIA geleitet hatte, als diese Abteilung der Heimlichen Dienste dafür verantwortlich war, private Organisationen zu unterstützen, beschrieb seine eignen Erfahrungen 1967 in einem Artikel der *Saturday Evening Post* mit der Überschrift: »Ich bin froh, daß die CIA ›unmoralisch‹ ist«:

> Es war meine Idee, Irving Brown [von der amerikanischen Gewerkschaftsföderation] die $ 15000 zu geben. Er brauchte sie, um seine Abteilung von Muskelmännern in Häfen des Mittelmeers zu bezahlen, so daß der amerikanische Nachschub gegen die Opposition kommunistischer Schauerleute ausgeladen werden konnte . . . Auf [Victor Reuthers] Ersuchen fuhr ich eines Morgens nach Detroit und gab Walter [Reuther] $

50000 in 50-Dollar-Scheinen. Victor verbrauchte das Geld vornehmlich in Westdeutschland, um Gewerkschaften zu stützen ...

Ich erinnere mich noch an die riesige Freude, die ich dadurch hatte, daß das Bostoner Symphonieorchester in Paris mehr Beifall für die USA errang, als das Foster Dulles oder Dwight D. Eisenhower mit hundert Reden hätten erreichen können. Und dann war da das Magazin *Encounter*, das in England herausgegeben wurde und dem Gedanken gewidmet war, daß kulturelle Leistung und politische Freiheit von einander abhängig seien. Das Geld für die Tournee wie die Herausgabe des Magazins stammte von der CIA und nur wenige Menschen außerhalb der CIA wußten darüber Bescheid. Einen Agenten hatten wir in eine intellektuelle Organisation mit der Basis in Europa und dem Namen »Kongreß für kulturelle Freiheit« plaziert. Ein anderer Agent wurde Redakteur beim *Encounter*. Die Agenten konnten den offiziellen Führern der Organisation nicht nur antikommunistische Programme vorschlagen, sie konnten auch Wege und Mittel zur Lösung der unausweichlichen Haushaltsprobleme empfehlen. Warum sich nicht bemühen, ob man das nötige Geld von »amerikanischen Stiftungen« bekam? Wie die Agenten wußten,waren die von der CIA finanzierten Stiftungen recht großzügig, wenn es um das nationale Interesse ging.

Die kulturfreundlichen Mitarbeiter der CIA machten ernste taktische Fehler bei der Unterstützung dieser »privaten« Organisationen. Im Verlauf der Jahre wurde die Agentur an so viele Gruppen beteiligt, daß die direkte Überwachung nicht immer möglich war. Mehr noch, die Agentur verletzte eine Grundregel des Nachrichtenwesens, da sie die Operationen jeder Organisation nicht von allen anderen trennte. Als 1967 die ersten Enthüllungen über die Beteiligungen der CIA veröffentlicht wurden, stellten unternehmungslustige Journalisten bald fest, daß die finanziellen Arrangements und die Stiftungskanäle so miteinander verflochten und so stark benutzt waren, daß noch andere Gruppen aufgespürt werden konnten, die durch CIA-Mittel unterstützt worden waren. Bissell bestätigte diese technische Schlamperei, als er sagte, »... es ist völlig

klar, daß wir die Operationen stärker voneinander hätten abteilen sollen.«
In der Folge der Enthüllungen ernannte Präsident Johnson einen Sonderausschuß, der aus dem Staatssekretär des Äußeren, Nicholas Katzenbach als Vorsitzendem, CIA-Direktor Richard Helms und HEW-Sekretär John Gardner bestand und der die Beziehungen der CIA zu privaten Organisationen studieren sollte. Am 29. März 1967 empfahl der Ausschuß einstimmig – und der Präsident akzeptierte das als nationale Politik, daß »keine Behörde des Bundes direkt oder indirekt verdeckte finanzielle Hilfe oder Unterstützung an eine der nationalen Erziehungs- oder privaten freiwilligen Organisationen leisten solle«. Der Bericht besagte, daß »Ausnahmen von dieser Politik vorrangigen nationalen Sicherheitsinteressen gewährt werden konnten«, daß aber keine der damals unterstützten Organisationen in diese Kategorie gehörten. Der Katzenbach-Ausschuß stellte fest, er erwarte, daß die CIA zum großen Teil, wenn nicht völlig, ihre Bindungen bis Ende 1967 löse.
Ein Jahr später berichtete Richard Bissell jedoch dem Rat für auswärtige Beziehungen:

> Wenn die Agentur Erfolg haben soll, wird sie in einem sich ausweitenden Maß von privaten Organisationen Gebrauch machen müssen, obwohl jene Beziehungen, die »geplatzt« sind, nicht wieder angeknüpft werden können. Wir müssen unter einer stärkeren Tarnung arbeiten, mit gesteigerter Aufmerksamkeit auf die Verwendung von »Unterbrechern« (d. h. Mittelsmännern). Die Grenzfläche zwischen der CIA und dem Rest der Welt muß besser geschützt werden. Wenn sich verschiedene Gruppen nicht der Quelle ihrer Finanzierung bewußt gewesen wären, hätte der durch die Enthüllung entstande Schaden weit geringer sein können, als das der Fall war. Die Grenzfläche zwischen der CIA und verschiedenen privaten Gruppen, einschließlich der zu den Studenten und der Geschäftswelt, muß besser abgeschirmt werden.

Bissells Bemerkungen schienen in direktem Widerspruch zu der offiziellen Regierungspolitik der USA zu stehen, wie sie durch den Präsidenten festgelegt worden war. Aber Bissell, der nicht mehr

CIA-Beamter war, forderte nicht die Autorität des Präsidenten heraus und seine Zuhörer verstanden das, genauso wie sie es in der Tat verstanden, was der Katzenbach-Ausschuß empfohlen hatte. Bissell gab lediglich die allgemeine Ansicht innerhalb der CIA und des Kults des Nachrichtendienstes wieder, daß Präsident Johnson durch die Presse und die Liberalen unter Druck gesetzt worden war, gewisse Schritte zu unternehmen, um das Engagement der Agentur bei privaten Gruppen zu reduzieren; daß durch die Benennung Katzenbachs (den die CIA damals als »Freund« ansah) zum Vorsitzenden des Ausschusses und dadurch, daß der Präsident Richard Helms, den CIA-Direktor, zu seinem zweiten Mitglied gemacht hatte, die Karten zugunsten der CIA »gezinkt« hatte, daß man die Agentur sicherlich deswegen kritisieren konnte, daß es ihr bei der schlampigen Unterstützung privater Organisationen an professionellem Geschick gefehlt habe und daß der Präsident *im wesentlichen* das verdeckte Aktionsprogramm der CIA nicht zu ändern wünsche.

Als der Katzenbach-Bericht einmal erschienen war, arrangierte die CIA geheime Ausnahmen von der laut verkündeten neuen Politik. Radio Freies Europa und Radio Liberty, beide Sender der CIA, die zusammen jährlich mehr als $ 30 Millionen aus Mitteln der CIA erhielten, wurden sofort den Beschränkungen der Präsidentenanordnung entzogen. Außerdem verzögerte die CIA die Streichung der Unterstützung anderer Organisationen, deren Bindungen zur CIA enthüllt worden waren, bis man neue Methoden zu ihrer finanziellen Förderung entwickelt hatte. **So unterstützte die CIA noch 1970 eine große internationale Jugendorganisation durch eine Durchdringung, die einer der leitenden Personen der Organisation war.**

In einigen Fällen wurden Trennungsentschädigungen gezahlt, die eine Organisation für Jahre flott halten konnten.

Obwohl die CIA weitgehend mehr als fünfzehn Jahre lang ausländische Gewerkschaften unterstützt hatte und einige der Gewerkschaftstätigkeiten der Agentur durch Tom Bradens Artikel in der *Saturday Evening Post* aufgedeckt worden waren, spezifizierte der Katzenbach-Ausschuß Gewerkschaften nicht als Organisationen, die die CIA nicht finanzieren durfte. Bei der Sitzung des Rats für auswärtige Beziehungen vom Jahre 1968 auf der Bissell sprach, bemerkte Meyer Bernstein, der Direktor für internationale Angelegenheiten der Stahlarbeiter-Gewerkschaft:

. . . die Wendung der Ereignisse war unerwartet. Zuerst gab es mit den internationalen Gewerkschaftsprogrammen keine wirklichen Probleme. Tatsächlich bestand eine steigende Nachfrage nach US-Gewerkschaftsprogrammen und die Belastung unserer Kapazität war peinlich geworden. Früher wußten diese ausländischen Gewerkschaften, daß wir knapp an Mitteln waren, jetzt scheinen sie aber alle anzunehmen, daß wir Geld der CIA haben und sie erbitten noch mehr Hilfe.

Was noch schlimmer ist, Victor Reuther, der darauf angespielt hatte, daß andere CIA-Gelder erhielten und sein Bruder $ 50000 in alten Scheinen von der CIA bekommen hatte, war in der Folge durch Tom Braden aufgedeckt worden, fuhr mit seinen Beschuldigungen fort, daß die AFL-CIO CIA-Gelder erhalten habe. Hier scheint wiederum niemand zuzuhören. »Das Nettoergebnis kam der Null so nahe wie möglich. Wir sind dazu gekommen, die CIA hinzunehmen wie die Sünde«. So werden zum Beispiel British-Guyanas Gewerkschaften durch CIA-Kanäle unterstützt, jetzt aber verlangen sie mehr Hilfe als zuvor. Im Gegensatz zu unseren Erwartungen hat es so fast keinen Schaden gegeben.

In Vietnam sagten enthusiastische Angestellte der US-Botschaft in Saigon während der späten 60er Jahre mit Vorliebe, daß Tran Ngoc Buu, der »Samuel Gompers« der vietnamesischen Gewerkschaften sei. Sie sagten nicht – und wußten es wahrscheinlich nicht – ▶

◀

Bissell identifizierte auch die »private« Ausbildung und den Austausch von Personen als eine Form der verdeckten Aktion:

Oft wurden Tätigkeiten durch CIA-Kanäle initiiert, weil sie so schneller und zwangloser gestartet werden konnten, aber nicht inhärent geheim sein mußten. Ein Beispiel könnten gewisse

Personalaustausch-Programme sein, die dazu bestimmt sind, potentielle politische Führer zu identifizieren und sie etwas in den Vereinigten Staaten bekannt zu machen. Man sollte jedoch feststellen, daß viele derartige unschuldige Programme wirksamer sind, wenn sie unter privaten Auspizien durchgeführt, als wenn sie offiziell durch die US-Regierung unterstützt werden. Sei müssen nicht verdeckt sein, aber wenn sie nicht von legitimen privaten Institutionen wie etwa die Stiftungen, initiiert werden, könnte es keine Möglichkeit geben, sie zuwege zu bringen, außer durch getarnte Unterstützung von »Fassade«-Organisationen.

Er bezog sich dabei auf die sogenannten »Volk-zu-Volk«-Austauschprogramme, von denen die meisten ganz offen durch das Außenministerium, die Behörde für internationale Entwicklung (AID), die US-Informationsagentur und verschiedene private Organisationen und Stiftungen unterstützt wurden. Die CIA war auch in einem geringeren Ausmaß beteiligt und hat Ausländer mit Mitteln, die geheim an Organisationskanäle gegeben wurden, in die Vereinigten Staaten gebracht. **Bei Gelegenheit fördert die Agentur die Ausbildung ausländischer Funktionäre in den Einrichtungen einer anderen Regierungsbehörde. Ein Lieblingsplatz ist dabei die Internationale Polizeiakademie in Washington. Die Akademie wird durch die Abteilung der AID für öffentliche Sicherheit (Polizei) geleitet, die den CIA-Mitarbeitern in der ganzen Welt gewöhnlich Tarnung liefert. Und die CIA nützt die Austauschprogramme aus,** um Agenten zu rekrutieren. Obwohl man keiner systematischen Methode folgt, betrachtet die CIA Ausländer, die die USA besuchen, als legitime Ziele der Rekrutierung.

Die CIA hat im Lauf der Jahre verhältnismäßig wenig verdeckte wirtschaftliche Aktionsprogramme durchgeführt (Bissells siebte Kategorie), sie hat statt dessen die direkteren Methoden der paramilitärischen Operationen und der Propaganda vorgezogen. Außerdem waren die wirtschaftlichen Programme, die die Agentur versucht hat, nicht besonders erfolgreich. In der Mitte der 60er Jahre verwendete man japanische Investoren zu einem Versuch, die

südvietnamesische Wirtschaft aufzubauen, weil amerikanische Gesellschaften vor wesentlichen Anlagen in Südvietnam zurückscheuten. Die US-Regierung hoffte, daß die Japaner diese Lücke wenigstens teilweise schließen und schließlich die Hilfsanforderungen an die USA erleichtern würden. So versprachen Repräsentanten der CIA gewissen japanischen Geschäftsleuten, die Agentur würde das Investmentkapital zur Verfügung stellen, wenn die Japaner bereit wären, die Fassade für das Unternehmen zu bilden und die technischen Expertisen für große kommerzielle Firmen zu stellen. Nach langen detaillierten Verhandlungen stockte das Geschäft und scheiterte schließlich vollkommen.
Einige wenige Jahre vorher hatte die CIA versucht, den kubanischen Zuckerhandel als Teil ihres Programms, Fidel Castros Regime zu unterminieren, völlig zu vernichten. Zu einem Zeitpunkt schlugen Mitarbeiter der Heimlichen Dienste vor, die CIA solle große Mengen Zucker aufkaufen und sie in einem Dumping in einem gewissen fremden Land losschlagen, um so den Markt für den kubanischen Zucker zu vernichten. Dieser Plan schlug ebenfalls fehl, aber ein ernsterer Angriff auf die kubanische Zuckerwirtschaft ereignete sich im August 1962, als ein von den Sowjets gecharterter britischer Frachter im Hafen von Puerto Rico zur Reparatur in Dock ging. Der Frachter hatte kubanischen Zucker für die Sowjetunion geladen. Die Fracht wurde in einem plombierten Lagerhaus untergebracht, während sich das Schiff im Trockendock befand. CIA-Agenten brachen in das Lagerhaus ein und verschmutzten den Zucker mit einer zwar nicht giftigen, aber ungenießbaren Substanz.

Wie schon früher erwähnt, ist einer der Vorteile, die eine Geheimagentur wie die CIA einem Präsidenten bietet, der einzigartige Vorwand, die Verantwortung für seine Aktionen ablehnen zu können. So kann ein Präsident hochriskante heimliche Unternehmungen, wie ein bemanntes Überfliegen der Sowjetunion am Vorabend einer Gipfelkonferenz, eine Invasion wie die der Schweinebucht, die Durchdringungen und Manipulationen privater Jugend-, Gewerkschafts- oder kultureller Organisationen, paramilitärische Abenteuer in Südostasien oder die Einmischung in die Innenpolitik Chiles dirigieren oder billigen, ohne offen die Folgen dieser Entscheidungen übernehmen zu müssen. Wenn die heimlichen Unternehmen Erfolg haben – gut. Wenn sie fehlschlagen oder Rückwirkungen haben, muß der Präsident und sein Stab gewöhnlich lediglich der CIA die Schuld geben, um die eigene auszuschließen.

In keinem Fall hat je ein Präsident der Vereinigten Staaten den Versuch gemacht, die verdeckten Praktiken der CIA zu kritisieren oder zu verbessern. Kleinere Änderungen in den Arbeitsmethoden und Techniken wurden durchgeführt, das Weiße Haus hat aber nie grundsätzliche Änderungen in der Politik oder Praxis gefordert. Und das überrascht keineswegs: Die Präsidenten haben die CIA gern. Sie verrichtet ihre Schmutzarbeit, Arbeit, die sonst vielleicht nicht getan werden konnte. Wenn die Agentur versagt oder patzt, braucht der Präsident lediglich dementieren, schelten oder drohen.

Auf seiten der CIA ist es ein Berufsrisiko, Ziel des Tadels des Präsidenten zu sein, aber eines Risikos, dessentwegen man sich schwerlich große Sorgen macht. Es ist lediglich ein Aspekt der Tarnung, hinter der die Agentur arbeitet. Wie die anderen Aspekte der Tarnung ist es ein Teil der Täuschung. Die CIA ist sich voll darüber im klaren, daß sie in der Regierung und der amerikanischen politischen Aristokratie viel zu wichtig ist, als daß der Präsident mehr tut, als etwas daran herumzuflicken. Die CIA geht mit einem Achselzucken über ihre Fehler weg und macht sich an die Planung neuer Operationen, und zwar sicher in dem Wissen, daß das Weiße Haus ihren Angeboten, besonders von verdeckten Operationen, gewöhnlich nicht widerstehen kann – verdeckter Aktionen, die die Gestalt und den Zweck der CIA beherrschen, bestimmen und definieren. Die Führer Amerikas sind noch nicht so weit gekommen, daß sie bereit wären, auf Einmischungen in die inneren Angelegenheiten anderer Nationen zu verzichten und die Ereignisse ihren natürlichen Gang nehmen zu lassen. In diesem Land vertritt man noch weithin die Ansicht, daß Amerika das Recht und die Verantwortung habe, sich in den internen politischen Prozessen anderer Länder zu engagieren, und wenn auch der Glaube an diese Überzeugung und den doktrinären Antikommunismus in dem letzten Jahrzehnt vielleicht etwas erschüttert wurde ▶

Die CIA und die Nachrichtengemeinde

Es ist die Aufgabe des Direktors
der Central Intelligence Agency,
seinen Einfluß in den verschiedenen
zwischenministeriellen Mechanismen
nutzbar zu machen, um aus diesen diversen
Komponenten eine wahrhaft die Nation
umfassende Beurteilung zu schaffen,
die für das nationale Interesse
und nicht einer besonderen bürokratischen
Vorliebe nützlich ist. Das ist keine
leichte Aufgabe.

Harry Howe Ransom
The Intelligence Establishment

Die CIA ist groß, sehr groß – offiziell hat sie eine genehmigte Sollstärke von **16500** und ein genehmigtes Budget von **$ 750** Millionen – und selbst diese Zahlen werden eifersüchtig gehütet und gewöhnlich nur dem Kongreß verfügbar gemacht. Trotz dieser offiziellen Größe und Kosten ist die Agentur weit größer und wohlhabender, als diese Zahlen andeuten.

Die CIA weiß nicht einmal selbst, wie viele Menschen für sie arbeiten. Die Zahl **16500** spiegelt nicht die Zehntausende, die unter Vertrag für sie arbeiten (Söldner, Agenten, Berater usw.) oder die, die in den Tochtergesellschaften der Agentur Dienst tun.* Frühere Bemühungen, die Zahl der ausländischen Agenten der Agentur zu ermitteln, haben nie zu genauen Zahlen geführt, und zwar wegen der übermäßigen Geheimhaltung und der Aufteilung, die durch die Heimlichen Dienste geübt werden. Unordentliche Aufzeichnungen, oft aus »Sicherheitsgründen« absichtlich durch die Mitarbeiter durchgeführt, sind ebenfalls ein Faktor. Es gibt Ein-Fall-Agenten, die für spezifische Aufträge angeworben werden, Vertragsagenten, die für längere Zeit dienen und Berufsagenten, die ihr ganzes Arbeitsleben in den Diensten der CIA verbringen. In einigen Fällen

* Die Zahl schließt auch die Wachtruppe nicht ein, die die Gebäude und die Einrichtungen der CIA schützt, das Personal für die Erhaltung und Versorgung der Gebäude sowie die Personen, die die Kantinen der Agenturen betreuen. Der größte Teil dieses Personals gehört zur Verwaltung für allgemeine Dienste.

behält man Vertragsagenten auch dann noch, wenn ihre Brauchbarkeit längst vorbei ist. Gewöhnlich sind sie aber nur den Führungsoffizieren bekannt, mit denen sie zu tun haben. Einer der Watergate-Einbrecher, Eugenio Martinez, gehörte in diese Kategorie. Als er an jenem Tag im Juni 1972 im Watergate gefaßt wurde, erhielt er immer noch einen monatlichen Betrag von $ 100 von der Agentur für die Arbeit, die offensichtlich zu seinem geheimen Auftrag für den Ausschuß für die Wiederwahl des Präsidenten in keinerlei Beziehungen stand. Die CIA behauptet, ihn in der Zwischenzeit aus ihren Lohnlisten gestrichen zu haben.

Ein guter Teil der alljährlichen Arbeitsmittel der Agentur wird unter der Bezeichnung »Projektgeld« auf diese Weise vergeudet. Zahlungen an nicht mehr produktive Agenten sind aus mehreren Gründen gerechtfertigt: die Notwendigkeit, Operationen geheimzuhalten, auch wenn diese vor Jahren durchgeführt wurden; die vage Hoffnung, daß sich diese Agenten noch einmal nützlich erweisen könnten und die Behauptung, daß die Agentur gegenüber ihren alten »Verbündeten« eine Verpflichtung habe – ein Phänomen, das in der Agentur als »emotionelle Bindung« bekannt ist. Diese Rechtfertigung hat bei der Agentur das größte Gewicht. So stehen Hunderte, ja vielleicht sogar Tausende kubanischer, osteuropäischer und anderer kleiner, ehemaliger heimlicher Agenten immer noch in den Gehaltslisten der CIA, was den Steuerzahlern alljährlich Hunderttausende, wenn nicht Millionen Dollar kostet.

Alle Söldner und viele Offiziere in Feldeinsatz, die bei paramilitärischen Operationen der CIA verwendet werden, stehen ebenfalls im Vertragsverhältnis und treten daher nicht in der genehmigten Arbeitsstärke der Agentur in Erscheinung. Die Aufzeichnungen, die über diese Glücksritter geführt werden, sind bestenfalls Annäherungswerte. In Laos und Vietnam hatten die Heimlichen Dienste zum Beispiel eine ziemlich klare Vorstellung darüber, wie viele Stammesangehörige in ihrem Sold standen, die Operatoren waren sich aber nie der Gesamtzahl der Söldner völlig sicher, die sie über die zahlreichen Unterstützungsprogramme der Agentur finanzierten, die Fassade für einige bildete das Verteidigungsministerium, die Behörde für internationale Entwicklung und natürlich die Air America im Besitz der CIA.

Private Individuen, die im Vertrag – oder in vertraulichem

Kontakt – mit der Agentur für eine Vielzahl von Aufgaben stehen, die nichts mit militärischen oder Spionagedingen zu tun haben, sind ebenfalls aus den Gesamtsummen des Personals ausgelassen, nirgends werden Gesamtaufzeichnungen über ihre Anstellung aufbewahrt.* Als jedoch 1967 die Rolle der CIA an den amerikanischen Universitäten wegen der peinlichen Enthüllungen über die National Students Association einer scharfen Prüfung unterzogen wurde, bat Helms den Stab festzustellen, wieviel Universitätsangehörige unter geheimem Vertrag bei der CIA standen. Nach mehrtägigen Untersuchungen berichteten hohe CIA-Beamte, sie könnten die Antwort nicht herausfinden. Helms ordnete eine sofortige genauere Studie der Situation an und nach mehr als einem Monat Suche in allen Aufzeichnungen der Agentur wurde Helms ein Bericht eingereicht, der Hunderte von Professoren und Verwaltungsbeamten an über einhundert Universitäten aufführte. Die Stabsoffiziere, die den Bericht zusammengestellt hatten, wußten jedoch, daß ihre Arbeit unvollständig war. Nach Monaten wurde eine weitere Verbindung zu einer Universität in der Presse aufgedeckt. Der Kontakt stand nicht in der Liste, die für den Direktor zusammengestellt worden war.

Genauso schwierig wie die Aufgabe, die Vertragsangestellten der Agentur zu addieren, ist die, auszurechnen, wie viele für die Besitz- und Tochtergesellschaften arbeiten. Das CIA-Hauptquartier konnte beispielsweise nie genau feststellen, wie groß die Zahl der Flugzeuge der Tochtergesellschaften in ihrem Besitz ist, die Personalzahlen dieser Tochtergesellschaften sind ebenso ungenau. Eine Holdinggesellschaft der **Agentur,** die Pacific Corporation, die auch die Air America und Air Asia umfaßt, beschäftigt allein 20000 Menschen mehr als die **CIA.** Jahrelang wurde diese weite Aktivität durch einen einzigen Vertragsagenten, George Doole, beherrscht und kontrolliert, der später in den Rang eines Berufsbeamten befördert wurde. Selbst dann wurde seine Arbeit nur von einem einzigen höheren Beamten in Teilzeitarbeit beaufsichtigt, der sich beklagte, »er wisse zum Teufel nicht, was hier eigentlich vorgeht«.

* Versuche, die gesamte Beschäftigungsliste der CIA zu komputerisieren, wurden von Direktor Helms frustriert und schließlich vereitelt, der in diesem Versuch eine potentielle Verletzung der Arbeitssicherheit sah.

Größe und Kosten der CIA
(angenäherte Werte)

	Personal	$ Millionen
Büro des Direktors	400	10
Heimliche Dienste	6000	440
(Direktorium der Operationen)		
Spionage, Gegenspionage	(4200)	(180)
Verdeckte Aktionen	(1800)	(260)
Direktorium für Management		
und Dienstleistungen	5300	110
Kommunikationen	(2000)	(70)
Andere Unterstützung	(3300)	(40)
Direktorium für Nachrichten	3500	70
Analyse	(1200)	(50)
Informationsaufbereitung	(2300)	(20)
Direktorium für Wissenschaft		
und Technik	1300	120
Technische Sammlung	(1000)	(50)
Forschung und Entwicklung	(300)	(70)
	16500*	750**

* Fast 5000 Angehörige der CIA dienen in Übersee, die Mehrzahl (60–70%) sind Angehörige der Heimlichen Dienste. Von dem Rest sind die meisten Kommunikationsoffiziere und anderes Hilfspersonal.
** Nicht eingeschlossen der Kontingent-Fonds des Direktors.

Im vollen Bewußtsein, daß die Agentur zwei- oder dreimal größer ist, als es den Anschein hat, hat die CIA-Führung laufend versucht, ihre Größe herunterzuspielen. Unter dem Direktorat von Richard Helms hatte die Agentur Berufspersonal in einer Höchstzahl von **18000.** Die Verwaltungsbeamten der CIA bemühten sich sehr, die Gesamtsumme von Angestellten um 200 bis 300 unter der genehmigten Stellenzahl zu halten. Selbst auf dem Höhepunkt des Vietnamkriegs, als die meisten nationalen Sicherheitsbehörden die Zahl ihrer Mitarbeiter steigerten, löste die CIA ihre wachsenden Bedürfnisse durch geheime Verträge und erweckte so den trügerischen Eindruck, es bestehe ein Mangel an Personal. Andere bürokratische Spielregeln wurden ebenfalls angewandt, um den genehmigten Höchststand von **18000** zu halten. Ältere Beamte wurden oft unmittelbar nach ihrem Ausscheiden und dem Empfang von Regierungspensionen auf Vertragsbasis wieder eingestellt. In Übersee wurden oft Ehefrauen auf Vertrag eingestellt, um Sekretärinnendienste zu leisten.

Genauso wie die Personalzahl trügt, stellt die Budgethöhe einen großen Teil des Kriegsschatzes der CIA nicht in Rechnung. Die Tochtergesellschaften der CIA verdienen oft Geld und liefern so der Vatergesellschaft »kostenlose« Dienste. Das Musterbeispiel für dieses Phänomen sind die Fluggesellschaften (Air America, Air Asia und andere), die in der Holdinggesellschaft der CIA, der Pacific Corporation organisiert sind und dadurch, daß sie so viele private Geschäfte wie möglich durchführen und die Profite immer wieder investieren, größer geworden sind als die CIA selbst. Diese Gesellschaften erarbeiten alljährlich Gewinne von -zig Millionen Dollar. Diese Zahlen sind jedoch ungenau, weil die Buchhalter der Agentur normalerweise keine detaillierte Abrechnung über ihre Tätigkeit fordern. In der Praxis führen die Tochtergesellschaften ihre eigenen finanziellen Angelegenheiten mit einem Minimum an Aufsicht durch das Hauptquartier der CIA durch. Nur wenn eine Tochtergesellschaft Mittel etwa zur Vergrößerung ihrer Flugzeugflotte braucht, ersucht sie die Agentur um Geld. Andernfalls kann sie ihre Gewinne verwenden, wie es ihr beliebt. In dieser Atmosphäre tendieren die Tochtergesellschaften dazu, auf eigene Faust zu leben und mehrere sind inzwischen zu groß und zu unabhängig geworden, als daß sie von ihrem Hauptquartier noch kontrolliert oder aufgelöst werden könnten.

Auf ähnliche Weise führt das Jahresbudget der CIA nicht die jährlichen Zuweisungen des Pentagons an die CIA auf, die sich auf Hunderte von Millionen Dollar belaufen, um gewisse große technische Spionageprogramme und besonders kostspielige heimliche Tätigkeiten zu finanzieren. So hat beispielsweise das Direktorium der CIA für Wissenschaft und Technologie lediglich einen Jahreshaushalt von etwas über **$ 100 Millionen, tatsächlich gibt es im Jahr jedoch über $ 500 Millionen aus. Die Differenz wird zum großen Teil von der Luftwaffe beigesteuert, die für die gesamte Aufklärung von oben für die gesamte US-**

Nachrichtengemeinde verantwortlich ist. Des weiteren führten die Heimlichen Dienste in Laos für mehr als ein Jahrzehnt einen »geheimen« Krieg mit einem jährlichen Kostenaufwand von annähernd $ 500 Millionen. Und doch finanzierte die CIA selbst jährlich lediglich zehn Prozent dieses Betrages. Den Hauptteil der Kosten bezahlten andere US-Behörden, in erster Linie das Verteidigungsministerium – aber auch die Behörde für internationale Entwicklung.

Im vollen Bewußtsein dieser zusätzlichen Einkommensquellen sagte der Chef für Planung und Programmierung vor einigen Jahren ehrfurchtsvoll, daß der Direktor nicht lediglich eine *Multimillionen*-Dollarbehörde, sondern tatsächlich ein *Multimilliarden*-Konglomerat leitet – und das praktisch ohne Beaufsichtigung von außen.

In Begriffen des finanziellen Besitzes ist die CIA nicht nur reicher, als es das offizielle Jahresbudget widerspiegelt, sie ist eine der wenigen Bundesbehörden, die keine Knappheit an Mitteln aufweist. Tatsächlich hat die CIA mehr Geld als sie braucht. Seit ihrer Errichtung im Jahre 1947 hat die CIA fast jedes fiskalische Jahr mit einem Überschuß abgeschlossen – und sie gibt sich große Mühe, diesen Überschuß vor einer möglichen Aufdeckung durch das Büro für Management und Budget (OMB) oder den Überwachungs-Unterausschuß des Kongresses zu verbergen. Das Risiko einer Entdeckung ist jedoch nicht groß, da das OMB und der Unterausschuß gewöhnlich sehr freundlich und nachsichtig sind, wenn sie sich mit der CIA befassen. Trotzdem transferieren die Buchhalter der Agentur alljährlich auf Anweisung der obersten Führung der Organisation die überschüssigen Mittel auf die Konten der Hauptkomponenten der CIA, mit der Maßgabe, daß das Geld zur Verfügung gehalten wird, wenn es vom Büro des Direktors angefordert wird. Die Übung, diese Extradollars »wegzuräumen«, erscheint angesichts der Tatsachen besonders unnötig, daß die Agentur etwa **$ 50 bis $ 100 Millionen** für unerwartete Ausgaben auf einem Konto mit der Bezeichnung Kontigent-Fonds des Direktors auf Abruf bereitliegen hat.

Der Kontigent-Fonds des Direktors wurde durch einen Gesetzgebungsakt eingerichtet, der in dem amerikanischen System einzigartig ist. Nach dem Central Intelligence Agency Act von 1949 erhielt der Direktor des Zentralen Nachrichtenwesens (DCI) das Privileg,

Mittel auszugeben »ohne Rücksicht auf die Vorschriften von Gesetz und Regulierungen in bezug auf die Ausgabe von Regierungsmitteln für Objekte vertraulicher, außergewöhnlicher oder durch Notfälle bedingter Natur; solche Ausgaben sollen nur durch die Bestätigung des Direktors abgerechnet werden . . .« In der Vergangenheit wurde der Fonds ▶

◀ **Es gab aber Zeiten, in denen der Fonds für den höchst fragwürdigen Zweck verwendet wurde, Kosten zu bezahlen, die durch andere Regierungsbehörden verursacht wurden.**
1967 versprach Verteidigungsminister Robert McNamara norwegischen Regierungsstellen, die US-Regierung würde sie mit einer neuen Luftabwehrausrüstung versorgen, die mehrere Millionen Dollar kostete. McNamara erfuhr in der Folge, daß diese Ausrüstung in den Arsenalen des Pentagon nicht zur Verfügung stand und eigens für Norwegen gekauft werden müsse. Man informierte ihn auch, daß infolge der hohen Kosten des Vietnamkriegs (für den das Verteidigungsministerium beim Kongreß um zusätzliche Bewilligungen von Geldern nachsuchte), Mittel für die Beschaffung der Luftabwehrausrüstung nicht unmittelbar zur Verfügung stünden. Weitere Komplikationen ergaben sich aus der Tatsache, daß der Minister damals eine Auseinandersetzung mit einigen Kongreßmitgliedern wegen der Militärhilfe für das Ausland hatte. Deshalb beschloß man, nicht offen um die Mittel für die kleine, aber potentiell kritische Verpflichtung gegenüber den Norwegern nachzusuchen. **Statt dessen bat das Pentagon die CIA (mit Billigung des Weißen Hauses), das für den Ankauf der Verteidigungsausrüstung nötige Geld zur Verfügung zu stellen. Die Mittel wurden insgeheim an das Verteidigungsministerium überwiesen**▶

◀ Im gleichen Jahr reiste Präsident Johnson nach Punta del Este, einem todschicken Kurort in Uruguay, zu einem der Treffen der Organisation amerikanischer Staaten (OAS). Er bewirtete die Staatsmänner auf eine verschwenderische Art, die er offensichtlich für den Präsidenten der Vereinigten Staaten für angemessen hielt und verteilte dabei kostbare Geschenke und Souvenirs. Dabei überschritt LBJ bei weitem die Repräsentationsbeträge, die das Außenministerium für diese Konferenz festgesetzt hatte. Als sich das Ministerium in der peinlichen Lage sah, die Rechnungen des Präsidenten wegen seiner knappen Finanzlage nicht bezahlen zu können (diese knappe Finanzlage war zum Teil der Sparsamkeit zuzuschreiben, die LBJ von der Bundesbürokratie gefordert hatte, um den Krieg in Vietnam bezahlen zu helfen), zögerte es, den Kongreß um weitere Mittel zu ersuchen. Kongreßmann John Rooney aus Brooklyn, der seit Jahren fast allein die Bewilligungen des Außenministeriums kontrolliert hatte, hatte seit Jahren die Repräsentationsmittel (genannt das »Saufgeld«) der amerikanischen Diplomaten heftig kritisiert. Um sich nicht Rooneys Zorn stellen zu müssen, wandte sich das Außenministerium lieber an die CIA und man benützte den Kontigent-Fonds des Direktors, um die Feste des Präsidenten in Punta del Este zu bezahlen.

Aus irgendwelchen Gründen, vielleicht wegen der allgemeinen Anschauung innerhalb der CIA, daß ihre Operationen über dem Gesetz ständen, hatte die Agentur zu fiskalischen Spielchen tendiert, die andere Regierungsbehörden nicht im Traum gewagt hätten. Ein Beispiel betrifft die Verwendung der Agentur von dem Pensionsfonds ihrer Angestellten, gewissen Übertragungskosten von Agenten und Vertragsangestellten und dem Kapital der Kreditunion der CIA machte, um auf dem Aktienmarkt zu spekulieren. Mit Billigung der obersten CIA-Führung hat eine kleine Gruppe hoher CIA-Beamter jahrelang geheim die Handhabung dieser Mittel beaufsichtigt und sie in Aktien investiert, und zwar in der Hoffnung, daß man dabei größere Gewinne erzielen würde als durch die traditionell niedrigen Zinsen der Bank-Depots und Schatzanweisungen des Finanzministeriums. Ursprünglich arbeitete die Investmentgruppe, die aus Wirtschaftlern, Buchhaltern und Anwälten der CIA bestand, mit einer etablierten Maklerfirma in

Boston zusammen, die die letzten Entscheidungen über die Investierungen traf. Vor mehreren Jahren erwiesen sich die Bostoner aber als zu konservativ für die Investoren der Agentur, von denen einige mit ihren eigenen Brieftaschen fettere Profite erzielten. Die CIA-Gruppe entschied, sie könne mehr erreichen, wenn sie ihre Aktion selbst aussuchte, die Maklerfirma erhielt also lediglich den tatsächlichen Aktienhandel (der natürlich immer noch ein hübscher Auftrag war). Binnen weniger Monate verdienten die Investoren der Agentur mehr als je zuvor. Die Gewinne wurden vermutlich in die Pensions-Übertragungs- und Kreditunionfonds zurückgeleitet.*
1968 informierte Senator Richard Russell, Georgia, der damalige Vorsitzende des Gemeinsamen Unterausschusses des Senats für die Überwachung der Tätigkeiten des CIA, Direktor Helms privat, daß es bei der steigenden Skepsis einiger Senatoren eine gute Idee sei, wenn die CIA ihre finanziellen Prozeduren durch eine unabhängige Behörde überprüfen lasse. So würde, Russells Ansicht nach, gewissen Kritikern aus dem Senat, die vielleicht in Erwägung zögen, die besonderen fiskalischen Privilegien der Agentur anzugreifen, von vornherein der Boden unter den Füßen entzogen. Senator Russell schlug die Namen einiger Privatleute vor, die bereit sein könnten, diese Aufgabe für die CIA zu übernehmen. Nach einer Rücksprache mit seinen höheren Beamten beschloß Helms, Wilfred McNeil, damals Präsident der Grace-Schiffahrtslinien, zu bitten ▶

◀ als vertraulicher Prüfer der Budgetpraktiken der Agentur zu fungieren. McNeil, ein ehemaliger Admiral und

* Die Investment-Praktiken der CIA-Gruppe bei Gesellschaften mit Holdings in Übersee werfen einige interessante Fragen über »Inside«-Informationen auf. Hätte die CIA-Gruppe die Anaconda Copper 1970 verächtlich gemacht, wenn die Agentur erkannt hätte, daß ihre verdeckten Versuche, Salvador Allende an der Übernahme der Präsidentschaft zu hindern, fehlschlugen? Oder 1973, als Direktor James Schlesinger beschloß, William Broe, den ehemaligen Chef der Abteilung Westliche Hemisphäre der Heimlichen Dienste, vor dem Senatsausschuß für auswärtige Beziehungen aussagen und die Rolle der ITT beschreiben zu lassen, als sie versuchte, eine CIA-Aktion gegen Allende zu provozieren – wäre da die Investmentgruppe nicht versucht gewesen, ihre ITT-Aktien abzustoßen (falls sie welche hatte)?

Kontrolleur für das Verteidigungsministerium war Helms' Ansicht nach politisch und auch sonst für den Auftrag ideal geeignet.
McNeil übernahm den Auftrag und kam bald darauf zu einer vollen Überprüfung der empfindlichsten Prozeduren der Agentur – einschließlich eines Berichts über die Methoden, die beim Ankauf und der »Wäsche« von Währung auf dem internationalen Schwarzmarkt angewendet wurden. Man berichtete ihm von dem neuen Planungs-, Programmierungs- und Budgetsystem, das nach den von Robert McNamara im Verteidigungsministerium eingeführten Neuerungen modelliert war. Fachleute berichteten McNeil, wie Mittel für neue Operationen innerhalb der Agentur genehmigt wurden. Er erfuhr, daß die Agentur ein Gleitmaßstabsystem für die Billigung neuer Projekte oder die periodische Erneuerung von laufenden unterhielt; Spionage-Operationskosten bis zu $ 10000 konnten von den Operatoren im Einsatz bewilligt werden, progressiv teuere Operationen erforderten die Billigung der Unterabteilungs- oder Abteilungschefs und schließlich die des Chefs der Heimlichen Dienste. Operationen mit Kosten von mehr als $ 100000 wurden schließlich von dem Direktor persönlich genehmigt. McNeil erfuhr auch von dem internen Rechnungsprüfungssystem der Agentur, das verhindern sollte, daß Mitarbeiter im Einsatz die geheimen Mittel mißbrauchten.
McNeils Reaktion auf die lange und detaillierte Einweisung war, daß er sein Erstaunen über das Ausmaß des CIA-Finanzsystems ausdrückte und daß er die angewandte Abrechnungspraxis lobte. Als man ihn fragte, wann und wo er intensiv an dieser Arbeit beginnen wolle, äußerte er höflich Bedenken und ging – um nie wieder zurückzukehren. Etwa einen Monat später erfuhr ein CIA-Beamter, der im Büro des Direktors arbeitete, McNeil habe hinsichtlich des Projekts gewisse böse Ahnungen gehabt und daher den Rat des früheren Agenturdirektors William Raborn eingeholt, der seinerseits seine Zweifel hinsichtlich der Zuverlässigkeit der Spitzenbeamten der CIA hegte. Raborn hatte augenscheinlich McNeil davon abgeraten, sich an einer derartigen Prüfung zu beteiligen. Was aber die CIA anlangte, so war Senator Russells Ersuchen nach einer unabhängigen Rechnungsprüfung erfüllt worden, da die fiskalischen Praktiken der Agentur von einem qualifizierten Außenseiter studiert worden waren, der Verbesserun-

gen nicht für nötig gehalten hatte. Jetzt ließ man die ganze Sache fallen.

Organisation

Die CIA ist säuberlich in fünf verschiedenen Teilen organisiert: in ein relativ kleines Büro des Direktors und vier funktionelle Direktorien, deren größtes das Direktorium für Operationen (intern als die Heimlichen Dienste bekannt) ist. Das Hauptgebäude beherbergt die zwei einzigen politisch ernannten Direktoren der CIA, den Direktor des Zentralen Nachrichtenwesens (DCI – Director of Central Intelligence) und den Stellvertretenden Direktor (DDCI – Deputy Direktor of Central Intelligence) sowie ihre unmittelbaren Stäbe. Organisatorisch, aber nicht physisch, in das Büro des Direktors eingeschlossen sind zwei Komponenten, die dem DCI in seiner Rolle als Chef der US-Nachrichtengemeinde assistieren. Die eine ist eine kleine Gruppe hoher Analytiker, die aus der CIA und den anderen Agenturen der Gemeinde geholt wurden und die die »Blaubücher«, die Nationalen Nachrichtenbeurteilungen über Themen wie etwa die sowjetische Verteidigungskapazität, die Entwicklung chinesischer Langstreckenraketen und die politischen Aussichten für Chile vorbereitet.* Die andere ist das Beratende Komitee für Nachrichtenquellen, eine 1971 geschaffene Gruppe, die dem Direktor bei seinen Bemühungen, die $ 6 Milliarden-Nachrichtengemeinde zu managen und in Stromlinienform zu bringen, Stabshilfe leisten.

Das Beratende Komitee für Nachrichtenquellen, schon längst der Traum jener Nachrichtendienstler, die glauben, daß die US-Nachrichtengemeinde zu groß und zu unwirksam sei, hat sich bisher als so etwas wie ein Alptraum erwiesen. Statt sinnlose und überflüssige Tätigkeiten innerhalb des US-Nachrichtenwesens zu eliminieren, wurde es in ein Vehikel für die militärischen Nachrich-

* Diese hochrangigen Analytiker heißen Nationale Nachrichtenoffiziere (und manchmal bei ihren Kollegen innerhalb der Gemeinde die »weisen Männer«). Die Gruppe hat das Komitee für nationale Beurteilungen ersetzt, eine größere und formalisiertere Gruppe von hohen Nachrichtenoffizieren, die die Vorbereitung nationaler Beurteilungen beaufsichtigten.

tenbehörden umgewandelt, um deren bereits allzu ehrgeizige Sammelprogramme zu rechtfertigen und noch auszuweiten. Auf ähnliche Weise haben erfahrene Fachleute das kürzliche Aufpolieren des Komitees für nationale Beurteilungen unter dem gegenwärtigen Direktor William Colby als einen »Ausverkauf« an die Macht des Pentagons charakterisiert, der teilweise durch den Druck des Stabs des Nationalen Sicherheitsrats unter Henry Kissinger verursacht wurde. Unter Colby wurde das Komitee sowohl an Prestige wie an Unabhängigkeit geschmälert; es geriet unter den erstickenden Einfluß von Militärs, deren erste Treue mehr den Diensten gilt, aus denen sie kommen, als der Produktion von objektiv ausgewogenen Nachrichtenbewertungen für die Macher der Politik.

Die anderen Komponenten des Büros des Direktors umfassen die, die man traditionsgemäß in Regierungsbürokratien findet: Presseoffiziere, juristische Berater, Verbindungsmänner zum Kongreß und so weiter. Nur zwei verdienen besondere Erwähnung: das Kabelsekretariat und der Historische Stab. Das Kabelsekretariat wurde 1950 auf das Drängen des Direktors General Walter Bedell Smith eingerichtet. Als Smith, ein erfahrener militärischer Stabsoffizier, erfuhr, daß die Kommunikationen der Agentur, besonders die zwischen dem Hauptquartier und den verdeckten Feldstationen und Basen durch die Heimlichen Dienste kontrolliert wurden, forderte er sofort eine Änderung des Systems. »Die Operatoren werden nicht entscheiden, welche geheimen Informationen ich sehen will und welche nicht«, soll er gesagt haben. So wurde das Kabelsekretariat oder die Botschaftenzentrale der unmittelbaren Autorität des Direktors unterstellt. Seither haben die Operatoren jedoch andere Wege gefunden, wenn sie es für nötig hielten, ihre heißesten Kommunikationen nicht über den Bereich der Geheimen Dienste hinaus gelangen zu lassen.

Der Historische Stab ist einer der cleversten Versuche der CIA, die Geheimhaltung zu wahren, von der die Organisation lebt. Vor mehreren Jahren lud die Agentur Offiziere, die in Pension gingen, ein, ein oder zwei weitere Jahre in der Agentur zu bleiben – auf Vertragsbasis und bei regulärer Bezahlung – und ihre offiziellen Memoiren zu schreiben. Das Produkt ihrer Bemühungen ist natürlich streng klassifiziert und eng beschränkt. In den Augen der Agentur ist das weit besser, als daß ihre ehemaligen Angehörigen

Die Organisation der CIA

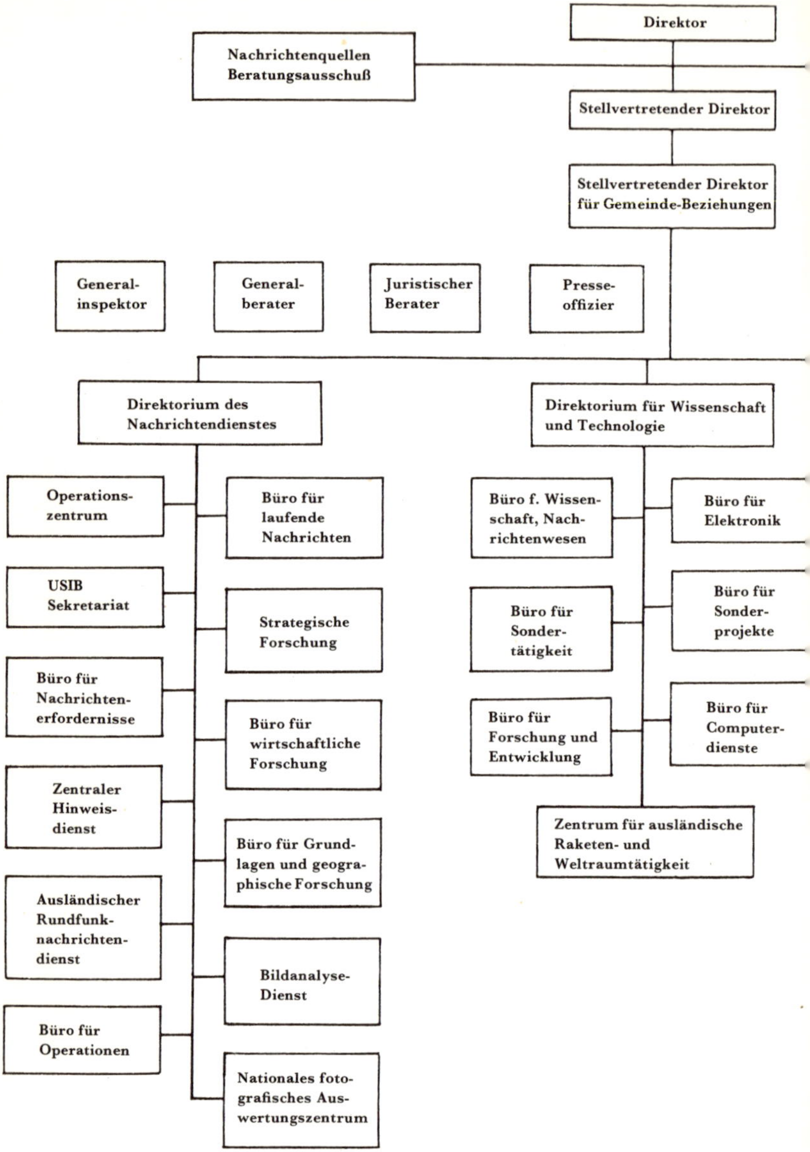

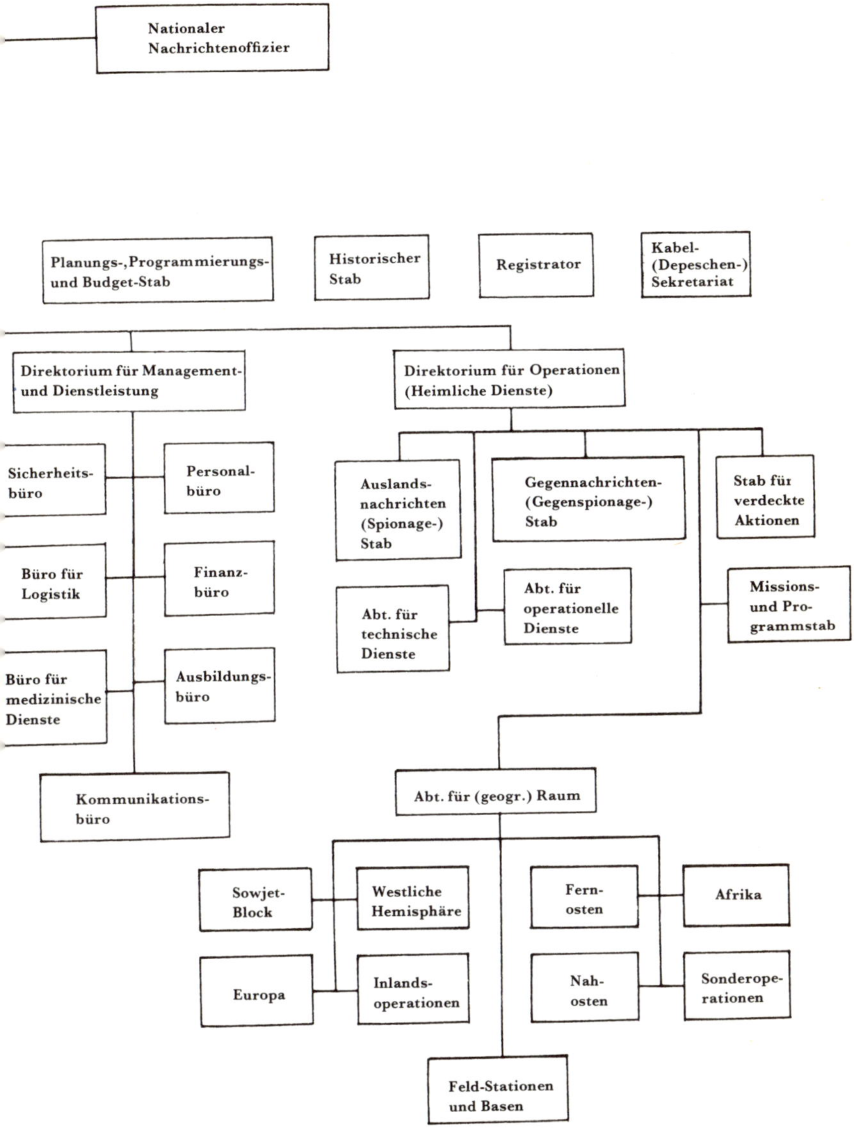
Nationaler Nachrichtenoffizier
Planungs-, Programmierungs- und Budget-Stab
Historischer Stab
Registrator
Kabel- (Depeschen-) Sekretariat
Direktorium für Management- und Dienstleistung
Direktorium für Operationen (Heimliche Dienste)
Sicherheits-büro
Personal-büro
Büro für Logistik
Finanz-büro
Büro für medizinische Dienste
Ausbildungs-büro
Kommunikations-büro
Auslands-nachrichten (Spionage-) Stab
Gegennachrichten- (Gegenspionage-) Stab
Stab für verdeckte Aktionen
Abt. für technische Dienste
Abt. für operationelle Dienste
Missions- und Pro-grammstab
Abt. für (geogr.) Raum
Sowjet-Block
Westliche Hemisphäre
Fern-osten
Afrika
Europa
Inlands-operationen
Nah-osten
Sonderope-rationen
Feld-Stationen und Basen

offen darüber schreiben, was während ihrer Laufbahn in der CIA wirklich geschah.

Das größte der vier Direktorien der CIA ist das Direktorium für Operationen oder die Heimlichen Dienste, das etwa **6000** Professionals und Angestellte hat. Das Verhältnis zwischen Professionals – hauptsächlich Operationsoffizieren und Angestellten, besonders Sekretärinnen – beträgt ungefähr zwei zu eins. Annähernd 45 Prozent des Personals der Heimlichen Dienste sind in Übersee stationiert, die große Mehrheit benützt dabei eine amtliche Tarnung, das heißt, sie posieren als Vertreter des Außen- oder des Verteidigungsministeriums. Etwa zwei von drei Personen in den Heimlichen Diensten sind mit allgemeinen Nachrichtentätigkeiten befaßt – mit Verbindungsarbeit, Spionage und Gegenspionage –, der Rest konzentriert sich auf die verschiedenen Formen von verdeckten Operationen. Trotz des geringen personellen Einsatzes bei verdeckten Aktionen kosten diese Interventionen in die inneren Angelegenheiten fremder Länder etwa noch einmal halb so viel mehr wie Spionage und Gegenspionage – **$ 260 Millionen gegen $ 180 Millionen jährlich.** Die größeren Kosten für verdeckte Aktionen erklären sich durch die höheren Ausgaben für die Bezahlung paramilitärischer Operationen und die Unterstützung von politischen Parteien, Gewerkschaften und anderen internationalen Gruppen.

Die Heimlichen Dienste sind in fünfzehn getrennte Bereiche aufgeteilt, aber ihre Praxis hält sich nicht an die sauberen Linien eines Organisationsplans. Die Ausnahmen sind die Regel. Gewisse heimliche Tätigkeiten, für die für einen Außenstehenden logischerweise der eine Bereich zuständig wäre, werden oft durch einen anderen ausgeführt: Gründe sind politische Empfindsamkeiten, ein Bedürfnis nach Geheimhaltung, das noch größer ist als allgemein schon üblich, eine bürokratische Aufteilung oder ganz einfach die Tatsache, daß man es schon immer so gemacht hat.

Die Hauptmasse des Personals der Heimlichen Dienste, etwa **4800** arbeiten in den sogenannten (geographischen) Raum-Abteilungen, und zwar sowohl im Hauptquartier wie in Übersee. Diese Abteilungen entsprechen ungefähr den geographischen Büros des Außenministeriums – eine logische Aufgliederung, da die meisten Operatoren der CIA in fremden Ländern unter der Tarnung des Außenministeriums arbeiten. Die größte Raumabteilung ist der Ferne Osten (etwa **1500** Personen), in abnehmender Größe folgen Europa (nur Westeuropa), die Westliche Hemisphäre (Lateinamerika plus Kanada), der Nahe Osten, der Sowjetblock (Osteuropa) und Afrika (mit einem Stab von nur **300**). Die Befehlskette reicht vom Chef der Heimlichen Dienste zu den Chefs der Raumabteilungen, dann nach Übersee zu den Chefs der Stationen (COS) und ihren Basenchefs (COB).

Die Stationen und Basen der CIA rings um die Welt dienen als die prinzipiellen Hauptquartiere für verdeckte Aktionen in den Ländern, in denen sie sich befinden. Die Station ist gewöhnlich in der US-Botschaft in der Landeshauptstadt untergebracht, während die Basen in anderen großen Städten oder amerikanischen oder ausländischen Militärbasen stationiert sind. In Westdeutschland befindet sich beispielsweise der größte Ort für Operationen, die Station, in Bonn; der Stationschef gehört zum Stab der amerikanischen Botschaft. Untergeordnete Basen befinden sich in ▶ ◀ und einigen anderen Städten zusammen mit einigen anderen Basen unter amerikanischer militärischer Tarnung, die über Deutschland verteilt sind.

Die Abteilung der Heimlichen Dienste für Operationen im Inland ist im wesentlichen eine Raumabteilung, sie führt ihre mysteriösen heimlichen Tätigkeiten aber in den USA und nicht in Übersee durch. Ihr Chef – wie die anderen Chefs von Raumabteilungen ist er das zivile Äquivalent eines Zwei- oder Drei-Sterne-Generals – arbeitet in einem Büro in der Stadtmitte von Washington, nur zwei Häuserblocks vom Weißen Haus entfernt. Der Washingtoner Station unterstellt, arbeiten Basen in anderen großen amerikanischen Städten.

In den Heimlichen Diensten befinden sich auch drei Stäbe: Spionage, Gegenspionage und verdeckte Aktionen, die die Arbeitspolitik in ihren Spezialbereichen überwachen und den Raumabteilungen und den Feldelementen Hilfe gewähren. Bei einer Operation beispielsweise, die eine gefärbte Nachrichtengeschichte in einer chilenischen Zeitung plazieren will, könnten Propagandaexperten im Stab für verdeckte Aktionen einen Artikel in Zusammenarbeit mit dem chilenischen Mitarbeiter der Abteilung Westliche

Hemisphäre planen. Eine **CIA-Tochtergesellschaft,** wie etwa ▶ ◀ könnte dazu verwendet werden, um die Geschichte zu schreiben und nach Chile zu übermitteln, damit man sie nicht direkt der Agentur zuschreiben kann, dann könnte einer der Operatoren in Chile, der in der Botschaft in Santiago arbeitet, durch einen seiner Durchdringungsagenten in der Presse sicherstellen, daß der Artikel gedruckt wird.
Während die meisten CIA-Operationen im Ausland durch die Raumabteilungen erledigt werden, führen die Arbeitsstäbe, besonders der Stab für verdeckte Operationen, auch unabhängige Tätigkeiten durch.
Die Abteilung für Sonderoperationen ist so etwas wie Mischung zwischen den Raumabteilungen und den Arbeitsstäben. Ihre Hauptaufgabe ist es, die militärischen »Werte« für paramilitärische Unternehmen bereitzustellen, hauptsächlich das vertragliche Menschenmaterial (Söldner oder ausgeliehene Soldaten), das Material und auch die Expertisen zur Durchführung der Arbeit. Ihre Operationen werden jedoch organisatorisch dem Stationschef des Landes unterstellt, in dem sie durchgeführt werden.
Die restlichen drei Bereiche der Heimlichen Dienste leisten den Bereichen, die die Operationen durchführen technische Hilfe. Es sind: der Stab für Missionen und Programme, der einen großen Teil der bürokratischen Planung und Budgetisierung für die Heimlichen Dienste übernimmt und die Rechtfertigung für geheime Operationen zu Papier bringt, die dann dem 40er-Ausschuß zur Billigung vorgelegt wird. Die Operationelle Dienstleistungsabteilung, die unter anderem Tarnarrangements für heimliche Offiziere aufstellt und die Abteilung für Technische Dienste, die in ihren eigenen Laboratorien die Instrumente des Spionagegewerbes herstellt – Miniaturkameras, Tonbandgeräte, Geheimschriftkästen und so weiter.

Das Direktorium für Management und Dienstleistungen (früher das Nachschubsdirektorium) ist die Verwaltungs- und Haushaltsabteilung der CIA. Der größte Teil seines Budgets und seines Personals ist jedoch für die Unterstützung der Heimlichen Dienste bei der Durchführung von verdeckten Operationen bestimmt. (Innerhalb der Agentur wird dieses Direktorium ab und zu als »Sklavendirektorium« bezeichnet.) Verschiedene Formen von Unterstützung erhalten auch das Direktorium des Nachrichtenwesens und das Direktorium für Wissenschaft und Technologie; diese beiden Bereiche benötigen im allgemeinen jedoch kaum etwas, was über Routine-Verwaltungsaufgaben hinausgeht. Verdeckte Operationen erfordern jedoch eine starke Unterstützung und das Direktorium trägt zusätzlich zur normalen Verwaltungshilfe zur Unterhaltung auf Gebieten wie der Kommunikation, der Logistik und der Ausbildung bei.

Das Finanzbüro des Direktoriums für Management und Dienstleistungen unterhält Einsatzeinheiten in Hongkong, Beirut, Buenos Aires und Genf, die leichten Zugang zu den internationalen Geldmärkten haben. Das Finanzbüro versucht, immer einen reichhaltigen Vorrat an Weltwährungen für zukünftige heimliche Operationen bereitzuhalten. Viele der Käufe erfolgen auf illegalen schwarzen Märkten, auf denen gewisse Währungen billig zu erhalten sind. In einigen Fällen, am bemerkenswertesten im Fall des südvietnamesischen Piasters, belaufen sich die Schwarzmarktkäufe in einer einzigen Währung jährlich auf Millionen von Dollar.

Das Sicherheitsbüro liefert den physischen Schutz für heimliche Installationen sowohl in der Heimat wie im Ausland. Es führt Polygraphen-(Lügendetektor-)Tests für alle CIA-Angestellten und das Vertragspersonal und die meisten ausländischen Agenten durch. Das Büro für medizinische Dienste heilt die Krankheiten (geistige wie physische) des CIA-Personals indem es »gesiebte« Psychiater und Ärzte für die Behandlung von Beamten der Agentur zur Verfügung stellt; es analysiert in Aussicht genommene und bereits rekrutierte Agenten und arbeitet »psychologische Profile« ausländischer Führer aus (Einmal, 1971, auf Ersuchen der Watergate-»Klempner« auch ein Profil von Daniel Ellsberg).

Das Büro für Logistik betreut die Waffen und anderen Lager der Agentur sowohl in der Heimat als auch in Übersee, liefert normale Büroausstattungen und Möbel, genau so wie das esoterischere heimliche Material an ausländische Stationen und Basen, und verrichtet auch andere Hausarbeiten. Das Büro für Kommunikationen, das über 40 Prozent der über **5000** Laufbahnbeamten des Direktoriums für Management und Dienstleistungen beschäftigt, unterhält Einrichtungen für die geheime Kommunikation zwischen dem CIA-Hauptquartier und den Hunderten von Stationen und Basen in Übersee. Auf einer Rückzahlungsbasis leistet es diese Dienste auch für das Außenministerium und die meisten seiner Botschaften und Konsulate. Das Ausbildungsbüro leitet die Ausbildungseinrichtungen der Agentur an vielen Orten überall in den Vereinigten Staaten und auch einige in Übersee. Das Büro für Kommunikationen jedoch leitet ▶

◀ Das Personalbüro besorgt die Rekrutierung und führt die Papiere des CIA-Personals.

Unterstützende Funktionen sind für die erfolgreiche Durchführung verdeckter Operationen oft entscheidend und ein guter Unterstützungsoffizier ist, wie ein guter Nachschubsergeant in der Armee, für eine CIA-Station oder -Basis oft unerläßlich. Wenn ein Stationschef einmal den richtigen Hilfsoffizier gefunden hat, der von der Führung des Haushalts bis zur Unterstützung bei allen Operationen alles leisten kann, bilden diese beiden oft eine professionelle Allianz, bleiben zusammen und wandern in ihrer Laufbahn gemeinsam von Posten zu Posten. In einigen Fällen kann der dienstältere Hilfsoffizier sogar wegen seiner Beziehungen zum Chef als zweiter im Kommando fungieren.

Die Heimlichen Dienste und das Büro für Management und Dienstleistungen stellen zusammen eine Behörde innerhalb einer Behörde dar. Diese beiden Bereiche treiben wie der größte und gefährlichste Teil eines Eisbergs praktisch unsichtbar dahin. Ihre Aufträge, ihre Methoden und ihr Personal unterscheiden sich völlig von den zwei anderen Direktorien der CIA, die nur weniger als ein Drittel des Budgets und des Personals der Agentur beanspruchen. Und doch hat die CIA – und besonders der frühere Direktor Helms – versucht, die amerikanische Öffentlichkeit zu überzeugen, daß die Analytiker und Techniker der Direktorien für Nachrichtenwesen und für Wissenschaft und Technologie, die reine weiße Spitze des Eisbergs, das Schlüsselpersonal der Agentur sind.

Das Nachrichtendirektorium mit **etwa 3500 Beschäftigten** befaßt sich mit zwei Grundaufgaben; erstens einmal mit der Produktion von fertigen Nachrichtenberichten aus der Analyse der (klassifizierten und unklassifizierten) Informationen und zweitens mit der Durchführung gewisser Dienste für das gemeinsame Wohl der gesamten Nachrichtengemeinde. In diese Kategorie sind die verschiedenen Hinweisdienste der Agentur eingeschlossen (zum Beispiel eine riesige computergespeicherte biographische Bibliothek ausländischer Persönlichkeiten, einer weiteren über ausländische Fabriken und so weiter), der Ausländische Rundfunk-Informationsdienst (ein weltweites Radio- und Fernsehüberwachungssystem) und das Nationale fotografische Auswertungszentrum (eine Organisation, die eng mit dem Pentagon zusammenarbeitet und die von Satelliten und Spionageflugzeugen aufgenommenen Fotos analysiert). Etwa zwei Drittel des Jahresbudgets, **$ 70 Millionen,** sind der Durchführung dieser Dienste gewidmet, die für die gesamte nationale Sicherheitsbürokratie von gemeinsamer Bedeutung sind. So werden dem Außen- und dem Verteidigungsministerium die Kosten erspart, eigene parallele Einrichtungen zu unterhalten, sie erhalten von der CIA fertige Nachrichten aus Räumen, die für sie von Interesse sind.

Wenn es beispielsweise einen Wechsel in der Sowjetführung gibt oder wenn ein neuer chinesischer Diplomat nach Washington versetzt wird, schickt das Nachrichtendirektorium routinemäßig biographische Informationen (die gewöhnlich als »geheim« klassifiziert sind) über die betreffenden Persönlichkeiten an die beteiligten Regierungsbehörden. Auf ähnliche Weise erhalten die verschiedenen Büros des Außenministeriums (wie auch ausgewählte amerikanische Akademiker und Zeitungen) regelmäßig die nichtklassifizierten Transkripte ausländischer Fernseh- und Rundfunksendungen.

Der größte Teil des Rests der Aktivposten des Nachrichtendirektoriums sind auf die politische, strategisch-militärische und wirtschaftliche Forschung ausgerichtet. Die Spezialisten der Agentur liefern sowohl laufende Nachrichtenberichte und Erklärungen der tagtäglichen Ereignisse in der Welt, sowie langfristige Analysen von Trends, potentiellen Krisengebieten und von anderen Fragen, die für die, die die Politik der Regierung bestimmen, von Interesse sind. Die Ausgabe täglicher Nachrichtenberichte ist mit der Herausgabe einer Zeitung verwandt und das Nachrichtendirektorium gibt tatsächlich tägliche und wöchentliche Veröffentlichungen heraus, die – mit Ausnahme ihrer hohen Sicherheitsklassifizierungen – der Arbeit ähnlich sind, die die amerikanische Presse leistet. Diese regelmäßige Nachrichtensammlung, zusammen mit speziellen, wie etwa über die Korruption in Südvietnam oder die Aussichten der Weizenernte in der Sowjetunion, werden an Hunderte von »Verbrauchern« in der Bundesregierung geschickt. Hauptsächlich jedoch an den Präsidenten, er erhält jeden Morgen eine spezielle Veröffentlichung mit der Bezeichnung »Tägliche Information des Präsidenten«.

In der Regierung Johnson enthielten diese Berichte häufig zusätzlich zu den normalen Informationen ziemlich skandalöse Schilderungen aus dem Privatleben bestimmter führender Persönlichkeiten*, die der Präsident immer mit größtem Interesse las. Die Agentur stellte jedoch fest, daß in der Regierung Nixon solche Dinge nicht erwünscht waren, deshalb wurde der Ton des täglichen Berichts geändert. Aber auch so verloren Präsident Nixon und Henry Kissinger bald das Interesse an der Lektüre; die Aufgabe wurde an untergeordnetere Beamte im Stab des Nationalen Sicherheitsrats delegiert.

Das vierte und neueste Direktorium für Wissenschaft und Technologie beschäftigt auch die kleinste Zahl von Mitarbeitern: etwa **1300.** Es führt Funktionen wie die Grundlagenforschung und Entwicklung, die Arbeit von Spionagesatelliten und die Nachrichtenanalyse auf hohen technischen Ebenen durch. Zusätzlich zu diesen Aufgaben handhabt es auch die Masse der elektronischen Datenverarbeitungs-(Computer-)Arbeit. Während das Direktorium W & T auf der Höhe der Wissenschaft bleibt und selbst auf einem weiten Feld Forschungsarbeit leistet, stammen seine wichtigsten Erfolge aus der Entwicklung technischer Spionagesysteme. Der Vorläufer dieses Direktoriums war an der Entwicklung der **U-2- und SR-71-**Spionageflugzeuge entscheidend beteiligt. Die W & T-Fachleute haben auf dem Gebiet der Nachrichtensatelliten mehrere

* Präsident Johnsons Geschmack am Nachrichtenwesen war alles andere als konventionell. Ein ehemaliger hoher Beamter im Außenministerium erzählt, er habe einer Tagung im Weißen Haus beigewohnt und sei nachher zu einem Gespräch mit dem Präsidenten geblieben. LBJ spielte ihm ein (wahrscheinlich von der FBI hergestelltes) Tonband von Martin Luther King in einer ziemlich kompromittierenden Situation vor.

brillante Durchbrüche erzielt. Ende der 50er Jahre, als der Chef der Heimlichen Dienste, Richard Bissell, die Entwicklung von Amerikas erstem Foto-Erkundungssatelliten förderte, wurde ein Modell entwickelt, das noch 1971 verwendet wurde. Techniker der Agentur haben auch weiterhin auf diesem »Gebiet ihrer Kunst« bemerkenswerte Fortschritte erzielt.

Heute stehen Spionagesatelliten, die fähig sind, Fotos mit einer Auflösung von weniger als ▶ ◀ als Nachrichtenquellen an der Spitze aller anderen Sammlungsmittel. Das Direktorium W & T war auch bei der Entwicklung anderer technischer Spionageinstrumente führend: so bei Radar-über-den-Horizont, »stationären« Satelliten und verschiedenen anderen elektronischen Nachrichtensammelgeräten.

Die normale Prozedur war die, daß das Direktorium, das Mittel der Agentur und des Pentagon verwendete, an einem Sammlungssystem durch das Forschungs- und das Entwicklungsstadium arbeitete. Wenn ein System dann vollkommen ist, wird es dem Verteidigungsministerium übergeben. Im Fall von einigen besonders vertraulichen Systemen hat die CIA die Arbeitskontrolle beibehalten, das Budget des W & T-Direktoriums von jährlich **$ 120 Millionen** ist einfach nicht groß genug, um mehrere, voneinander unabhängige, technische Sammlungssysteme zu tragen.

So arbeiteten beispielsweise CIA-Techniker mit der Lockhead Aircraft an einem geheimen Ort in Nevada zusammen, um die A-11 zu entwickeln, wahrscheinlich das stärkste fliegende Nachrichtensammelsystem, das je in der Luft war. Im Februar 1964, ehe die Maschine einsatzfähig wurde, enthüllte Präsident Johnson ihre Existenz in den Nachrichtenmedien und beschrieb sie als Langstrecken-Abfangjäger. Fünf Monate später gab der Präsident bei einer weiteren Pressekonferenz bekannt, daß es eine zweite Version der Maschine gebe, die er als »fortschrittliches strategisches Aufklärungsflugzeug für militärische Zwecke« beschrieb, »das zu einer weltweiten Erkundung fähig sei«. Drei Jahre später, als die A-11, jetzt die SR-71, regelmäßig flog, wurde das Programm der Luftwaffe übergeben. ▶

◀

Jeder vernünftige Kritiker der CIA wäre, nachdem er die Verwendung der Agenturmittel und des Personals studiert und sie gegen die Nachrichtengewinne abgewogen hätte, die die verschiedenen Direktorien erzielten, wahrscheinlich zu dem gleichen Schluß gekommen wie Richard Helms' kurzfristiger Nachfolger als Direktor, James Schlesinger. Am 5. April 1973 gab Schlesinger vor dem Senatsausschuß für die Streitkräfte zu: »Wir haben ein Problem ... wir haben ganz einfach zu viele Leute. Es stellt sich heraus, daß zu viele Leute in den Operationsgebieten sind. Das sind die, die früher in Übersee dienten ... Man legt wachsendes Gewicht auf Wissenschaft und Technologie und auf die Nachrichtenbeurteilung.«
Schlesingers Worte und die Tatsache, daß er kein »Hausmann« aus den Heimlichen Diensten war, brachten für die vielen Kritiker der CIA, die der Meinung sind, sie befasse sich allzu sehr mit der verdeckten Seite des Nachrichtenwesens, einen Hoffnungsschimmer. Schlesinger blieb aber nur vier Monate in der Agentur, ehe er zum Verteidigungsminister ernannt wurde; die einzigen Änderungen, die er durchsetzte, beschränkten sich im wesentlichen auf eine 6prozentige Kürzung des Stabs und ein vorzeitiges Pensionierungsprogramm für überalterte Angestellte. Schlesingers Nachfolger war William Colby – ein Mann mit einer höchst erfolgreichen Laufbahn als heimlicher Operator, der sich auf »schmutzige Tricks« spezialisierte – und von dem man nur erwarten kann, daß er die Dulles-Helms-Politik der Konzentration auf verdeckte Aktionen beibehält.
Im Augenblick verwendet die Agentur etwa zwei Drittel ihrer Mittel und ihres Personals für verdeckte Unternehmen und deren Unterstützung – ein Zahlenverhältnis, das seit über zehn Jahren relativ konstant geblieben ist. So sind von dem Personal der Agentur von ungefähr 16500 Perso-

nen und einem Budget von etwa 750 Millionen Dollar etwa 11000 Personen und rund $ 550 Millionen für die Heimlichen Dienste und die Tätigkeiten des Direktoriums für Management und Dienstleistungen (früher Direktorium für Unterstützung) wie Kommunikationen, Logistik und Ausbildung bestimmt, die zu verdeckten Tätigkeiten beitragen. Nur etwa 20 Prozent der Berufsangestellten der CIA (die weniger als 10 Prozent des Budgets ausgeben) arbeiten in der Nachrichtenanalyse und Informationsaufbereitung. Im Augenblick besteht wenig Grund für die Annahme, daß sich die Dinge bald ändern werden.

Die Nachrichtengemeinde

Im ganzen betrachtet besteht das US-Nachrichtenwesen nicht mehr aus einer kleinen glanzvollen Bruderschaft abenteuerlustiger Blaublütler, aus Männern, die durch ein Gefühl der *noblesse oblige* motiviert, wagemutige Geheimmissionen durchführen. Das ist der romantische Mythos, ohne den es nur wenige Spionageromane gäbe, aber es ist nicht die Substanz des modernen Nachrichtenberufs. Heute ist die große Mehrheit derer im Spionagegeschäft gesichtslos, es sind an den Schreibtisch gefesselte Bürokraten, die von der Welt des Geheimagenten weit entfernt sind. Sicher, die CIA bemüht sich immer noch, Techniken wie die klassische Spionage und verdeckte Aktionen am Leben zu erhalten, aber diese Bemühungen sind durch die riesigen technischen Sammelprogramme anderer Nachrichtenorganisationen der Regierung, hauptsächlich militärischer Behörden, zwerghaft verkleinert worden.

Insgesamt gibt es zehn verschiedene Bereiche der Bundesregierung, die sich mit der Sammlung und/oder der Analyse von Auslandsnachrichten befassen. Diese zehn Dienststellen, zusammen mit ihren Hunderten von untergeordneten Kommandos, werden gemeinhin als die »Nachrichtengemeinde« bezeichnet. Die Nachrichtengemeinde, die still im Schatten der Bundesregierung arbeitet – sorgfältig vor den Blicken der Öffentlichkeit abgeschirmt und praktisch immer gegen eine Beaufsichtigung durch den Kongreß – gibt alljährlich über $ 6 Milliarden aus und hat ein vollbeschäftig-

Größe und Kosten der US-Nachrichtengemeinde

(Angenäherte Werte)

Organisation	Personal	Jährliches Budget
Central Intelligence Agency	16500	$ 750000000
Nationale Sicherheitsbehörde*	24000	$ 1200000000
Verteidigungs-Nachrichtenbehörde*	5000	$ 200000000
Heeresnachrichten*	35000	$ 700000000
Marine-Nachrichten*	15000	$ 600000000
Luftwaffen-Nachrichten* (einschließlich des Nationalen Aufklärungsbüros) (National Reconnaissance Office)	56000	$ 2700000000
Außenministerium (Büro für Nachrichten und Forschung) Bureau of Intelligence and Research	350	$ 8000000
Bundesbüro für Untersuchungen (Federal Bureau of Investigation) (Internationale Sicherheitsabteilung)	800	$ 40000000
Atomenergiekommission (Nachrichtenabteilung)	300	$ 20000000
Finanzministerium (Schatzamt)	300	$ 10000000
Gesamt	153250	$ 6228000000

* Behörden des Verteidigungsministeriums

tes Personal von über 150000 Menschen. Die Hauptmasse dieses Geldes und dieser Arbeitskräfte sind in der Sammlung von Nachrichten durch technische Mittel und der Aufbereitung und Analyse dieser Nachrichten eingesetzt. Die Nachrichtengemeinde häuft Daten aus allen Ländern der Welt auf; die primären Ziele sind jedoch die kommunistischen Länder – besonders die Sowjetunion und China und die gesuchtesten Informationen betreffen die militärischen Kapazitäten und Absichten.

Wie man sehen kann, beansprucht der am besten bekannte Teil der Nachrichtengemeinde, die CIA, weniger als 15 Prozent der gesamten Mittel und des Personals. Trotz der verhältnismäßig geringen Größe der Agentur ist der Chef der Agentur nicht nur die Nummer Eins in seiner eigenen Agentur, sondern als Ergebnis der National Security Act von 1947 auch der Direktor des Zentralen Nachrichtenwesens (DCI) – also der Titularchef der gesamten Nachrichtengemeinde. Die Gemeinde, die der DCI überschauen soll, besteht jedoch aus bürokratischen Einheiten von entschlossener Unabhängigkeit, die kaum den Wunsch nach einer Beaufsichtigung von außen hegen. Mit Ausnahme der CIA sind alle Mitglieder der Nachrichtengemeinde Teile viel größerer Regierungsbehörden, zu denen sie hinsichtlich ihrer Führung aufschauen – und nicht zum DCI. Während alle Angehörigen der Nachrichtengemeinde den gleichen Beruf und das allgemeine Ziel, die nationale Sicherheit zu schützen, teilen, hat sie sich zu einem miteinander verwobenen, sich überschneidenden Wirrwarr von Organisationen entwickelt, von denen jede ihre eigenen Ziele hat. Nach den Worten von Admiral Rufus Taylor, dem ehemaligen Chef des Marinenachrichtendiensts und ehemaligen Stellvertretenden Direktor der CIA, ähnelt sie am meisten einer »Stammesföderation«.

Der Direktor des Zentralen Nachrichtenwesens steht an der Spitze mehrerer Zwischengruppen der Behörden, die geschaffen wurden, um ihm bei dem Management und der Leitung der Nachrichtengemeinde zu helfen. Die zwei Hauptinstrumente des DCI für das Management des Nachrichtenwesens sind das Intelligence Resources Advisory Committee (IRAC = Beratendes Nachrichtenquellen-Komitee) und das United States Intelligence Board (USIB = US-Nachrichtenkomitee). Zu den Mitgliedern des IRAC gehören Vertreter des Außen- und des Verteidigungsministeriums, des Büros für Management und Budget und die CIA selbst. (Da der Direktor der Gruppe in seiner Rolle als DCI als Chef der Nachrichtengemeinde vorsteht, erhält die CIA auch einen eigenen Sitz.) IRAC wurde im November 1971 gebildet, es soll ein konsolidiertes Budget für die gesamte Nachrichtengemeinde vorbereiten und ganz allgemein sicherstellen, daß Nachrichtenquellen so wirksam wie möglich ausgewertet werden. Es besteht jedoch noch nicht lange genug, als daß man seine Leistungen beurteilen könnte, besonders nachdem es bereits von drei DCI's geleitet wurde.

Die Hauptaufgabe des USIB sind die Herausgabe Nationaler Nachrichten, Beurteilungen und das Festsetzen von Sammelerfordernissen und Prioritäten. Unter dem USIB stehen 15 ständige zwischenbehördliche Ausschüsse und eine Vielzahl von *ad-hoc*-Gruppen für spezielle Probleme. Der USIB, der durch diese Ausschüsse und Gruppen arbeitet, stellt unter anderem die Ziele für die amerikanischen Nachrichtendienste sowie die jedem einzelnen zugemessenen Prioritäten auf*, es koordiniert innerhalb der Gemeinde die Beurteilung zukünftiger Ereignisse und die Stärkeverhältnisse des Gegners, kontrolliert die Klassifizierungen und die Sicherheitssysteme für den größten Teil der US-Regierung, leitet die Forschung auf den verschiedenen Gebieten des technischen Nachrichtenwesens und bestimmt, welche klassifizierten Informationen ausländischen Freunden und Verbündeten weitergegeben werden.**

* Obwohl Henry Kissinger – oder gelegentlich der Präsident in einer Krisensituation wie etwa bei der Durchführung des arabisch-israelischen Waffenstillstands die Maßstäbe setzen kann. Im Fall von 1970 ▶

◀

** Nachrichtenberichte werden routinemäßig an gewisse ausländische Staaten, speziell an die englisch sprechenden, auf der Basis sogenannter Nachrichtenabkommen geliefert, die zwischen dem DCI und seinen ausländischen Äquivalenten geschlossen wurden. Obwohl diese Abkommen die Regierung der USA zu einem spezifizierten Handlungskurs zwingen, der durch internationales Recht erzwungen werden kann, werden sie dem US-Senat nie als Verträge vorgelegt. Tatsächlich werden sie in vollkomme-

Der USIB trifft sich jeden Donnerstagmorgen in einem Konferenzzimmer im siebten Stock des CIA-Hauptquartiers. Bei einer typischen Sitzung stehen drei oder vier Themen auf der Tagesordnung, die in sich selbst eine klassifizierte Sache ist, die das USIB-Sekretariat einige Tage vor jeder Sitzung an die einzelnen Mitglieder leitet. Der erste Punkt der Tagesordnung ist immer die Genehmigung der Aufzeichnungen über die letzte Sitzung. Im Interesse der Sicherheit hält man die Notizen absichtlich unvollständig. Dann reicht der USIB den Wachbericht ein, der schon Anfang der Woche von einem zwischenbehördlichen USIB-Ausschuß vorbereitet wurde, der dafür zuständig ist, auf jeden Hinweis zu achten, daß ein bewaffneter Konflikt, besonders einer, der die Vereinigten Staaten oder einen ihrer Verbündeten gefährden könnte, irgendwo in der Welt droht. Ein typischer Wachbericht könnte beispielsweise so lauten: Ein Krieg zwischen den Vereinigten Staaten und der Sowjetunion scheint diese Woche nicht bevorzustehen, die Sowjets fahren jedoch mit der Entwicklung ihrer neuesten Rakete fort und haben zwei neue Divisionen in Positionen an der chinesischen Grenze verlegt. Aus der nordvietnamesischen Infiltration längs des Ho-Tschi-Min-Pfads (wie durch Sensoren und Funkabhörgeräte festgestellt) läßt sich schließen, daß die Kämpfe in der nördlichen Hälfte Südvietnams wahrscheinlich zunehmen werden und Satellitenfotos des Suezkanals ▶

◀ deuten auf eine erhöhte Spannung zwischen Israel und Ägypten.

Wenn der USIB seine Zustimmung gibt, wird der Wachbericht an die Spitzenpolitiker der Nation weitergeleitet, die ihn normalerweise nicht einmal ansehen, da sie wissen, daß alles, was darin wichtig ist, ihnen bereits in anderen Nachrichtenberichten übermittelt wurde. Hätte eine Behörde der Gemeinde einen apokalyptischen Hinweis auf einen ausbrechenden Krieg gefunden, wären der Präsident und seine obersten Helfer sofort benachrichtigt worden und man würde den USIB nicht konsultieren; solange aber nichts Besonderes vorfällt, diskutiert der USIB jeden Donnerstagmorgen etwa 30 Sekunden lang den Wachbericht (dessen Vorbereitung

ner Geheimhaltung ausgehandelt und durchgeführt und kein Mitglied des Senatsausschusses für auswärtige Beziehungen hat je einen – auch nicht zur Information – gesehen.

Die US-Nachrichtengemeinde

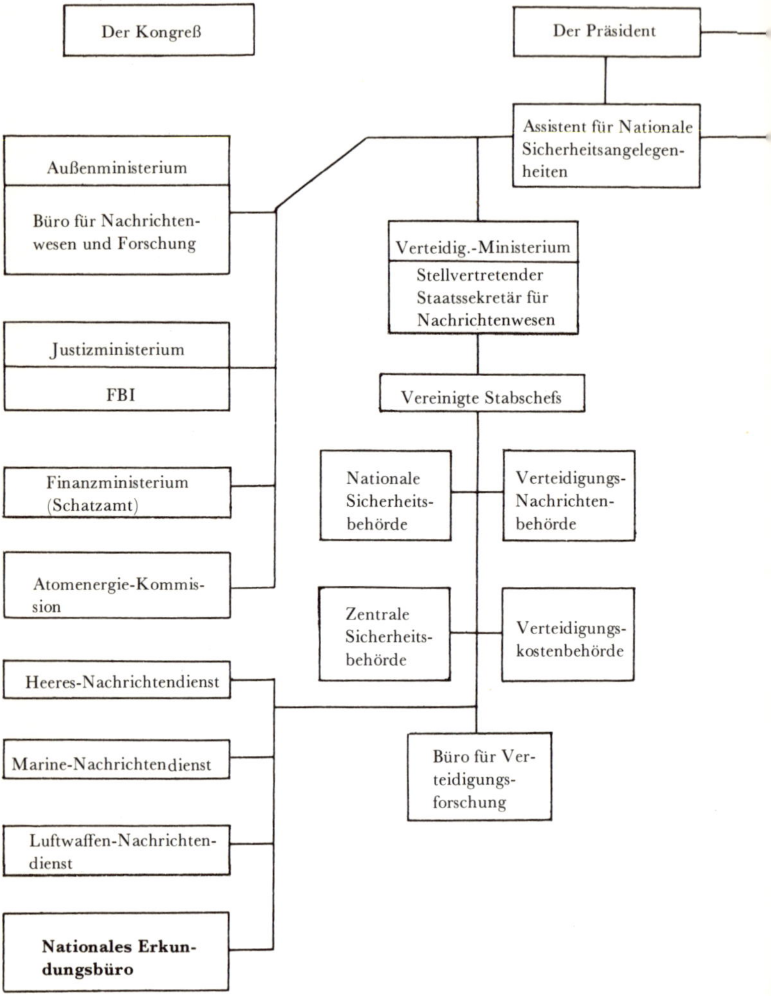

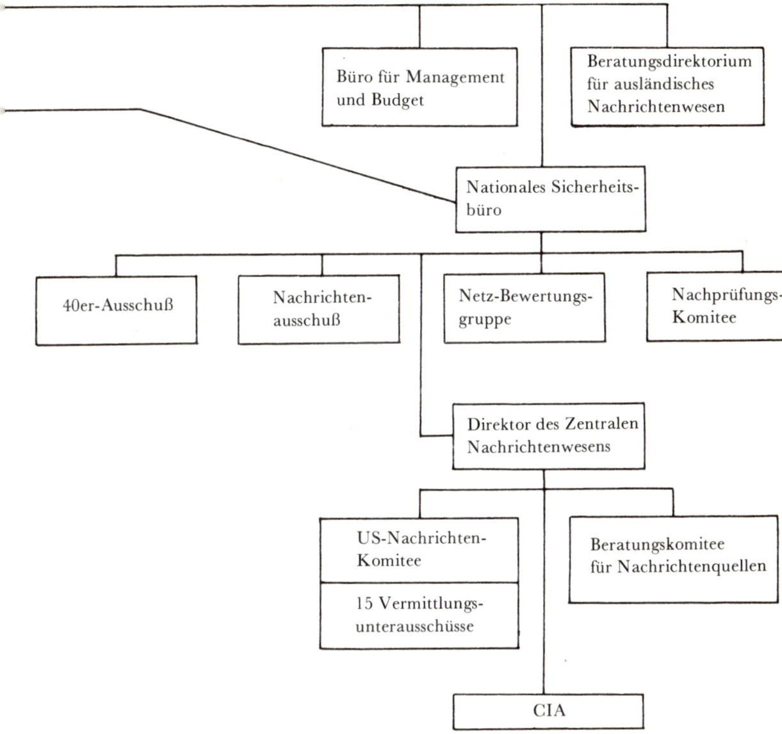
Büro für Management und Budget
Beratungsdirektorium für ausländisches Nachrichtenwesen
Nationales Sicherheitsbüro
40er-Ausschuß
Nachrichtenausschuß
Netz-Bewertungsgruppe
Nachprüfungs-Komitee
Direktor des Zentralen Nachrichtenwesens
US-Nachrichten-Komitee
15 Vermittlungs-unterausschüsse
Beratungskomitee für Nachrichtenquellen
CIA

tatsächlich die mehrwöchige Arbeit einiger Leute erfordert), ehe er an das Weiße Haus weitergeleitet wird.

Der nächste Punkt auf der Tagesordnung ist die Besprechung – und fast immer die Billigung – einer oder zweier nationaler Nachrichtenbeurteilungen, die während dieser Woche fertiggestellt wurden. Diese Einschätzungen der Kapazität des Gegners und der zukünftigen Geschehnisse werden im voraus von den Nationalen Nachrichtenoffizieren der CIA entworfen und dann auf Stabsebene mit den verschiedenen Mitgliedsbehörden der USIB koordiniert. Wenn diese Beurteilung dem USIB selbst vorgelegt wird, sind normalerweise alle Differenzen in zwischenbehördlichen Koordinationssitzungen durch Kompromisse beseitigt – oder falls das nicht gelingt, hat das Mitglied, das nicht einverstanden ist, bereits eine Fußnote verfaßt, die festhält, daß seine Behörde mit den Schlüssen des USIB nicht übereinstimmt.

Wenn der USIB die vorliegende Beurteilung (die jetzt als das bestmögliche Urteil der Nachrichtengemeinde zertifiziert ist) über ein besonderes Thema gebilligt hat, wendet sich der Ausschuß besonderen Themen zu, die jedes Mitglied auf die Tagesordnung setzen lassen kann. An einem Donnerstag im Jahr 1969 bat der Chef des Marinenachrichtendiensts einen Vorschlag zu erwägen, der früher auf der USIB-Unterausschußebene vorgelegt worden war, man solle die **brasilianische Marine** mit relativ fortgeschrittener amerikanischer kryptologischer Ausrüstung beliefern.

Wegen der Empfindlichkeit der US-Codes und der Verschlüsselungsgeräte brauchen Exporte, sogar in befreundete Länder, die Billigung des USIB; der Ausschuß lehnte dieses besondere Ersuchen ab. Bei einer anderen Sitzung 1970 galt die spezielle Diskussion der Frage, ob ein besonders gut ausgerüsteter Satellit gegen den ▶ ◀ Teil des ▶ ◀, anstelle von ▶ ◀ abgesetzt werden sollte. Das Ersuchen der Luftwaffe, ihren Satelliten zu ▶ ◀ gelangte an den USIB wegen seiner Verantwortung, die Prioritäten für Nachrichtensammlungen zu setzen. Der USIB zitierte die hohen Kosten für den Satelliten und die Möglichkeit, daß die ▶ ◀ zu einem Fehlfunktionieren führen könne und sagte zu dem ▶ ◀ nein. Bei einer anderen Sitzung im Jahre 1970 erwog der USIB einen Vorschlag des

Pentagon, die Ziele der Regierungsforschung für die Aufdeckung unterirdischer Kernexplosionen herunterzuschrauben. Wiederum sagte der USIB nein.*

Wenn äußerst delikate Themen erörtert werden müssen, hält der USIB eine Sitzung auf höchster Ebene ab – die praktische Auswirkung ist, daß alle Stabsmitglieder den Raum verlassen und überhaupt keine Aufzeichnungen gemacht werden. Der USIB arbeitete in dieser Atmosphäre völliger Abgeschlossenheit, als 1969 der Mordfall der Green Berets erörtert wurde, und dann wieder 1970 bei einer Unterrichtung über die Empfehlung des Fitzhugh-Ausschusses über die Reform des Nachrichtenwesens im Pentagon (siehe S. 140–41).

Unter DCI Helms waren die meisten USIB-Sitzungen in fünfundvierzig Minuten beendet. Da fast die gesamte wichtige Arbeit in vorbereitenden Sitzungen auf Stabsebene geleistet worden war, tat der USIB gewöhnlich selten mehr, als daß er bereits festgelegte Entscheidungen ratifizierte. So hatte der USIB, der Ausschuß der US-Nachrichtengemeinde auf allerhöchster Ebene, nur sehr wenig eigene Arbeit zu leisten.

Der USIB und seine fünfzehn Ausschüsse befassen sich mit den sogenannten nationalen Nachrichten – Nachrichten, die der Theorie nach von den Personen benötigt werden, die die Politik des Landes bestimmen. Es gibt aber noch eine zweite Art von Nachrichten, die »Abteilungsnachrichten«, die wieder der Theorie nach

* Das Pentagon behauptete, es stehe in seinem Budget nicht genug Geld zur Verfügung, um die Ebene von Entdeckung auf der Richterskala zu erreichen, die in den Richtlinien des USIB festgesetzt war und daß der verringerte Standard diese finanzielle Realität widerspiegle. Das Außenministerium argumentierte, eine Änderung der Ziele könne die Nachrichtengemeinde einer Kritik aussetzen, die darauf hinauslaufe, sie habe nicht ihr möglichstes getan, um eine umfassende Atomtestsperre durchzusetzen, was letztlich von beiden Seiten abhängen würde, da man darauf vertraue, daß ein Betrug auf der anderen Seite entdeckt werden könnte. DCI Helms pflichtete dem Außenministerium bei. Aber dieser zivile Sieg war hohl, da der DCI keineswegs sicherstellen konnte, daß das Pentagon in der Tat mehr Geld für seismische Forschungen ausgeben würde, um der vom USIB festgelegten Entdeckungsebene gerecht zu werden.

lediglich zur Verwendung einer Behörde oder eines Zweiges der Streitkräfte benötigt werden. Das Heer, die Marine und die Luftwaffe sammeln viele »Abteilungsnachrichten«, um ihre taktischen Aufträge zu unterstützen. So könnte zum Beispiel ein amerikanischer Befehlshaber in Deutschland Daten über die feindlichen Kräfte wünschen, die ihm gegenüberstehen würden, falls es zu einem bewaffneten Konflikt kommen würde; die tagtäglichen Bewegungen sowjetischer Truppen an der ostdeutschen Grenze sind jedoch für die hohen Stellen in Washington von wenig Interesse (es sei denn, die Sowjets ziehen Truppen für eine Invasion zusammen, in diesem Fall würde die Information natürlich zu »nationalen Nachrichten« aufgewertet). Die Trennungslinie zwischen den »nationalen« und den »Abteilungs«-Nachrichten ist jedoch oft ziemlich schwach und die Militärs haben häufig eine Anzahl sinnloser Sammlungsprogramme als Abteilungsnachrichten deklariert, die, wie sie wissen, auf nationaler Ebene nicht gebilligt werden würden. Obwohl die CIA seit ihrer Gründung die ausschließliche Verantwortung für die Durchführung von Spionageunternehmen in Übersee zur Sammlung von nationalen Nachrichten besitzt, haben die verschiedenen militärischen Nachrichtenbehörden und die Nachrichteneinheiten der im Ausland stationierten amerikanischen Truppen das Recht behalten, taktische Informationen für ihre eigenen Abteilungserfordernisse zu suchen. Während des Korea- und des Vietnamkriegs brauchten Kommandeure im Feld verständlicherweise Daten über feindliche Truppenbewegungen und ein Weg, um sie zu bekommen, war die Anwerbung ausländischer Agenten. Aber selbst im Frieden, wenn US-Truppen ständig in Ländern wie England, Deutschland, Italien, Marokko, der Türkei, Panama, Japan und Australien stationiert sind, haben die militärischen Nachrichtendienste konsequent versucht, Informationen durch ihre eigenen Agenten zu erhalten – die Rechtfertigung war hier natürlich immer das Bedürfnis nach taktischen oder Abteilungsnachrichten. Um Doppelarbeit und eine zu starke Vermehrung von Agenten zu vermeiden, sollen all diese Spionageaufträge mit der CIA koordiniert werden. Die Militärs unterlassen das aber häufig, weil sie wissen, daß die CIA ihre Zustimmung nicht geben würde, oder weil schon früher ein Abkommen getroffen wurde, daß die Militärs auf eigene Faust arbeiten dürfen, wenn sie sich den

Interessengebieten der CIA fernhalten. Jede militärische Einheit hat ihre Nachrichtenabteilung und nur wenige Kommandeure wollen ihr Personal untätig sehen. Und so befassen sich die amerikanischen militärischen Nachrichteneinheiten gewöhnlich mit dem Spionagespiel, wenn auch vielleicht aus keinem anderen Grund, als um ihre Soldaten beschäftigt zu wissen.

So versuchte beispielsweise eine in Bangkok, Thailand, stationierte Nachrichteneinheit noch 1971, sowjetische KGB-Offiziere zu fangen, lokale Spione zu rekrutieren, ja, sie versuchte sogar, ihre eigenen Agenten über Hongkong nach China einzuschleusen. Nur wenig oder nichts von dieser Tätigkeit war mit der CIA abgestimmt. Ähnlich wurde in ▶

◀ auf praktisch jeder Ebene.

Das »Stammesdenken«, das der Nachrichtengemeinde zusetzt, ist am stärksten in den militärischen Dienststellen vertreten und der größte Teil des Personals, das in diesen Dienststellen arbeitet, hat das Gefühl, daß Treue vorrangig der eigenen Abteilung gegenüber am Platz sei. Die Männer, die das militärische Nachrichtenwesen leiten, sind fast alle Berufsoffiziere, die im Heer, der Marine und der Luftwaffe Beförderungen und andere Vergünstigungen erwarten. Sie dienen nur eine oder zwei Dienstzeiten im Nachrichtenwesen, ehe sie in das konventionelle militärische Leben zurückkehren. Nur sehr wenige sind bereit, während ihrer nachrichtendienstlichen Tätigkeit etwas zu tun, das ihrer Laufbahn schaden könnte, und sie wissen nur allzu gut, daß Analysen ihrerseits, die den Ansichten oder der Politik der Führung ihres Wehrmachtteils widersprechen, nicht gut aufgenommen werden. Ihre Nachrichtenbeurteilungen tendieren daher dazu, von den Vorurteilen und den budgetären Bedürfnissen der Waffengattung gefärbt zu werden, deren Uniform sie tragen.

Das Heer, die Marine und die Luftwaffe behielten traditionsgemäß ihre eigenen unabhängigen Nachrichtenbehörden bei – offensichtlich um ihre taktischen Verantwortungen zu stützen und eine »feindliche Schlachtordnung« zu erhalten. Jede Waffengattung sammelt ihre eigenen Informationen und häufig weniger, als den anderen gelang. Das Resultat war eine große Menge Doppelergebnisse und eine extrem engstirnige Methode in der Feindanalyse jeder Waffengattung.

Die Methode der »Selbstbedingung« bei den militärischen Dienststellen hinsichtlich der Nachrichten führte 1961 zur Bildung der Defense Intelligence Agency (der Verteidigungs-Nachrichtenagentur), die die Ansichten und in einem gewissen Ausmaß auch die Funktionen der drei Dienststellen der Waffengattungen koordinieren und konsolidieren soll.

Man plante, daß die CIA die Armee, die Marine und die Luftwaffe bei den Sitzungen des USIB ersetzen solle. Allen Dulles und die ihm folgenden DCI's sträubten sich dagegen, die gesamte Vertretung des Pentagons der DIA zu überlassen, die in der Folge ihre eigene Sorte von Engstirnigkeit als der Nachrichtenarm der Vereinigten Stabschefs entwickelt hat. Während so nur die DIA offizielles Mitglied des USIB ist, bleiben die Spitzen der drei Militärischen Dienste für die wöchentlichen Sitzungen am Tisch, treiben ihre Lieblingstheorien voran und verlangen, daß den Nachrichtenbeurteilungen Fußnoten beigefügt werden, wenn sie den Ansichten ihrer Waffengattungen konträr sind.

Abgesehen davon, daß sie das offene System der Militärattachés leitet, die von den amerikanischen Botschaften im Ausland aus arbeiten, sammelt die DIA selbst wenig Nachrichten. Hinsichtlich ihrer Rohdaten ist sie zum großen Teil von den Nachrichtendiensten der Waffengattungen abhängig. Ihre 5000 Beschäftigten bearbeiten und analysieren dieses Material und verwandeln es in »fertige Nachrichtenbeurteilungen«, die im Pentagon und in der übrigen Nachrichtengemeinde in Umlauf gesetzt werden. Die DIA bereitet auch tägliche und wöchentliche Nachrichtenauszüge vor, die in Form und Inhalt den CIA-Veröffentlichungen ähneln; sie arbeiten auch eigene Beurteilungen der Kapazitäten des Gegners aus. Diese letzte Funktion gewann bis zum November 1970 in der DIA keine große Bedeutung, als die Dienststelle reorganisiert wurde und Generalmajor Daniel Graham vom Chef der DIA, Generalleutnant Donald Bennett, den Auftrag erhielt, die Beurteilungskapazitäten der Dienststelle zu verbessern. Graham hatte früher zwei Dienstzeiten im Büro für nationale Beurteilungen der CIA abgeleistet, rasch hatte er das Büro der DIA zu einem ernstlichen Rivalen

für die Beurteilungsfunktion der Agentur etabliert.*
Obwohl die DIA ursprünglich den Zweck hatte, viele ihrer Funktionen zu übernehmen, wuchsen und gediehen die Nachrichtenstellen der Streitkräfte seit der Gründung weiter. Jede der drei ist tatsächlich größer als die DIA und der Nachrichtendienst der Luftwaffe ist die größte Spionageorganisation innerhalb der ganzen Nachrichtengemeinde, mit **56000** Beschäftigten und einem Jahresbudget von ungefähr **$ 2,7 Milliarden.** Der größte Teil dieser Summe wird für die überaus kostspieligen Aufklärungssatelliten bezahlt und für die Raketen, die nötig sind, um sie in Umlauf zu bringen. Ein separater Teil des Luftwaffennachrichtendiensts, das **National Reconnaissance Office (Nationales Aufklärungsbüro = NRO) leitet dieses Satellitenprogramm für die ganze Gemeinde. Das Budget des NRO beträgt allein $ 1,5 Milliarden** im Jahr. **Das NRO** arbeitet in solcher Geheimhaltung, daß allein schon seine bloße Existenz klassifiziert ist. Sein Direktor war für viele Jahre ein geheimnisvoller Luftwaffenoberst (und späterer Brigadegeneral) namens Ralph Steakley, der sich Anfang der 70er Jahre pensionieren ließ und einen Posten bei Westinghouse annahm, einem Rüstungslieferanten, der beträchtliche Mengen Ausrüstung an das NRO verkauft.
Das Büro des Marinenachrichtendiensts mit etwa 15000 Beschäftigten und einem Jahresbudget von $ 600 Millionen ist vielleicht das Mitglied der Nachrichtengemeinde, das am schnellsten wächst. Zur gleichen Zeit haben Unterwasser-Raketenprogramme (Polaris und Poseidon) immer größere Budgets erhalten ▶

◀ haben auf ähnliche Weise die Phantasie der militärischen Planer gefangengenommen. Der Marinenachrichtendienst arbeitet ▶

◀ mit den modernsten Sensoren, Radars, Kameras und Abhör-

* Als Colonel wäre Graham Ende der 60er Jahre beinahe aus der Armee ausgeschieden, um eine Dauerstellung bei der CIA anzunehmen, die ihm angeboten wurde. Anfang 1973 holte ihn DCI James Schlesinger – immer noch in Uniform – wieder in die Agentur zurück, wo er militärische Beurteilungen bearbeiten sollte. Graham war in den Gängen der CIA weithin als der »komische kleine Offizier« bekannt, der die Zeichnung eines Bajonetts mit der Aufschrift »Die Waffe der Zukunft« über seinem Schreibtisch aufgehängt hatte.

geräten, die ▶

◀

Die Marine schickte früher Überwasserschiffe wie die *Liberty* und die *Pueblo* auf ähnliche Missionen, seit dem Angriff auf die erstere und der Kaperung der letzteren wurden diese Missionen im wesentlichen unterbrochen.

Der Heeresnachrichtendienst ist von den drei Dienststellen am wenigsten mechanisiert. Sein Auftrag besteht im wesentlichen darin, taktische Nachrichten zur Unterstützung seiner Bodenstreitkräfte zu beschaffen. Infolge der Größe des Heeres und des Gedeihens der Einheiten vom Typ G 2 bringt es das Heer trotzdem fertig, jährlich **$ 700 Millionen** auszugeben und **35000 Personen** im Nachrichtenwesen zu beschäftigen.

Der restliche große Bereich des militärischen Nachrichtendiensts ist die National Security Agency (Nationale Sicherheitsbehörde). Die NSA*, das geheimnisvollste Mitglied der Nachrichtengemeinde, bricht ausländische Codes und verschlüsselt und entwikkelt sichere Kommunikationen für die US-Regierung, um einen Kostenaufwand von jährlich $ 1,2 Milliarden für den Steuerzahler. 1952 durch einen klassifizierten Präsidentenbefehl gegründet, beschäftigt die NSA etwa 24000 Menschen. Ihr Hauptquartier befindet sich in Fort Meade, Maryland, und ihre Hunderte von Horchposten rings um die Welt belauschen die Kommunikationsmittel in den meisten Ländern der Welt. Die meisten Abhörstationen der NSA werden von speziellen kryptologischen Einheiten aus den Streitkräften bedient, die dem Chef der NSA unterstellt sind.

Nach den Fitzhugh-Empfehlungen, die 1972 verwirklicht wurden, hat der (Assistierende) Staatssekretär des Verteidigungsministeriums für das Nachrichtenwesen die Gesamtverantwortung für das militärische Nachrichtenwesen. Unabhängig von den Vereinigten Stabschefs und den Streitkräften soll er die Tätigkeiten der DIA,

* Zu unterscheiden von der ebenfalls NSA abgekürzten National Students Association, der Nationalen Studentenvereinigung. A.d.Ü.

der Nachrichtenbehörden der Waffengattungen, der NSA, der Kartenbehörde des Verteidigungsministeriums und des Verteidigungsuntersuchungsdiensts (Defence Investigative Service) koordinieren und überwachen. Die beiden letzten Organisationen wurden Anfang 1972 (ebenfalls als Resultat der Fitzhugh-Empfehlungen) aus den drei getrennten Karten- und Untersuchungsbüros gegründet, die früher im Heer, der Marine und der Luftwaffe bestanden hatten. Die Kartographen zeichnen, unterstützt von der Satellitenfotografie, nahezu jeden Zoll der Erdoberfläche auf. Die Untersucher leisten Gegenspionagearbeit und prüfen den Hintergrund des Personals des Verteidigungsministeriums. In den späten 50er Jahren widmeten jedoch die drei Dienststellen, die später die DIA werden sollten, einen großen Teil ihrer Zeit und Mühe den Berichten über einheimische Dissidenten und Kriegsgegnergruppen. Der Verteidigungsminister ordnete Anfang 1971 an, daß diese militärische Überwachung von Zivilisten eingestellt werde, es gibt aber Anzeichen, daß sie noch weitergeht.

Das Büro für Nachrichtenwesen und Forschung des Außenministeriums hat in der Nachrichtengemeinde das kleinste Budget – nur $ 8 Millionen – und es ist das einzige Mitglied ohne eigene Sammelkapazität. Es ist, was die Daten betrifft, völlig von den diplomatischen Kabeln des Außenministeriums und den Quellen anderer Gemeindemitglieder abhängig, die seine 350 Beschäftigten in fertige Nachrichtenberichte umwandeln. Das INR (Intelligence and Research = Nachrichtenwesen- und Forschungsbüro) vertritt das Außenministerium bei allen USIB und anderen zwischenbehördlichen Ausschüssen, die sich mit Nachrichten befassen. Innerhalb des Außenministeriums koordiniert es die ministerielle Position für 40er-Ausschuß-Sitzungen und leistet die Stabsarbeit des Staatssekretärs für diese Sitzungen. Der Direktor von INR bis zum Jahre 1973, Ray S. Cline, arbeitete zweiundzwanzig Jahre in der CIA, ehe er 1969 ins Außenministerium eintrat. Er war zum Stellvertretenden Direktor der Agentur für Nachrichtenwesen aufgestiegen, ehe er 1966 in einem internen Kampf in der CIA unterlag, er wurde weggeschickt, um Operationen der Agentur in Westdeutschland zu leiten. Obwohl die deutsche Station die größte CIA-Station in der Welt war (und noch ist), war Cline weit weg vom Zentrum der Macht in Washington. Seine Abwesenheit minderte aber offensichtlich weder sein bürokratisches Geschick noch seine Fähigkeiten als Nachrichtenanalytiker, und er baute die Position des INR innerhalb der Gemeinde auf, obwohl das Büro, das keine eigenen Hilfsquellen hat, ein noch verhältnismäßig kleiner Teilnehmer ist.*

Das FBI, die Atomenergiekommission und das Finanzministerium, die kleineren Mitglieder des USIB, sind alle aktive Teilnehmer an der Nachrichtengemeinde, obwohl die primären Funktionen dieser Organisationen keine Beziehung zum Sammeln von Auslandsnachrichten haben. Trotzdem gehört der Schutz des Landes vor ausländischen Spionageversuchen zu den Aufgaben des FBI, eine Verantwortung, die man als mit den Aufgaben der Nachrichtengemeinde assoziiert ansieht. Die Atomenergiekommission hat eine Nachrichtenabteilung, die sich mit Informationen über die nukleare Entwicklung in fremden Ländern befaßt, sie unterhält technische Horchposten rings um die Erde (die manchmal mit CIA-Personal besetzt sind), um ausländische Atombombenexplosionen aufzuzeichnen. Die Verbindung des Schatzamts mit der Nachrichtengemeinde basiert in erster Linie auf seinem Feldzug, Rauschgifte aus den Vereinigten Staaten fernzuhalten.

Im Widerspruch zu dem Nationalen Sicherheitsgesetz von 1947 übt die CIA heute tatsächlich nicht die Funktion aus, die Nachrichtentätigkeiten mehrerer Ministerien und Behörden der Regierung zu koordinieren. Für eine gewisse Zeit während der frühen 50er Jahre hatte der DCI eine gewisse Kontrolle über die anderen Dienststellen, in den folgenden Jahren kam jedoch die technologische Explosion im Nachrichtenwesen und damit die gewaltige Ausweitung der Gemeinde. Der Spionageberuf wurde – überall, außer in der CIA – von einem ziemlich kleinen agentenorientierten Beruf zu einem von Maschinen dominierten Nachrichtensammel-Unternehmen von fast unbegrenzten Proportionen umgewandelt. Die technische Sammlung, einst eine relativ kleine Tätigkeit, bei der

* Die Position von INR innerhalb der Nachrichtengemeinde wurde in letzter Zeit angehoben, weil Henry Kissinger die Rolle des Außenministers übernommen und seinen langjährigen Adjutanten im Nationalen Sicherheitsrat und ehemaligen CIA-Beamten William Hyland zum Direktor ernannt hat.

Gentlemen *tatsächlich* die Post anderer Gentlemen lasen – blühte zu einem weiten Bereich von Tätigkeiten einschließlich COMINT (Communications Intelligence = Kommunikationsnachrichten), SIGINT (Signal Intelligence = Signalnachrichten), PHOTINT (Photographic Intelligence = Fotonachrichten), ELINT (Electronic Intelligence = Elektronische Nachrichten) und RADINT (Radar Intelligence = Radarnachrichten) auf. Die Daten erhielt man über raffinierteste Geräte in Flugzeugen, Schiffen, U-Booten, umlaufenden und stationären Weltraumsatelliten, Funk- und elektronischen Abfangstationen und Radars – einige von der Größe von drei aneinandergereihten Fußballplätzen. Die Sensoren oder Geräte, die für die Sammlung verwendet wurden, bestanden aus Hochauflösungs- und Weitwinkelkameras, infraroten Kameras, Empfänger für das Abfangen von Mikrowellen-Sendungen und telemetrischen Signalen, Seitblick- und Über-den-Horizont-Radars und anderen noch exotischeren Erfindungen.

Dieses Aufblühen der technischen Datensammlung hatte auch einen bezeichnenden Einfluß auf das personelle Make-up der Nachrichtengemeinde. Die Berge von Material, die man erhielt, machten eine Vielheit von hochspezialisierten Datenbearbeitern nötig, von Kryptenanalytikern, Verkehrsanalytikern, Fotoauslegern und Analytikern für Telemetrie, Radar und Signale, die das unverständliche Piepsen und Quieken, das durch ihre Maschinen aufgefangen wird, in Formen bringen, die durch die Nachrichtenanalytiker verwendet werden können. Und sie hat neue Klassen von Technokraten und Managern geschaffen, die die Arbeit von Sicherheitssystemen erdenken, entwickeln und beaufsichtigen, die so geheim sind, daß nur einige tausend (manchmal nur wenige hundert) Menschen eine genügend hohe Sicherheitsstufe haben, daß sie das fertige Nachrichtenprodukt sehen können.

Die durch die technischen Systeme gesammelten Informationen stellen die wertvollsten Daten dar, die dem US-Nachrichtenwesen zur Verfügung stehen. Ohne sie gäbe es keinen ständigen zuverlässigen Weg für die Regierung, zuversichtlich den Status fremder – besonders sowjetischer und chinesischer – strategisch-militärischer Kapazitäten zu bestimmen. Ohne sie hätte es auch 1972 kein Abkommen mit der Sowjetunion über die Begrenzung der strategischen Rüstungen geben können, da dieser Pakt absolut davon abhing, daß jede Seite sicher war, sie könne neue militärische Entwicklungen – ja sogar einen möglichen Betrug auf der anderen Seite durch ihre eigenen Satelliten und andere Überwachungsgeräte feststellen.

Die ersten fortschrittlichen Aufklärungssysteme von oben, die U-2-Spionageflugzeuge und die frühen Satelliten der späten 50er und frühen 60er Jahre, lieferten wertvolle Informationen über die Sowjetunion. Ihre Erfolge steigerten aber nur den Appetit der militärischen Planer der USA, die schon lange nach guten Nachrichten über den Hauptgegner der Vereinigten Staaten ausgehungert gewesen waren. Als sie einmal die Früchte der technischen Nachrichtensammlung gekostet hatten, verlangten sie immer spezifischere und häufigere Berichte über den Zustand der sowjetischen Streitkräfte. Die Techniker, denen fast unbegrenzte Mittel zur Verfügung standen, waren ihnen auch gefällig, teilweise schon deshalb, weil sie selbst natürlicherweise das Verlangen hatten, den Stand ihrer Kunst auszuweiten.

Ein komplementärer Zyklus militärischer Nachrichtenerfordernisse und technischer Sammelmethoden entwickelte sich. Das Nachrichtensammeln korrespondierte mit den Anforderungen und erzeugte wiederum weitere Forderungen nach Information, was zur Entwicklung noch besserer und noch größerer Sammelsysteme führte. Wenn irgendein besonderer Datentyp irgendwie gesammelt werden konnte, bestätigte die eine oder die andere Abteilung des Pentagons unweigerlich, daß dieser Typ benötigt werde, und ein neues technisches Sammelsystem wurde entwickelt. Die vorherrschende Moral wurde: Sammeln um des Sammelns willen.

In den Kinderjahren der technologischen Explosion schenkte Allen Dulles dem technischen Sammelpotential als Nachrichteninstrument kaum Beachtung. Er interessierte sich viel mehr für heimliche Aktionen und den Sturz ausländischer Regierungen. Nachdem das Debakel von der Schweinbucht 1961 Dulles' Karriere abgeschnitten hatte, begriff sein Nachfolger, John McCone, sehr schnell die Bedeutung der neuen Informationssammelsysteme. Er versuchte, die Führung der CIA in dieser Position neu festzulegen, als Teil seiner Bemühungen schuf er das Direktorium für Wissenschaft und Technologie und warb einen brillanten jungen Wissenschaftler Albert »Bud« Wheelon als Chef dieses Bereichs an. Aber so sehr sich der hartnäckige, energische McCone auch bemühte, er konnte mit dem Koloß des Pentagon nicht konkurrieren, der damals unter der Leitung Robert McNamaras stand, der die militärischen Dienste bei ihren Bemühungen, die Kontrolle über die technische Sammlung in die Hand zu bekommen, energisch unterstützte. McCone sah sich zu dem Schluß gezwungen, daß die Schlacht mit dem Verteidigungsministerium verloren war und der Trend zur Herrschaft des Pentagon nicht mehr umzudrehen war. Das war einer der Gründe, weshalb McCone 1965 zurücktrat (ein anderer war, daß Präsident Johnson McCones Ansicht nach die strategischen Nachrichten wie die Nationalen Sicherheitsbeurteilungen nicht zu schätzen wußte).

Auf McCone folgte Admiral William Raborn, dessen wirkungslose Dienstzeit als DCI zur Erleichterung aller Angehörigen der Nachrichtengemeinde gnädigerweise schon nach vierzehn Monaten beendet wurde.

Richard Helms übernahm die CIA im Frühjahr 1966. Wie Dulles interessierte er sich viel mehr für das »Mantel- und Dolch«-Gebiet, in dem er seine eigene Laufbahn verbracht hatte, als für die Maschinen, die den Nachrichtenberuf revolutioniert hatten. Obwohl er DCI und nicht bloß Chef der CIA war, forderte er das Pentagon in Fragen der technischen Sammlung – oder auch der Nachrichtenanalyse – nur selten heraus, außer, verspätet, in seinen letzten Jahren als DCI. Als Folge davon wurde die CIA fast in allen Nachrichtentätigkeiten mit alleiniger Ausnahme der verdeckten Aktionen von den anderen Agenturen völlig überschattet und selbst hier erzielte das Militär tiefe Einbrüche.

Richard Helms begriff ganz klar die bürokratischen Fakten des Lebens. Er wußte nur allzu gut, daß er keinen Ministerrang hatte und so dem Verteidigungsminister nicht gleichgestellt war, dem Mann, der letztlich für das militärische Nachrichtenbudget verantwortlich war. Helms besaß einfach nicht die Macht, dem Pentagon zu sagen, daß die Gesamtbedürfnisse des US-Nachrichtenwesens, für das er als DCI natürlich die Verantwortung trug, es erforderlich machte, daß das Militär ein spezielles Spionageprogramm kürzte und das Geld dafür anderswo verwendete. Da ihn das Management der Nachrichtengemeinde ohnehin nicht sehr interessierte, gab er sich nur bei wenigen Gelegenheiten die Mühe, einen gewissen

Einfluß auf andere Agenturen und Dienststellen außerhalb der CIA auszuüben.
1967 drängte Helms' Stab den Direktor, er solle eine amtliche Prüfung der Nachrichtensammlung durch Mitglieder der Gemeinde autorisieren, und zwar mit besonderer Beachtung der vielen technischen Nachrichtensysteme. Helms zögerte jedoch, sich sehr weit in dieses höchst komplexe, vom Militär kontrollierte Gebiet zu wagen und beschloß, nur eine Studie des »Innen«-Bedarfs der CIA zu genehmigen. Er ernannte Hugh Cunningham, einen höheren CIA-Beamten, zum Leiter der kleinen Gruppe, die für die Studie ausgesucht wurde. Cunningham, ein ehemaliger Rhodes-Stipendiat, hatte vorher in Spitzenpositionen in den Heimlichen Diensten und im Ausschuß für Nationale Beurteilungen gearbeitet. Mit seinen umfassenden Erfahrungen schien er den CIA-Angehörigen der ideale Mann für die Überprüfung zu sein. Nach mehreren Monaten intensiver Untersuchungen erklärten er und seine kleine Gruppe – das war der erste Satz ihres Berichts: »Die US-Nachrichtengemeinde sammelt zu viel Informationen«. Sie stellten fest, daß bei den Sammelbemühungen zu viel Doppelarbeit geleistet wurde und daß viel von der gesammelten Information nutzlos war, wobei zwei oder mehr Dienststellen oft große Geldsummen für das im wesentlichen gleiche Material ausgaben und daß ein großer Teil des gesammelten Materials für alle anderen Zwecke als für eine Nachrichtenanalyse auf niedriger Ebene nutzlos war. Mehr noch, die Übersättigung mit Nachrichten verstopfte das Nachrichtensystem und erschwerte es den Analytikern, das wirklich Wichtige auszusondern und für die Politiker wertvolles Material zu produzieren. In der Studie wurde auch vermerkt, daß der Überfluß an gesammelten Nachrichten eine unsinnige Menge von fertigen Nachrichtenbeurteilungen zur Folge hatte, von denen viele für die Gestaltung der nationalen Politik von geringem Wert waren. Es gab einfach viel zu viel Berichte über zu viele Themen, als daß die Politiker auf hoher Ebene damit hätten zurechtkommen können.
Die Cunningham-Studie verursachte in der CIA so viel Verwirrung, daß sich Helms weigerte, sie an die anderen Nachrichtenbehörden zu verteilen. Mehrere seiner Stellvertreter beklagten sich bitter darüber, daß die Studie ihre eigenen Direktorien kritisiert habe und über die Art, wie sie die Bedeutung ihrer Arbeit herab-

setze. Da sich die Studie noch härter mit den Nachrichtenprogrammen der Militärs befaßte, war Helms noch weniger bereit, den Zorn des Pentagons darüber zu riskieren, daß er sie in der Nachrichtengemeinde zirkulieren ließ. Er beschloß, die kontroverse Studie innerhalb der CIA zu behalten.

Helms, immer ein Meister der Bürokratie, nahm zu der altbewährten Technik Zuflucht, eine weitere spezielle Studiengruppe zu bilden, die die Studie der ersten überprüfen sollte. Er organisierte einen neuen Ausschuß – die Höhere Exekutiv-Gruppe (Senior Executive Group), die in allgemeinen Begriffen die Management-Probleme der CIA studieren sollte. Die erste Aufgabe dieser SEG war es, sich die Cunningham-Studie anzusehen, ihre Mitglieder waren aber kaum für die Aufgabe geeignet. Sie waren die Chefs der vier Direktorien der Agentur, die alle in der Studie heftig kritisiert worden waren. Der Leitende Direktor (der CIA-Mann Nummer 3), ein schwerfälliger, phantasieloser ehemaliger Nachschubbeamter und als Vorsitzender der Stellvertretende DCI, Admiral Rufus Taylor, ein Berufsoffizier der Marine. Nach mehreren verlängerten Sitzungen entschied die SEG keineswegs überraschend, daß die Studie über die Sammlungen nur am Rande wertvoll sei und daß man daher auf sie kein besonderes Gewicht legen konnte. Kurze Zeit darauf wurde Cunningham in das Ausbildungsbüro versetzt, eines der Verwaltungs-»Sibirien« der CIA. Die SEG trat nie wieder zusammen.

Obwohl Richard Helms wenig Talent für das Management zeigte – und daran noch weniger Interesse hatte –, bemühte er sich während seiner Jahre als DCI in gewissem Ausmaß, eine weitere Ausweitung der Nachrichtengemeinde einzuschränken. Einer dieser Versuche war erfolgreich. In den späten 60er Jahren weigerte sich Helms, der weiteren Entwicklungsarbeit an dem sehr kostspieligen bemannten Weltraumlaboratorium der Luftwaffe (Manned Orbiting Laboratory = MOL) zuzustimmen, das man damals unter anderem auch als Nachrichtensammelsystem vorantrieb. Ohne Helms' Unterstützung konnte die Luftwaffe das Weiße Haus von der Notwendigkeit des Projekts nicht überzeugen und so ließ es die Regierung Johnson in der Folge fallen. (Einige hohe Angehörige der Luftwaffe sahen in der fehlenden Unterstützung durch Helms die Vergeltung dafür, daß die Luftwaffe 1967 das **SR-71**-Aufklärungsflugzeug »gekapert« hatte, das die CIA ursprünglich entwikkelt und am liebsten unter ihrer Kontrolle behalten hätte; diese Kritik war jedoch wahrscheinlich unfair, Helms schien lediglich mit dem starken Druck in der Regierung Johnson konform zu gehen, die Kosten wegen des Vietnamkriegs zu senken und er sah wohl das MOL als ein besonders verwundbares und technisch dubioses Programm in einer Periode, die gekennzeichnet war von einem sparsamen Budget.)

Hinsichtlich der Machtverhältnisse innerhalb der Regierung war Helms immer ein Realist, und er erkannte, daß er, abgesehen von seltenen Fällen wie dem MOL, nicht den Einfluß besaß, um die Einführung der meisten neuen technischen Sammelsysteme zu verhindern. Er begriff auch, daß die volle Kraft des Pentagons hinter diesen Projekten stand – so unnötig und überflüssig sie oft auch waren, und daß er, falls er seine Kraft darauf konzentrierte, unproduktive und veraltete Systeme zu eliminieren oder auch nur zu verringern, sich Feinde schuf, die seine eigenen heimlichen Lieblingsunternehmungen in Übersee unterminieren konnten. Aber selbst die wenigen Anstrengungen, die er gegen die offensichtlich verschwenderischen Systeme unternahm, schlugen (mit Ausnahme der gegen das MOL) fehl, was eindeutig bewies, daß die wahre Macht über die Budgets in der Nachrichtengemeinde beim Pentagon und nicht bei dem Direktor des Zentralen Nachrichtenwesens, dem DCI, liegt.

1967 beispielsweise bat Helms Frederick Eaton, einen prominenten und konservativen New Yorker Anwalt, eine Überprüfung der National Security Agency (NSA = Nationale Sicherheitsbehörde) vorzunehmen; seit einiger Zeit war die Kostenwirksamkeit der NSA als Beitrag zu den nationalen Nachrichtenbemühungen innerhalb der Gemeinde höchst suspekt gewesen, besonders im Hinblick auf das ständig wachsende Budget der »Codebrecher«-Behörde, das die Milliarden-Dollar-Grenze überschritten hatte. Eaton erhielt einen Stab, der aus Beamten mehrerer Nachrichtenbehörden, einschließlich der CIA, des Außenministeriums und des Pentagon zusammengesetzt war, und dieser Stab trug substantielle Beweise dafür zusammen, daß viel von der Nachrichtensammlung der NSA nur wenig oder nur einen Wert am Rande für die verschiedenen Nachrichtenkonsumenten der Gemeinde hatte. Eaton überraschte jedoch nach eingehender Konsultation mit hohen Beamten des Pentagon seinen eigenen Stab damit, daß er vorschlug, keine Kürzungen zu empfehlen und daß alle Bemühungen der NSA die Mühe lohnten. Der Stab aus Nachrichtenprofessionals rebellierte und Eaton mußte die Schlußfolgerungen der Überprüfung selbst schreiben.

Die Lektion der Eaton-Studie war innerhalb der Nachrichtengemeinde jedem klar. Die NSA war in der Gemeinde weithin als das Mitglied erkannt worden, das eine Reform am nötigsten hatte und die Professionals, die die Sache studiert hatten, empfahlen wesentliche Änderungen in den Programmen. Und doch erreichten Helms' Bemühungen, die Leistung der supergeheimen Behörde durch die Eaton-Studie reformieren zu lassen, gar nichts, und wenn der DCI, wie die Professionals sagten, die NSA »nicht in den Griff bekam«, war es unwahrscheinlich, daß es ihm gelingen würde, die sich ausweitenden Programme der anderen Nachrichtenbehörden des Pentagon zu beeinflussen.

1968 schuf Helms auf Drängen seines Stabs eine weitere ausgewählte zwischenbehördliche Gruppe, den National Intelligence Resources Board (den Nationalen Nachrichtenquellenausschuß), den Vorläufer des Intelligence Resources Advisory Commitee (des Beratenden Nachrichtenforschungsausschuß). Mit der Absicht gegründet, die Wirtschaftlichkeit innerhalb der Gemeinde zu erhöhen, indem man gewisse Randprogramme kürzte, hatte der NIRB mehr bürokratische Macht als all seine Vorgänger, weil der Stellvertretende Direktor der CIA den Vorsitz hatte und die Direktoren der Verteidigungs- und Nachrichtenagentur und des Büros für Nachrichten und Forschung des Außenministeriums die Mitglieder waren. Der Ausschuß beschloß sofort, sich die NSA-Programme neuerdings anzusehen, er sonderte ein besonderes Kommunikations-Abfang-Programm, das jährlich Millionen kostete, als besonders verschwenderisch aus. Das NIRB stellte fest, daß fast alle Nachrichtenanalytiker, die Zugang zu den Resultaten der NSA-Programme hatten, der Ansicht waren, daß die Daten von wenig oder keinem Wert waren. Diese Feststellungen wurden Paul Nitze, dem damaligen Staatssekretär für Verteidigung, übermittelt und zwar mit der Empfehlung, man solle das Programm auslaufen lassen (die endgültige Entscheidung über die Fortsetzung der Programme mußte natürlich im Pentagon fallen, da die NSA eine militärische Nachrichtenbehörde ist.) Nitze unternahm der Empfehlung wegen mehrere Monate lang nichts. Als er dann im Januar 1969 sein Amt verließ, schickte er Helms einen Brief, in dem er dem DCI für diese Empfehlung dankte, informierte ihn aber, daß die entscheidenden Personen im Pentagon die Billigung gegeben hatten, das zweifelhafte Projekt fortzusetzen. Trotz der überwältigenden Argumente des NIRB gegen das Projekt bemühte sich Nitze nicht einmal, die Gründe aufzuführen, warum das Pentagon nicht mit der Entscheidung des DCI einig ging.

Im Zuge solcher Niederlagen gab Helms weitere Versuche auf, die Nachrichtengemeinde zu organisieren. Einmal, Monate später, bemerkte er seinem Stab gegenüber, daß er, als DCI, theoretisch für 100 Prozent der Nachrichtentätigkeiten der Nation verantwortlich sei, tatsächlich aber nur 15 Prozent der »Aktivposten« der Gemeinde kontrolliere, während der größte Teil der anderen 85 Prozent dem Verteidigungsminister oder den Vereinigten Stabschefs gehörten. Unter solchen Umständen, so schloß Helms, sei es unrealistisch, wenn ein DCI glaube, daß er einen bedeutsamen Einfluß auf die Entscheidungen über die US-Nachrichtenquellen oder die Gestaltung der Nachrichtengemeinde habe.

Als aber 1969 die Regierung Nixon kam, wurden einige sehr mächtige Persönlichkeiten wie der Verteidigungsminister Melvin Laird und der Präsident selbst hinsichtlich der anscheinend unkontrollierten Ausweitung der Nachrichtenprogramme des Pentagon besorgt. Laird sagte 1970 in seiner Erklärung zum Verteidigungsbudget:

> Das Nachrichtenwesen ist zugleich kritisch und kostspielig. Und doch haben wir Nachrichtentätigkeiten gefunden, deren Management sich überschneidet oder überhaupt nicht existiert. Mängel haben eine Kritik hervorgerufen, die außerhalb der Nachrichtengemeinde bekannt wurde. Diese Kritik kann in fünf Hauptpunkten zusammengefaßt werden:
>
> 1. Unser Nachrichtenprodukt wird schlecht ausgewertet.*

* Einige Nachrichten wurden überhaupt nicht ausgewertet, was in der Folge der englischen Sprache zu einem neuen Begriff, »den linearen Schubladenfuß« verhalf. Aus dem »Pentagonischen« übersetzt, bedeutet das die Menge Papier, die nötig ist, um eine einen Fuß lange Aktenschublade zu füllen. Ein Bericht des Kongreßausschusses für die Streitkräfte von 1969

2. Verschiedene Nachrichtensammeltätigkeiten überschneiden sich, es gibt keinen Mechanismus, um diese Überschneidungen auszuschalten.
3. Es gab kein langfristiges koordiniertes Programm für das Management der Hilfsquellen und die Programmierung.
4. Bedeutsame Lücken in der Nachrichtensammlung blieben unbemerkt.
5. Die Nachrichtengemeinde versagte, wenn es darum ging, offene und unbeschränkte Kanäle der Kommunikation im Inland zu erhalten.

Im gleichen Jahr ernannte Präsident Nixon ein »Blauband«-Komitee unter dem Vorsitz von Gilbert W. Fitzhugh, dem Aufsichtsratsvorsitzenden der Metropolitan Life Insurance Company, das den Auftrag hatte, die gesamten Organisationen und Operationen des Verteidigungsministeriums zu untersuchen. In einer Pressekonferenz im Juli 1970 erklärte Fitzhugh, seine Untersuchungen hätten gezeigt, daß das Pentagon »in seiner gegenwärtigen Form eine unmöglich zu verwaltende Organisation sei, ein amorpher Klumpen. Dann wandte er sich der militärischen Spionage zu und stellte fest: »Ich glaube, daß das Pentagon unter zu viel Nachrichten leidet. Man kann dort nicht verwenden, was man bekommt, weil zu viel gesammelt wird. Es wäre fast besser, wenn sie das Material nicht hätten, weil es schwierig ist, herauszufinden, was wichtig ist.« Das Fitzhugh-Komitee empfahl eine Reihe von wirtschaftlichen Maßnahmen in der Spionage des Pentagon und drängte auch darauf, daß der neue Posten eines Staatssekretärs der Verteidigung für das Nachrichtenwesen geschaffen werde. Nach diesem Vorschlag sollten die verschiedenen militärischen Nachrichten-Dienststellen, die über die ganze Organisationskarte des Verteidigungsministeriums verstreut waren, unter der Führung des neuen Staatssekretärs zusammengefaßt werden, der seinerseits an Minister Laird Bericht erstatten würde.
1971, noch ehe die Empfehlungen des Fitzhugh-Ausschusses in die Tat umgesetzt wurden, war sich auch der Bewilligungsausschuß des

stellte fest, daß das Südostasienbüro der DIA allein 517 Schubladenfuß nicht analysierter Rohnachrichten in ihren Safes verschlossen hatte.

Kongresses der Tatsache bewußt geworden, daß das Militärische Nachrichtenwesen »aufgerüttelt« werden müsse. Der Ausschuß gab einen wenig bemerkten, aber beißenden Bericht heraus, der erklärte, daß »die Nachrichtenoperationen des Verteidigungsministeriums über die tatsächlichen Bedürfnisse hinausgewachsen seien und jetzt einen unmäßigen Anteil der fiskalischen Mittel des Ministeriums erhielten. Der Kongreßbericht fuhr fort: »Überfülle ist das Kennwort vieler Nachrichtenoperationen . . . Die Koordination ist weniger effektiv, als sie das sein sollte. Man sammelt weit mehr Material als wesentlich ist. Gesammeltes Material, das nicht ausgewertet werden kann . . . ist daher vergeudet. Neue Nachrichtenmittel sind verfügbar geworden – ohne eine Reduzierung bei den alten Verfahren herbeizuführen.« Bei diesen sogar für einen höchst konservativen und militärfreundlichen Kongreßausschuß offenkundigen Fehlern hätte man energische Reformmaßnahmen erwartet. Der Kongreß tat aber nur wenig, um die Nachrichtengemeinde unter Kontrolle zu bringen. Die Furcht auf dem Kapitolhügel, die geheiligte Mystik der »nationalen Sicherheit« zu verletzen, verhinderte effektive Verbesserungen.

Im November 1971 schließlich kündigte James Schlesinger, der ein Jahr später zum Direktor der CIA ernannt werden sollte, nach einer geheimen Prüfung der Nachrichtengemeinde, die durch das Büro Management und Dienstleistungen durchgeführt wurde, »eine Anzahl von Management-Schritten an, um die Wirksamkeit des US-Nachrichtenwesens zu verbessern«. Der Präsident hatte angeblich schon seit einiger Zeit über die armseligen Informationen gegrollt, die ihm von der Nachrichtengemeinde geliefert wurden. In jüngster Zeit war er über die Fehlinformation der Gemeinde beunruhigt, die versichert hatte, daß amerikanische Kriegsgefangene im Son Tay-Lager in Nordvietnam festgehalten würden, das man bei einer dramatischen Rettungsaktion durch US-Kommandos im Jahre 1970 verlassen vorgefunden hatte. Nixon war auch über das Versagen des Nachrichtendienstes erzürnt, der versäumt hatte, vor der Wildheit der nordvietnamesischen Reaktion auf die südvietnamesische Invasion in Laos Anfang 1971 zu warnen. (In beiden Fällen scheinen die fehlerhaften Nachrichten aus dem Pentagon*

* Der Reporter Tad Szulc der *New York Times* erinnert sich daran, daß

gekommen zu sein, obwohl im Fall von Son Tay der politische Wunsch des Präsidenten, eine Show zur Unterstützung der Gefangenen abzuziehen, es übersehen ließ, daß man dort mit großer Wahrscheinlichkeit keine Gefangenen finden würde.) Der Präsident, als der primäre Empfänger von Nachrichten in der Nation, war der Ansicht, er habe ein Recht auf bessere Information.

Ob ein Präsident großes Interesse an den Nachrichten zeigt, wie Lyndon B. Johnson, oder ob er, wie im Fall Nixons, den großen Teil der Verantwortung an einen Helfer (Henry Kissinger) delegiert, das Nachrichtengebiet bleibt doch sehr stark ein Privatreservat des Präsidenten selbst. Der Kongreß hat fast völlig auf eine Kontrolle verzichtet, die er hätte ausüben können. Als sich Präsident Nixon 1971 daher entschloß, die Nachrichtenstruktur aufzupolieren, bemühte er sich nicht einmal, die wenigen Kongreßabgeordneten im voraus zu konsultieren, die angeblich die Nachrichtengemeinde überwachen.

Das offensichtliche Ziel der Reorganisation von 1971 war es, das Management der Nachrichtengemeinde zu verbessern, indem man dem DCI »eine betonte Führungsrolle gab . . . und zwar in der Planung, Überprüfung, Koordination und Bewertung aller Nachrichtenprogramme und -tätigkeiten sowie in der Produktion nationaler Nachrichten«. Nach dem Nixon-Plan umfaßte die Macht des DCI über den Rest der Gemeinde zum ersten Mal das Recht, die Budgets der anderen Mitglieder zu überprüfen, ein beispielloser Schritt in der stammesartigen Föderation des Nachrichtenwesens und ein unbedingt notwendiger, wenn man ein bedeutsames Maß von Kontrolle ausüben wollte. Nach dem gleichen Plan, die »Führungsrolle« des DCI zu betonen, legte der Präsident auch die Kontrolle über das gesamte US-Nachrichtenwesen in die Hände des Stabs des Nationalen Sicherheitsrats, den Henry Kissinger auch heute noch, nachdem er Außenminister geworden ist, leitet. Kissinger erhielt die Leitung eines neuen NSC-Nachrichtenausschusses, zu dessen Mitgliedern auch der DCI, der Generalstaatsanwalt, der Staatssekretär des Außen-, der Staatssekretär des Verteidigungsmi-

sich CIA-Beamte nach dem Überfall auf Son Tay an ihn gewandt und betont hätten, daß die Agentur bei dem Unternehmen keine Rolle gespielt habe und daß die fehlerhafte Information vom militärischen Nachrichtendienst stamme.

nisteriums und der Vorsitzende der Vereinigten Stabschefs gehörten. Dieses Nachrichtenkomitee sollte »Richtung und Führung« in nationalen Nachrichtenbedürfnissen und eine fortlaufende Bewertung von Nachrichtenprodukten vom Standpunkt des Nachrichtenkonsumenten aus liefern. Gleichzeitig richtete der Präsident eine neue Körperschaft ein, die die militärischen Kapazitäten der USA im Vergleich zu denen der Sowjets und der Chinesen, wie sie durch Nachrichtenstudien geschätzt wurden, analysieren sollte. Kissinger, bereits der Vorsitzende des 40er-Ausschusses, der alle CIA-Operationen mit hohem Risiko genehmigte, und des Bestätigungsausschusses, der für die Überwachung der Nachrichten verantwortlich ist, die sich auf die S.A.L.T.-Verhandlungen und -Abkommen beziehen, war, nachdem seine Kontrolle über alle Schlüsselausschüsse des NSC bestätigt wurde, ganz eindeutig zum mächtigsten Mann im US-Nachrichtenwesen, genauso wie in der US-Außenpolitik aufgestiegen.

Da jedoch Kissinger völlig mit anderen Dingen beschäftigt war, beabsichtigte Präsident Nixon mit seiner Umorganisation im November 1971 eindeutig, daß CIA-Direktor Richard Helms die tatsächliche Leitung der Nachrichtengemeinde übernehmen und verbessern solle – sicherlich unter Kissingers Leitung. Teilweise wegen des nahezu undurchdringlichen Tribulismus der Gemeinde und teilweise auch wegen Helms' fehlendem Interesse an Management und technischen Fragen hatte die »Aufrüttelung« nur wenig Auswirkungen auf die festgefahrene Art der Gemeinde. Zum großen Erstaunen seines Stabs unternahm Helms praktisch nichts, um die Wünsche des Präsidenten, die in seiner Anordnung zur Reorganisation enthalten waren, durchzuführen.

Kurz nach der Wahl von 1972 wurde Helms vom Präsidenten als Direktor des Zentralen Nachrichtenwesens entlassen. Nach seiner eigenen Aussage vor dem außenpolitischen Ausschuß des Senats hatte er auf dem Posten bleiben wollen, das war jedoch nicht der Wunsch des Weißen Hauses. Die Unzufriedenheit des Präsidenten mit Helms' Management der Nachrichtengemeinde war sicherlich ein Faktor für seinen Hinauswurf, wie vielleicht auch Helms' gesellschaftliche Bindungen zu liberalen Kongreßabgeordneten und Journalisten (von denen einige auf der »Feindliste« des Weißen Hauses standen).

Aus seiner früheren Arbeit im Büro für Management und Dienstleistungen und in der Rand Corporation schien James Schlesinger über die Probleme der Gemeinde Bescheid zu wissen, er handelte auch schnell, als er als Nachfolger von Helms in der CIA erschien; er baute die bürokratischen Strukturen auf, die nötig waren, um die Kontrolle über die anderen Nachrichtenbehörden auszuüben. Er schuf einen neuen Stellvertretenden Direktor für Beziehungen innerhalb der Gemeinde und stärkte das Beratende Nachrichtenquellenkomitee; seine nur vier Monate währende Amtszeit war aber zu kurz, als daß er Reformen großen Maßstabs hätte durchführen können. Nichts in der Vergangenheit seines Nachfolgers William Colby, eines Heimlichen Operators mit dreißig Jahren Dienstzeit, deutet darauf hin, daß er sowohl die Managergeschicklichkeit oder die Neigung hat, das spiralenförmige Wachstum der Nachrichtengemeinde unter Kontrolle zu bringen.
Ganz offensichtlich ist die CIA nicht die Nabe – noch ist ihr Direktor das Haupt der weiten US-Nachrichtengemeinde. Die manchmal glanzvolle unverbesserliche Agentur ist lediglich ein Zweig einer viel größeren zwischenministeriellen Föderation, die vom Pentagon dominiert wird. Und obwohl der Direktor des Zentralen Nachrichtenwesens nominell von jedem der aufeinanderfolgenden Präsidenten zum Chefnachrichtenberater der Regierung designiert wird, wird er tatsächlich in der Realität der Politik in Washington sowohl von dem Verteidigungsminister wie dem Assistenten des Präsidenten für Nationale Sicherheitsfragen genauso wie von einer Anzahl geringerer Figuren wie dem Vorsitzenden der Vereinigten Stabschefs überschattet. Nichtsdestoweniger haben es die Direktoren der Agentur und die CIA selbst fertiggebracht, in dem bürokratischen Dschungel zu überleben, ja manchmal sogar zu florieren, und zwar wegen ihres eigenen, hochspezialisierten Beitrags zu den nationalen Nachrichtenbemühungen. Die primäre Aufgabe der CIA ist es nicht, die Beziehungen des US-Nachrichtenwesens zu koordinieren oder auch nur fertige nationale Nachrichten für die Politiker zu liefern. Ihre Aufgabe ist es – zum Guten oder zum Bösen – die verdeckte Außenpolitik der Regierung zu führen.

Zweiter Teil

Besondere Operationen

Sie müssen sich darüber klar werden,
daß Sie eine Nachrichtenagentur haben
und sie als solche schützen werden.
Sie müssen etwas Ihre Augen schließen
und hinnehmen, was da kommt.

Senator John Stennis
Vorsitzender des Gemeinsamen Senats-
ausschusses für die Überwachung der
CIA

23. November 1971

Die verdeckte Aktion – die Einmischung in die inneren Angelegenheiten anderer Nationen – ist die kontroverseste der heimlichen Funktionen der CIA. Sie ist das unvariable Mittel, zu höchst variablen Zielen. Sie ist für die heimliche Mentalität grundlegend. Und die gröbste und direkteste Form der verdeckten Aktion heißt »Sonderoperation«.

Diese Tätigkeiten, zumeist von paramilitärischer oder kriegsähnlicher Natur, haben wenig von der Raffinesse und der Subtilität der politischen Aktion (Durchdringung und Manipulation), der der Propaganda und Desinformation. Obwohl von CIA-Professionals geplant, werden diese Operationen in großem Ausmaß durch Vertragsangestellte der Agentur oder durch Söldner ausgeführt – von Amerikanern wie von Ausländern. Innerhalb der Heimlichen Dienste der CIA hat man die »Sonderops« immer mit gemischten Gefühlen betrachtet. Die meisten Professionals haben, besonders in den letzten Jahren, derartige Tätigkeiten scheel angesehen, selbst wenn sie manchmal ihre Anwendung empfohlen haben. Innerhalb der Agentur wird es jedoch weithin anerkannt, daß weniger direkte Formen der verdeckten Aktionen ihre Grenzen haben, besonders wenn man eine zeitlich abgestimmte umfassende Aktion für nötig hält, um eine lästige Rebellenbewegung niederzuschlagen oder eine unfreundliche Regierung zu stürzen. In diesen Fällen ruft die CIA ihre eigenen »Streitkräfte«, die Special Operations Division (SOD) – die Abteilung für Sonderoperationen – an die Arbeit.

Dem Begriff nach sind »Sonderops« gewalttätig und brutal; die meisten heimlichen Operatoren ziehen verfeinerte Techniken vor. Der CIA-Professional ist ein Schwindelkünstler, er stellt sich die schöpferischen Aufgaben, einen heimlichen Feldzug zu planen und auszuführen, ohne selbst zur Gewalt zu greifen; bei solchen nicht paramilitärischen Aktionen tendiert der Operator dazu, seine Hände nicht blutig zu machen – seine Verbrechen gehören zur Sorte, bei der die Weste weiß bleibt – Verschwörung, Bestechung, Korruption. Sein Versagen wird gewöhnlich nur mit der Ausweisung aus dem Land bestraft, in dem er arbeitet. Er ist letzten Endes nur an einem Kavaliersdelikt beteiligt. Der paramilitärische Operator ist im Gegensatz dazu ein Gangster, der mit Terror und Gewalt arbeitet. Ein Fehlschlagen kann den Tod bedeuten – wenn nicht den des Operators selbst, dann den der Agenten, die er rekrutiert hat. Die SOD führt Krieg, wenn auch in kleinem und geheimen Ausmaß, aber in diesem Krieg gibt es keine Regeln. Die Operatoren repräsentieren einen besonderen Typ, innerhalb der CIA bezieht man sich auf die Sonderop-Typen manchmal als auf die »Tiere« der Agentur.

In den frühen Jahren der CIA und besonders während des Koreakriegs wurden viele der paramilitärischen (PM) Spezialisten, besonders ehemalige Militärs, als Berufsoffiziere angeworben. Die CIA mußte jedoch bald feststellen, daß ihr militärisches Geschick nicht so leicht auf andere Typen der heimlichen Arbeit zu übertragen war und daß die meisten PM-Experten in der bürokratischen und diplomatischen Umgebung, in der die CIA gewöhnlich fungiert, beinahe nutzlos waren. Manchmal, wenn bei den Sonderoperationen eine Ebbe eintrat, hatte die CIA Mühe, Aufgaben zu finden, die die PM-Spezialisten übernehmen konnten. Daher wurde die Personalstärke der PM in den späten 50er Jahren allmählich auf ein Kader von 200 Operatoren reduziert, die in der Lage waren, die Planung und die Ausbildung für paramilitärische Operationen zu übernehmen. Wenn mehr Leute benötigt wurden, stellte die Agentur sie auf kurzfristiger Vertragsbasis ein. Diese Vertragskräfte waren meist eine Mischung aus ehemaligen Soldaten, Abenteurern und ausgesprochenen Söldnern; andere wurden direkt von den Streitkräften an die CIA ausgeliehen. Die Spezialstreitkräfte des US-Heeres und die Guerilla-Bekämpfungseinheiten der Marine

(SEALs) und der Luftwaffe (SOFs) stellten viele der Rekruten, da die Veteranen dieser Waffengattungen bereits die modernste paramilitärische Ausbildung besaßen. Manchmal nahmen die Militärs den Abschied aus dem aktiven Dienst, um den Tarnanforderungen der CIA für ihre Tätigkeit zu entsprechen; sie taten das aber mit dem Vorbehalt, daß sie später eventuell wieder in den Militärdienst zurückkehren würden – ihre Dienstzeit bei der CIA zählte bei Beförderungen und Pensionsansprüchen. (Dieser Vorgang ist im Nachrichtengewerbe als das »Schafmisten« bekannt.) Die Agentur war aber immer sorgfältig darauf bedacht, die Kontrolle über die Planung, die Logistik und die Kommunikation ihrer Sonder- oder paramilitärischen Operationen zu behalten. Die Vertragsangestellten leisteten lediglich Schmutzarbeit.

Die CIA stellte die Ausbildungseinrichtungen in den Vereinigten Staaten und in Übersee zur Verfügung, um sowohl ihre eigenen Berufsoperatoren wie das Vertragspersonal auf Zeit für die paramilitärischen Operationen vorzubereiten. **Camp Peary-»die Farm« im südöstlichen Virginia führt die Grundkurse durch. Fortgeschrittenere Techniken, wie die Arbeit mit Sprengstoff und schweren Waffen, werden in einer geheimen CIA-Basis in Nordcarolina gelehrt. Der Unterricht im Fallschirmspringen und in Luftoperationen wird in beiden Einrichtungen erteilt, sowie im Hauptquartier der Intermountain Aviation in der Nähe von Tucson, Arizona.** Eine geheime Einrichtung in der Kanalzone war der Platz für Dschungelkriegführung und Überlebenstraining. Hier betrieben die Rekruten der Agentur paramilitärische Kriegsspiele, sie wurden dabei gegen die Elite der US-Spezialstreitkräfte eingesetzt.

Paramilitärische Operationen großen Maßstabs machten auch besondere Ausbildungsbasen für die Söldner nötig. Für die Invasion in Guatemala von 1954 baute die CIA Einrichtungen in Nicaragua und Honduras. Für den Angriff auf die Schweinebucht von 1961 wurden in Nicaragua Basen eingerichtet und dieses Mal auch in Guatemala, das als Resultat eines Erfolgs sieben Jahre früher jetzt der CIA zur Verfügung stand ▶

◀ konstruierten große Nachschubeinrichtungen in Nordostindien und gaben ▶

◀ den Guerillas in einer verlassenen

Armeebasis in den Bergen. Und für ihre vielen Südostasienabenteuer hatte die Abteilung für Sonderoperationen »ein Heim fern von daheim« **unter Marinetarnung auf der Pazifikinsel Saipan.**

Saipan war jedoch keine US-Besitzung, sonden ein Mandatsterritorium der Vereinten Nationen in der Obhut der USA, und die Agentur hatte daher gewisse Sorge, daß die Einrichtung und Führung einer Militärbasis bei den UN kitzlige Probleme aufwerfen würde. Als Meister in der Kunst der Tarnung »hygienisierte« das CIA-Kontingent die Insel lediglich, wann immer Vertreter der UN zu einer Inspektionstour kamen. Einem Eingeborenen der Insel zufolge verschwanden Auszubildende und Ausbilder; der Stacheldraht und die Tafeln »Zutritt für Unberechtigte verboten« wurden abgenommen. Ein oder zwei Tage sah das Camp genauso aus wie jeder andere Haufen militärischer Hütten, die die inspizierenden Besucher ignorierten. Sobald sie aber fort waren, kam alles wieder zum Vorschein und das Training für die Sonderops der CIA wurde wieder aufgenommen.

Ein ehemaliger Offizier der Heimlichen Dienste der CIA, der in Sonderops ausgebildet worden war, schrieb für das *Ramparts* Magazin folgenden Bericht über seine Erfahrungen:

> Der erklärte Zweck der paramilitärischen Schule war es, uns zu Instruktoren für Dorfbewohner auszubilden und auszurüsten, die sich gegen Guerillas verteidigen sollten. Ich konnte das unterschreiben.
>
> Ein Teil des Trainings war konventionell. Dann aber kamen wir in das Zerstörungs-Hauptquartier der CIA. Hier hatte man Kubaner in konventionellen und Unterwassersprengungen ausgebildet und tat das weiterhin (Mitte der 60er Jahre). Hier wurden wir auch in einer Taktik ausgebildet die schwerlich mit der Genfer Konvention vereinbar ist. Die Auswahl von geächteten Waffen, mit denen wir vertraut gemacht wurden, schloß Kugeln ein, die beim Aufschlagen explodierten, Mg's mit Schalldämpfern, hausgemachte Sprengstoffe und hausgemachtes Napalm für klebrigere und heißere Molotow-Cock-

tails. Man lehrte uns Sprengtechniken, wir übten an Autos der neuesten Modelle, an Bahnwaggons und Benzintanks. Man lehrte uns auch eine schnelle Methode, ein begrenztes Gebiet mit Mehl oder Kunstdünger zu sättigen, was die Gewalt der Explosion vervielfachte.

Und dann war da noch eine diabolische Erfindung, die man eine »Minikanone« hätte nennen können. Sie war aus einem konkaven Stück Stahl konstruiert, das in den oberen Teil einer 10er-Kanne mit Plastiksprengstoff eingepaßt war. Wenn das Ganze zur Explosion gebracht wurde, machte die schreckliche Reibungshitze des herausgeschleuderten Stahls das Stahlstück zu einem weißglühenden Projektil. Für die Minikanone gab es eine ganze Zahl von Anwendungsmöglichkeiten, eine davon wurde uns an einem alten Armee-Schulbus demonstriert. Die Minikanone wurde so an dem Benzintank befestigt, daß das Brandgeschoß den Tank aufreißen und brennendes Benzin durch den ganzen Bus jagen und jeden in Brand stecken mußte, der sich darin befand. Mein Los war es, dem Rest der Klasse zu zeigen, wie leicht das zu machen war. Es funktionierte – mein Gott, wie es funktionierte! Ich stand da und sah zu, wie die Flammen den Bus verzehrten. Ich glaube, das war der Augenblick der Wahrheit. Was hatte ein Bus voll von brennenden Menschen mit der Freiheit zu tun? Welches Recht hatte ich, im Namen der Demokratie und der CIA zu entscheiden, daß rein zufällige Opfer sterben sollten? Das intellektuelle Spiel war vorbei. Ich mußte weg.

Das große Vertrauen zu paramilitärischen Methoden bei den Sonderops der CIA ist ein direktes Erbe der heimlichen Guerilla-Programme, die durch das Büro für Strategischen Dienst (Office of Strategic Services = OSS) während des Zweiten Weltkriegs durchgeführt wurden. Das OSS machte, wie sein englisches Gegenstück, die Special Operations Executive (= Dienststelle für Sonderoperationen), ausgiebig von den einheimischen Untergrundbewegungen Gebrauch, um die Tätigkeiten der deutschen und japanischen Streitkräfte in den besetzten Ländern zu sabotieren und in den betreffenden Gebieten emotionelle Unruhe zu schaffen. Bei der Leitung dieser Operationen fungierten die OSS-Offiziere als Berater und dienten als Kanäle für Kommunikationen und Nachschub von den alliierten Mächten. Grundlagen für den Erfolg der OSS-Mitarbeiter war der Umstand, daß die Länder, in denen sie ihre verdeckten Operationen durchführten, unter der militärischen Kontrolle fremder Armeen standen, die von den einheimischen Widerstandskämpfern gehaßt und verachtet wurden. Auch so erzielten die Widerstandskämpfer in den meisten besetzten Ländern nur beschränkte Erfolge, bis die regulären Streitkräfte der Alliierten hinreichende Siege errungen hatten, die die Streitkräfte der Achsenmächte zu der im wesentlichen defensiven Kriegführung zum Schutz der eigenen Heimat zwangen.

Während der ersten Nachkriegsjahre war, wie wir bereits festgestellt haben, die ursprüngliche Reaktion der CIA die, im Kalten Krieg die Kriegstaktik der OSS in neuen Bemühungen anzuwenden, paramilitärische Widerstandsbewegungen in Gebieten wie Albanien, der Ukraine und anderen Teilen Osteuropas zu organisieren und zu fördern. Fast alle diese Operationen endeten mit vollkommenen Fehlschlägen (ähnliche Rückschläge traten bei den paramilitärischen Operationen der CIA gegen China und Nordkorea ein). Die kontrollierenden militärischen Kräfte in Osteuropa waren, wenn sie auch von der Sowjetunion unterstützt wurden, doch zumeist einheimisch – oft wurden sie von den gleichen politischen Elementen dirigiert, die in den vorhergehenden Kämpfen gegen die Nazibesatzer mit der OSS und ähnlichen anderen alliierten Geheimdiensten zusammengearbeitet hatten. Trotz einer starken Enttäuschung über das kommunistische Regime bei den einheimischen Populationen, einer Enttäuschung, die die CIA gröblich als revolutionäre Glut fehldeutete, waren die kriegsmüden Bevölkerungen nicht bereit, sich in größerer Zahl Widerstandsgruppen mit wenig Chancen auf Erfolg anzuschließen. Und unter den damals vorherrschenden politischen Umständen bestand auch wenig Wahrscheinlichkeit einer eventuellen militärischen Unterstützung durch die Streitkräfte der USA. So waren die osteuropäischen Regierungen mit ihren starren inneren Sicherheitssystemen leicht in der Lage, die gegen sie gerichteten paramilitärischen Bemühungen der CIA zu vereiteln.

In den Gebieten der Welt, die nicht unter der kommunistischen Herrschaft standen, hatten die paramilitärischen Operationen der

CIA etwas mehr Erfolg, zum mindesten während der frühen 50er Jahre. Anders aber als die OSS, die Partisanengruppen im Kampf gegen von Faschisten beherrschte Regierungen unterstützt hatte, befand sich die CIA sehr oft in der Position, daß sie konterrevolutionäre Bemühungen etablierter Regime unterstützte, die durch Guerillabewegungen von links bedroht wurden. Von der Furcht vor dem Kommunismus und dem Mißtrauen gegen ihn blind gemacht, war die CIA allmählich in eine Position getrieben, in der die paramilitärischen Operationen der Erhaltung des „status quo" dienten. Die Agentur assoziierte sich in ihrem Eintreten für „Stabilität" und „geordneten Wandel" mit dem Schutz „rechtmäßiger" Interessen. Nach der Anschauung eines großen Teils der Welt war sie eher zu einem Symbol der Unterdrückung als zu einem der Freiheit geworden. Während die paramilitärischen Operationen der CIA zeitweilig erfolgreich waren, waren viele der Siege, die sie errang, in Wirklichkeit Pyrrhussiege. Die CIA schien immer gegen einen legitimen sozialen und politischen Wandel zu arbeiten – für die die US-Regierung in späteren Jahren von der Bevölkerung dieser Länder verantwortlich gemacht wurde.

Während der ersten Jahre ihrer Existenz, und besonders nach dem Ausbruch des Koreakriegs 1950, rekrutierte die CIA eine große Zahl von Offizieren für spezielle Operationen und bildete sie aus. Viele waren natürlich für den Dienst in Korea bestimmt, aber der dortige amerikanische Befehlshaber, General Douglas MacArthur, war kein besonderer Freund der heimlichen paramilitärischen Operationen, er tat auch sein Bestes, um die »Spezialop«-Experten der CIA dem Kriegsschauplatz fernzuhalten. Trotzdem gelang es der Agentur, eine große Zahl geheimer Operationen zu starten, was den Verlust zahlreicher koreanischer Agenten und nur wenige, wenn überhaupt – bedeutungsvolle Erfolge zeitigte.
Mit ihrem neu erweiterten Stab konnte die Abteilung für Spezielle Operationen der CIA ihre Aufmerksamkeit anderen Ländern in Asien zuwenden. Man machte Versuche, Widerstandsbewegungen in China zu organisieren; diese führten jedoch lediglich zu der Gefangennahme der Offiziere der Agentur John Downey und Richard Fecteau – sowie zum Tod der nationalchinesischen Agenten, denen sie bei der Infiltration geholfen hatten. Das chinesische

Festland war kein fruchtbarer Boden für Agentenoperationen, genausowenig wie Osteuropa.
Anderswo gab es einige Erfolge. Der Huk-Aufstand auf den Philippinen wurde mit Hilfe der CIA niedergeschlagen. Von der Agentur unterstützte nationalchinesische Truppen in Burma wurden (wenn sie sich nicht gerade mit ihrem Lieblingszeitvertreib, dem Opiumhandel beschäftigten, veranlaßt, gelegentliche Überfälle in das Hinterland des kommunistischen China zu unternehmen. In Südvietnam spielte die CIA eine wichtige Rolle bei der Konsolidierung der Macht des Regimes Diem – und das rechnete sich die Agentur als großen Erfolg an.
Derartige Gewinne wurden durch einige ziemlich bemerkenswerte Fehlschläge anderswo ausgeglichen, **besonders bei dem Unvermögen der Agentur, 1958 Präsident Sukarno von Indonesien zu stürzen. Während die von der CIA unterstützte Revolte andauerte,** dementierte die US-Regierung kategorisch, sie unterstütze die Sukarno-feindlichen Kräfte. Im März 1958 sagte Außenminister John Foster Dulles einem Kongreßausschuß, »daß wir uns nicht in die inneren Angelegenheiten dieses Landes einmischen«. Sechs Wochen später bestätigte Präsident Eisenhower, daß, während »Glücksritter« vermutlich an der Affäre beteiligt seien, »unsere Politik eine Politik sorgfältiger Neutralität und korrekten Verhaltens sei und bemüht seien, keine Partei zu ergreifen, wo uns das nichts angeht«.
Diese Erklärungen waren natürlich falsch. Die indonesische Regierung schenkte diesen Dementis wenig Glauben und beschimpfte die US-Regierung wegen ihrer Interventionen. Die *New York Times* entschloß sich jedoch, der amtlichen amerikanischen Version zu vertrauen, sie schalt die Indonesier, sie setzten falsche Gerüchte in Umlauf, indem sie behaupteten, die US-Regierung unterstütze die Rebellen. Die *Times* kommentierte, der Außenminister und der »Präsident selbst« hätten ein amerikanisches Engagement dementiert und die »Vereinigten Staaten . . . seien nicht bereit einzugreifen und eine verfassungsmäßige Regierung stürzen zu helfen«. Das Lügenschema das dazu diente, Fehlschläge zu verdecken, hatte sich etabliert; während der U-2-Affäre und wieder in der Schweinebucht sollte es verstärkt angewendet werden.
1959 fand die CIA eine neue Gelegenheit zu Spezialops, als die

Tibetaner gegen die chinesischen Kommunisten revoltierten, die acht Jahre früher dem Gebirgsreich ihre Herrschaft aufgezwungen hatten. Ausgelöst durch Pekings Schachzug, den Dalai-Lama, den traditionellen religiösen und weltlichen Herrscher Tibets, zu entfernen und nachdem der Pantschen-Lama, ein bedeutender religiöser Führer, von den Chinesen kontrolliert wurde, gab es einen kurzfristigen Aufstand. Nachdem er fehlgeschlagen war, entfloh der Dalai-Lama mit mehreren tausend Anhängern und Soldaten nach Indien, wo er und seine treuen Anhänger Asyl erhielten. Dann ▶

◀ **auf einer Freundschaftstour durch asiatische und europäische Hauptstädte geführt, als lebender, wenn auch etwas unlogischer Beweis – da er selbst ein Autokrat war – für den Totalitarismus der chinesischen Kommunisten.** Später brachte man ihn zu einem Besuch in die Vereinigten Staaten, bei dem er auch vor den Vereinten Nationen erschien, seine Sache vertrat und die chinesische Regierung beschimpfte ▶

◀ **Spezialop-Offiziere fingen damit an, die Truppen des Dalai-Lama, die schreckenerregenden Khamba-Reiter, auszubilden und auszurüsten und für eventuelle spätere heimliche Einfälle nach Tibet vorzubereiten. Einige dieser Tibetaner wurden unauffällig in die Vereinigten Staaten zu einer besonderen paramilitärischen Ausbildung nach Camp Hale, Colorado, gebracht.**

Obwohl die CIA-Offiziere ihre tibetanischen Rekruten glauben ließen, daß sie für die Wiedereroberung ihrer Heimat vorbereitet würden, sahen selbst innerhalb der Agentur nur wenige eine Möglichkeit, daß das geschehen könnte. Einige der Operatoren, die mit den Tibetanern zusammenarbeiteten, glaubten schließlich selbst an ihre eigene Überredungspropaganda. Jahre später erröteten sie vor Zorn und Frustrierung, wenn sie beschrieben, wie ihnen und ihren Schutzbefohlenen durch die Bürokratie in Washington mit-

gespielt worden war.* Mehrere von ihnen wandten sich zum Trost den tibetanischen Gebeten zu, die sie während ihrer Jahre bei dem Dalai-Lama gelernt hatten.

Vom Beginn der tibetanischen Operation an war es klar, daß ihr einziger Wert eine Beunruhigung sein würde. Punktuelle Angriffe auf chinesische Einrichtungen in dem abgelegenen Gebirgsland waren eine Belästigung für Peking und eine Erinnerung daran, daß China verwundbar war. Der Traum, das Land wiederzuerobern und den Dalai-Lama wieder als seinen Herrscher einzusetzen, war von Anfang an unerfüllbar.

Die Guerillaüberfälle der Streitkräfte des Dalai-Lama nach Tibet, die von Operatoren der CIA geplant und gelegentlich von Vertragssöldnern der Agentur geführt wurden, wurden durch »Privatflugzeuge« des Civil Air Transport-Komplexes unterstützt und gedeckt, einer Tochtergesellschaft der CIA, die auch wesentlich an der Waffenlieferung ▶ ◀ teil. Die Überfälle erreichten nur wenig, außer daß sie den tibetanischen Truppen eine zeitweilige Befriedigung brachten und die Hoffnung anfachten, daß sie eines Tages eine echte Invasion in ihr Heimatland durchführen würden. Kommunikationslinien wurden unterbrochen, einige Sabotageakte ausgeführt, von Zeit zu Zeit legte man auch einer Abteilung chinesischer Truppen einen Hinterhalt.

Ein derartiger Hinterhalt führte zu einem Glücksfall für die CIA. Die Tibetaner hatten einen kleinen Militärkonvoi auf einer einsamen Bergstraße überfallen und wollten die chinesischen Fahrzeuge eben in Brand stecken, als man entdeckte, daß ein Wagen mehrere Postsäcke enthielt. Eine schnelle Untersuchung ergab, daß diese Säcke neben der üblichen Routinepost auch amtliche Regierungs- und mili-

* Dieses Phänomen der emotionellen Bindung ist im heimlichen Geschäft nicht selten, besonders herrscht es jedoch bei den Spezialoperationen vor. Die Offiziere, die sich mit Spezialops befassen, haben oft ein echtes Bedürfnis, »dazu zu gehören« und daran zu glauben. Zusammen mit den Strapazen und Gefahren, die sie willig ertragen, kann sie das dazu treiben, extreme Vorhaben zu unterstützen und unerreichbare Ziele anzustreben.

tärische Dokumente enthielt, die aus dem eigentlichen China kamen. Die Postsäcke wurden geborgen, durch die tibetanischen Guerillas nach Indien zurückgebracht und den CIA-Mitarbeitern übergeben, die für die Operation verantwortlich waren. Der Inhalt der Postsäcke wurde später durch die Chinaexperten der Agentur in Langley, Virginia, analysiert. Man fand eine Fülle von Daten die Rückschlüsse hinsichtlich der chinesischen Besatzung in Tibet zuließen: Während man Schwierigkeiten hatte, dem Feudalsystem des Gebirgsvolks die kommunistische Herrschaft aufzuzwingen, wurde es klar, daß die Chinesen die Situation voll in der Hand hatten und fest entschlossen waren, sich durchzusetzen. Für die Chinabeobachter der Agentur war die Hintergrund-Information noch interessanter, »daß Mao Tse-tungs Großer Sprung nach vorn« in mehreren entscheidenden Punkten sein Ziel nicht erreicht hatte, China aus der Tiefe der Unterentwicklung herauszuführen. **So unglaublich es in der Rückschau erscheinen mag, neigten einige Wirtschaftsanalytiker der CIA (und viele offizielle Stellen in Washington) in den 60er Jahren immer noch dazu, einen großen Teil der Pekinger Propaganda hinsichtlich des Erfolgs von Maos Wirtschaftsexperimenten zu glauben. Die Entdeckung der chinesischen Dokumente war ein bemerkenswerter Beitrag zur Lösung dieser besonderen Debatte innerhalb der US-Nachrichtengemeinde.**

Ohne weitere bedeutende Gewinne verzeichnen zu können, versandete die tibetanische Operation hoffnungslos. Einige Jahre später, Ende 1964, entfernten die Chinesen den Pantschen-Lama aus seiner Machtstellung, was eine weitere kleine Revolte auslöste. Aber die »von der **CIA ausgebildeten** Truppen des Dalai-Lama, die jetzt seit fünf Jahren im Exil in Indien lebten, konnten ihren Landsleuten nicht zu Hilfe kommen. Die Erinnerung an die Niederlage in der Schweinebucht war noch zu frisch im amerikanischen Bewußtsein, als daß in Washington großes Interesse bestanden hätte, die Träume der Khamba-Reiter zu unterstützen. Allmählich trocknete die tibetanische Operation völlig ein. Ende der 60er Jahre waren die Mitarbeiter der CIA lediglich daran interessiert, einen eleganten Weg zu finden, wie man die Bindung an den Dalai-Lama und seine alternden und nutzlosen Truppen beenden konnte.

Die tibetanische Operation der CIA wurde bald durch das Engagement der CIA im Kongo, das ihr folgte, überschattet. Der chaotische Kampf, der das Land fast in dem Augenblick überrollte, in dem es von der belgischen Herrschaft unabhängig wurde, lieferte der CIA, zusammen mit den Geheimdiensten anderer Nationen, einen fruchtbaren Boden. Absicht der US-Regierung war es, ein stabiles, pro-westliches Regime zu fördern, das die ausländischen Investitionen schützte; die CIA erhielt einen großen Teil der Verantwortung, diese Politik durchzuführen. **Zuerst waren die verdeckten Operationen der Agentur auf politische Manipulationen und Zahlungen an ausgesuchte Politiker begrenzt, als sich aber die politische Szene im Kongo immer mehr entrollte, schickte die Agentur paramilitärische Experten und Söldner zur Unterstützung der neuen Regierung. 1964 flogen B-26-Bomber der CIA, gesteuert von kubanischen Vertragspiloten reguläre Bombenangriffe auf Rebellengebiete.** Später, 1966, schilderte die *New York Times* die CIA-Flugzeuge als eine »Instant-Luftflotte«. Während die Agentur als solche über diese Publicity nicht recht glücklich war, waren viele Mitarbeiter doch darüber erfreut, daß die Zeitung das Geschick der CIA anerkannte, die Operation in relativ kurzer Zeit zusammenzustellen. Die zentralkongolesische Regierung unter Präsident Mobutu, die sich im wesentlichen auf die Unterstützung durch die CIA und andere US-Regierungsdienststellen stützte, konnte schließlich im Land ein gewisses Maß von Stabilität herstellen. ▶

◀

Während der Jahre, in denen die tibetanischen und die kongolesischen Operationen im vollen Gange waren, beschäftigten sich die CIA und die Special Operations Division (Abteilung für Spezialoperationen) in steigendem Maß mit Südostasien. In Laos organisierten Mitarbeiter der Agentur bereits eine Privatarmee (L'Armée Clandestine) von über 30000 Mann und bauten eine eindrucksvolle Kette von Basen im ganzen Land auf. **Einige wenige dieser Basen wurden als Absprungplätze**

benutzt, um Streiftrupps nach Nordvietnam und nach China zu schicken.

Innerhalb der CIA sah man den geheimen Krieg in Laos mit viel mehr Wohlwollen als den riesigen militärischen Kampf, der sich schließlich in Vietnam entwickelte. Der Krieg in Laos war für die amerikanische Öffentlichkeit und die Welt nicht besonders sichtbar. Tatsächlich lief der laotische Krieg bereits einige Jahre, ehe sich der amerikanische Kongreß überhaupt darüber klar wurde, daß es ihn gab. In Laos hatte die CIA die vollständige Kontrolle, zu keinem Zeitpunkt waren jedoch mehr als vierzig bis fünfzig Operationsoffiziere nötig, um die paramilitärischen Bemühungen zu leiten. Die schmutzige und gefährliche Arbeit, die Bodenkämpfe, wurden durch Hunderte von Vertragssoldaten und über 30000 laotische Stammesangehörige unter der Führung von General Vang Pao ausgefochten, den die CIA gelegentlich insgeheim mit »Nachrichtenmedaillen« dekorierte. Die laotischen Streitkräfte wurden durch Tausende von Thai-»Freiwilligen« vermehrt, die die Agentur bezahlte. Die Luftunterstützung, in Laos eine außerordentlich gefährliche Sache, wurde durch die Air America, **eine Linie im CIA-Besitz,** gestellt, gelegentlich auch durch die thailändische Luftwaffe. Während so die Spezialop-Offiziere der CIA den Krieg planten und alle Unternehmungen hauptsächlich von der laotischen Hauptstadt Vientiane aus bestimmten, waren nicht viele Leute nötig, um das physische Risiko des Kriegs auf sich zu nehmen. Die laotische Operation war für eine Spezialoperation eine fast vollkommene Situation für den Berufsoffizier.

In der Zwischenzeit unterstützte und finanzierte die CIA in Vietnam eine Streitmacht von ungefähr 45000 Civilian Irregular Defense Guards (CIDGs = Zivile, irreguläre Verteidigungswachen), eine lokale Guerillatruppe, die unter der Kampfleitung der Spezialeinheiten der US-Armee standen. SOD-Operatoren und Vertragsangestellte leiteten die Gegenterror-Mannschaften, um den vom Vietcong-Terror angewandten Entführungen, Folterungen und Morden mit gleichen Methoden zu begegnen. **Die Agentur organisierte auch die Guerillaüberfälle auf Nordvietnam, besonderes Gewicht legte man dabei auf das Eindringen von Kommandos von der See her, die in besonders geplanten, schwer bewaffneten, schnellen Booten vom PT-Typ »über**

den Strand« kamen. Mindestens ein derartiger Guerillatrupp der CIA arbeitete 1964 in dem Teil des Golfs von Tonking, in dem angeblich zwei US-Zerstörer von nordvietnamesischen Schiffen angegriffen wurden. Diese CIA-Überfälle können sehr wohl die nordvietnamesischen Aktionen gegen die Zerstörer ausgelöst haben, die wiederum die Tonking-Golf-Resolution des Kongresses von 1964 zur Folge hatte, wodurch die Bühne für einen Großeinsatz amerikanischer Truppen in Indochina aufgebaut wurde.

Die CIA-Sonderops in Südostasien waren massiv in ihrem Ausmaß und ein wichtiger Teil der amerikanischen totalen Kriegsanstrengungen. Viele dieser Operationen wurden in allen Einzelheiten in amtlichen Dokumenten der US-Regierung beschrieben, die in den *Pentagon-Papers* veröffentlicht wurden. Trotzdem verdienen einige Unternehmungen, die dort nicht erwähnt wurden, besondere Beachtung.

Eine betraf die Nungs, eine nationale Minderheit chinesischer Hügelstämme, die im ersten Vietnamkrieg auf französischer Seite kämpften und dann nach 1954 in großer Zahl nach Süden kamen. Die Nungs waren als besonders wilde Kämpfer bekannt, sie wurden bevorzugt von der CIA rekrutiert, wenn sie Kämpfer in Südvietnam brauchte. Ein beiläufiger Beobachter konnte tatsächlich fast immer geheime CIA-Einrichtungen in den vietnamesischen Provinzen an den Nung-Posten erkennen, die unweigerlich in Dschungeltarnuniform davor zu sehen waren.

Des weiteren wurden Nung-Söldner von der CIA oft zu Stoßtrupps den Ho-Tschi-Min-Pfad entlanggeschickt. Ihre Aufgabe war es, nordvietnamesische und Vietcong-Nachschubbewegungen zu beobachten, gelegentlich Angriffe auf Konvois auszuüben oder an Lagern Sabotageakte durchzuführen. **Da die meisten Nungs Analphabeten waren und große Schwierigkeiten hatten, genaue Berichte darüber, was sie sahen, zurückzuschicken, entwikkelten CIA-Techniker ein besonderes Funkgerät für sie. Jeder Sender hatte einen Satz Knöpfe, daneben Bilder, die einen Panzer, ein Lastauto, ein Geschütz oder ein anderes militärisches Objekt zeigten. Wenn ein Nung-Beobachter einen Vietcongkonvoi sah, drückte er so oft auf einen bestimmten Knopf, als er solche Objekte an sich vorbeifahren**

sah. Jeder Knopfdruck schickte einen spezialverschlüsselten Impuls in das Basiscamp, das so über den Nachschubverkehr auf dem laufenden blieb. In einigen Fällen wurden die Signale von Aufklärungsflugzeugen in der Luft aufgenommen. Diese gaben sie sofort an Angriffsmaschinen weiter, die wiederum sofort Bombenangriffe auf den Pfad flogen.

Die Nung-Einheiten stellten besondere Anforderungen an ihre Führungsoffiziere und kosteten die CIA in der Folge hundertmal soviel wie die Meos, die in der Armée Clandestine der CIA in Laos kämpften und die man für weniger als 10 Cents pro Mann und Tag ins Feld schicken konnte. Die höheren Kosten für die Nungs wurden durch die mangelnde Bereitschaft der Nungs erklärt, auf Befehl der Agentur in abgelegene Gebiete zu gehen, wenn sie nicht regelmäßig mit Bier und Prostituierten versorgt wurden – der Agentur blieb also keine andere Wahl, als ihnen Bar- und Bordelldienste zur Verfügung zu stellen. Die CIA transportierte diese ungewöhnliche Fracht sogar durch eine ihrer **eigenen Fluglinien,** Air America, die Kosten für diese Luftunterstützung waren trotzdem sehr hoch. Die CIA-Führungsoffiziere hätten den Nungs lieber Whisky gegeben, der zwar mehr kostete, der aber erheblich leichter und daher beträchtlich billiger einzufliegen war; aber die Nungs wollten nur Bier trinken. Auch die Prostituierten stellten ein besonderes Problem dar, weil die Agentur die Geheimhaltung der Operation nicht dadurch gefährden wollte, daß sie Frauen aus dem betreffenden Gebiet zur Verfügung stellte, die mit den Nungs sprechen konnten. So flog die Air America nur Dirnen aus entfernten Teilen Südostasiens ein, die mit den Nungs keine gemeinsame Sprache hatten.

Bei ihrer charakteristischen Begeisterung für technischen Krimskrams und Geräte kam die CIA Mitte der 60er Jahre mit zwei technischen Entdeckungen heraus, die in Vietnam mit begrenztem Erfolg, aber mit viel Vergnügen eingesetzt wurden. ▶

◀ Bei der tatsächlichen Anwendung wurde jedoch der Schaden, den die Chemikalien anrichteten, von den Vietcong und den Nordvietnamesen schnell wieder beseitigt.

Die andere Erfindung der Agentur war ein Waffen-Entdeckungssystem. Es funktionierte, indem man eine Chemikalie auf die Hände eines verdächtigen Vietcong sprühte und dann nach einigen Minuten ultraviolettes Licht auf sie fallen ließ. Wenn die Chemikalie auf eine besondere Art aufleuchtete, bedeutete das, daß der Mann in den letzten vierundzwanzig Stunden Metall – der Theorie nach eine Waffe – in den Händen gehalten hatte. Der Nachteil des Systems beruhte darin, daß es genau so auf Ackergeräte aus Metall reagierte wie auf Schußwaffen; es konnte also einen Menschen belasten, der lediglich mit einem Hammer gearbeitet hatte. Die CIA hielt das System jedoch für einen Erfolg, so daß sie es durch ein Ausbildungsprogramm in der Heimat an die Polizeikräfte mehrer amerikanischer Städte weitergab. ▶

◀

Lateinamerika war 1954 der Schauplatz eines der größten paramilitärischen Triumphe der CIA, der erfolgreichen Invasion in Guatemala durch eine von der Agentur organisierte Rebellenstreitmacht. In Lateinamerika erlitt die CIA sieben Jahre später auch den empfindlichsten Fehlschlag – die gescheiterte Invasion in Kuba in der

Schweinebucht. Die Agentur zögerte aber lange, ehe sie die kubanische Niederlage akzeptierte. Nach Ansicht der Mitarbeiter der CIA war der einzige Grund für den Fehlschlag der gewesen, daß Präsident Kennedy in letzter Minute die Nerven verloren, eine weitere Luftunterstützung für die Invasion verweigert und weitere mögliche Unterstützungen durch die US-Streitkräfte abgelehnt oder reduziert hatte. So behielt die Agentur ihre Beziehungen zur »Durchdringung« kubanischer Exilgruppen bei – in einer Art, die an ihre bestehenden Bindungen mit osteuropäischen Emigrantengruppen aus der Periode des Kalten Krieges erinnerte. Und die CIA behielt viele Veteranen aus der Schweinebucht weiter unter Vertrag und zahlte ihnen über ein Jahrzehnt später noch Gehälter.

▶

◀ Immer wieder ließ die kubanische Regierung Rebellen, die von der CIA betreut worden waren, vor den Fernsehkameras paradieren und zeigte sie und ihre Ausrüstung der kubanischen Öffentlichkeit und der Welt. Oft legten die Gefangenen volle Geständnisse hinsichtlich der Rolle der Agentur ab.

Trotzdem suchte die Agentur nach neuen und besseren Möglichkeiten, die Castro-Regierung anzugreifen. **Unter Vertrag mit der Agentur entwickelte die Elektroboot-Abteilung der General Dynamics in Groton, Connecticut, ein augezeichnet lenkbares Superschnellboot für Guerilla-Angriffe. Das Boot sollte schneller sein als jedes Schiff in der kubanischen Marine und deshalb die Möglichkeit besitzen, beliebig Waffen und Mannschaften nach Kuba zu bringen. Bis zur Lieferung des Boots traten aber immer wieder Verzögerungen ein und bis 1967 war noch kein einziges geliefert. Um diese Zeit waren die USA zu tief in Südostasien verstrickt, als daß sie an eine neue Invasion in Kuba hätten denken können. Die CIA ließ daher das Bootsprojekt in aller Stille fallen und übergab**

das Entwicklungsmodell der US-Marine.
Auch Mitte der 60er Jahre ▶

◀

1968 hatte schließlich fast jedermann in den Heimlichen Diensten die Tatsache akzeptiert, daß sich Spezialoperationen gegen Kuba überlebt hatten. Sicherlich – es gab noch einige wenige Veteranen, die weiterhin neue Pläne vorschlugen, aber selbst »Frank Bender«, der mit schwerem Akzent sprechende, zigarrenrauchende deutsche Flüchtling, der dabei geholfen hatte, das Fiasko von der Schweinebucht zu managen – konnte nicht mehr daran glauben. Die Totenglocke für die kubanischen Operationen der CIA ertönte in diesem Jahr, sieben Jahre nach der Schweinebucht, als die Agentur ihre zwei größten Basen in Florida schloß. Eine davon, eine alte Marinefliegerstation in Opalocka, hatte als Allzweckbasis für von der CIA geforderte Angriffe auf Kuba gedient ▶

◀

Während sich die CIA in den 60er Jahren in ihren lateinamerikanischen Operationen hauptsächlich mit Kuba befaßte, wurde der Rest des Kontinents keineswegs vernachlässigt. Zum großen Teil war es nicht das Hauptziel der Agentur, besondere Regierungen zu stürzen, sondern eher, sie vor lokalen aufständischen Bewegungen zu schützen. Die CIA vermied es, sich in großem Maßstab engagieren zu lassen. Statt dessen verwandte sie verhältnismäßig kleine Mengen von verdecktem Geld, Waffen und Agenten, um Linksgruppen zu bekämpfen. Während dieser Wechsel in der Taktik die Gegenrevolutionstheorien widerspiegelten, die unter den Regierungen Kennedy und Johnson populär waren, war das auch ein Resultat der Ablenkung eines wesentlichen Bestandteils der militärischen

Hilfsmittel der Nation – verdeckten und offenen – nach Südostasien. Die CIA übernahm die Rolle des Koordinators aller konterrevolutionären Tätigkeiten der US-Regierung in Lateinamerika und andere Dienststellen – besonders AID mit ihrem Ausbildungsprogramm für die Polizei und das Verteidigungsministerium mit seiner Militärhilfe und den Bürgeraktionsprogrammen – versahen die CIA mit der nötigen Tarnung und zusätzlichen Hilfsmitteln. Einen großen Teil der Mannschaften für die Sonderops der CIA in Lateinamerika stellten die Spezialstreitkräfte der Vereinigten Staaten ab, kleine Abteilungen der Green Berets wurden regelmäßig der Kontrolle der CIA unterstellt. Diese Männer kamen gewöhnlich aus dem Dritten Bataillon der Siebten Spezialstreitkräfte, das in Fort Gulick in der Kanalzone stationiert war. Die Agentur hatte in der Kanalzone ihre eigene Basis und selbst wenn die Green Berets Missionen außerhalb des direkten Befehls der CIA durchführten, blieben Mitarbeiter der Agentur mit allem, was vorging, in engem Kontakt. Seit 1962 wurden mehr als 600 mobile »Ausbildungsteams« der Speziellen Streitkräfte von Fort Gulick aus in das übrige Lateinamerika entsandt, entweder unter der direkten Kontrolle der CIA oder unter den Auspizien des Pentagon. **Die Green Berets nahmen auch an der größten einzelnen lateinamerikanischen Intervention nach der Periode der Schweinebucht teil. Das geschah Mitte der 60er Jahre, als die CIA heimlich der peruanischen Regierung zu Hilfe kam, die damals durch Guerillaschwierigkeiten in den entlegenen Ostregionen heimgesucht wurde. Da Lima nicht angemessen mit den Aufständischen fertig werden konnte, hatte es sich um Hilfe an die US-Regierung gewandt, eine Hilfe, die sofort und verdeckt geliefert wurde.**

Die Agentur übernahm den Bau dessen, was ein Beobachter als »Miniatur-Fort-Bragg« in der unruhigen peruanischen Dschungelprovinz nannte, ein Fort, komplett mit Speisesälen, Klassenzimmern, Baracken, Verwaltungsgebäuden, Fallschirm-Springtürmen, amphibischen Landemöglichkeiten und allen anderen Installationen für paramilitärische Operationen. Unter der Tarnung des offiziellen Militärhilfsprogramms wurden Hubschrauber gestellt und die CIA flog Waffen und anderes Kriegsmaterial ein. Die Ausbildung

besorgte das SOD-Personal der CIA, geleitet wurde es von Green Berets-Instruktoren, die die Armee ausgeliehen hatte.
Als die Ausbildung fortschritt und die Leistungsfähigkeit der konterrevolutionären Truppen wuchs, wurde die peruanische Regierung unruhig. Früher hatten die nationalen Kommandeure gezögert, Personal für die gegenrevolutionären Streitkräfte abzustellen und so hatte die CIA ihre Streitkräfte bei der zur Verfügung stehenden örtlichen Bevölkerung rekrutieren müssen. Da sie höheren Sold bezahlte als die reguläre Armee, da sie zusätzliche Vergünstigungen und eine bessere Ausbildung bot, baute die Agentur schnell eine relativ kampfstarke Streitmacht auf. Schon nach kurzer Zeit wurden die örtlichen Guerillas ausgelöscht.
Wenige Monate später, als Peru den größten Nationalfeiertag beging, weigerten sich die Behörden, die von der CIA ausgebildeten Streitkräfte zu der alljährlichen Parade in die Hauptstadt zu lassen. Statt dessen mußten sie sich damit zufriedengeben, durch die Straßen einer staubigen Provinzstadt zu marschieren und den großen Tag nur am Rande mitzuerleben. In der Erkenntnis, daß so manche lateinamerikanische Regierung von einem einzigen Eliteregiment gestürzt worden war, waren dieFührer in Peru nicht bereit, die CIA-Streitmacht auch nur nach Lima kommen zu lassen, sie schickte sich bald an, die Einheit aufzulösen.
So groß und erfolgreich die peruanische Operation der CIA hätte sein können – bei den Führern der Agentur wurde sie durch eine kleinere Intervention in den Schatten gestellt, die sich 1967 in Bolivien ereignete, denn hier war die CIA auf größeres Wild als nur auf lokale Aufständische gestoßen. In Bolivien war ihr Ziel Che Guevara.

Die Verfolgung Ches

Als Ernesto »Che« Guevara, der argentinische Arzt und Waffengefährte Fidel Castros, im Frühjahr 1965 von dem kubanischen

Schauplatz verschwand, gab es Berichte, er habe die Autorität des kubanischen Führers herausgefordert und sei als Folge davon hingerichtet oder ins Gefängnis geworfen worden. Es gab noch weitere Gerüchte, daß Guevara hoffnungslos verrückt geworden sei und in einer Villa in der kubanischen Provinz verwahrt werde. Noch weitere Gerüchte besagten, daß Guevara einen kleinen Kader ergebener Schüler zusammengestellt habe und abgezogen sei, um anderswo eine neue Revolution zu machen. Zuerst wußte niemand in der CIA, was man glauben sollte. Schließlich sickerten aber einige Hinweise auf den Aufenthaltsort Guevaras von den Feldstationen und Basen herein. Sie waren bruchstückhaft, frustrierend, fragmentarisch und überraschenderweise wiesen sie nach Afrika – auf die Demokratische Republik des Kongo, die jetzt Zaire heißt. In der ehemaligen belgischen Kolonie fand wieder ein Aufstand statt und die Informationen von CIA-Mitarbeitern im Einsatz deuteten darauf hin, daß ausländische Revolutionäre daran teilnähmen. Einige ihrer Taktiken wiesen auf den einzigartigen Stil Che Guevaras.

Ehe die Nachricht jedoch bestätigt werden konnte, hatte sich der Aufstand in den östlichen Inlandsgebieten plötzlich aufgelöst. Herbst 1965 war es am Tanganjikasee wieder ruhig. Aber die **CIA**-Söldner (einige davon waren Veteranen von der Schweinebucht, die der Kongoregierung bei der Unterdrückung der Revolte geholfen hatten) waren, wie ihre Vorgesetzten in Afrika, davon überzeugt, daß Che Guevara tatsächlich in diesem afrikanischen Raum gewesen war.

Später erfuhr die CIA, daß Guevara und eine Gruppe von über 100 kubanischen Revolutionären im Frühjahr 1965 von dem benachbarten Tansania aus im Kongo eingedrungen war. Sie hatten die Absicht, Afrika durch Revolutionen in Flammen zu setzen, der revolutionäre Eifer der einheimischen Guerillas oder der örtlichen Bevölkerung war dem ihren jedoch nicht gewachsen und nach sechs Monaten kehrte Che Guevara angewidert heimlich wieder nach Kuba zurück, um die Pläne für seine nächste Revolution zu schmieden. Zu dieser Zeit wußte die CIA aber lediglich, daß er wieder einmal verschwunden war. Wieder sickerten widersprüchliche Berichte über seinen Zustand, seine Gesundheit und so weiter in die Agentur. Anfang 1967, anderthalb Jahre später, wiesen die der

Agentur zur Verfügung stehenden Informationen nach Bolivien, in das Herz Südamerikas.

Während viele Offiziere der Heimlichen Dienste der CIA der Ansicht waren, daß Guevara hinter der Aufstandsbewegung in den südlichen Gebirgen von Bolivien stecke, zögerten einige Mitarbeiter der Agentur, dieses Faktum zu akzeptieren. Trotz dieser Zweifel wurde **Sonderop-Personal der Agentur** in das südamerikanische Binnenland geschickt, um den örtlichen Streitkräften gegen die Rebellenbewegung zu helfen. Ironischerweise dachte zu diesem Zeitpunkt nicht einmal Präsident René Barrientos, daß Guevara an der Rebellenbewegung beteiligt sei.

Zwei Monate später, im April, unterstrichen zwei Ereignisse sowohl in Bolivien wie im Hauptquartier auf dramatische Art die Annahme der CIA-Operatoren, daß Che die Rebellen führte. Früh in diesem Monat überrannte eine bolivianische Armee-Einheit ein Basislager der Guerillas in Ñancahuazú und erbeuteten Dokumente, Tagebücher und Fotos, die die fliehenden Guerillas zurückgelassen hatten. Unter dem erbeuteten Material fanden sich auch Fotos eines teilweise kahlen, grauhaarigen Manns mit Brille, der bei genauer Prüfung eine auffällige Ähnlichkeit mit Che Guevara zeigte. Des weiteren schienen zwei verwischte Fingerabdrücke auf einem der erbeuteten Dokumente mit denen Guevaras übereinzustimmen. Die Dokumente lieferten außerdem klare Beweise dafür, daß eine Anzahl der Guerillas in Bolivien eindeutig Kubaner waren, wahrscheinlich einige der Männer, die mit Guevara im Kongo gewesen waren.

Zehn Tage später wurde Regis M. Debray, der französische Linksjournalist, der Monate früher nach seiner Ankunft in Bolivien, wo er eine geopolitische Studie hatte machen wollen, verschwunden war, zusammen mit zwei anderen Ausländern unter dem Verdacht des Kontakts mit den Rebellen in der Nähe von Muyupampa verhaftet. Der Monate später gemachten Aussage Debrays zufolge wurde er nur durch die CIA-Männer, die die bolivianischen Streitkräfte, die ihn fingen, begleiteten, vor einer sofortigen summarischen Hinrichtung gerettet. Später wurde er durch die gleichen CIA-Angehörigen mit geheimen Beweisen konfrontiert, die verrieten, daß die Agentur sehr viel mehr über seine Tätigkeit in Bolivien und im Ausland wußte, als er das für möglich gehalten hatte. Debray, der zwar jegliche Kenntnis von Guevaras Verbindung mit der Rebellenbewegung abgeleugnet hatte, welkte schnell dahin und begann in dem Versuch, sich selbst vor einem Gerichtsverfahren und der Hinrichtung zu retten, ausgiebig zu sprechen.

Selbst bei den sich schnell anhäufenden Beweisen konnte Direktor Richard Helms noch nicht die Tatsache hinnehmen, daß der legendäre kubanische Revolutionär tatsächlich wieder aufgetaucht sein sollte, um eine neue Revolution zu führen. Er schalt über die Behauptung seiner Mitarbeiter, sie hätten Beweise für Guevaras Anwesenheit in Bolivien erhalten – Helms glaubte, daß Guevara wahrscheinlich tot sei. Thomas Karamessines, der damalige Direktor der Heimlichen Dienste, der dem Direktor den Fall vorgelegt hatte, wich jedoch nicht von der Behauptung ab, daß seine Leute dicht auf Guevaras Fersen seien und Helms' Haltung schien den Direktor der Heimlichen Dienste noch mehr anzuspornen. **Weitere »Berater« der Agentur, einschließlich einige Veteranen von der Schweinebucht** wurden bald nach Bolivien entsandt, um bei der Aufspürung Guevaras zu helfen. Ein Expertenteam von den Spezialstreitkräften der USA wurde aus der Kanalzone nach La Paz geschickt, um die »Rangers« Boliviens in der Kunst gegenrevolutionärer Operationen zu schulen.

Die Heimlichen Dienste waren von Guevara wie besessen, insgeheim hatten sie sogar etwas Angst vor ihm. Er war zum Teil eine dauernde und aufreizende Erinnerung an ihren Fehlschlag bei dem kubanischen Unternehmen. Da sie ihrer Frustration und ihrem Zorn gegen die US-Beamten nicht Luft machen konnten, die diese verzweifelte Bemühung unterbunden hatten und nicht in der Lage waren, dadurch eine direkte Vergeltung zu erreichen, daß sie Fidel Castro oder seine sowjetischen und chinesischen Verbündeten vernichteten, mußte der Heimliche Dienst der CIA weiter über einen Fehlschlag brüten – bis sich Guevara exponierte. Indem er das tat, bot er sich der CIA als ein lockendes Ziel; seine Gefangennahme oder sein Tod würden ein gewisses Maß von Rache für frühere Fehlschläge darstellen.

Im Sommer 1967, während **Sonderop-Experten der Agentur** der bolivianischen Armee bei der Aufspürung Guevaras halfen, wurden Informationen verfügbar, daß er nach Bolivien gekommen sei. Man erfuhr, daß er im November 1966 aus Havanna via Prag, Frankfurt

und São Paulo nach La Paz gekommen sei, er war mit einem falschen uruguayischen Paß gereist und hatte sich als grauhaariger Kaufmann mit einer Hornbrille verkleidet – etwas ganz anderes als das wohlbekannte Posterbild. Fünfzehn Kubaner, die ihm bei seinem bolivianischen Unternehmen helfen wollten, waren ihm vorausgereist. Niemand hegte jetzt noch Zweifel, daß Guevara im Lande war und die Guerillabewegung in den Bergen des Südens leitete. Sowohl Präsident Barrientos wie Direktor Helms akzeptierten jetzt diese Tatsache. Die bolivianische Regierung setzte eine Belohnung ($ 4200) auf Guevara – tot oder lebendig – aus. Jetzt war es nur eine Frage der Zeit, bis Guevara zur Strecke gebracht werden würde.
In den folgenden Monaten erlitten die Guerillas durch die von Amerikanern ausgebildeten und von der CIA beratenen bolivianischen Rangers eine Niederlage nach der anderen. Eine Schlacht am letzten Augusttag führte zum Tod der geheimnisvollen Tania, der einzigen Frau in Guevaras Rebellenbande. Obwohl sie als kubanische Geheimagentin posiert hatte, als Bindeglied zwischen den Guerillas und Havanna, erfuhr die CIA letzten Endes, daß die Ostdeutsche in Wirklichkeit eine Doppelagentin war. Ihr hauptsächlicher Dienstgeber war der sowjetische KGB, der, wie die CIA, Guevaras von Kuba gesteuerte revolutionäre Tätigkeit in Lateinamerika im Auge behalten wollte. Knapp sechs Wochen später, am 8. Oktober, wurde Guevara in der Nähe des kleinen Gebirgsdorfs La Higuera verwundet und gefangen.
Wie sie das bei Debray schon früher praktiziert hatten, versuchten die CIA-Berater, Guevara zu einem »Tiefenverhör« lebend nach La Paz zurückzubringen. Der bolivianische Kommandeur hatte jedoch den Befehl, Guevara hinzurichten. Zurückgebracht werden sollten lediglich sein Kopf und seine Hände – unwiderlegbare Beweise dafür, daß Ches Mission gescheitert und daß er tot war.
Während die CIA-Berater den bolivianischen Oberst hinhielten, versuchte der Stationschef der CIA in La Paz, Präsident Barrientos von den Vorteilen auf lange Sicht zu überzeugen, die man hatte, wenn man Che als Gefangenen der Regierung aus den Bergen zurückbrächte. Barrientos blieb aber hart. Er erklärte, die Debray-Affäre habe genug Schwierigkeiten verursacht, die Ankunft eines lebenden Guevara in der Hauptstadt könnte bei den Studenten und

den Linken Unruhe auslösen, die die Regierung vielleicht nicht mehr kontrollieren könne. Verzweifelt wandte sich der Stationschef an das Hauptquartier in Langley um Hilfe, aber es nutzte nichts.
Auf die Annahme hin, daß weder die Station noch das Hauptquartier Barrientos würde umstimmen können, versuchte der dienstälteste CIA-Mitarbeiter in La Higuera, ▶ ◀ Guevara zu verhören. Der Revolutionär war jedoch nicht zur Zusammenarbeit bereit. Er war bereit, politische Philosophien und revolutionäre Bewegungen im allgemeinen zu diskutieren, weigerte sich jedoch, sich über die Einzelheiten seiner Operation in Bolivien noch über seine frühere Guerillatätigkeit anderswo befragen zu lassen. Die CIA müsse sich mit seinem persönlichen Tagebuch begnügen, das er bei seiner Gefangennahme bei sich geführt hatte.
Am nächsten Morgen kam schließlich Nachricht aus der Hauptstadt. Der Gefangene sollte sofort hingerichtet und seine Leiche, an die Landekufen eines Hubschraubers geschnallt nach Vallegrande geflogen werden, wo ihn in der örtlichen Wäscherei eine kleine Gruppe von Reportern und Regierungsbeamten besichtigen sollte. Gleich darauf sollte die Leichte in einem unbezeichneten Grab außerhalb der Stadt beigesetzt werden. Als ▶ ◀ der CIA-Mitarbeiter, den Befehl hörte, eilte er in das Schulhaus zurück, wo Guevara festgehalten wurde und machte einen letzten Versuch, Che zu befragen. Es blieb nicht viel Zeit, die Hinrichtung sollte in den nächsten ein bis zwei Stunden stattfinden.
Guevaras letzte Augenblicke sind in einer seltenen, zu Herzen gehenden Botschaft des CIA-Mitarbeiters an das Hauptquartier aufgezeichnet. Der kubanische Veteran und Vertragsoffizier der Agentur stellte fest, daß Guevara zuerst noch überzeugt war, er würde diese Feuerprobe überleben, als er aber schließlich erkannte, daß er sterben müsse, fiel ihm die Pfeife aus dem Mund. Che gewann jedoch schnell seine Fassung zurück und bat um etwas Tabak. Seine schmerzhafte Beinverletzung schien ihn nicht mehr zu stören. Er nahm sein Schicksal mit einem resignierten Seufzer hin und bat um keine letzte Gunst. ▶ ◀ empfand offensichtlich Bewunderung für den Revolutionär und Mitleid für den Mann, den er hatte fangen und damit dem Tode ausliefern helfen. Minuten später war Che Guevara tot.
Im folgenden Sommer tauchte Guevaras Tagebuch plötzlich auf

und fand seinen Weg in die Hände seiner Kameraden in Havanna und gewisser amerikanischer Bewunderer (*Ramparts*-Magazin), die sofort seine Authentizität überprüften und es zum großen Ärger der CIA und der bolivianischen Regierung veröffentlichten, die nur die Teile freigegeben hatten, die ihre Vorwürfe gegen Che und seine Rebellen unterstützten. Inmitten der Verwirrung, der Beschuldigungen und Gegenbeschuldigungen verschwand Antonio Arguedas, der bolivianische Innenminister unter Gerüchten, er habe das Dokument freigegeben. Arguedas hatte als Innenminister den bolivianischen Geheimdienst geleitet, zu dem die Agentur viele enge Beziehungen hatte. Und Arguedas war selbst CIA-Agent.

Bald erfuhr man, daß Arguedas nach Chile geflohen war, wo er um politisches Asyl bitten wollte. Statt dessen übergaben ihn die Behörden der CIA-Station und sein ursprünglicher CIA-Führungsoffizier wurde aus dem Hauptquartier in Washington entsandt, um ihn zu beruhigen. Trotz des Rats der CIA sprach Arguedas jedoch öffentlich gegen die Agentur und ihre Tätigkeiten in Bolivien. Er beschimpfte das Regime Barrientos als Werkzeug des amerikanischen Imperialismus, kritisierte, wie die Regierung die Guevara-Affäre gehandhabt hatte und verschwand dann wieder, wodurch er in Bolivien eine große politische Krise hervorrief.

Zu verschiedenen Zeiten während der nächsten Monate des Jahres 1968 tauchte Arguedas in London, New York und Peru auf. Von CIA-Operatoren, die ihn zum Schweigen bringen wollten, an jedem Haltepunkt abwechselnd umschmeichelt und bedroht, gab der ehemalige Minister schließlich trotzdem zu, daß er es gewesen sei, der Ches Tagebuch freigegeben hatte, weil er, wie er sagte, mit den Zielen des Revolutionärs übereinstimmte, in Bolivien und anderswo in Lateinamerika einen sozialen, politischen und wirtschaftlichen Wandel herbeizuführen, schließlich gab Arguedas, zum wahren Entsetzen der CIA und der Regierung Barrientos bekannt, daß er seit 1965 Agent der CIA gewesen sei und daß gewisse andere hohe bolivianische Beamte ebenfalls im Sold der Geheimagentur stünden. Er beschrieb die Umstände, unter denen er rekrutiert worden war und beschuldigte die CIA, sie habe gedroht, seine radikale Vergangenheit als Student bloßzustellen und seine politische Laufbahn zu vernichten, wenn er nicht zustimmte, sich an ihrer Tätigkeit zu beteiligen.

Schließlich konnte die Agentur ein Abkommen mit Arguedas schließen, der darauf freiwillig nach Bolivien zurückkehrte, angeblich um sich dem Gericht zu stellen. Er erzählte auf dem Flug von Lima nach La Paz einem Reporter der *New York Times*, falls ihm etwas zustoßen sollte, würde ein Tonband, das seine Anklagen gegen die CIA und die bolivianische Regierung im Detail festhalte, an gewisse Persönlichkeiten in den USA und in Kuba weitergeleitet werden. Das Tonband, sagte er, werde für ihn von Leutnant Mario Terán aufbewahrt. Terán war, unerklärlicherweise, früher als Guevaras Henker identifiziert worden.

Arguedas deutete während seines Interviews die Größe seiner möglichen Enthüllungen an, indem er die Namen mehrerer CIA-Offiziere nannte, mit denen er in der Vergangenheit zusammengearbeitet hatte. **Hugo Murray, Chef der Station, John S. Hilton, ehemaliger COS, Oberst Ed Fox, Larry Sternfield und Nick Lendiris. Er identifizierte auch einige der Vertragsoffiziere der Agentur, die ihm bei der Aufspürung Guevaras geholfen hatten. Jolio Gabriel Garcia (Kubaner) und Eddie und Mario Gonzales (Bolivianer). Arguedas schrieb es den Brüdern Gonzales zu,** Debrays Leben gerettet zu haben. Er behauptete jetzt, Barrientos und selbst der US-Botschafter seien sich des vollen Ausmaßes der Durchdringung der bolivianischen Regierung durch die CIA nicht bewußt gewesen – zweifellos eine Konzession an die Mächte, die seine sichere Rückkehr nach La Paz arrangiert hatten.

Das letzte Kapitel der Episode rollte im folgenden Sommer ab – fast zwei Jahre nach Che Guevaras Tod. Präsident René Barrientos wurde bei einem Hubschrauberunglück getötet, als er von einer Reise in die Provinzen zurückkehrte. Sechs Wochen später wurde Antonio Arguedas, der CIA-Agent nach eigenem Eingeständnis, der zurückgekommen war, um sich wegen Hochverrats und der Freigabe des Tagebuchs von Guevara dem Gericht zu stellen, auf einer Straße in La Paz erschossen. Einen Monat später wurde Herberto Rojas, Der Führer der bolivianischen Rangers und ihr CIA-Berater während der letzten Jagd auf Guevara und einer der wenigen, die möglicherweise wußten, wo die Leiche des Rebellen begraben worden war, in Santa Cruz ermordet.

Die belastenden Tonbänder, die Arguedas Mario Terán zur Aufbewahrung übergeben haben wollte, kamen nie ans Tageslicht.

Besitzorganisationen

Was die Lager mit »nicht aufzuspürenden Waffen«, Fluglinien und anderen Einrichtungen anlangt, fragt man sich, wie die CIA die Aufgaben, die in Südostasien von ihr gefordert wurden, ohne diese Möglichkeiten erfüllen konnte.

Lyman Kirkpatrick
Ehemaliger Leitender CIA-Direktor
US News and World Report

11. Oktober 1971

Spät an einem windigen Frühlingsnachmittag des Jahres 1971 versammelte sich eine kleine Gruppe Männer unauffällig in einem luxuriösen Raum des Mayflower-Hotels in Washington. Gastgeber bei der Zusammenkunft war Professor Harry Howe von der Vanderbilt-Universität, Autor von *The Intelligence Establishment,* einer vielbeachteten akademischen Studie über das US-Nachrichtensystem. Er betrieb gerade Forschungen für ein zweites Buch über das gleiche Thema und hatte die anderen zu Drinks und zum Dinner eingeladen, weil er hoffte, neues Material bei seinen Gästen sammeln zu können, zu denen CIA-Beamte, Kongreßabgeordnete und David Wise gehörten, der Mitautor von *The Invisible Government* und *The Espionage Establishment,* zwei der besten Bücher über die CIA und die Heimlichen Operationen, die je geschrieben wurden. Jemand kam auf die Verwendung von Tarngesellschaften durch die CIA zu sprechen.

»Oh, Sie meinen die Delaware-Korporationen«, sagte Robert Amory jr., ein ehemaliger Stellvertretender Direktor der CIA. »Na, wenn die CIA etwas in Angola unternehmen will, braucht sie die Delaware-Korporationen.«

Mit »Delaware-Korporationen« bezog sich Amory darauf, was in der Agentur allgemeiner als die »Besitzkorporationen« oder einfacher der »Besitz« bekannt ist. Dabei handelt es sich um offensichtlich private Einrichtungen und Firmen, die tatsächlich von der CIA finanziert und kontrolliert werden. Hinter ihrer kommerziellen

und manchmal »Ohne-Profit«-Fassade kann die Agentur eine Vielzahl von heimlichen Tätigkeiten – gewöhnlich verdeckten Aktionen – durchführen. Viele der Firmen sind juristisch in Delaware eingetragen, weil dieser Staat hinsichtlich der Körperschaftsvorschriften ziemlich großzügig ist. Die CIA hat jedoch nicht gezögert, auch andere Staaten zu verwenden, wenn sie ihr geeigneter erschienen.
Die bestbekannten Besitzgesellschaften der CIA sind Radio Freies Europa und Radio Liberty, die beide Anfang der 50er Jahre gegründet wurden. Die korporative Struktur beider Stationen diente als eine Art Modell für andere Besitzgesellschaften der Agentur. Jede fungierte unter der Tarnung eines Direktoriums prominenter Amerikaner, die sich im Falle von RFE als »Nationalkomitee für ein freies Europa« inkorporierten, sowie im Fall von RL als das Amerikanische Komitee für Befreiung. Die CIA-Offiziere, die in den Schlüsselpositionen der Stationen saßen, trafen aber alle wichtigen Entscheidungen hinsichtlich der Programme und des Betriebs der Sender.
1960, als sich die Agentur auf die Invasion in der Schweinebucht und auf andere paramilitärische Angriffe auf das Kuba Fidel Castros vorbereitete, errichtete sie auf der trostlosen Swan-Insel in der Karibischen See eine Rundfunkstation, um Propaganda für das kubanische Volk auszustrahlen. Radio Swan, wie die Station genannt wurde, wurde von einer New Yorker Gesellschaft mit einer Adresse in Miami, der »Gibraltar Steamship Corporation« geleitet. Wieder hatte die CIA eine Gruppe distinguierter Persönlichkeiten gefunden, wie üblich Führer von Korporationen mit Bindungen zur Regierung – die die Fassade für die heimlichen Tätigkeiten bildeten. Der Präsident der Gibraltar war Thomas D. Cabot, der einmal Präsident der United Fruit Company gewesen war und der in der Regierung Truman einen hohen Posten im Außenministerium innegehabt hatte. Ein anderer »Aktionär« war Sumner Smith, ebenfalls aus Boston, der (genau wie die Regierung von Honduras) behauptete, die Swan-Insel gehöre seiner Familie; er war zudem Präsident der Abington Textil and Machinery Works.
Während des »Unternehmens Schweinebucht« im folgenden Jahr stellte Radio Swan seine normalen Propagandafanfaren ein und gab militärische Befehle für die Invasionsgruppen sowie für Guerillas im Inneren von Kuba durch. Die geringe Tarnung, die Radio

Swan vielleicht als »privates Unternehmen« gehabt haben mochte, wurde so weggefegt. Schließlich änderte der Sender seinen Namen in Radio Americas (obwohl er immer noch von der Swan-Insel aus sandte) und die Gibraltar Steamship Corporation wurde die Vanguard Service Corporation (aber mit der gleichen Adresse und Telefonnummer in Miami wie die Gibraltar). Die Gesellschaft blieb jedoch bis zu ihrer Auflösung Ende der 60er Jahre im CIA-Besitz.
Mindestens noch eine weitere Firma im CIA-Besitz, die Double Chek-Corporation, spielte in dem Unternehmen gegen Kuba eine Rolle. Double Chek wurde in Miami (das eine Fülle von CIA-Unternehmen aufweist) 1959 gegründet und nach den Eintragungen bei der Staatsregierung von Florida »ist die Maklertätigkeit die allgemeine Natur ihrer Geschäfte«. Tatsächlich jedoch benutzte die Agentur die Double Chek, um kubanischen Exilgruppen Luftunterstützung zu gewähren und die Gesellschaft rekrutierte auch die vier amerikanischen Piloten, die während der Invasion in der Schweinebucht getötet wurden. Später zahlte die CIA durch die Double Chek Pensionen an die Witwen der gefallenen Flieger und warnte sie, sie sollten über die frühere Tätigkeit ihrer Gatten schweigen.
Als die CIA 1964 intervenierte, flogen kubanische Exilpiloten – von denen einige Veteranen von der Schweinebucht waren – B-26-Bomber gegen die Rebellen. **Diese Piloten wurden durch eine Gesellschaft namens Caramar (Caribbean Marine Aero Corporation), einer weiteren CIA-Besitzgesellschaft angeworben.**
Oft wurden die Waffen und andere militärische Ausrüstung für Unternehmen wie die im Kongo von einem »privaten« Waffenhändler geliefert. Die größte Firma dieser Art in den Vereinigten Staaten ist die International Armanent Corporation oder Interarmco, die ihr Hauptbüro und einige Lagerhäuser an der Wasserfront von Alexandria, Virginia, besitzt. Die Firma inseriert, daß sie sich auf Waffen für Polizeikräfte spezialisiere, hat Auslieferungslager in Manchester in England, in Monte Carlo, Singapur, Pretoria, Südafrika und mehreren lateinamerikanischen Städten. Interarmco wurde 1953 durch Samuel Cummings, einem CIA-Offizier während des Koreakriegs, gegründet. Die Umstände der frühen Jahre von Interarmco sind undurchsichtig –, zweifellos standen der Firma aber von Anfang an CIA-Mittel und -Unterstützung zur Verfügung.

Obwohl Interarmco jetzt wirklich eine private Gesellschaft ist, unterhält sie immer noch enge Beziehungen zu der Agentur. Während die CIA gelegentlich Waffen für Sonderops kauft, zieht sie es vor, Kriegsmaterial im voraus zusammenzutragen. Zu diesem Zweck unterhält sie mehrere Lagermöglichkeiten für unauffindbare oder »sterile« Waffen in den Vereinigten Staaten und im Ausland, Waffen, die immer zur sofortigen Verwendung bereitstehen. Nach dem Pentagon sind die Interarmco und ähnliche Waffenhändler die zweitwichtigste Quelle der CIA für Kriegsmaterial für paramilitärische Operationen.

Die Luft-Besitzgesellschaften

Der direkte CIA-Besitz von Radio Freies Europa, Radio Liberty und die Schweinebucht-Gesellschaften sowie die direkte Beteiligung an Interarmco gehören jetzt größtenteils der Vergangenheit an. Nichtsdestoweniger ist die Agentur immer noch stark an dem Besitzgeschäft beteiligt, besonders um ihre paramilitärischen Unternehmen zu unterstützen. CIA-Söldner sowie von der CIA unterstützte ausländische Gruppen brauchen Hilfe aus der Luft, um ihre »geheimen« Kriege durchkämpfen zu können – und gerade zu diesem Zweck baute die Agentur ein riesiges Netz von heimlichen Luftlinien auf, die bei weitem die größten und gefährlichsten aller Besitzgesellschaften sind.

So unglaublich es klingen mag, die CIA ist heute im Besitz einer der größten, wenn nicht *der* größten Flotte »kommerzieller« Flugzeuge in der ganzen Welt. **Zum CIA-Besitz gehören Air America, Air Asia, Civil Air Transport, Intermountain Aviation, Southern Air Transport ▶** ◀ und mehrere andere Luftchartergesellschaften rund um die Welt.

Die Civil Air Transport (CAT), **das ursprüngliche Glied in dem Luftimperium der CIA,** begann 1946 in China, ein Jahr, ehe die Agentur selbst durch den Kongreß aufgestellt wurde. CAT war ein Sprößling von General Claire Chennaults »Fliegenden Tigern« – während der ersten Jahre ihres Bestehens flog sie Missionen jeglicher Art zur Unterstützung von Tschiang Kai-scheks erfolglosen Bemühungen, die Kontrolle über das chinesische Festland zu behaupten. Als Tschiang schließlich 1949 aus China vertrieben wurde, ging CAT mit ihm nach Taiwan und setzte ihre Luftoperationen fort. 1950 wurde CAT als eine Delaware-Korporation in eine Holdinggesellschaft **im CIA-Besitz** mit dem Namen Pacific Corporation umorganisiert.

In einem streng geheimen Memorandum an General Maxwell Taylor über »Unkonventionelle Kriegführungsmittel in Südostasien«, das in den *Pentagon-Papers* veröffentlicht wurde, beschreibt Brigadegeneral Edward Lansdale die Funktionen der CAT wie folgt:

> CAT ist eine kommerzielle Luftlinie, die sich mit geplanten und ungeplanten Operationen im ganzen Fernen Osten befaßt. Ihr Hauptquartier und große Wartungseinrichtungen befinden sich auf Taiwan. CAT, eine CIA-Besitzgesellschaft, stellt logistische Luftunterstützung unter kommerzieller Tarnung für die meisten Erfordernisse der CIA und anderer Regierungsstellen. CAT unterstützt offene und verdeckte Luftoperationen, indem sie geschultes und erfahrenes Personal, die Lieferung von Material und Ausrüstung durch offene kommerzielle Kanäle sicherstellt, sowie die Wartung einer ziemlich großen Zahl von Transport- und anderer Flugzeugtypen übernahm, die sowohl als Chinat (chinesisch nationalistisch) als auch als US-Eigentum registriert sind.
>
> CAT hat bei zahlreichen Gelegenheiten ihre Fähigkeit, alle Arten von Kontingenz wie von langfristigen verdeckten Luftoperationen zur Unterstützung von US-Zielen bewiesen. In den letzten zehn Jahren hat sie einige bemerkenswerte Leistungen vollbracht, einschließlich der Unterstützung und des Rückzugs der chinesischen Nationalisten vom Festland, der Luftabwehrunterstützung der Franzosen in Dien Bien Phu, der kompletten logistischen und taktischen Luftunterstützung für die indonesische Operation und der Luftbrücke für Flüchtlinge aus Nordvietnam, über 200 Überfliegungen des chinesischen Festlands und Tibets und eine ausgedehnte Luftunterstützung in Laos während der gegenwärtigen Krise.

Die Luftabwürfe in Dien Bien Phu erfolgten 1954, als sich die US-

Regierung entschied, der belagerten französischen Streitmacht nicht direkt zu Hilfe zu kommen, eine verdeckte militärische Unterstützung jedoch billigte. 1954 war auch das Jahr der Luftbrücke aus Nordvietnam in den Süden. Das waren nicht geheime Missionen, die CIA konnte jedoch der Versuchung nicht widerstehen, die sonst leeren Maschinen, die nach Nordvietnam flogen, mit einer Fracht von Geheimagenten und militärischer Ausrüstung zu beladen. Diese sollten in dem geheimen Netz eingesetzt werden, das damals in Nordvietnam organisiert wurde. Wie andere Guerillaoperationen gegen kommunistische Länder in Europa oder Asien war dieses CIA-Unternehmen ein Fehlschlag.

Mit der »indonesischen Operation« bezog sich Lansdale auf die verdeckte Luft- und anderweitige militärische Unterstützung, die die CIA 1958 den Rebellen gegen das Sukarno-Regime gewährte.* Die »über 200 Überfliegungen von Festlandchina und Tibet«, die Lansdale erwähnte, erfolgten hauptsächlich während der 50er Jahre (dauerten aber bis weit in die 60er Jahre hinein an), als von der CIA unterstützte, selbständige und in Zusammenarbeit mit der Regierung Tschiang Kai-schek durchgeführte Guerillaoperationen gegen China begannen. CAT war der Luftunterstützungsarm für diese Operationen – und es war eine CAT-Maschine, in der Richard Fecteau und John Downey 1954 von den chinesischen Kommunisten abgeschossen wurden.

Ende der 50er Jahre hatte sich CAT in drei getrennte Luftlinien aufgespalten, die alle von einer Holdinggesellschaft **im CIA-Besitz,** der Pacific Corporation, kontrolliert wurden. Eine Gesellschaft, die Air America übernahm den größten Teil des Südostasiengeschäfts der CAT, eine andere, die Air Asia, unterhielt eine riesige Wartungsanlage in Taiwan. Der Teil, der den Namen CAT beibehielt, flog weiterhin offene und verdeckte Missionen aus Taiwan, sie

*** Allen Pope, der während dieser Operation abgeschossen und von der indonesischen Regierung gefangen wurde, war ein CAT-Pilot. Sechs Monate nach seiner Freilassung begann er die Arbeit für eine andere CIA-Besitzfirma, die Southern Air Transport. Der Anwalt der Southern Air war zu dieser Zeit ein Mann namens Alex E. Carlson, der nur ein Jahr früher Rechtsanwalt für die Double Chek Corporation gewesen war, als dieser CIA-Besitz die Piloten für die Schweinebucht anwarb.**

bildete auch die fahrplanmäßige Fluglinie Nationalchinas im Inlands- wie im internationalen Dienst. Am besten bekannt war die CAT wegen ihres extravaganten Services auf ihren »Mandarin-Jets«, die Taipeh mit den benachbarten asiatischen Hauptstädten verband.

1964, etwa zu der Zeit des geheimnisvollen Absturzes einer CAT-Maschine*, entschied die **CIA,** daß die Durchführung des Passagierflugdiensts für Taiwan wenig zu den **verdeckten Missionen der Agentur beitrage und daß man den Nicht-Charterteil der CAT den Nationalchinesen übergeben solle.** Die eigene China Air Lines der Nationalchinesen verfügte damals jedoch weder über die Ausrüstung noch die Erfahrung, um die CAT-Routen zu übernehmen und die nationalchinesische Regierung war nicht darauf vorbereitet, der CIA zu gestatten, sie könne die Hauptverbindungen Taiwans mit der Außenwelt aufgeben. Die CIA konnte den Service nicht einfach abbrechen, weil das die Regierung Tschiang beleidigt und die weiterdauernde Anwesenheit der anderen Besitzgesellschaften und Nachrichtenanlagen auf der Insel gefährdet hätte.

Die Verhandlungen über die Passagierrouten der CAT schleppten sich über die nächsten vier Jahre hin. Die CIA war so darauf erpicht, zu einer Regelung zu kommen, daß sie einen Sonderemissionär zum zeitweiligen Dienst nach Taiwan entsandte, der kurzfristige Verhandlungsauftrag wurde aber schließlich zu einer Dauer-

* Der ehemalige Direktor der CAT für Public Relations, Arnold Dibble, schrieb in der *Saturday Review* vom 11. Mai 1968: »Ein höchst verdächtiger Absturz einer C-46 forderte das Leben von 57 Menschen, darunter das des vielleicht reichsten Manns von Asien, Dato Loke Wan Tho, des malayischen Filmmagnaten, und mehrerer seiner Starlets aus seinen Cathay-Studios. Die ganze Geschichte dieses Absturzes muß erst noch aufgedeckt werden, was bisher bekannt ist, wurde nicht erzählt, weil es unter einer amtlichen oder vielleicht offiziösen Tarnung blieb. Beispielsweise wurde amtlich nie über die Rolle gesprochen, die zwei offensichtlich irrsinnige Soldaten an Bord spielten. Die beiden hatten auf den Pescadoreninseln zwei Radar-Identifizierungsmanuale (etwa von der Größe von Bestellkatalogen) gestohlen und sie mit einer Rasierklinge ausgehöhlt, daß jedes eine Pistole, Kaliber 45 aufnehmen konnte. Die Manuale und eine Pistole wurden gefunden, der Brand und vielleicht auch eine nicht sachgerechte Untersuchung zerstörten die Beweise. Es wurde nie genau festgestellt, ob die Waffen abgeschossen wurden.«

stellung. Schließlich stürzte 1968 eine weitere CAT-Passagier-Maschine – dieses Mal war es eine Boeing 727 – in der Nähe des Flughafens von Taipeh ab. Das zweite Unglück kostete einundzwanzig Menschenleben und verursachte ein auf Taiwan höchst seltenes Ereignis, eine spontane öffentliche Demonstration gegen die US-Beteiligung an der Fluglinie. Die nationalistische Regierung beugte sich dem öffentlichen Druck und akzeptierte eine Regelung mit der Agentur: Die China Air Lines übernahm die internationalen Flüge der CAT; CAT flog trotz des Zögerns der Agentur weiterhin Inlandsrouten auf Taiwan und die CIA versüßte das Gericht mit einer großen Zahlung an die Nationalisten.

Air America, ein Ableger von CAT, wurde Ende der 50er Jahre eingerichtet, um die schnell wachsende Zahl von Operationen **der Agentur** durchführen zu können. Als sich das Engagement der USA in diesem Teil der Welt verstärkte, wandten sich andere Regierungsdienststellen – das Außenministerium, die Agentur für Internationale Entwicklung (Agency for International Development = AID) und die Informationsagentur der Vereinigten Staaten (United States Information Agency = USIA) ebenfalls wegen des Transports ihres Personals und ihres Nachschubs an die Air America. 1971 hatte allein AID der Air America über $ 83 Millionen für Charterdienste bezahlt. Tatsächlich konnte die Air America in Südostasien so große Geschäfte machen, daß schließlich auch andere amerikanische Fluglinien auf die Gewinne aufmerksam wurden, die dort zu erzielen waren.

Eine Privatgesellschaft, Continental Airlines, unternahm Mitte der 60er Jahre einen erfolgreichen Schachzug, um der Air America etwas von ihrem Geschäft wegzunehmen. Pierre Salinger, der nach seinen Jahren als Pressesekretär Präsident Kennedys leitender Angestellter der Continental wurde, führte den Kampf der Continental, um einen Anteil an dem lukrativen Südostasiengeschäft zu bekommen. Die Continental vertrat die Ansicht, daß es eine fragwürdige, wenn nicht illegale Praxis sei, wenn eine Firma im Regierungsbesitz (sogar wenn es ein getarnter CIA-Besitz war) mit wirklich privaten Firmen um Regierungsaufträge konkurriere. Die CIA-Beamten, die es mit der Continental zu tun hatten, fühlten sich sehr unbehaglich. Sie wußten, daß

Salinger während seiner Tage im Weißen Haus von der Tätigkeit der Agentur in Südostasien und speziell von der Bindung der Air America an die CIA erfahren hatte. Sie wußten, daß in der Forderung der Continental nach einem Anteil am südostasiatischen Markt impliziert die Drohung steckte, die Continental würde, falls die Agentur nicht kooperierte, den Fall an die Öffentlichkeit bringen – und dabei Informationen benutzen, die von Salinger stammten. Um nicht eine unerwünschte Publicity in Kauf nehmen zu müssen, gestattete es die CIA der Continental, nach Laos zu gehen, wo sie alljährlich Charterflüge im Wert von Millionen Dollar geflogen hat. Und der beste Kunde der Continental war die CIA selbst.

Aber selbst wenn die Continental in Laos flog, konnte die Agentur den größten Teil der Flüge in Südostasien für ihre eigene Air America behalten. Von den Fallschirmabsprüngen von Meo-Kriegern hinter den nordvietnamesischen Linien bis zum Abwurf von Reis für Flüchtlinge im vietnamesischen Hochland hat diese CIA-Fluglinie alles unternommen. Die Air America hat Piloten für die nationale Polizei Thailands ausgebildet, politische Gefangene für die südvietnamesische Regierung transportiert, Zahlmeister und Soldgelder für die CIA-Söldner befördert und – schon vor der Tonking-Golf-Resolution – Piloten für geheime Bombenangriffe auf nordvietnamesische Nachschublinien gestellt. Man hat sie auch beschuldigt, an dem Heroinhandel in Südostasien beteiligt gewesen zu sein. Die Unternehmen der Air America überqueren regelmäßig die Grenzen in Südostasien und ihre Flüge werden fast nie vom Zoll überwacht. In den Flughäfen in Südvietnam, Thailand und Laos hat sie ihre eigenen Ausgänge für Passagiere und Fracht. In Udorn in Thailand unterhält die Air America eine große Basis, die in einer noch größeren Basis der US-Luftwaffe versteckt ist (die wieder offensichtlich von der thailändischen Regierung kontrolliert wird). Diese Basis in Udorn wird benutzt, um praktisch den ganzen »geheimen« Krieg in Laos zu unterstützen und sie enthält auch eine »geheime« Wartungsanlage für die thailändische, kambodschanische und laotische Luftwaffe.

Vor dem Waffenstillstand in Vietnam flog die Air America 125 eigene und etwa 40 oder mehr gecharterte Maschinen und hatte ungefähr 5000 Angestellte, von denen etwa 10 Prozent Piloten sind. Es war eine der größten Fluglinien in Amerika, die der Gesamtzahl nach nur hinter der National rangierte. Nachdem die US-Streitkräfte sich jetzt von dem vietnamesischen Kriegsschauplatz zurückgezogen haben, ist die Rolle, einen wesentlichen Einfluß aufrechtzuerhalten, zum großen Teil wieder der CIA zugefallen und die Air America kann feststellen, daß ihre Dienste jetzt noch mehr gesucht sind als früher. Selbst die Internationale Kontroll- und Überwachungskommission hat trotz der Mitgliedschaft der kommunistischen Länder Polen und Ungarn einen Vertrag mit der **CIA-Besitzgesellschaft** unterzeichnet, um ihre Überwachung des vietnamesischen Waffenstillstands zu unterstützen. 1973 hatte die Air America Verträge mit dem Verteidigungsministerium im Wert von $ 41,4 Millionen.

Eine Tochtergesellschaft der Air America, Air Asia, führt auf Taiwan die größte Reparatur- und Wartungsanlage im pazifischen Raum. 1955 gegründet, beschäftigt die Air Asia etwa 8000 Personen. Sie bedient nicht nur die eigenen Flugzeuge der **CIA,** sondern repariert auch Privat- und Militärmaschinen. Die US-Luftwaffe macht von der Air Asia starken Gebrauch und mußte daher in Ostasien keine eigene große Wartungsanlage bauen, wie es nötig gewesen wäre, wenn die **CIA-Besitzgesellschaft** nicht zur Verfügung gestanden hätte. Wie die Air America ist auch die Air Asia ein Unternehmen, das sich selbst erhält und Gewinne erzielt.

Bis die CIA beschloß, sie Mitte 1973 zu verkaufen, arbeitete die Southern Air Transport, eine weitere Besitzgesellschaft der Agentur, von ihren Büros in Miami und Taiwan aus. Anders als die CAT, Air America und Air Asia stand sie nicht offiziell mit der Pacific Corporation-Holdinggesellschaft in Verbindung, die Pacific leistete aber Bürgschaft für eine Anleihe privater Banken in der Höhe von $ 6,6 Millionen und die Air America lieh ihr weitere $ 6,7 Millionen, die über einen weiteren CIA-Besitz mit Namen Actus Technology flossen. Die Rolle der Southern in Ostasien war hauptsächlich auf das Befliegen einträglicher Routen für das Verteidigungsministerium beschränkt. Auch andere Regierungsdienststellen haben gelegentlich die Southern gechartert. 1972 erhielt sie einen $ 2 Millionen AID-Kontrakt, um Hilfsgeräte in den neuen Staat Bangladesch zu fliegen.

Innerhalb der Agentur war die Southern Air Transport jedoch hauptsächlich als der Luftarm der Agentur für mögliche Interventionen in Lateinamerika wichtig. Das war die Rechtfertigung, warum die CIA 1960 die Kontrolle über die Gesellschaft übernahm; sie stellte der Agentur eine immer bereite »Luftwaffe«, um gegenrevolutionäre Bemühungen zu unterstützen oder zu helfen eine unfreundliche Regierung zu Fall zu bringen. Während die Southern auf den Ruf wartete, die »Air America« für zukünftige lateinamerikanische Guerillakriege zu werden, »lebte sie ihre Tarnung aus« und kürzte die Kosten der CIA, indem sie ihre Maschinen vercharterte. ▶

◀ Als die CIA Ende der 50er Jahre tibetanische Stammesangehörige in die Vereinigten Staaten brachte, um sie für Guerillavorstöße nach China vorzubereiten, half die Intermountain Aviation der Agentur bei dem Ausbildungsprogramm.

Anfang der 60er Jahre wuchsen die Luftoperationen der CIA dann sprunghaft an, als sich die Kriege in Südostasien ausweiteten und im Kongo unaufhörlich gekämpft wurde.

▶

◀ Aber ein Reporter, der Tucson 1966 besuchte, schrieb immer noch: »Jedermann, der vorbeifuhr, konnte über 100 B-26-Maschinen mit ihren gepanzerten Bombenschächten und Schießluken sehen.« Bald nachdem diese Enthüllung in der Presse erschien, wurden ▶ ◀ nach ▶ ◀ zur Verfügung gestellt, um Hangars für die geparkten Maschinen zu bauen. Schnüffelnde Reporter und das neugierige Publikum sahen bald weniger.

1965 diente die Intermountain Aviation als Kanal für den Verkauf von B-26-Bombern an Portugal zur Verwendung in den afrikanischen Kolonialkriegen des Landes. Dieser Verkauf verletzte direkt die offizielle Politik der USA gegen Waffenexporte nach Portugal zur Verwendung in Angola, Mozambique und Portugiesisch-Guinea. Die US-Regierung hatte auf höchster Ebene beschlossen, zwanzig B-26 an Portugal zu verkaufen und die CIA-Besitzgesellschaft folgte daher einem offiziellen Befehl. Theoretisch blieb das Embargo gegen Waffen für die Verwendung in portugiesischen Kolonien intakt – nicht aber in Wirklichkeit. Die US-Regierung tat demnach getarnt, was sie sich selbst offen verboten hatte.

Im Frühling und Sommer 1965 wurden sieben B-26 von Arizona von einem englischen Piloten, der durch eine Privatfirma, Aero Associates, angeworben worden war, nach Lissabon geflogen. Im September war die Tarnung dieser Operation sehr dünn geworden und die Sowjetunion und Ungarn griffen durch ihre Vertreter bei den UN speziell diese Transaktion an. Die amerikanische Delegation gab zu, daß sieben Maschinen an Portugal geliefert worden waren, aber Botschafter Arthur Goldberg erklärte, »die einzige Beteiligung offizieller Stellen der Vereinigten Staaten sei die gewesen, einen Missetäter gegen die Gesetze der Vereinigten Staaten zu verfolgen«.

Das war ganz einfach eine Unwahrheit. Botschafter Goldberg mag aber die wahre Lage der Dinge nicht gekannt haben. Auch Adlai Stevenson vor ihm war über die Schweinebucht nicht vollkommen unterrichtet gewesen und hatte so schließlich unwissentlich falsche Erklärungen vor der UN abgegeben.

Die gleiche Technik wurde angewandt, um die »Verfolgung des

Missetäters« zu verzerren. Ramsey Clark, der damalige Stellvertretende Generalstaatsanwalt, setzte sich mit Richard Helms, als dieser Stellvertretender CIA-Direktor war und dem Generalberater der Agentur, Lawrence Houston in Verbindung, um die Angelegenheit der portugiesischen Flugzeuge zu besprechen. Beamte der Agentur versicherten Clark, daß die Agentur nicht beteiligt sei. Clark sagt: »Wir hätten nicht vor Gericht gehen können, wenn sie (die CIA) beteiligt gewesen wäre. Ich sehe nicht ein, wie man den kleinen Burschen verfolgen kann, der im Dienst einer Regierungsdienststelle handelt.«

Trotzdem waren die USA beschuldigt worden, ihre eigene offizielle Politik verletzt zu haben, und die, die Bescheid wußten, weigerten sich aus politischen Gründen, »den kleinen Burschen« zu Hilfe zu kommen. So befand sich eine Behörde der Regierung, das Justizministerium, unwissentlich in der merkwürdigen Lage, daß sie Personen verfolgte, die auf Befehle einer anderen Regierungsdienststelle gehandelt hatten. Schließlich wurden fünf Anklagen erhoben, aber einer der Beschuldigten floh aus dem Land und zwei der Anklagen wurden schließlich fallen gelassen. Im Herbst 1966 wurden jedoch der englische Pilot John Richard Hawke und Henri Marie François de Marin de Montmarin, ein Franzose, der bei dem Geschäft als Mittelsmann aufgetreten war, in Buffalo, New York, vor ein Bundesgericht gestellt.

Hawke gab bei der Verhandlung zu: »Ja, ich habe B-26-Bomber nach Portugal zur Verwendung in Portugals afrikanischen Kolonien geflogen und das Unternehmen wurde durch das Verteidigungsministerium und die CIA arrangiert.« CIA-Generalberater Houston leugnete jedoch entschieden unter Eid, daß die Agentur an der Transaktion beteiligt gewesen sei. Houston gab bekannt, daß die Agentur am 25. Mai 1965 – fünf Tage, ehe die Aktion begann, von dem Bombertransport erfuhr und daß diese Information an das Außenministerium und elf andere Regierungsdienststellen weitergegeben worden sei. Er sagte auch, daß die Agentur am 7. Juli »informiert« worden sei, daß vier der B-26 tatsächlich nach Portugal geliefert worden seien; wieder habe die CIA das Außenministerium und andere Behörden benachrichtigt. Er erkärte nicht, warum die Regierung, wenn sie so ausführlich über die Flüge informiert worden war, nicht eingegriffen hatte, um sie aufzuhalten, nachdem die

Flugpläne bei der Bundesflugverwaltung registriert worden waren und Hawke bei einem Flug ungeschickterweise fast das Weiße Haus streifte.
Die Jury befand Hawke und Montmarin für unschuldig, die Mitglieder der Jury gaben später bekannt, sie seien nicht überzeugt gewesen, daß die Angeklagten wissentlich das Gesetz verletzt hätten. ▶

◀

Der ehemalige Direktor Helms weigerte sich jedoch zu fliegen ▶ ◀ weil er glaubte, daß die kommerzielle Tarnung zu durchsichtig sei. Er zog es vor, mit legitimen kommerziellen Fluglinien zu reisen. Weniger zögerte Vizepräsident Hubert Humphrey, der oft ▶ ◀ Gulfstream während seiner Präsidentschaftskampagne 1968 benützte. ▶

◀

Die vielleicht abgelegenste Besitzgesellschaft der CIA existierte in Katmandu, Nepal. Sie wurde eingerichtet, um den von der Agentur finanzierten und geleiteten Stammeskriegern Luftunterstützung zu gewähren, die in dem von China

kontrollierten Tibet operierten. Ursprünglich flog CAT diese Missionen, wie das General Lansdales Hinweis auf »über 200 Überfliegungen Chinas und Tibets« andeutet. Das Fliegen von Flugplätzen in Taiwan aus zu den Operationsebenen der CIA in Nordostindien erwies sich als zu umständlich, deshalb wurde **die nepalesische Besitzgesellschaft gegründet. Als die tibetanischen Operationen in den 60er Jahren gedrosselt und schließlich angehalten wurden, wurde diese Fluglinie auf einige wenige Maschinen und Hubschrauber reduziert, sowie auf einen Vorrat an Ersatzteilen. Trotzdem flog sie noch in den späten 60er Jahren Charterflüge für die nepalesische Regierung und private Organisationen in diesem Gebiet.**

Der Planungs-, Programmierungs- und Haushaltsstab daheim in Langley glaubte, daß die Brauchbarkeit der Luftlinie für die Agentur vorüber sei, und so beschloß man, sie zu verkaufen. Für die CIA ist es aber äußerst schwierig, eine Besitzgesellschaft loszuschlagen. Die Agentur ist der Ansicht, daß sie die Geheimhaltung ihrer getarnten Beteiligung wahren muß, ganz gleich, wie strittig und wie unbedeutend die Geheimhaltung ist, und sie will weder vor, noch nach der tatsächlichen Transaktion auf irgendeine Art identifiziert werden. Mehr noch, innerhalb der Heimlichen Dienste besteht eine echte Furcht, daß ein Gewinn erzielt werden könne und die CIA dem Gesetz nach verpflichtet sein würde, diesen Gewinn an das US-Finanzministerium zurückzugeben. Die »heimlichen Arbeiter« wollen nicht in den Papierkrieg hineingezogen werden, den das zur Folge hätte. Es geht der heimlichen Mentalität einfach »gegen den Strich«, die Transaktion vor irgend jemand erklären oder rechtfertigen zu müssen – vor allem nicht vor den Buchhaltern im Finanzministerium.

Das Abstoßen der Southern Air Transport 1973 erwies sich für die Agentur als ein Fiasko. Wie üblich versuchte die CIA, sie im stillen an einen ehemaligen Angestellten – vermutlich zu einem verlockenden Preis – zu verkaufen; das schlug aber fehl, als drei legitime Luftlinien vor dem Civil Aeronautic Board protestierten. Sie beklagten sich, daß die Southern mit Regierungsmitteln aufgebaut worden sei, daß sie in der Folge lukrative Charterrouten gehabt habe und daß sie einen unfairen Wettbewerb darstelle. Als die Nachricht von dem beabsichtigten Verkauf in die Zeitungen kam, zog sich die CIA zurück und gab freiwillig die CAB-Zertifikation der Southern auf – wodurch sie den Wert der Southern stark reduzierte, aber sicherstellte, daß sie die Linie in völliger Geheimhaltung verkaufen konnte.

Und für die nepalesische Fluglinie fand die Agentur einen Käufer, der früher für andere Fluglinien der Agentur gearbeitet hatte. Da er ein früherer »Mann der Kompanie« war, blieb die Geheimhaltung gewahrt. Er durfte die Fluglinie für eine kleine Anzahlung kaufen. Nach einer höchst unorthodoxen Geschäftspraxis diente die Fluglinie selbst als Nebensicherheit für den Rest der Kaufsumme. Ein CIA-Buchprüfer im Hauptquartier bezeichnete das Ganze privat als »Verschenken«, aber so wollten die Heimlichen Dienste die Sache behandelt wissen. Der neue Besitzer blieb in Miami, obwohl seine Linie in Nepal flog. Nach verhältnismäßig kurzer Zeit liquidierte er alle Werte der Linie. Er erzielte einen beträchtlichen Gewinn, die Agentur erhielt aber nur einen Bruchteil ihrer ursprünglichen Investition zurück. Die Heimlichen Dienste waren auf jeden Fall mit dem Verkauf zufrieden, weil sie sich eines nutzlosen Werts hatten entledigen können – auf eine Art, die sowohl ein Maximum an Sicherheit garantierte, wie auch die zukünftige Treue und Bereitwilligkeit des Käufers sicherstellte.▶

◀

Während die Moral solcher Transaktionen fragwürdig bleibt, sind die Gesetze des Interessenkonflikts auf die CIA wohl nicht anzuwenden. Das Central Intelligence Agency-Gesetz von 1949 stellte ja passenderweise fest: »Die Summen, die der Agentur zur Verfügung gestellt werden, können, ohne Rücksicht auf die Klauseln des Gesetzes und die Vorschriften bezüglich der Ausgaben von Regierungsgeldern, ausgegeben werden.« Auf jeden Fall eröffnete die Verwendung von Besitzgesellschaften den Teilnehmern die Möglichkeit, substantielle Gewinne zu machen, während sie »ihre Tarnung auskosten«.

Die Tatsache bleibt jedoch, daß die CIA-Besitzgesellschaften Hunderte von Millionen Dollar wert sind und niemand außerhalb der Agentur in der Lage ist, ihre Bücher zu prüfen. Und wie wir später in diesem Kapitel noch sehen werden, hat das CIA-Hauptquartier manchmal nur die vageste Ahnung davon, was gewisse Besitzgesellschaften treiben und welche Werte sie besitzen. Zweifellos bestehen starke Möglichkeiten für einen Mißbrauch und viele der Beteiligten, wie etwa im Waffenhandel, den paramilitärischen Soldatentätigkeiten und bei den heimlichen Luftoperationen sind dafür bekannt, daß ihr moralischer Standard nicht sehr hoch ist. Wenn auch nur wenige Berufsbeamte der Agentur Geld für persönliche Zwecke nehmen würden, kann man natürlich Angestellte von Besitzgesellschaften kaum daran hindern, falls sie dazu neigen.

Wie man sehen kann, dienen die Besitzkorporationen der CIA zum großen Teil der Unterstützung spezieller oder paramilitärischer Operationen. Einige wurden natürlich für Zwecke der Propaganda und Desinformation eingerichtet, und wie die meisten anderen getarnten Werte können Besitzgesellschaften gelegentlich auch verwendet werden, um die Spionage- und Gegenspionagebemühungen der Heimlichen Dienste zu fördern. In der Hauptsache bestand in der Agentur jedoch seit mehr als einem Jahrzehnt ein Trend, den Besitz an Fluglinien als taktischen Arm für die militärischen Interventionen der CIA in der Dritten Welt auszubauen. Die Flotten dieser CIA-Fluglinien wurden ständig erweitert und modernisiert, genau so wie auch die Bodeneinrichtungen.

Der Meinung der meisten CIA-Professionals nach würde die Kapazität der CIA, Sonderoperationen durchzuführen, ohne die logi-

stische und andere Unterstützung eben durch diese Fluglinien auf den Nullpunkt gedrückt.
Die Leistung der Pacific Corporation und ihrer Tochtergesellschaften Air America und Air Asia bei der Unterstützung der vielen Sonderop-Abenteuer der CIA im Fernen Osten und in Südostasien über all die Jahre hinweg hat die Führung der Agentur tief beeindruckt. Die Leistungen der Vertragsluftoffiziere in dem von Kämpfen zerrissenen Winkel der Welt sind innerhalb der CIA fast legendär geworden. Des weiteren wurden die Vorteile, einen sich selbst erhaltenden, selbst geleiteten Komplex zu besitzen, der keine CIA-Mittel und nur wenig Regierungspersonal braucht, von den Heimlichen Diensten in der Tat sehr geschätzt.
Ohne den Besitz an Fluglinien hätte es keine geheimen Überfälle auf das kommunistische China geben können. Es hätte keine tibetanischen, indonesischen oder burmesischen Operationen gegeben. Und am allerwichtigsten, ein »geheimer« Krieg in Laos wäre nicht möglich gewesen. Selbst viele der verdeckten Tätigkeiten der CIA in Vietnam hätten nicht geplant und noch viel weniger durchgeführt werden können, ohne die Gewißheit, daß **die CIA-Fluggesellschaften** zur Unterstützung derartiger Operationen bereitstanden.
Und so verwundert es kaum, daß die Agentur, als sie im Kongo intervenieren wollte (und in Erwartung zahlreicher weiterer Aufstände auf dem Kontinent), hastig die gleiche Luftunterstützung zu entwickeln suchte, die traditionell für Sonderoperationen in Asien zur Verfügung stand. Und man kann jetzt gut verstehen, warum die Planer des Schweinebucht-Unternehmens es jetzt lebhaft bedauern, daß sie nicht ähnliche Arrangements für ihre eigenen Bedürfnisse getroffen haben, statt sich auf die US-Streitkräfte zu verlassen.

Der phantastische Georg Doole

Obwohl die Direktorien der Flugbesitzgesellschaften mit Namen der respektabelsten Führer der Geschäfts- und Finanzwelt besetzt sind, lag die Leitung mehrerer Gesellschaften tatsächlich lange in den Händen eines einzigartigen Mannes: in denen George Dooles jr. Bis zu seiner Pensionierung 1971 lautete Dooles offizieller Titel: Präsident der Pacific Corporation und leitender Direktor der Air America und Air Asia; unter seiner Leitung blühte diese Fluglinie im CIA-Besitz.

Doole war seinen Kollegen in der Agentur als superber Geschäftsmann bekannt. Er besaß ein Talent, seine Fluglinien auszuweiten und sie – funktionell, wenn nicht formell – zu gewinnbringenden Konzernen zu machen. Während die Einkünfte nie völlig das ursprünglich investierte CIA-Kapital deckten, machten die riesigen Verträge mit den Regierungsbehörden der USA, die aus dem Krieg in Indochina resultierten, die sich im Besitz der Pacific Corporation's befindenden Fluglinien (CAT, Air America, Air Asia) während der 60er Jahre im wesentlichen zu selbsterhaltenden Komplexen. In der Folge blieb es der CIA im wesentlichen erspart, neues Geld für spezifische Projekte zu zahlen.

Einige der Spitzenfunktionäre der Agentur, wie der frühere Leitende Kontrolldirektor und der Chef der Planung, Programmierung und des Haushalts fühlten sich bei den aufblühenden Geschäften, die Doole managte, unbehaglich, aber sie unternahmen nichts dagegen. **Der Leitende Direktor erklärte einmal in einem Privatgespräch diese Untätigkeit: »Es gibt viele Dinge, die man besser nicht aufwühlt. Wesentlich ist, daß George Doole und die CAT der Agentur eine große Zahl von Diensten erweisen und daß die Agentur nicht dafür bezahlen muß.** Zu den anderen Diensten, die er leistete, gehörten seine Talente als unverfrorener Lügner. Als er 1970 von der *New York Times* gefragt wurde, ob seine Fluglinien eine Verbindung zur CIA hätten, sagte Doole, »wenn jemand da draußen hinter all dem steckt, wissen wir nichts davon«. **Zu diesem Zeitpunkt hatte Doole bereits seit zehn Jahren für die CIA gearbeitet und den größten Teil der Zeit hatte er »Superpositionen« innerhalb der CIA innegehabt. Dooles Imperium war auf dem Organisationsplan der Agentur formell dem Direktorium für Unterstützung unterstellt, obwohl viele ihrer Operationen von den Heimlichen Diensten überwacht wurden. Im CIA-Hauptquartier war aber so wenig über die Besitzgesell-**

schaften an Fluglinien bekannt, die beinahe so viele Personen beschäftigte wie die Agentur selbst (18000), daß 1965 ein CIA-Offizier mit ausgedehnten Erfahrungen im Heimlichen Dienst den Auftrag erhielt, für die Spitzen der Agentur eine Studie über ihre Operationen zu verfassen.

Dieser Offizier verwandte fast ein Jahr auf den Versuch, die relevanten Daten zusammenzustellen; je weiter er kam, desto frustrierter wurde er. Er stellte fest, daß die verschiedenen Fluglinien laufend Flugzeuge aneinander ausliehen, verpachteten oder kauften*, daß die Zahlen auf dem Rumpf der Flugzeuge regelmäßig gewechselt wurden und daß die Mischung von Profit- und Tarnflügen eine Buchhaltung fast unmöglich machten. Schließlich hängte er in einem sicheren Konferenzraum der Agentur eine riesige Weltkarte auf, um mit Fähnchen und Stecknadeln festzulegen, welche Fluglinien mit welchen Maschinen in welchen Ländern arbeitete. Dieser Offizier verglich seine Erfahrung mit dem Versuch, eine militärische Schlachtordnung zusammenzustellen; seiner Schätzung nach war seine Karte zu einem bestimmten Zeitpunkt bestenfalls zu 90 Prozent genau. Schließlich lud er Helms, den damaligen Stellvertretenden Direktor ein, sich die Karte anzusehen und sich über den komplizierten Aufbau der Fluglinien unterrichten zu lassen. Ein Zeuge berichtete, Helms sei »entgeistert« gewesen.

Im gleichen Jahr wurde das Executive Committee for Air (Ex Comm Air = Leitender Ausschuß für Flugwesen) gegründet, um über die verschiedenen Flug-Besitzgesellschaften auf dem laufenden zu bleiben. Lawrence Houston, der Generalberater der Agentur, wurde zum Vorsitzenden ernannt – Vertreter wurden aus den Heimlichen Diensten, dem Nachschubdirektorium und der Leitung der Agentur ausgesucht. Die Vorgänge wurden aber für so geheim gehalten, daß man der Chefsekretärin der Ex Comm Air sagte, sie solle keine Aufzeichnungen, ja nicht einmal Notizen machen.

1968 traf sich der Ex Comm Air, um sich mit einem Ersuchen George Dooles zu befassen, die Southern Air Trans-

* Der CAT-Jet, der 1968 auf Taiwan zerschellte, war von der Southern Air Transport ausgeliehen.

port für mehrere Millionen Dollar zu »modernisieren«. Dooles Rechtfertigung für die Geldforderung war, daß jede große Fluglinie auf der Welt Düsenmaschinen verwende und daß die Southern hier mithalten müsse, wenn sie ihrer »Tarnung« gerecht werden wollte. Des weiteren sagte Doole, die Linie müsse eine bestmögliche Ausrüstung haben, falls die Agentur sie für künftige Notfälle in Lateinamerika rufen müsse.

Vor Dooles Versuch hatte der Ausschuß für Nationale Beurteilungen langfristige Beurteilungen der Ereignisse in Lateinamerika vorbereitet. Die Beurteilung war vom Direktor gebilligt und als offizielle Analyse der Nachrichtengemeinde an den Präsidenten weitergeleitet worden. Die Schlußfolgerungen lauteten allgemein, die sozialen, politischen und wirtschaftlichen Bedingungen in Lateinamerika hätten sich derartig verschlechtert, daß eine lange Periode der Instabilität bevorstehe, daß die gegenwärtige amerikanische Politik diese Instabilität noch nähre und daß die Vereinigten Staaten, abgesehen von einer humanitären und einer Wirtschaftshilfe nur wenig tun könnten, um die Situation zu verbessern. Die Beurteilung implizierte sehr deutlich, daß eine fortwährende offene amerikanische Intervention in die inneren Angelegenheiten der lateinamerikanischen Nationen alles nur schlimmer machen und das amerikanische Image in diesen Gebieten noch weiter schädigen würde.*

Bei der Sitzung wegen der Modernisierung der Southern fragte man Doole, ob er glaube, die Expansion der Kapazität der Southern für zukünftige Interventionen in Lateinamerika gehe mit den Schlußfolgerungen dieser Beurteilung konform. Doole schwieg, aber ein Offizier der Heimlichen Dienste, der bei paramilitärischen Operationen mitarbei-

* Diese Beurteilung kam einer Empfehlung der zukünftigen amerikanischen Politik viel näher als jedes andere Papier, das früher von dem Ausschuß für Nationale Beurteilungen vorbereitet worden war. Das Ausschußmitglied, das die Vorbereitung beaufsichtigte, war ein früherer Abteilungsdirektor und Stationschef bei den Heimlichen Diensten. Er und seine Kollegen hofften offensichtlich, daß die Beurteilung einen direkten Einfluß auf die zukünftigen verdeckten Operationen der Agentur in Lateinamerika haben würde.

tete, erwiderte: die Beurteilung hätte sehr wohl eine korrekte Beurteilung der Situation in Lateinamerika sein und das Weiße Haus hätte sie als Faktum annehmen können, die Nichtintervention brauche aber deswgen noch nicht die offizielle amerikanische Politik werden. Der Mann des Heimlichen Dienstes wies darauf hin, daß es im Lauf der Jahre in Südamerika andere Entwicklungen gegeben habe – in Ländern wie Guatemala oder der Dominikanischen Republik, wo das Weiße Haus die Agentur beauftragt hatte, gegen bestehende politische Trends vorzugehen. Daß der Direktor die Verantwortung besitze, Beurteilungen so genau wie möglich für das Weiße Haus vorzubereiten; daß aber der Direktor (und die Heimlichen Dienste und Doole) auch die Verantwortung dafür hätten, für die schlimmsten denkbaren Notfälle bereit zu sein.

Indem sie die Southern Air Transport und die anderen Besitzgesellschaften aufbauten, folgten Doole und die Heimlichen Dienste der Grundmaxime der verdeckten Aktion: Jetzt Werte für künftige Notfälle aufbauen.

Es erwies sich als eine überzeugende Strategie, als der Direktor Dooles Ersuchen persönlich billigte und die **Southern** ihre mehrere Millionen Dollar für Düsenmaschinen erhielt.*

Die Sitzung endete widersprüchlich. Später sagte man dem CIA-Offizier, der Doole und den Mann von den Heimlichen Diensten befragt hatte, er habe dafür den falschen Zeitpunkt gewählt.

Wenn sich die US-Regierung also entschließt, getarnt in die inneren Angelegenheiten lateinamerikanischer Länder – oder auch anderswo – einzugreifen, werden Dooles Flugzeuge zur Unterstützung der Operationen zur Verfügung stehen. Die CIA-Fluglinien stehen bereit, ihr legitimes Chartergeschäft unauffällig fallen zu lassen und die Rolle zu übernehmen, für die sie eingerichtet wurden: den Transport von Waffen und Söldnern für die Sonderoperationen der Agentur. Die Waffen werden aus den eigenen Vorräten der CIA und den Lagerhäusern der Interarmco und anderer inter-

* Als die CIA 1973 versuchte, die Southern zu verkaufen, waren in dem Inventar nur drei Propellermaschinen aufgeführt. Man weiß nicht, was mit den Düsenmaschinen geschah, man darf darauf wetten, daß sie einer besser getarnten CIA-Besitzgesellschaft übertragen wurden.

nationaler Waffenhändler kommen. Die Söldner wird die Abteilung der Agentur für Sonderoperationen stellen und wie bei den Fluggesellschaften wird ihre Verbindung zu der Agentur dem amerikanischen Volk und der Welt gegenüber plausibel zu dementieren sein.
Doole und seine Kollegen in den Heimlichen Diensten haben jahrelang hart gearbeitet, um die Fluglinien und die anderen Werte für paramilitärische Aktionen aufzubauen. Ihre Nachfolger werden hart darum kämpfen, diese Kapazität behalten zu können, sowohl deshalb, weil sie ihr eigenes geheimes Imperium haben wollen und weil sie an die Rechtmäßigkeit der heimlichen Interventionen der CIA in die inneren Angelegenheiten anderer Länder glauben. Sie wissen nur allzu genau, daß es keine Rechtfertigung für ihre Existenz gäbe, wenn die CIA nie intervenieren würde.

Propaganda und Desinformation

In der psychologischen Kriegführung . . .
leiden die Nachrichtendienste der
demokratischen Länder unter dem
ernsten Nachteil, daß sie bei dem
Versuch, dem Gegner Schaden zuzufügen,
auch ihre eigene Öffentlichkeit
täuschen müssen.

Victor Zorza

Washington Post
15. November 1965

Mitte der 60er Jahre glaubten die meisten Professionals in den Heimlichen Diensten, daß der Tag des Luftballons als Transportvehikel bei Propagandaoperationen längst vorbei sei. Jahre zuvor, in den rauhen Zeiten des Kalten Kriegs, hatten Operatoren der Agentur in Westdeutschland oft Ballone benützt, um antikommunistische Literatur in die gesperrten Gebiete hinter dem Eisernen Vorhang zu befördern. Wenn diese Operationen auch nicht plausibel abgeleugnet werden konnten – normalerweise eine Vorbedingung der verdeckten Propaganda – hatten sie gute Ergebnisse erzielt, wenigstens nach den zornigen Protesten der Sowjetunion und ihrer osteuropäischen Satelliten zu schließen.

Seither hatte sich das Propagandaspiel zu einem subtilen Wettkampf des Verstands entwickelt, und der Stab der Agentur für verdeckte Aktionen hatte weit verfeinertere Mittel zur Verbreitung ideologischer Botschaften hervorgebracht.

So bestand bei den Stabsoffizieren der verdeckten Aktionen ein Eindruck des »déjà vu« (schon gesehen), als die Fernost-Abteilung 1967 ein neues Ballonunternehmen vorschlug. Dieses Mal sollte das chinesische Festland das Ziel sein.

Die Volksrepublik befand sich zu dieser Zeit mitten in der Kulturrevolution. Jugendliche Rote Garden stürmten durch das Land und zerstörten Gesetz und Sitten, eine dem Chaos nahe Verwirrung erfaßte die Nation. Die China-Beobachter der CIA in Hongkong und anderswo in der Peripherie des Festlands hatten aber entdeckt, daß in Südchina, besonders in der Gegend um Kanton und Futschou in den Provinzen Kwantung und Fukien, eine Reaktion einsetzte. Sie glaubten, daß sich eine Art Gegenstau auf die Exzesse der Roten Garden entwickle, denn Gruppen innerhalb des Militärs und bei den Arbeitern widersetzten sich allmählich zunehmend den Roten Garden und forderten laut die Rückkehr zu Gesetz und Ordnung.

Für die Operatoren der Agentur waren die Bedingungen eine Untersuchung wert. Niemand glaubte im Ernst, daß der Kommunismus von dem Festland eliminiert werden könnte, aber die kurzfristigen politischen Ziele, die durch verdeckte Propaganda erreicht werden konnten, waren zu verlockend, als daß man sie übergehen wollte. China war ein eingeschworener Feind der USA, und die CIA war der Ansicht, daß jedes weitere Stückchen innerer Unruhe, das in dem volkreichsten Land der Erde aufgewühlt werden konnte – einem Land, das bereits mit Langstreckenraketen experimentierte – die Bedrohung der nationalen Sicherheit Amerikas verringern könne.

Des weiteren: wenn man Peking weiter mit inneren Problemen beschäftigt halten konnte, würde die Wahrscheinlichkeit einer chinesischen Intervention in den Vietnamkrieg, ähnlich der, die so wirksam in Korea inszeniert worden war, verringert werden. Vielleicht konnte man China auch dazu zwingen, die materielle Unterstützung Nordvietnams zu reduzieren und den Export der Revolution in andere Entwicklungsländer zu hemmen.

Das Unternehmen wurde von dem 303-Komitee (jetzt als 40er-Ausschuß bekannt) gebilligt, und die Agentur holte ihre Ballone aus den Vorratslagern und verschickte sie in eine geheime Basis in Taiwan. Dort wurden sie mit einer Vielheit sorgfältig vorbereiteten Propagandamaterials beladen – Flugblättern, Broschüren, Zeitungen –, und, als die Windrichtung stimmte, in die der Insel gegenüberliegenden Provinzen geblasen. Die Literatur, die durch die Ballone übermittelt wurde, war von den Propagandisten der Agentur so gestaltet worden, daß sie nach Inhalt und Stil stark den wenigen Publikationen glich, wie sie geheim in kleinerem Maßstab von konservativen Gruppen in China verteilt wurden. Man verwendete die Namen von nicht echten anti-

revolutionären Organisationen, erfundenen Vereinigungen, von denen einige mit der Armee identifiziert wurden, man erfand auch solche von landwirtschaftlichen Kommunen oder städtischen Gewerkschaften.

Die Hauptstoßrichtung der ganzen Propaganda war im wesentlichen die gleiche: Sie kritisierte die (wirkliche und imaginäre) Tätigkeit der Roten Garden und – durch Implikation – jene Führer, die derartige Exzesse inspiriert oder gestattet hatten. Man hoffte, daß die Propaganda und sie begleitende Desinformation weitere Reaktionen auf die Kulturrevolution erzeugen und auf der einen Seite die Verwirrung im Innern steigern, auf der anderen, das innere Gleichgewicht der Macht bei den Führern in Peking zerbrechen würden. Bei der CIA war man der Ansicht: Wenn die Chinesen erkannten, daß sie mit Propaganda bearbeitet wurden, könnte die US-Regierung zuversichtlich jede Verantwortung in Abrede stellen. Der angenommene Schuldige würde am wahrscheinlichsten das Tschiang Kai-schek-Regime in Taiwan sein, der [bewußte] und kooperative Gastgeber der Agentur für dieses Unternehmen.

Fast sofort nach dem Beginn war das Ballonprojekt ein Erfolg. Die China-Beobachter der CIA sahen in den südlichen Provinzen Anzeichen für einen gesteigerten Widerstand gegen die Roten Garden. Peking, das offensichtlich glaubte, die Reaktion auf die Kulturrevolution sei stärker als sie tatsächlich war, zeigte große Sorge wegen der Entwicklung im Süden. Binnen weniger Wochen trafen Flüchtlinge und Reisende aus dem Festland in Hongkong ein; sie brachten Exemplare der Flugblätter und Broschüren mit, die die Propagandisten der Agentur hergestellt hatten, ein Zeichen dafür, daß die chinesischen Massen der falschen Literatur Glauben schenkten. Es dauerte daher nicht lange, bis die Heimlichen Dienste nach anderen Wegen suchten, um ihre Propagandabemühungen gegen das neue Ziel auszuweiten.

Man traf daher die Entscheidung, in Taiwan zwei heimliche Sender zu bauen, die Propaganda- und Desinformation der gleichen Art wie die Ballonpropaganda ausstrahlen sollten. Wenn das chinesische Volk die Sendungen für echt hielt,

konnte es – so schätzte die CIA – davon überzeugt werden, daß die Gegenbewegung gegen die Kulturrevolution an Stärke gewann und daß man vielleicht dann daran dachte, den Roten Garden und ihren Hintermännern noch offener Widerstand zu leisten.

▶

◀

Gegen das Ziel einer geschlossenen Gesellschaft kann die einfache Versorgung mit Information und Nachrichten, die die Regierung ihrem Volk vorenthalten will, eine bedeutende Wirkung erzielen. Wenn man dann gleichzeitig geschickte Desinformationen einschieben kann – um so besser. Die Hörer, die erkennen, daß viel von dem, was sie hören, wahr ist, tendieren dazu, anzunehmen, daß alles wahr ist, was man ihnen sagt.

Eine Nachrichtenquelle, die die Agentur benützte, war der eigene Foreign Broadcast Information Service (Ausländischer Rundfunk-Informationsdienst – FBIS), der täglich offene Rundfunksendungen rings um die Erde von einem Dutzend verschiedener Horchposten an so verschiedenen Orten wie Hongkong, Panama, Nigeria, Zypern und sogar San Francisco aufzeichnet. **Das Produkt der FBIS wurde auch dazu ausgenützt, um festzustellen, ob die Sendungen der heimlichen Sender ihre Ziele in China erreichten und die gewünschte Wirkung hatten.**

Es gab jedoch noch einen dritten (und schädlicheren) Weg, wie dieser Monitordienst eine Rolle bei dem Unternehmen spielte, und die Heimlichen Dienste brauchten lange, ehe sie ihn korrigierten. Anders als der größte Teil der Nachrichten, die durch die Agentur gesammelt werden, wurden die Programme, die durch die FBIS überwacht werden, weithin innerhalb der US-Regierung und gewissen Abonnenten im Pressekorps und der akademischen Gemeinde verteilt. Diese täglichen Berichte, wörtlich ins Englische übersetzte Niederschriften, werden verpackt und nach den geographischen Räumen mit Farbe bezeichnet: Ferner Osten (gelb), der Nahe Osten, Afrika (blau), Lateinamerika (rosa) und so weiter. Aber obwohl die FBIS-Redakteure Mitglieder des Nachrichtendirektoriums der CIA sind, zögern die Mitarbeiter der Heimlichen Dienste, ihnen ihre Propagandaoperationen zu enthüllen. Als Folge davon zeichnete der tägliche Fernostbericht des FBIS häufig die Texte von Programmen auf, die ursprünglich von den Geheimsendern auf Taiwan ausgestrahlt wurden und verbreitete sie – zusammen mit Übersetzungen von Funksendungen echter Gegenrevolutionäre auf dem Festland.

Die CIA-Operatoren schienen über diese Entwicklung und die sie begleitende Tatsache nicht besorgt zu sein, wenn die eigenen China-Analytiker der Agentur daheim im Hauptquartier sowie ihre Kollegen im Außen- und Verteidigungsministerium in die Irre geführt wurden. Es schien ihnen gar nichts auszumachen, daß nichtinformierte Gelehrte und Zeitungsleute Artikel veröffentlichten, die zu einem gewissen Ausmaß auf den vom FBIS berichteten falschen Informationen beruhten. Schließlich wurden die CIA-Analytiker von der Existenz der falschen Sender informiert. Man gab sich jedoch nicht die Mühe, die falschen Daten richtigzustellen, die an die anderen US-Regierungsstellen oder an die Presse und die Akademiker weitergegeben worden waren. Die Sicherheit der Arbeit schloß solche Enthüllungen aus. Außerdem war China ein

Feind, und die Aufsätze anerkannter Journalisten und Akademiker, die über den fast chaotischen Zustand und eine mögliche Rebellion schrieben, halfen, China in den Augen der Welt in Mißkredit zu bringen – was schließlich mit der damaligen Auslegung der amerikanischen Außenpolitik zu dieser Zeit in Einklang stand. **Die Geheimsender der CIA erwiesen sich so auch dann noch als äußerst erfolgreich, als die chinesische Regierung ihre Herkunft entdeckte und ihrem Volk bekanntgab, daß die Sendungen falsch waren.**

In der Zwischenzeit begannen die Mitarbeiter der Agentur bei ihren Bemühungen, Chinas innere Schwierigkeiten auszunützen, mit der offenen Desinformation. Zum Beispiel ▶

◀ fing an, Resultate zu zeitigen. Die Roten Garden richteten ihre Wut gegen das Außenministerium und forderten, daß auch die chinesischen Diplomaten von westlicher Art gesäubert und zu Maos Prinzipien des Kommunismus zurückgeführt werden.

▶

◀

Sicher: Propaganda und Desinformation sind keineswegs neue Phänomene. Nationen und Faktionen innerhalb von Nationen haben derartige Techniken angewandt, um ihr eigenes Image zu unterstreichen, während sie gleichzeitig versuchten, ihre Feinde und Rivalen zu diskreditieren. Die großen Fortschritte in den Nachrichtenmedien während des zwanzigsten Jahrhunderts haben jedoch das Potential der propagandistischen Bemühungen stark verändert und eine schnelle weite Verbreitung des Propagandamaterials möglich gemacht. Nazideutschland verfeinerte die »Große Lüge« und machte von ihr stärksten Gebrauch. Die Sowjetunion und andere kommunistische Länder haben die von den Deutschen erfundenen Methoden verwendet und ihnen neue eigene Tricks hinzugefügt. Obwohl sich die Vereinigten Staaten erst im Zweiten Weltkrieg auf diesem Gebiet betätigten, als das OSS und das Büro für Kriegsinformationen (Office of War Information – OWI) ihre Programme der psychologischen Kriegführung begannen, sind ihre Propagandaanstrengungen gewachsen und unter den Augen des Stabs für verdeckte Aktionen der Heimlichen Dienste der CIA wirklich fachkundig geworden.

Im Stab der CIA arbeiten Soziologen, Psychologen, Historiker und Medienspezialisten – alle geschickt in der Auswahl »erreichbarer« Ziele, wie etwa der Jugend oder der Intellektuellen eines bestimmten Landes sowie darin, eine Botschaft an sie zu übermitteln. Bei der Planung und der Durchführung ihrer Tätigkeiten arbeitet dieser Dienstzweig oft mit anderen Offizieren der Agentur in der Raumabteilung zusammen. Die Idee für eine Operation mag von einer Feldkomponente, etwa einer Station in Afrika oder Lateinamerika, eingeleitet worden sein, die ein spezielles Bedürfnis oder ein günstiges Ziel in dem Raum sieht, für den sie verantwortlich ist. Sie mag im Hauptquartier in Langley entstanden sein – entweder in der Propaganda- oder in einer der Raumabteilungen –, oder sie kann aus dem Weißen Haus, dem Außenministerium, dem Pentagon oder von einem Mitglied der US-Nachrichtengemeinde in der Form eines Ersuchens kommen, die CIA solle handeln. Wenn man die Idee für ein Programm von großer politischer Wichtigkeit hält oder wenn sie einen hohen Risikofaktor in sich birgt – das heißt, wenn ihr Bekanntwerden die US-Regierung in beträchtliche Verlegenheit bringen könnte –, wird dem Büro des Direktors ein Projektvorschlag vorgelegt, der in den Heimlichen Diensten entwickelt wurde. Darauf wird der Plan zur endgültigen Billigung an den 40er-Ausschuß geschickt. Von da an kann die Verantwortung für das Propagandaunternehmen und für dessen Koordination innerhalb der Heimlichen Dienste und der Regierung entweder beim Stab für verdeckte Aktionen oder bei einer Raumabteilung liegen. Gewisse langfristige Operationen, wie etwa Radio Freies Europa und Radio Liberty, standen der Tradition nach unter der Kontrolle des CIA-Stabs. Die Verantwortung für neuere und kleinere Operationen wird gewöhnlich auf einer *ad-hoc*-Basis entschieden, wobei der CIA-Stab entweder in einer beratenden oder kontrollierenden Eigenschaft fungiert – je nach den Umständen eines besonderen Unternehmens.

Eine Propagandaoperation kann nichts Unheimlicheres darstellen als das Senden von zutreffenden Nachrichtenberichten oder von Rockmusik in die Länder Osteuropas. Andere Methoden sind viel umwegiger. ▶

◀

In beträchtlichem Umfang verwendet die CIA auch gefälschte Dokumente.* Mitte der 60er Jahre erfuhr die Agentur zum Beispiel, daß ein gewisses westafrikanisches Land drauf und dran war, die Volksrepublik China anzuerkennen, und daß die örtliche Regierung den Rückzug der diplomatischen Vertreter Nationalchinas erzwingen wollte. Man hielt das für im Widerspruch zu den amerikanischen politischen Zielen stehend, deshalb trat die CIA in Aktion ▶

◀

Die Pentagon-Papers haben einige andere Beispiele für die Propaganda- und Desinformationstätigkeit der CIA aufgedeckt. Ein streng geheimes Dokument, das 1954 von dem ehemaligen CIA-Mitarbeiter Colonel Edward Lansdale geschrieben wurde, schildert seine Bemühung, angeworbene nordvietnamesische Astrologen Vorhersagen über Katastrophen schreiben zu lassen, die gewisse Vietminh-Führer und ihre Unternehmungen treffen würden, sowie über den Erfolg und die Einheit, die den Süden erwarteten.
Lansdale schilderte auch, daß Personal, das ihm unterstand,

* Der Watergate-Einbrecher E. Howard Hunt wurde 1973 wegen seiner Fälschung einer Depesche verhört, die die Kennedy-Regierung direkt mit der Ermordung des südvietnamesischen Präsidenten Ngo Dinh Diem in Verbindung brachte. »Letzten Endes«, sagte er dem Bundesstaatsanwalt, »hatte ich in meiner früheren CIA-Laufbahn einiges Training für gerade so etwas erhalten . . . gefälschte Zeitungsartikel, Telegramme und so weiter in Umlauf zu setzen.«

in Hanoi einen Schlag der psychologischen Kriegführung inszeniert hätte: von Vietminh-Führern unterzeichnete Flugblätter, die die Tonkinesen instruierten, wie sie sich bei der Machtübernahme in der Region Hanoi durch die Vietminh Anfang Oktober verhalten sollen (die Region Hanoi war damals noch französisch; A.d.Ü.), einschließlich von Fragen des Eigentums, der Geldreform und eines dreitägigen Arbeitsfests nach der Machtübernahme. Am Tag nach der Verteilung dieser Flugblätter verdreifachte sich die Registrierung von Flüchtlingen. Zwei Tage später dementierte der Vietminh über den Rundfunk den Inhalt der Flugblätter; die Flugblätter wirkten dem Aussehen nach so authentisch, daß sogar die meisten Vietminh in Reih und Glied sich sicher waren, daß die Denunziationen ein französischer Trick seien.

Lansdales »schwarze« Propaganda hatte auch eine Wirkung auf die amerikanische Presse. Eines seiner falschen Flugblätter kam dem Syndikatskolumnisten Joseph Alsop zur Kenntnis, der damals Südostasien bereiste. Das Flugblatt, das andeutete, daß viele Vietnamesen zum Eisenbahnbau nach China geschickt werden würden, schien von den Kommunisten geschrieben worden zu sein. Alsop akzeptierte das Flugblatt naiverweise so, wie es ihm erschien, und das führte, Lansdale zufolge, »später zu seinen sensationellen düsteren Artikeln . . . Alsop erfuhr nie von dieser Geschichte«. Natürlich wurde auch der falsche Eindruck nie korrigiert, den Alsops Artikel bei den Lesern weckten.
CIA-Propagandaaktivitäten umfassen auch die Veröffentlichung von Büchern und Zeitschriften. Jahrein, jahraus hat die Agentur einer Reihe von Magazinen und Verlagen Unterstützungen gezahlt – von außereuropäischen Emigrantenblättern bis hin zu so angesehenen Firmen wie Frederick Traeger in New York. Traeger gab 1967 zu, man habe »fünfzehn oder sechzehn Bücher« auf Bestellung der CIA publiziert.

▶

◀

Viele andere antikommunistische Verlagskonzerne in Deutschland, Italien und Frankreich wurden in den Jahren nach dem Zweiten Weltkrieg ebenfalls durch die Agentur ermutigt und finanziell unterstützt. ▶

◀ Einem hochgestellten Mitarbeiter der Agentur zufolge ▶

◀ **und die Pariser Zeitung »Le Combat«.** Der gleiche ehemalige Beamte erinnert sich auch mit einem ironischen Lächeln daran, daß die Agentur mehrere Jahre lang die New Yorker kommunistische Zeitung *The Daily Worker* unterstützte. In aller Fairneß gegenüber dem Stab des *Worker* muß aber bemerkt werden, daß dieser nichts von der Unterstützung der Agentur wußte, die in der Form von mehreren tausend vorausbezahlten Abonnements erfolgte. Augenscheinlich hoffte die CIA, der amerikanischen Öffentlichkeit durch dieses Mittel zu demonstrieren, daß die Drohung des Kommunismus in Amerika real war.

Obwohl die CIA von dem OSS die Verantwortung für verdeckte Propagandaoperationen erbte, hat die Agentur, nach dem Gesetz, keine Vollmacht zu derartigen Operationen, außer nach dem unbestimmten Auftrag, »solche andere Funktionen und Dienste auszuführen, die mit dem Nachrichtenwesen verwandt sind und die nationale Sicherheit betreffen, wie sie der Nationale Sicherheitsrat von Zeit zu Zeit anordnen kann«. Seit ihrer Gründung hat die CIA jedoch über eine Milliarde Dollar für Propagandazwecke im Ausland, aber auch im Inland, ausgegeben, um das zu fördern, was man als das »nationale Interesse der Vereinigten Staaten« ansah.
Manchmal bedeutet das ganz einfach, daß man einem Publikum die Wahrheit sagt (genannt die »weiße« Propaganda), manchmal eine Mischung von Wahrheit, Halbwahrheiten und leichten Ver-

zerrungen (»graue« Propaganda) und gelegentlich auch ausgemachte Lügen (»schwarze« Propaganda), wobei diese letztere der Glaubwürdigkeit halber oft von Wahrheiten oder Halbwahrheiten begleitet wird.

»Schwarze« Propaganda einerseits und »Desinformation« andererseits sind praktisch nicht zu unterscheiden. Beide beziehen sich auf die Verbreitung von falschen Informationen, um die Meinung oder die Aktionen von Menschen zu beeinflussen. Die Desinformation ist tatsächlich ein besonderer Typ von »schwarzer« Propaganda, die von absoluter Geheimhaltung abhängt und die gewöhnlich durch falsche Dokumente unterstützt wird; ursprünglich war sie eine Art sowjetischer Spezialität, und das russische Wort dafür lautet »Dezinformatsija« und ist praktisch eine Analogie unseres eigenen Begriffs. Innerhalb der KGB gibt es sogar eine Abteilung für Desinformation.

Am 2. Juni 1961 (weniger als zwei Monate nach der demütigenden Schlappe der CIA in der Schweinebucht) unterrichtete Richard Helms, damals Stellvertretender Direktor der Heimlichen Dienste, den Unterausschuß des Senats für innere Sicherheit über kommunistische Fälschungen. Helms sprach über zweiunddreißig betrügerische Dokumente, die »so verpackt« waren, daß sie wie Mitteilungen von oder an amerikanische Offizielle aussahen. Zweiundzwanzig sollten die imperialistischen und ehrgeizigen Pläne Amerikas demonstrieren, siebzehn von ihnen behaupteten eine amerikanische Einmischung in Länder der freien Welt. Von den siebzehn griffen elf die amerikanische Einmischung in private Angelegenheiten asiatischer Länder an. Eines war ein gefälschtes Geheimabkommen zwischen dem Außenministerium und dem japanischen Ministerpräsidenten Kishi, das die Verwendung japanischer Truppen überall in Asien gestattete. Ein anderes behauptete, daß die amerikanische Politik in Südostasien die Kontrolle über die Streitkräfte aller SEATO-Staaten erfordere. Zwei gefälschte Dokumente behaupteten, daß die Vereinigten Staaten den Sturz des indonesischen Präsidenten Sukarno planten; die beiden letzten sollten lediglich demonstrieren, daß die amerikanische Regierung trotz amtlicher Dementis heimlich die Sukarno-feindlichen Rebellen militärisch unterstützte.

Diese Indonesien betreffenden Beispiele sind besonders interessant.

Eine flüchtige Prüfung der Dokumente, wie sie Helms vorgelegt wurden, deutete darauf, daß sie in der Tat grobe Fälschungen waren, **aber ihre Botschaft war echt. Die CIA unterhielt 1958 nicht nur tatsächlich Bemühungen, die Regierung Sukarno zu stürzen,** sondern Helms selbst als zweithöchster Beamter der Heimlichen Dienste wußte das sehr genau. Und er wußte auch, **daß die offiziellen Dementis, auf die er sich bezog, Täuschungen und offene Lügen waren, die der Regierungssprecher der USA geäußert hatte.** Helms' Aussage wurde mit der Billigung der CIA an die Presse freigegeben, die damit tatsächlich eine Propagandaaktion gegen das amerikanische Volk durchführte. Er log nicht nur über die kommunistischen Lügen (was nicht besagen soll, daß die Kommunisten nicht tatsächlich schuldig waren), Helms brachte es bei dem Vorgang auch sehr geschickt fertig, eine Diskussion der Lügen zu vermeiden, die die CIA im Namen der Vereinigten Staaten ausspricht.

Die Rundfunksender

Bis 1971 waren Radio Freies Europa und Radio Liberty die bei weitem größten Propagandaunternehmen der CIA. RFE sendete nach Polen, Ungarn, der Teschechoslowakei, Rumänien und Bulgarien, während RL auf die Sowjetunion ausgerichtet war. Diese sogenannten privaten Stationen waren von der Agentur Anfang der 50er Jahre auf dem Höhepunkt des Kalten Kriegs gestartet worden. Sie arbeiteten unter der Tarnung, die ihnen ihr in New York etabliertes Direktorium bot, das in erster Linie aus distinguierten Staatsmännern, pensionierten hohen Militärs und Direktoren großer Firmen zusammengesetzt war. Mit Studios in München und Sendern in Westdeutschland, Spanien, Portugal und Taiwan sendeten die zwei Stationen alljährlich Tausende von Programmstunden in die kommunistischen Länder. Ihre Budgets erreichten zusammen zwischen $ 30 und $ 35 Millionen, und die CIA finanzierte mehr als 95 Prozent der Kosten.*

* Ein besonders betrügerischer Aspekt in der Arbeitsweise von REF war und ist die alljährliche Kampagne zur Beschaffung von Mitteln in den Vereinigten Staaten. Unter den Auspizien des Reklamerats sammelt das

In ihren frühen Jahren forderten RFE und RL entschieden das »Zurückrollen des Eisernen Vorhangs«. (Radio Liberty hieß ursprünglich Radio Liberation – Radio Befreiung.) Der Ton ihrer Sendungen wurde in der Folge der ungarischen Revolte von 1956 beträchtlich sanfter, als RFE einer strengen Kritik wegen seiner Rolle unterzogen wurde, weil die Station fortwährend, aber unvermeidlicherweise vergeblich, den Widerstand angestachelt habe, und zwar durch die Unterstellung, daß amerikanische Hilfe kommen würde. Während und nach den ungarischen Ereignissen wurde es völlig klar, daß die Vereinigten Staaten sich nicht aktiv an der Befreiung der gefangenen Nationen beteiligen würden, und sowohl bei RFE wie RL wurde das Gewicht auf die Förderung einer Liberalisierung durch friedlichen Wandel innerhalb des kommunistischen Systems gelegt. Die CIA finanzierte jedoch beide Sender weiterhin.
Der offensichtliche Auftrag von RFE und RL war es, den Völkern Osteuropas genaue Informationen zu liefern. In diesem Punkt waren sie im wesentlichen erfolgreich, und ihre Programme erreichten Millionen von Hörern. Wenn RFE und RL auch gewisse Verzerrungen sendeten, waren sie besonders in ihren frühen Jahren beträchtlich genauer als die osteuropäischen Medien. Für viele in der CIA war es jedoch der Hauptwert der Sender, in Osteuropa Zwietracht zu säen und dabei die kommunistischen Regierungen zu schwächen. Die Vertreter der harten Linie in der Agentur wiesen auf die soziale Agitation in Polen, die Wladislaw Gomulka im Jahr 1956 an die Macht gebracht hat, den ungarischen Aufstand von 1956 und den Sturz des tschechischen Stalinisten Antonin Nowotny 1967 als auf Ereignisse hin, die RFE mit herbeigeführt hatte. Andere in der CIA verbanden RFE nicht spezifisch mit so dramatischen Ereignissen, sondern betonten mehr die Rolle der zwei Sender bei der allmählichen Entstalinisierung und Liberalisierung Osteuropas.
Wie bei den meisten Propagandaoperationen war es die Hauptwir-

REF Mittel mit der Unterstellung, daß die Station ihre Tätigkeit nicht weiterführen könne und daß die »Wahrheit« dann nicht nach Osteuropa gelange, wenn die amerikanische Öffentlichkeit nicht Geld dafür spende. Obwohl man 1969 zum Beispiel zwischen $ 12 und 20 Millionen freie Reklamezeit zur Verfügung stellte, brachte man bei einem nicht allzu alarmierten Publikum weniger als $ 100000 auf.

kung von RFE und RL, zu den bestehenden Trends in ihren Zielräumen beizutragen und diese Trends manchmal noch zu akzentuieren. Selbst wenn Ereignisse in Osteuropa zur Zufriedenheit der Agentur abrollten, wäre jeder direkte Beitrag der Sender fast unmöglich nachzuweisen. Was auch die Erfolge der zwei Stationen waren, beabsichtigte die Agentur auf jeden Fall, daß sie in den Angelegenheiten Osteuropas eine aktivistische Rolle spielten – weit darüber hinaus, daß sie einfach akkurate Nachrichtenquellen waren. Denn zusätzlich zu der Übermittlung von Informationen nach Osteuropa und der Belästigung kommunistischer Regierungen lieferten RFE und RL den Heimlichen Diensten verdeckte »Werte«, die gegen die Sowjetunion und Osteuropa eingesetzt werden konnten.

Die zwei Stationen mit ihren großen Stäben an osteuropäischen Emigranten sind ein maßgeschneidertes Reservoir von Agenten, Kontakten, Informationen und Tarnungen für Operationen. Zu weiteren vom Rundfunk abgeleiteten Nachrichtenquellen gehörte die verhältnismäßig große Zahl von Briefen, die RFE und RL von ihren Hörern in Osteuropa erhielten. Durch die Post und von Reisenden überbracht, die in den Westen kamen, sahen die Heimlichen Operatoren der Agentur in diesen Berichten eine wichtige Nachrichtenquelle. RFE- und RL-Emigrantenpersonal verwendete die Briefe und andere Informationen, die der Station zur Verfügung standen, um schriftliche Analysen darüber herzustellen, was in Osteuropa geschah. Im CIA-Hauptquartier glaubte man jedoch, daß viele dieser Analysen von zweifelhaftem Wert seien; auch in der ganzen US-Nachrichtengemeinde maß man ihnen nicht viel Bedeutung bei.

Wie umstritten jedoch die Auswirkungen von RFE und RL auf die Ereignisse in Osteuropa waren, die Regierungen der kommunistischen Länder waren offensichtlich über die Sender stark beunruhigt. Man machte große Anstrengungen, diese Sendungen zu stören, und Ende der 50er Jahre versuchten die kommunistischen Nachrichtendienste aktiv, die Stationen in Mißkredit zu bringen und die Stäbe zu infiltrieren. In vielen Fällen gelang ihnen das, und Mitte der 60er Jahre war man im CIA-Hauptquartier allgemein der Ansicht, die zwei Sender seien weitgehend von kommunistischen Agenten durchsetzt und vieles von den Analysen, die aus

München kamen, basierte auf falschen Informationen, die durch Agenten der Opposition geliefert worden seien. Während der gleichen Zeit wuchs der Geist der europäischen *détente*, und viele Offiziere der CIA waren der Ansicht, daß RFE und RL ihre Brauchbarkeit schon überlebt hätten. Anhänger der Sender fanden es immer schwieriger, zur Zeit der Aufstellung des Haushalts die jährlichen Kosten zu rechtfertigen. Selbst das Interesse der osteuropäischen Regierungen an den Sendern nahm merklich ab und die Störbemühungen ließen beträchtlich nach.

Die Agentur führte mehrere interne Studien über die Nützlichkeit von RFE und RL durch, die Ergebnisse sprachen in jedem Fall für ein Auslaufen der CIA-Unterstützung. Nach jeder Studie kamen aber einige Oldtimer der Agentur, deren Verbindungen zu den Sendern in deren Gründerjahre zurückreichten, mit neuen und zweifelhaften Gründen, warum die Sender bestehen bleiben sollten. Die emotionelle Bindung dieser Veteranen an RFE und RL war außerordentlich stark. Verteidigt wurden die Sender auch durch einflußreiche Persönlichkeiten wie den ehemaligen NATO-Chef Lucius Clay, CBS-Präsident Frank Stanton und den Vorsitzenden von General Motors, James Roche, die das Direktorium der Sender bildeten. All diese Bemühungen liefen Versuchen des Planungs-, Programmierungs- und Bildungsstabs der CIA zuwider, die Unterstützung zu beenden. Zusätzlich dazu schien sich die oberste Leitung der CIA nur zögernd von den Sendern trennen zu wollen, und zwar aus dem Grund, daß mit dem Ende der jährlichen Zahlungen von $ 30 bis 35 Millionen diese Gelder für die CIA unwiderruflich verloren sein könnten. Jede interne Agentenstudie, die das Ende der Sender forderte, führte zu nichts anderem als zu einer weiteren Studie.

So führten bürokratische Faulheit, mangelnde Bereitschaft der USIA, die Funktionen der Sender zu übernehmen und wohlgeleitete Lobbyarbeit von RFE- und RL-Direktorien dazu, daß CIA-Mittel auch durch die 60er Jahre weiterhin beiden Stationen zuflossen. Selbst als die Finanzierung der Stationen durch die CIA während des Skandals von 1967 um die Durchdringung und die Manipulation der Nationalen Studentenassoziation weithin bekannt wurden, reduzierte die CIA ihre Unterstützung nicht. In der Folge dieses Skandals empfahl Präsident Johnsons spezielle Untersuchungsgruppe, der Katzenbach-Ausschuß, daß es der CIA nicht gestattet werde, Erziehungs- und andere freiwillige private Organisationen zu finanzieren. Mit der Billigung des Weißen Hauses gab die CIA aber RFE und RL nicht aus der Hand.

Bis zum Januar 1971 geschah nichts, dann sprach Senator Clifford Case von New Jersey gegen die Subsidien durch die CIA und schlug ein Gesetz für eine offene Finanzierung vor.

Cases Schachzug lenkte viel Aufmerksamkeit auf die Nachrichtenmedien, und es wurde offenkundig, daß der Senator auch angesichts eines Drucks der Regierung nicht zurückweichen würde. Als der Außenpolitische Ausschuß des Senats ein Hearing über den Gesetzesantrag Cases plante und der Senator drohte, frühere RFE-Angestellte als Zeugen zu rufen, entschied die CIA, sich der beiden Stationen zu entledigen. Die offene Finanzierung durch den Kongreß wurde zu einer Realität, und Ende 1971 war die Beteiligung der CIA an RFE und RL offiziell beendet. Ob die Agentur tatsächlich auch all ihre verdeckten »Werte« in Verbindung mit den Sendern fallen ließ, ist nicht bekannt; nach früheren Erfahrungen ist das aber nicht wahrscheinlich. Vom Augenblick aus gesehen, wird die größte Gefahr nicht vom Kongreß kommen, der wahrscheinlich auf unbestimmt lange Zeit Gelder für die Sender bewilligen wird, sondern von Westdeutschlands Regierung. Da die Sender jetzt nicht mehr gedeckt sind, sieht sich Bonn mit einem Druck aus den osteuropäischen Ländern konfrontiert, die Stationen nicht von deutschem Boden aus senden zu lassen. ▶

◀ er könnte aber zu einem Zeitpunkt das Argument, daß RFE und RL unnötige Hindernisse für die Verbesserung der Beziehungen darstellen, als Teil einer Bemühung akzeptieren, die Ost-West-Entspannung zu fördern.

Andere Propaganda-Unternehmungen

Die CIA war immer daran interessiert, Dissidenten in Osteuropa und der Sowjetunion zu erreichen und sie zu ermutigen. In den frühen Jahren des Kalten Kriegs sandte die Agentur ihre eigenen Agenten und wesentliche Geldbeträge hinter den Eisernen Vorhang, um die Dinge in Gang zu halten, was meistens verhängnisvolle Folgen hatte. In der jüngeren Vergangenheit sind Unternehmungen gegen Osteuropa und die UdSSR weniger häufig und weniger ungeschickt geworden. Die Agentur hat jedoch ihre Kontakte mit den Emigrantengruppen in Westeuropa und in den USA beibehalten. Diese Gruppen sind manchmal ausgezeichnet darüber informiert, was in ihren Heimatländern geschieht, oft bilden sie die Kanäle für die CIA bei ihren Geschäften mit den Dissidenten in diesen Ländern.

▶

◀ hat festgestellt, daß die Emigrantengruppe nur am Rande von Wert ist.

Eine weitere Organisation, die stark von der CIA unterstützt wird, ist die Asia Foundation (Asienstiftung). 1956 von der CIA gegründet und mit einem sorgfältig ausgesuchten Direktorium versehen, war die Stiftung dazu bestimmt, das öffentliche und das akademische Interesse am Osten zu fördern. Sie förderte die wissenschaftliche Forschung, unterstützte Konferenzen und Symposien und führte akademische Austauschprogramme durch, die eine CIA-Unterstützung von jährlich $ 8 Millionen erhielten. Während ein großer Teil der Stiftungstätigkeiten durchaus legitim war, benützte die CIA die Gründung mit Durchdringen bei den Leitern und Mitgliedern dazu, antikommunistische Akademiker in vielen asiatischen Ländern zu fördern, ein negatives Bild vom Festlandchina, Nordvietnam und Nordkorea in ganz Asien zu verbreiten und ausländische Agenten und neue Führungsoffiziere zu rekrutieren. Obwohl die Stiftung oft zur Tarnung für heimliche Operationen diente, war ihr Hauptzweck die Verbreitung von antikommunistischen und pro-amerikanischen Ideen. Das geschah manchmal subtil und manchmal ganz offen.

Der Brennpunkt der Tätigkeiten der Asia Foundation lag in Übersee, die Auswirkung der Organisation war jedoch in der amerikanischen akademischen Gemeinde stärker als im Fernen Osten. Zahlreiche prominente Amerikaner nahmen an den Stiftungsprogrammen teil, und sie trugen, ohne es zu wissen, zur Verbreitung der Vorstellungen der CIA vom Fernen Osten bei. Als eine Übersee-Propagandaorganisation geplant und zur Zeit der Budgetaufstellung als solche gerechtfertigt, war die Asia Foundation auch schuldig, das amerikanische Volk mit den Ansichten der CIA über Asien propagandistisch bearbeitet zu haben.

Die Verbindung der Agentur mit der Asienstiftung kam 1967 gleich nach der Bloßstellung des Verhältnisses der CIA zur NSA ans Licht. Die Stiftung war ganz offensichtlich eine der Organisationen, die die CIA nicht mehr finanzieren durfte, und nach der Empfehlung des Katzenbach-Ausschusses traf man die Entscheidung, die Finanzierung durch die CIA zu beenden. Eine völlige Trennung im Jahre 1967 hätte jedoch das Ende der Stiftung bedeutet. Die Agentur leistete also eine große »Trennungsentschädigung«, um der Stiftung einige Jahre Zeit zu verschaffen, in denen sie neue Geldquellen erschließen konnte. Wenn wir annehmen, daß die CIA die Zahlungen nicht wieder aufgenommen hat, scheint sich die Asia Foundation jetzt selbst erhalten zu können.

In den 60er Jahren entwickelte die CIA Besitzgesellschaften eines neuen Typs zur Verwendung bei Propagandaunternehmungen.

Diese Besitzgesellschaften sind kompakter und besser getarnt als die relativ unhandlichen und jetzt exponierten Fassaden, wie die Asienstiftung oder Radio Freies Europa. ▶

◀ Da die Vereinigten Staaten ihre offenen Hilfsprogramme immer mehr beschneiden und sich aus dem direkten Engagement in fremden Ländern zurückziehen, wird die Agentur wahrscheinlich immer mehr aufgerufen werden, ähnliche Missionen in fremden Ländern durchzuführen.

Die CIA hat auch Überläufer aus kommunistischen Ländern zu Propagandazwecken verwendet, eine Praxis, die hierzulande mehr

Wirkung hat als in Übersee. Diese Überläufer hatten – ohne das Drängen der CIA – höchst interessante Geschichten über die Politik und die Ereignisse in ihren Heimatländern zu erzählen, sie werden aber fast augenblicklich unter CIA-Kontrolle genommen und einer extensiven geheimen Befragung in einer eigenen Überläufer-Empfangszentrale in der Nähe von Frankfurt am Main unterworfen, oder sie werden, wenn sie besondere Kenntnisse besitzen, in die »sicheren Häuser« der Agentur in den Vereinigten Staaten gebracht. Im Ausgleich für die Informationen, die sie über ihr früheres Leben und ihre Arbeit geben, übernimmt es die Agentur gewöhnlich, für ihre Ansiedlung im Westen zu sorgen; wenn es nötig ist, versieht sie diese Überläufer auch mit einer »neuen Identität«. Irgendwann, wenn die lange Befragung beendet ist, ermutigt die Agentur den Überläufer – und hilft ihm –, Artikel oder Bücher über sein früheres Leben zu schreiben.
Da er vielleicht noch in einer CIA-Institution lebt oder von der Agentur wegen seines Lebensunterhalts abhängig ist, zögert der Überläufer sicher sehr, seine Zukunft dadurch zu gefährden, daß er nicht mit der Agentur zusammenarbeitet.
Die Agentur versucht nicht, die Schriften des Überläufers drastisch zu ändern. Sie beeinflußt ihn einfach, gewisse Informationen wegzulassen, weil sie Sicherheitserwägungen verletzen oder weil sich die Informationen gegen die gegenwärtige amerikanische Politik richten. Die Einfügung von Informationen, die US- oder CIA-Praktiken rechtfertigen, wird natürlich ermutigt, und die Agentur wird natürlich jeglichen literarischen Beistand leisten, den der Überläufer braucht. Während solche Bücher häufig die kommunistischen Nachrichtendienste als diabolische und prinzipienlose Organe schildern (was sie auch sind), beschreiben sie fast nie Triumphe der »Opposition« über die CIA. Obwohl die andere Seite gelegentlich siegt, zieht es die Agentur vor, daß die Welt davon nichts erfährt, und der Überläufer, der von der Agentur abhängig ist, wird schwerlich gegen ihre Interessen handeln.
Indem die Agentur einem Überläufer beim Schreiben hilft, steuert sie ihn häufig auf einen Verleger zu. Selbst einige seiner Public-Relations-Aspekte für die Förderung seines Buchs können von der CIA unterstützt werden, wie im Fall Major Ladislav Bittmans, eines tschechischen Nachrichtenoffiziers, der 1968 überlief. Vor der

Veröffentlichung seines Buchs *The Deception Game* wurde Bittman von dem *Wallstreet Journal* interviewt, das ihn hinsichtlich der Verwendung der Desinformationstechnik durch den US-Nachrichtendienst zitierte. »Unserer Meinung nach«, sagte der ehemalige Tscheche, »hatten die Amerikaner wirksamere Mittel als diese Art von Täuschung, Dinge wie Wirtschaftshilfeprogramme, die viel einflußreicher waren als alle Operationen der schwarzen Propaganda.«

Während Bittman hier Haltungen wiedergegeben haben mag, die seine ehemaligen Kollegen im tschechischen Nachrichtendienst hegten, müßte man seine Worte für suspekt halten. Die Tschechen wissen fast bestimmt etwas über die Desinformations- und Propagandaprogramme der CIA, genau so wie die CIA über ihre Bescheid weiß. Wenn man aber Bittmans Feststelungen zusammen mit den ausführlichen Beschreibungen der tschechischen und russischen Desinformationsprogramme nimmt, spiegelt das genau das Bild, das die CIA bei der amerikanischen Öffentlichkeit erwecken will – daß die Kommunisten immer darauf aus sind, den Westen zu betrügen, und daß die CIA solche Täuschungen und prinzipienlosen Taktiken geschickt aufdeckt.

Für die CIA war die Propaganda durch die Veröffentlichung von Büchern schon längst eine erfolgreiche Technik. 1953 unterstützte die Agentur die Veröffentlichung eines Buchs mit dem Titel *The Dynamics of Soviet Society* (Die Dynamik der Sowjetgesellschaft), geschrieben von Walt Rostow, dem späteren Assistenten Präsident Johnsons für Nationale Sicherheitsfragen und anderen Angehörigen des Stabs des Zentrums für Internationale Studien an dem Massachusetts Institut für Technologie. Das Zentrum war 1950 mit CIA-Geldern errichtet worden, das Buch wurde in zwei Versionen veröffentlicht: die eine war klassifiziert (für die CIA und die Politiker der Regierung) und die andere nichtklassifiziert (für die Öffentlichkeit). Beide Versionen förderten – von kleinen Details abgesehen – die These, daß die Sowjetunion eine imperialistische Macht mit dem Bestreben nach Welteroberung ist, und daß es die Verantwortung und Aufgabe der USA sei, diese Drohung abzuwenden.

Die meisten Buchunternehmen der CIA sind jedoch subtiler und heimlicher. Ein ehemaliger CIA-Beamter, der sich auf sowjetische

Angelegenheiten spezialisiert hat, erinnert sich, wie ein CIA-Operator aus dem Stab für verdeckte Aktionen 1967 ihm ein Buch mit dem Titel *The Foreign Aid Program of the Soviet Bloc and the Communist China* (Das Auslandshilfsprogramm des Sowjetblocks und des kommunistischen Chinas) zeigte, das von einem Deutschen namens Kurt Müller geschrieben war. Das Buch schien dem Sowjetexperten interessant zu sein, und er wollte es sich ausleihen. Der Mann von den Verdeckten Aktionen erwiderte: »Behalten Sie es. Wir haben drunten noch Hunderte.«

Müllers Buch war nicht gerade eine vorurteilslose Behandlung des Themas, es kritisierte die sowjetischen Wirtschaftshilfe für die Dritte Welt sehr scharf. Der Sowjetspezialist ist überzeugt, daß die Agentur festgestellt hat, daß Müller an kommunistischen Hilfsprogrammen interessiert war und daß sie ihn ermutigte, ein Buch mit einer stark antikommunistischen Tendenz zu schreiben, daß sie ihn mit Informationen versorgte und ihm bei seiner Veröffentlichung und Verbreitung half.

Die Finanzierung von Büchern ist eine Standardtechnik aller Nachrichtendienste. Viele Schriftsteller sind froh, über Themen zu schreiben, die ihre eigene Laufbahn fördern werden, und das mit einer Tendenz, die die Propagandaziele einer befreundeten Agentur fordert. Bücher dieser Art verleihen jedoch der Information, die die Nachrichtenagentur verbreiten will, nur eine falsche Aura der Achtbarkeit und Autorität – selbst wenn die Information ganz genau ist –, weil sie der Definition nach daran gehindert sind, eine objektive Analyse des behandelten Themas darzubieten. Und wenn sie einmal exponiert sind, werden sowohl der Autor wie seine Daten suspekt. ▶

◀

Spione führen jedoch keine Tagebücher. Sie gehen ein solches Risiko einfach nicht ein, sie haben dazu auch keine Zeit, während sie ein Doppelleben führen.

▶

◀ Allen Dulles schien Salz in ihre Wunden zu reiben, als er in *The Craft of Intelligence* schrieb, der Penkovsky-Fall habe den sowjetischen Nachrichtendienst mit der Erkenntnis durchgeschüttelt, daß der Westen russische Offiziere aufgedeckt habe, die bereit waren, »lange Zeitspannen am Ort« zu arbeiten, und andere, die »nie aufgedeckt wurden« und die zu ihrem eigenen Schutz der Öffentlichkeit unbekannt bleiben müssen. Und die Veröffentlichung der *Penkovsky-Papiere* brachte den Sowjets natürlich die Peinlichkeit, die Welt erkennen lassen zu müssen, daß ein Spion aus dem Westen in ihre höchste Regierungsebene eingedrungen war. Des weiteren ließ Penkovskys Erfolg als Agent die CIA sowohl vor dem amerikanischen Volk wie vor der übrigen Welt gut aussehen. Fehlschläge wie die Schweinebucht hätten vergessen werden können, wenn die CIA Agenten wie Penkovsky rekrutieren konnte, die die Arbeit vollbringen konnten, in der die CIA am schwächsten war – das Sammeln von Nachrichten aus dem Innern der Sowjetunion und Chinas.

Die Fakten lagen aber anders. **Ursprünglich war Penkovsky kein Spion der Cia. Er arbeitete für den britischen Nachrichtendienst. Er hatte versucht, in der Türkei in die CIA einzutreten, aber er war abgewiesen worden, zum großen Teil deswegen, weil die Abteilung Sowjetblock der Heimlichen Dienste übervorsichtig war, sich nicht von Provokateuren und Doppelagenten des KGB überlisten zu lassen.** Für die nervösen CIA-Operatoren war Penkovsky einfach zu gut, um echt zu sein – ganz besonders in der Folge der Burgess-MacLean-Katastrophe (Burgess und MacLean waren zwei junge englische Diplomaten im Dienst des KGB und in dem Kreis um Kim Philby, die schließlich durch den berühmten Doppelagenten gewarnt wurden und sich nach Moskau absetzten. A.d.Ü.). Die CIA hatte ebenfalls durch das KGB in Europa einige Niederlagen erlitten und zögerte verständlicherweise, sich noch einmal düpieren zu lassen.

Penkovsky war jedoch fest entschlossen, für den Westen zu spionieren. 1960 stellte er schließlich einen Kontakt mit dem britischen Nachrichtendienst her, der ihn schließlich rekrutierte. Die Briten informierten die CIA, daß Penkovsky zur Verfügung stehe und boten an, die Operation als Gemeinschaftsunternehmen zu führen. **CIA-Operatoren in Moskau und anderswo beteiligten sich an den kunstvollen heimlichen Techniken, die angewandt wurden, um von Penkovsky Informationen zu erhalten und den Sowjetspion bei seinen Besuchen in Westeuropa zu befragen. ▶**

◀

The Penkovsky Papers waren ein Bestseller in der ganzen Welt und besonders in den Vereinigten Staaten. Die Veröffentlichung rief in der Sowjetunion sicherlich Unbehagen hervor. ▶

◀

Richard Helms bezog sich nach Jahren, wenn auch nicht namentlich, wieder auf Penkovsky, als er in einer Rede vor der Amerikanischen Gesellschaft von Zeitungsverlegern behauptete, »daß eine Anzahl gut plazierter und mutiger Russen . . . uns halfen«, die sowjetischen Schachzüge aufzudecken. **Ein Mann, der sich dadurch täuschen ließ, war Senator Milton Young** von Norddakota, der in dem Unterausschuß für die Überwachung der CIA tätig ist. In einer Senatsdebatte von 1971 wegen der Kürzung des Nachrichtenbudgets sagte der Senator: »Und wenn Sie etwas sehr Interessantes und Autoritatives hinsichtlich des Nachrichtenwesens lesen wollen, dann lesen sie die *Penkovsky Papers* – das ist eine sehr interessante Geschichte darüber, warum die Nachrichtendienste, die wir in Kuba hatten, für uns so wichtig waren und darüber, was die Russen dachten und wie weit sie gehen wollten.«

Die CIA-Nachrichtenanalytiker, die zur Zeit der Raketenkrise an dem kubanischen Problem arbeiteten und die Nachrichtenberichte der Agentur bis zur und nach der Entdeckung der sowjetischen Raketen für den Präsidenten vorbereiteten, sahen keine derartige Information von Penkovsky oder einem anderen sowjetischen Spion. Die Schlüsselinformation, die zur Entdeckung der Raketen führte, stammte aus der Analyse der Satellitenfotos von der UdSSR, sowjetischen Schiffsbewegungen, U-2-Fotos von Kuba und aus Informationen von Flüchtlingen aus Kuba. Die technischen Informationen Penkovskys lange vor der Krise waren von einem gewissen Wert – aber nicht von großer und entscheidender Wichtigkeit.

Mehrere Gelehrte aus der Sowjetunion haben unabhängig voneinander die *Penkovsky-Papiere* als zum Teil gefälscht und nicht aus dem »Tagebuch« Penkovskys stammend charakterisiert. Der geachtete

Sowjetexperte und Kolumnist des *Manchester Guardian* und der *Washington Post*, Victor Zorza schrieb, »daß das Buch nur durch die Central Intelligence Agency zusammengetragen worden sein konnte«. Zorza wies darauf hin, daß Penkovsky weder die Zeit noch die Möglichkeit gehabt hatte, so ein Manuskript zu verfassen; daß der Verleger des Buchs (Doubleday and Company) und der Übersetzer (Peter Derabian selbst ein Überläufer aus dem KGB zur CIA) sich beide weigerten, das russische Originalmanuskript zu einer Inspektion zur Verfügung zu stellen; und daß die *Penkovsky Papers* Fehler im Stil, in der Technik und den Tatsachen enthielten, die Penkovsky nie gemacht haben würde.

Der britische Nachrichtendienst war nicht darüber erhaben, in der Penkovsky-Affäre einen eigenen Propagandasieg zu erzielen. Penkovskys Kontaktoffizier war Greville Wynne vom MI-6 gewesen, der in der Tarnung eines Geschäftsmanns zur gleichen Zeit wie Penkovsky verhaftet und später gegen den sowjetischen Spion Gordon Lonsdale ausgetauscht worden war. **Als Wynne nach Großbritannien zurückkehrte, half ihm MI-6,** ein Buch über seine Erlebnisse mit dem Titel *Contact on Gorki Street* zu schreiben. Der britische Nachrichtendienst wollte, daß das Buch zum Teil veröffentlicht würde, um etwas Geld für Wynne zu beschaffen, der die Prüfung von anderthalb Jahren in sowjetischen Gefängnissen durchgemacht hatte. Das Hauptmotiv von MI-6 war es jedoch, der außerordentlich unerfreulichen Publicity entgegenzuwirken, die durch das Überlaufen seines eigenen hohen Beamten, Harold »Kim« Philby, 1963 und die folgende Veröffentlichung seiner Memoiren unter den Auspizien des KGB geschaffen worden war.

Interessanterweise zitiert Wynne in *Contact on Gorki Street* nirgends die Hilfe, die ihm von der CIA widerfahren ist. Der Grund für diese Auslassung könnte berufliche Eifersucht auf seiten des britischen Nachrichtendiensts gewesen sein, gute britische Manieren, d. h. die Nichterwähnung der Tätigkeit eines befreundeten Nachrichtendiensts oder, was am wahrscheinlichsten ist, ein Hinweis auf die zu kleine Rolle, die die CIA bei dem Unternehmen spielte.

Eine andere Buchveröffentlichung, an der die CIA in einem gewissen Grad beteiligt gewesen sein mag oder auch nicht, war *Khrushchev Remembers* (Chruschtschow erinnert sich) und der zweite

Band der Chruschtschow-Memoiren, dessen Veröffentlichung dieses Jahr geplant ist. Während der Ursprung dieser autobiographischen und etwas einem Selbstzweck dienenden Werke zweifellos bei dem ehemaligen sowjetischen Premier liegt, gibt es im Zusammenhang mit der Übermittlung des Manuskripts von Moskau an die Time Inc. in New York und zu deren Buchverlag Little, Brown und Co. einige merkwürdige Umstände.

Die Time Inc. war ziemlich schweigsam darüber, wie sie in den Besitz der 180stündigen Tonbanderinnerungen kam, auf denen die Bücher basieren, und wie die Tonbänder, ohne Wissen der Sowjetregierung und des überall gegenwärtigen und sehr erfolgreichen KGB, aus Rußland gelangten. Die ganze Operation – besonders die politische Implikation – war zu wichtig, als daß das Ganze ohne die wenigstens stillschweigende Billigung der Sowjetbehörden geschehen sein könnte. Anders als Alexander Solschenizyn wurde Chruschtschow von den allmächtigen Moskauer Parteichefs weder beschimpft noch in die Verbannung geschickt.

Der größte Teil der Erklärungen, die Time Inc. bot, um die verschiedenen Geheimnisse der Episode klarzustellen, wirken etwas unaufrichtig. Sie können wahr sein, aber eine Anzahl sehr geachteter amerikanischer und britischer Gelehrter, die sich mit den russischen Angelegenheiten befassen, finden es schwierig, sie »in toto« hinzunehmen. Warum fand es die Time Inc. beispielsweise nötig, den riskanten Schritt zu tun und die gebundenen Fahnenabzüge des Buchs an ihr Moskauer Büro insgeheim über Helsinki zu schicken, ehe das Buch veröffentlicht wurde? Die komplette Geschichte der Chruschtschow-Memoiren mag, kurz gesagt, nie veröffentlicht werden. Und wenn sie es wird, kann sich das als ein weiteres Beispiel für eine US-sowjetische Zusammenarbeit erweisen, einer Zusammenarbeit von zwei Feindmächten, die Informationen, die sie beide veröffentlichen wollen, eine große Verbreitung geben, während sie zusammenarbeiten, um ihre Operationen den Blicken der Öffentlichkeit auf beiden Seiten zu entziehen. Letzten Endes hatte die Veröffentlichung des ersten Bandes eine verhältnismäßig glückliche Wirkung ausgeübt – sie unterstützte Moskaus Antistalinisten und steigerte andererseits die Aussichten für die Entspannung.

Spionage und Gegenspionage

Die Seele des Spions ist irgendwie
das Modell von uns allen.

Jacques Barzun

Nachrichtenbehörden sind nach der Ansicht der Öffentlichkeit Organisationen glanzvoller Meisterspione, die in der besten Tradition von James Bond wagemutig die bösen Absichten der Feinde der Nation aufdecken. In Wirklichkeit hatte die CIA jedoch nur wenig Erfolg darin, sich Nachrichten durch Geheimagenten zu sichern. Diese klassische Form der Spionage hatte seit Jahren einen beträchtlich niedrigeren Rang als Weltraumsatelliten, das »Brechen« von Kodes und andere Formen technischer Sammlung als Quelle wichtiger Auslandsinformationen für die US-Regierung. Selbst offene Quellen (die Presse und andere Nachrichtenmedien) liefern wertvollere Informationen als die Heimlichen Dienste der CIA. Gegen die beiden Hauptziele, die Sowjetunion und das kommunistische China, ist die Wirkung von CIA-Spionen praktisch gleich Null. Mit ihren geschlossenen Gesellschaften und mächtigen Organisationen der inneren Sicherheit haben sich die kommunistischen Länder für die CIA als praktisch undurchdringlich erwiesen.
Sicherlich hat die CIA gelegentlich einen Spionagecoup gelandet, diese Erfolge haben aber gewöhnlich »Walk-ins« einbezogen, Überläufer, die die Initiative ergreifen und der Agentur ihre Dienste anbieten. Man erinnere sich, daß Penkovsky 1955, als er sich zum ersten Mal in Ankara in der Türkei an die CIA-Operatoren wandte, um die Möglichkeit, Agent zu werden, mit ihnen zu diskutieren, abgewiesen wurde, weil man fürchtete, er sei ein Doppelagent. Mehrere Jahre später wurde er von den kühneren

britischen Nachrichtenoffizieren rekrutiert. Fast alle anderen Sowjets und Chinesen, die für die CIA spionierten oder in den Westen überliefen, taten das, ohne aktiv von der führenden amerikanischen Nachrichtenagentur rekrutiert worden zu sein.

Technisch gesprochen ist jeder, der sich gegen seine Regierung wendet, ein Überläufer. Ein erfolgreicher rekrutierter Agent oder ein »Walk-in«, der seine Dienste als Spion anbietet, ist als Überläufer-am-Ort bekannt. Er hat sein Land physisch nicht verlassen, er ist aber politisch insgeheim übergelaufen. Flüchtlinge und Emigranten sind ebenfalls Überläufer, und die CIA verwendet sie als Spione, wenn sie überredet werden können, die Rückkehr in ihr Heimatland zu riskieren. Im allgemeinen ist ein Überläufer eine Person, die vor kurzem aus dem eigenen Land geflohen ist und ganz einfach bereit ist, ihr Wissen von der Tätigkeit ihrer früheren Regierung gegen ein politisches Asyl in einem anderen Land zu verkaufen; daß ein Überläufer manchmal von einer großen Publicity begleitet ist, ist dem Wunsch der CIA zuzuschreiben, die öffentliche Billigung für ihre Arbeit zu erhalten.

Flüchtlinge aus der UdSSR und Osteuropa werden von der Empfangszentrale für Überläufer im Camp King in der Nähe von Frankfurt am Main behandelt. Dort werden sie einer ausgedehnten Befragung durch Offiziere der Agentur unterworfen, die Fachleute darin sind, aus dem vollen Informationspotential der Überläufer zu schöpfen. Einige Überläufer werden Befragungen unterworfen, die Monate dauern, einige wenige werden sogar ein Jahr oder mehr verhört.

Ein ehemaliger Stationschef in Deutschland erinnert sich sehr amüsiert an seine Rolle bei der Überwachung der langen Befragung eines sowjetischen Leutnants, eines Panzer-Zugführers, der sich in eine Tschechin verliebt hatte und nach der sowjetischen Invasion im Jahre 1968 mit ihr in den Westen floh. Der ehemalige hohe Agenturoffizier erzählt, wie er den Eheberater spielen mußte, als sich die Beziehungen des Paars verschlechterten, wodurch der Leutnant seine Bereitschaft zum Reden verlor. Indem er die Romanze rettete, gelang es dem Stationschef, die Informationen des Sowjetleutnants weiterfließen zu lassen. Obwohl ein sowjetischer Überläufer auf verhältnismäßig niedriger Ebene nur ein kleines Potential für die Lieferung von nützlichen Informationen haben wird, hatte die CIA beim Durchdringen des Sowjetmilitärs so wenig Erfolg gehabt, daß der Leutnant monatelang verhört wurde. Durch ihn konnten die Analytiker der Agentur viel mehr über die sowjetischen Panzereinheiten und darüber erfahren, wie die Bodentruppen im allgemeinen organisiert sind, über ihre Ausbildung und über taktische Verfahren sowie über die Mechanik ihrer Teilnahme an dem Aufmarsch, der der Invasion in die Tschechoslowakei voranging. Das waren schwerlich Nachrichten von strategischer Bedeutung, aber den Heimlichen Diensten bleibt keine andere Wahl, als jeden sowjetischen Überläufer auch auf niederer Ebene um das anzuzapfen, was er wert ist.

Der gleiche ehemalige Stationschef erinnert sich auch voll Stolz an das Überlaufen von Jewgeni Runge, einem KGB-Illegalen (oder »tiefgetarnten« Agenten) Ende 1967. Runge war, wie der berüchtigtere Oberst Rudolf Abel von Brooklyn und Gordon Lonsdale von London, ein sowjetischer Operator, der jahrelang unter einer angenommenen Identität in Westdeutschland lebte. Anders als seine Kollegen wurde er jedoch nicht »aufgedeckt« und verhaftet. Statt dessen lief Runge zur CIA über, als er das Interesse an seiner heimlichen Arbeit verlor. Dem ehemaligen CIA-Offizier zufolge war Runge für die US-Regierung von größerem Nachrichtenwert als Penkovsky. Diese Beurteilung ist jedoch umstritten, da Runge keine Information lieferte, die die Analytiker der CIA für die Bestimmung sowjetischer strategischer Kapazitäten oder Absichten nützlich fanden. Andererseits enthüllte der Überläufer aus dem KGB viel über die Methoden und Techniken der sowjetischen heimlichen Nachrichtentätigkeiten in Deutschland. Für CIA-Operatoren, die in der Durchdringung der Sowjetregierung erfolglos gewesen waren und die infolgedessen von den Aktionen der Opposition ganz besessen waren, stellte das Überlaufen eines tiefgetarnten Operators wie Runge einen außerordentlichen emotionellen Glücksfall dar, und sie neigen dazu, ihn als Coup des Nachrichtendiensts zu veröffentlichen.

Wenn die CIA einmal zufrieden ist, daß ein Überläufer alles erzählt hat, was er weiß, übernimmt das Eingliederungsteam den Fall. Sein Ziel ist es, einen Platz zu finden, wo der Überläufer leben kann, wo er von der Furcht vor einer Vergeltung frei und wo er glücklich genug ist, daß er weder seine Verbindung mit der CIA enthüllt, noch wichtiger, versucht, in seine Heimat zurückzukehren. Normalerweise arbeitet das Team eine Tarngeschichte für den Überläufer aus, gibt ihm eine neue Identität und genug Geld (oft eine Pension auf Lebenszeit), damit er den Übergang in ein neues Leben schafft. Die wichtigsten Überläufer werden (entweder vor oder nach ihrer Befragung) in die Vereinigten Staaten gebracht, die große Mehrzahl wird jedoch in Westeuropa, in Kanada oder in Lateinamerika angesiedelt.*

Die Anpassung des Überläufers an sein neues Land ist oft ziemlich schwierig. Aus Sicherheitsgründen wird er gewöhnlich von allen Kontakten mit seiner Heimat abgeschnitten und daher auch von seinen ehemaligen Freunden und den Mitgliedern seiner Familie, die ihn nicht ins Exil begleitet haben. Vielleicht spricht er nicht einmal die Sprache des Landes, in dem er lebt. So wird eine große Zahl der Überläufer von ihrem neuen Leben psychologisch deprimiert, wenn einmal die anfängliche Erregung der Wiederansiedlung nachläßt. Einige wenige haben Selbstmord begangen. Als Versuch, die Überläufer zufrieden zu halten, weist die CIA jedem – so lange man das für nötig hält – einen Führungsoffizier zu. Der Führungsoffizier bleibt mit dem Überläufer in regelmäßigem Kontakt und hilft ihm, alle Probleme zu lösen, die sich ergeben mögen. Mit einem besonders labilen Überläufer hält die Agentur noch engere Kontakte, einschließlich eines Anzapfens seines Telefons und einer Überwachung seiner Post als Sicherung gegen eine unerwünschte Entwicklung.

In bestimmten Fällen werden Führungsoffiziere einen Überläufer für den Rest seines Lebens überwachen. Mehr als alles andere will die Agentur verhindern, daß ein Überläufer so unzufrieden wird, daß er versucht ist, in sein Heimatland zurückzukehren. Natürlich hat ein Rücküberläufer gewöhnlich einen Propagandasieg für die Gegenseite zur Folge; von größeren Folgen ist jedoch die Tatsache, daß ein Rücküberläufer wahrscheinlich alles verraten wird, was er über die CIA weiß, um seine Strafe für sein erstes Überlaufen zu lindern. Mehr noch, wenn ein Überläufer in seine Heimat zurückkehrt, muß sich die CIA mit der nagenden Sorge befassen, daß sie

* Gelegentlich wird ein Überläufer als Vertragsangestellter für die spezialisierte Arbeit als Übersetzer, Befrager, Gegenspionageanalytiker oder dergleichen für den Heimlichen Dienst angeworben.

es die ganze Zeit über mit einem Doppelagenten zu tun hatte und daß all die Nachrichten, die er enthüllt hat, Teil eines Komplotts waren, die CIA in die Irre zu führen. Die Möglichkeiten einer Täuschung sind in dem Überläuferspiel endlos, und die kommunistischen Nachrichtendienste haben sie weidlich ausgenützt.

»Wanzen« und andere Geräte

Strenggenommen benützt die klassische Spionage menschliche Wesen, um Nachrichten zu sammeln, die technische Spionage setzt Maschinen wie die Fotosatelliten, elektronische Langstreckensensoren und Kommunikationsabfangstationen ein. Technische Sammelsysteme waren vor dem Zweiten Weltkrieg praktisch unbekannt; aber die gleiche technologische Explosion, die fast jeden anderen Aspekt des modernen Lebens in den letzten fünfundzwanzig Jahren beeinflußt hat, hat auch das Nachrichtengewerbe drastisch verändert. Seit dem Krieg haben die Vereinigten Staaten -zig Milliarden Dollar in die Entwicklung von immer fortschrittlicheren Maschinen fließen lassen, um dem auf der Spur zu bleiben, was andere Länder – besonders kommunistische – machen. Wo der Agent einst Informationen mit wenig mehr Hilfe als seinem eigenen Verstand suchte, versorgt man ihn jetzt mit einem blendenden Sortiment von Hörgeräten, winzigen Kameras und anderen exotischen Werkzeugen.

Innerhalb der Heimlichen Dienste der CIA ist die Technical Service Division (TSD – Abteilung für Technische Dienste) für die Entwicklung der meisten Geräte verantwortlich, die in dem neuen Spionagespiel verwendet werden. Einige der Geräte sind ungewöhnlich: ein Signalübermittler, der als falscher Zahn getarnt ist, ein Bleistift, der wie ein gewöhnlicher Bleistift aussieht und schreibt, der aber auch auf Spezialpapier unsichtbar schreiben kann, ein bizarrer Autorückspiegel, der es dem Fahrer gestattet, nicht den Verkehr hinter dem Wagen, sondern die Passagiere auf dem Rücksitz zu beobachten. Mit Ausnahme der Hörgeräte, Foto-Sonderausrüstung und geheimen Kommunikationssysteme gibt es auch für die phantasievollsten Geräte in den echten heimlichen Operationen nur wenig Anwendungsmöglichkeiten.

Geheime Nachrichtendienste in vergangenen Zeiten waren nur an der Rekrutierung von Agenten, die direkten Zugang zu entscheidenden Auslandsinformationen hatten, interessiert. Heute sucht die CIA auch den Wachposten oder den Pförtner, der in der Lage ist, eine Wanze an einem »empfindlichen Platz« zu installieren oder ein Telefon anzuzapfen. Selbst die Telefon- und Telegrafengesellschaften anderer Länder sind zu Zielen für die Agentur geworden. Zusätzlich zum Außen- und Verteidigungsministerium versuchen die Operatoren der CIA gewöhnlich, die Kommunikationssysteme der Zielnation zu durchdringen, eine Aufgabe, die gelegentlich durch die amerikanischen Gesellschaften unterstützt wird, besonders durch die International Telephone and Telegraph Company (ITT). Auch die Postdienste werden zu Spionagezwecken subvertiert.

Die meisten Agenten werden in der Installation und der Bedienung von Wanzen und Telefonanzapfgeräten ausgebildet, die Anbringung von Abhörgeräten wird jedoch gewöhnlich durch TSD-Spezialisten durchgeführt, die aus dem Hauptquartier oder einem regionalen Unterstützungszentrum wie ▶ ◀ geholt werden. Je komplizierter die Aufgabe ist, desto wahrscheinlicher ist es, daß dafür Spezialisten aus dem Hauptquartier eingesetzt werden. Bei einigen Unternehmungen werden jedoch Agenten speziell durch TSD-Spezialisten oder sogar von dem verantwortlichen Führungsoffizier in der Geschicklichkeit, solche Geräte zu installieren, unterrichtet.

Abhörgeräte variieren natürlich in der Kompliziertheit und der Sensibilität, das heißt, in dem Risikopotential. Ein klassisches, höchst gefährliches Unternehmen erfordert sehr viel Planung, während der Platz in allen Einzelheiten beobachtet wird. Man muß Bau- und Stockwerkpläne erwerben oder aus einer visuellen Beobachtung entwickeln. Die Bauweise der Wände und die Innenfarbe und so weiter müssen bestimmt werden. Der Betrieb in dem Gebäude und in dem Raum oder Büro, in dem das Gerät angebracht werden soll, muß beobachtet und aufgezeichnet werden, um sicherzustellen, wann der Raum zugänglich ist. Auch die Bewegungen des Personals und etwaiger Sicherheitspatrouillen müssen bekannt sein. Erst wenn man all das in Erfahrung gebracht hat, trifft man die Entscheidung, wann und wo die Wanze eingebaut wird. Gewöhnlich wird man nachts oder an einem Wochenende eindringen, dann wird das Hörgerät in genau vorgeplanten und zeitlichen abgestimmten Aktionen installiert. Lautlose Schnellbohrer werden verwendet, um in die Wand zu gelangen; nach dem Einbau wird die Stelle mit schnell trocknendem Kitt und Farben repariert, die dem originalen Anstrich genau entsprechen. Der Einbau kann auch von einem angrenzenden Raum aus durchgeführt werden – oder von einem darüber oder darunter (wenn eine Anbringung an der Decke oder am Boden angebracht erscheint).

Die Erfolge der Agentur mit Wanzen und Anzapfgeräten blieben gewöhnlich auf die nichtkommunistischen Länder beschränkt, wo verhältnismäßig laxe innere Sicherheitssysteme den CIA-Unternehmungen nicht die Bewegungsfreiheit nehmen, die nötig ist, um Abhörgeräte zu installieren. **Ein Bericht über heimliche Tätigkeiten in Lateinamerika in den 60er Jahren durch den CIA-Generalinspekteur enthüllte beispielsweise, daß ein großer Teil der in dieser Region durch die Agentur gesammelten Nachrichten von Audiogeräten stammte. In einer ganzen Anzahl von lateinamerikanischen Ländern, so besagte der Bericht, fing die CIA regelmäßig die Telefongespräche höherer Persönlichkeiten ab und hatte es auch fertiggebracht, in den Heimen und Büros von Schlüsselpersonal bis zu Kabinettsministern Wanzen anzubringen. In einigen alliierten Ländern hat die CIA Anteil an den Informationen, die durch den Nachrichtendienst des Gastgeberlandes durch Hörüberwachung gesammelt werden. Diese Nachrichtendienste erhalten für solche Zwecke oft technische Hilfe – und können bei diesem Vorgang auch von der CIA durchdrungen werden.**

Audiogeräte sind unsicher. Häufig arbeiten sie nicht, nachdem sie installiert sind, oder sie funktionieren einige Tage lang ausgezeichnet und verstummen dann plötzlich. Manchmal werden sie durch die örtlichen Sicherheitsdienste schnell entdeckt, oder man vermutet, daß ein Raum durch eine Meise abgehört wird, worauf die Opposition wirksame Gegenmaßnahmen einleitet. Das sowjetische KGB hat die Gewohnheit, in fremden Ländern Häuser und Büros zu mieten und dann neue Wände, Böden und Decken einzubauen,

die die alten überdecken – so werden alle Wanzen unbrauchbar gemacht, die eventuell schon eingebaut wurden. Die einfachste Methode, eine Audioüberwachung auszuschalten – und eine, die überall angewendet wird – ist die, den Geräuschpegel in dem Raum anzuheben, indem man dort pausenlos ein Radio – oder ein HiFi-Gerät spielen läßt. Die Musik und die anderen Geräusche maskieren die Stimmen, die die Wanze auffangen soll; anders als das menschliche Ohr können Audiogeräte zwischen Geräuschen nicht unterscheiden.
CIA-Techniker arbeiten dauernd an neuen Hörgeräten, in der Hoffnung, die »Lauschkapazitäten« der Agentur zu vergrößern. Gewöhnliche Audioausrüstung wird, zusammen mit anderen heimlichen Geräten von der Technical Service Division zusätzlich zu Spionagezwecken entwickelt. Durch die TSD werden auch Geräte zur Verwendung in anderen verdeckten Aktionen, wie beispielsweise paramilitärischen Operationen entworfen und fabriziert, wie etwa Plastiksprengstoffe, betäubende und tödliche Drogen und stumme Waffen, zum Beispiel durchschlagkräftige Armbrüste für Sonderoperationen. Die komplizierteren und raffinierteren Instrumente, die durch die geheimen Operatoren der CIA verwendet werden, werden jedoch durch das Direktorium für Wissenschaft und Technologie der Agentur hergestellt. Diese Komponente leistet auch anderen Gruppen innerhalb der Agentur Hilfe, die sich mit heimlicher Forschung und Entwicklung befassen. ▶

◀ Das Direktorium für Wissenschaft und Technologie unterstützt auch das Büro für Planungen beim Entwerfen von neuen und verbesserten Methoden des Kommunikationsabfangens und der Sicherheitsgegenmaßnahmen.
Obwohl die Experten in dem Direktorium W & T auf einigen Gebieten hervorragende Arbeit geleistet haben – zum Beispiel in der Aufklärung von oben –, ist ihre Leistung auf dem Audiogebiet für heimliche Anwendung oft alles andere als zufriedenstellend. Ein

derartiges Gerät, das sich lange in der Entwicklung befand, war ein Laserstrahl, der von außen auf ein geschlossenes Fenster gerichtet werden konnte und die Vibrationen der Geräuschwellen erfaßte, die durch eine Unterhaltung in dem Raum verursacht wurden. Dieses System wurde erfolgreich im Einsatz getestet – in Westafrika –, aber es schien anderswo nie zu funktionieren – außer in den Vereinigten Staaten. Ein anderer ▶

◀

Wenn CIA-Operatoren im Einbau einer Wanze oder eines Audiogeräts erfolgreich sind, schicken sie die so erworbenen Informationen an die Heimlichen Dienste im Hauptquartier in Langley zurück, die Quelle ist dabei klar identifiziert. Wenn die Heimlichen Dienste jedoch die Information an die Analytiker der Agentur und anderswo in der Bundesregierung weitergeben, wird die Quelle getarnt oder die Information in einem Bericht »vergraben«. Die Heimlichen Dienste können den Bericht beispielsweise einer »Quelle im Außenministerium« zuschreiben, die in der Vergangenheit zuverlässig berichtet hat, oder »einem westlichen Geschäftsmann mit ausgedehnten Kontakten in der örtlichen Regierung«. In den Gehirnen der verdeckten Operatoren ist es wichtiger, die Quelle zu schützen, als die Information offen darzubieten. Das garantiert vielleicht »sicherere« Quellen, aber es hindert den Analytiker auch daran, die Genauigkeit des Inhalts des Berichts zuverlässig zu beurteilen.*

* Dieses Zurückhalten von Informationen innerhalb der Regierung aus Sicherheitsgründen ist kein neues Phänomen im Nachrichtengeschäft. Der

►

gemeinsame Kongreßausschuß, der den japanischen Angriff auf Pearl Harbour untersuchte, stellte fest, die Tatsache, daß die japanischen Kodes geknackt waren, war für wichtiger angesehen worden als die Informationen, die dem entschlüsselten Funkverkehr entnommen wurden. Das Ergebnis dieser ziemlich blendenden Voraussetzung war, daß man eine große Zahl von politikmachenden und entscheidenden Beamten in Washington hinsichtlich der wichtigsten, Japan betreffenden Informationen völlig im dunkeln ließ.

gestrichen

◀
Die fruchtbare Phantasie der Experten aus dem Direktorium W & T während der folgenden Jahre produzierte viele einzigartige Sammelpläne, die darauf abzielten, die Geheimnisse der strategischen Raketenprogramme Chinas zu lösen. Die meisten erwiesen sich schließlich als nicht durchführbar und mindestens eines enthielt ein ziemlich hohes Sicherheitsrisiko. Der dümmste von allen forderte jedoch die Schöpfung eines kleinen Einmann-Flugzeugs, das theoretisch in zwei große Koffer gepackt werden konnte. Dem Plan zufolge sollte der Agent mit den Koffern in das Sperrgebiet infiltriert werden, wo er nach Erfüllung seines Spionageauftrags das Flugzeug zusammensetzte, um über die nächste befreundete Grenze in die Sicherheit zu fliegen. Selbst der Chef der Heimlichen Dienste weigerte sich, etwas mit so einem Plan zu tun zu haben, das Projekt erstarb auf dem Reißbrett.

▶

◀

Die technischen Schwierigkeiten bei dem ▶ ◀ System und dem ▶ ◀ Gerät waren zu groß und zu zeitraubend, um von ihren Erfindern voll entwickelt zu werden, ehe Verbesserungen in den Überwachungsprogrammen von Nachrichtensatelliten erzielt wurden. Andere heimliche Sammelgeräte – einige etwas sensibler konstruiert, aber die meisten von zweifelhaftem Wert – wurden ebenfalls durch die Techniker der Agentur entwickelt und operieren jetzt vielleicht schon. Die technischen Experten der CIA fühlen sich oft gezwungen, exotische Systeme nur wegen der technischen Herausforderung zu bauen, die diese darstellen. Derartige Bemühungen könnten durch ein Nachrichtenerfordernis gerechtfertigt sein, unglücklicherweise basieren jedoch allzu viele Nachrichtenerfordernisse nicht auf den Bedürfnissen der Politikmacher, sondern werden statt dessen durch und für die CIA und die anderen Mitglieder der Nachrichtengemeinde allein erzeugt.

Die Explosion der technischen Sammelmethoden

Während die Technologie in steigendem Maß dazu tendiert, die klassische Spionage zu mechanisieren, bestand ihre wichtigste Einwirkung auf das Nachrichtengewerbe in dem Sammeln in großem Maßstab – Satelliten, Langstreckensensoren – und dem Abfangen von Kommunikationen. Diese technischen Sionagesysteme sind die bei weitem wichtigsten Informationsquellen über Amerikas Hauptgegner geworden. Aufklärungsprogramme von oben haben viele detaillierte Informationen über die sowjetischen und chinesischen Raketenprogramme, Truppenbewegungen und andere militärische Entwicklungen geliefert. Sie haben auch viele Informationen hinsichtlich der nordvietnamesischen Infiltration nach Südvietnam und über militärische Vorbereitungen gegen Südkorea erbracht, und die Sammlung hat häufig auch zu den Erkenntnissen der US-Regierung über den Nahen Osten beigetragen.

In Begriffen des ausgegebenen Geldes und des benötigten Personals ist die CIA in der technischen Spionage ein Juniorpartner des Pentagon. Das Verteidigungsministerium hat ein Gesamtnachrichtenbudget von jährlich etwa $ 5 Milliarden, von denen etwa 75 bis 80 Prozent für technische Sammlung und Bearbeitung ausgegeben werden. Die technischen Programme der CIA belaufen sich auf nicht mehr als $ 150 Millionen im Jahr. (Diese Zahl schließt nicht die mehreren hundert Millionen Dollar ein, die das Penta-

gon für gewisse, die ganze Nachrichtengemeinde betreffende Projekte zuschießt, wie etwa die Satellitenentwicklung, an der die Agentur teilhat.) Des weiteren arbeiten Zehntausende von Personen – im militärischen wie im zivilen Bereich – auf technischem Gebiet für das Verteidigungsministerium, während die CIA nur etwa 1500 Mann technisches Personal besitzt.
Trotzdem hat die Agentur substantielle Beiträge zur Forschung und Entwicklung auf technischem Gebiet geleistet. Im Lauf der Jahre haben CIA-Wissenschaftler große Erfolge bei der Entwicklung des U-2- und des **SR-71-**Spionageflugzeugs erzielt, bei der Vervollkommnung des ersten brauchbaren Fotosatelliten und bei der Entwicklung und Produktion hervorragender Distanz- und Langstreckensensoren wie des Über-den-Horizont-Radars und der stationären Satelliten. Ein großer Teil der Forschungs- und Betriebskosten wurde vom Pentagon zur Verfügung gestellt, und in mehreren Fällen werden die Programme schließlich in gemeinsame Pentagon-CIA-Unternehmen umgewandelt oder von den militärischen Diensten »gekapert«.

Amerikas erste Erfolge in der technischen Spionage kamen in Gestalt des Funkabhörens und des Knackens von Kodes, einer Kunst, die als Kommunikations-Nachrichtenwesen (Communication Intelligence – COMINT) bekannt geworden ist. Obwohl Außenminister Henry Stimson 1939 die kryptoanalytische Abteilung des Außenministeriums mit der Erklärung schloß, daß »Gentlemen nicht die Post des anderen läsen«, wurde COMINT zu neuem Leben erweckt und spielte in der US-Nachrichtentätigkeit im Zweiten Weltkrieg eine wichtige Rolle. In der unmittelbaren Nachkriegsperiode wurde diese Tätigkeit ursprünglich reduziert und dann wieder erweitert, als sich der Kalte Krieg ausweitete. 1952 richtete der Präsident durch geheime Exekutivanordnung die National Security Agency (NSA – Nationale Sicherheitsbehörde) ein, die die Kommunikationen der Feinde und der Freunde der Nation abfangen und entschlüsseln sollte, um sicherzustellen, daß die US-Kodes vor einem ähnlichen Belauschen sicher waren. Obwohl die NSA der Kontrolle des Verteidigungsministeriums unterstellt wurde, etablierte sie bald eine eigene bürokratische

Identität und hat im Augenblick ein riesiges Budget von weit über einer Milliarde Dollar im Jahr und einen Mitarbeiterstab von über 25000 Personen.

Ehe die NSA in fremde Kodes und Chiffren eindringen kann, muß sie zuerst die verschlüsselten und chiffrierten Botschaften des Ziellandes abfangen. Dazu muß sie Lauschposten an Plätzen haben, wo die Wellen der Sender, die diese Botschaften senden, aufgefangen werden können. Der Funkverkehr zwischen fremden Hauptstädten und deren Botschaften in Washington kann leicht von den Abhörstationen abgefangen werden, die sich in den Vorstädten von Maryland und Virginia befinden (Maryland und Virginia grenzen an den verhältnismäßig kleinen Bundesdistrikt, in dem Washington liegt. A.d.Ü.). Die Kommunikationen anderswo in der Welt sind jedoch nicht so leicht abzufangen. So unterstützt die NSA Hunderte von Horchposten rings um den Erdball; diese Horchposten stehen gewöhnlich unter der Leitung anderer Bundesbehörden. Zur Leitung der NSA-Einrichtungen in Übersee werden gewöhnlich die kryptologischen Abteilungen der Streitkräfte verwendet: die Sicherheitsdienststelle der Armee (Army Security Agency), die Sicherheitsdienststelle der Marine (Navy Security Service) und Luftwaffe (Air Force S. A.). Diese drei Dienststellen sind der politischen Koordination der NSA unterstellt; die Funksprüche, die sie abfangen, werden an das NSA-Hauptquartier in Fort Meade, Maryland, in der Nähe von Washington zurückgeschickt.

Die vielleicht umstrittenste NSA-Basis, die durch die Armee geleitet wird, ist in ▶ ◀ in ▶ ◀. Ein Senatsausschuß, der die amerikanischen Verpflichtungen im Ausland überwacht und unter dem Vorsitz von Stuart Symington steht, enthüllte 1970, daß diese zuvor geheime Einrichtung von der Regierung Haile Selassie im Ausgleich gegen Hunderte von Millionen Dollar und Wirtschaftshilfe gesichert worden war, wobei die meisten Mitglieder des Kongresses überhaupt keine Ahnung von ihrer Existenz gehabt hatten. Der Symington-Unterausschuß entdeckte auch eine ähnliche NSA- (von der Marine geleitete) Einrichtung in ▶ ◀ in ▶ ◀, die vor dem Kongreß geheimgehalten worden war. Die beiden Basen waren zum Abfangen von Kommunikationen aus dem Nahen Osten und aus Afrika verwendet worden, machten es nötig, daß die US-Regierung, der Gastregierung gegenüber eine stillschweigende – aber geheime Verpflichtung übernahm.

▶

◀

Obwohl die NSA in ihrer Frühzeit einige Erfolge gegen die osteuropäischen Länder und gegen das kommunistische China beisteuerte, war sie mindestens in den letzten fünfzehn Jahren völlig unfähig, in die hochgradigen Chiffriersysteme und Kodes dieser Nationen einzubrechen. Gegen diese großen Ziele wurde die NSA darauf reduziert, verhältnismäßig unwichtige Kommunikationen zwischen militärischen Komponenten auf niedriger Ebene sowie die genausowenig aufschlußreichen Mitteilungen niedriger bürokratischer und wirtschaftlicher Planer zu lesen. Das ist weit weniger, als die wichtigen Geheimnisse der Sowjetunion oder Chinas in Erfahrung zu bringen. ▶

◀* Ein solcher Nutzen wird aus der Verkehrsanalyse abgeleitet – die Technik, durch die die NSA einige nützliche Informationen durch das Studium der Kommunikationsschemata gewinnt. Ein Hauptassistent des NSA-Direktors bemerkte, eine weitere Rechtfertigung dafür, daß die Agentur die Programme gegen die Sowjets und gegen China fortsetzt, sei die Hoffnung, »daß wir vielleicht einen Glücksfall bekommen wie die *Pueblo*«.

Er bezog sich dabei natürlich auf die Kaperung des NSA-Spionageschiffs durch die Nordkoreaner im Jahre 1968. Ein großer Teil der kryptologischen Maschinen der *Pueblo* wurde intakt erbeutet und wahrscheinlich den Sowjets übergeben. Obwohl die Maschinen nicht mit den höchstgradigen militärischen und diplomatischen Systemen der USA verbunden waren, waren die Sowjets jetzt sicher in der Lage, mit ihrer Hilfe Meldungen zu lesen, die früher durch gewisse militärische Kanäle gesendet, von den Sowjets abgefangen und gespeichert worden waren. Die NSA hat seit vielen Jahren »noch nicht geknackte« sowjetische und chinesische Funksprüche aufgezeichnet und gelagert und kann annehmen, daß das auch mit amerikanischen Funksprüchen geschehen ist: auf unserer Seite sind es buchstäblich Waggons und Lagerhäuser voll unverständlicher Tonbänder dieser Art, die im NSA-Hauptquartier in Fort Meade gespeichert sind.

Wie bei so vielen anderen Stellen des US-Nachrichtenapparates hat

* David Kahn, der Autor des definitiven Werks über die moderne Kryptologie *The Code Breakers* (Die Kodeknacker) erklöärte in der *New York Times* vom 22. Juni 1973, warum die NSA so wenig Glück hatte, und auch weiterhin haben wird, raffinierte Kodesysteme, wie etwa das der Sowjets, zu lesen. »Die Kryptologie hat sich etwa in dem letzten Jahrzehnt zu Systemen fortentwickelt, die, wenn man sie absolut betrachtet, zwar nicht unlösbar sind, wohl aber in der Praxis. Sie bestehen zum großen Teil aus mathematischen Programmen für computerartige Chiffriermaschinen. Sie erzeugen so vielöe Möglichkeiten, daß, selbst wenn man wahre Ströme von Meldungen hat und Dutzende von Computern einsetzt, um sie zu zerhämmern, die Kryptoanalytiker in Tausenden von Jahren keine Lösung erreichen könnten. Mehr noch: Die Formeln sind so konstruiert, daß der Kryptoanalytiker – selbst, wenn er die ideale Ausgangssituation hat, den Original-Klartext eines dieser ausländischen Kryptogramme zu erhalten – die Formel nicht nachschaffen kann, indem er die beiden vergleicht und sie dann verwendet, um die nächste Botschaft zu knacken, die er empfängt.«

die NSA bei der Arbeit gegen die Dritte Welt bedeutend mehr Erfolge aufzuweisen – und selbst gegen einige unserer Verbündeten. Mit der, wie es heißt, größten Computerbank auf der ganzen Welt und Tausenden von Kryptoanalytikern hatte die NSA mit den Kodes und Chiffren dieser Nationen wenig Schwierigkeiten. William Martin und Bernon Mitchell, die 1960 in die Sowjetunion überliefen, nannten 30 oder 40 Nationen, deren Kodes die NSA lesen konnte. Des weiteren berichteten Martin und Mitchell von der Übung, nach der die NSA diese Länder mit Chiffriermaschinen belieferte und dann ihre Kenntnis dieser Maschinen benützte, um die aufgefangenen Funksprüche dieser Länder zu lesen.

Eines der Länder, die Martin und Mitchell hierbei eigens erwähnten, war Ägypten – die Vereinigte Arabische Republik. Nachdem sie ihre Enthüllungen vor einer Pressekonferenz in Moskau gemacht hatten ▶

◀ die Sowjets waren das

wahrscheinlich auch ▶

Ein »Bruch« ist in der Terminologie der Kryptoanalytiker ein Erfolg, der nicht durch Geschick im Dechiffrieren erzielt wurde, sondern wegen eines Fehlers der Kommunikationsangestellten eines anderen Landes oder – bei seltenen Gelegenheiten – eines Fehlers in den Chiffriermaschinen. Vor einigen Jahren kam ein neuer Kodeschreiber in eine fremde Botschaft in Washington und sendete sofort eine Meldung »im Klartext«, das heißt nicht verschlüsselt, an sein Außenministerium. Er erkannte, daß er die Meldung hätte chiffrieren sollen und sendete sie noch einmal, aber dieses Mal verschlüsselt. Da die NSA die »Vorher- und die Nachher«-Meldung in der Hand hatte, fiel es ihr natürlich nicht schwer, die geheime Kommunikation dieses Landes zu lesen. Schlecht funktionierende oder ausgeleierte kryptographische Geräte hatten dadurch Triumphe der NSA zur Folge, daß sie unbeabsichtigt Wiederholungsschemata festlegten, die von der zufälligen Auswahl gegen die verfeinerten Chiffren so wichtig sind. Eine ungefähre Analogie wäre ein Rouletterad, das wegen eines Konstruktionsfehlers oder weil es nur abgenutzt ist, gewisse voraussagbare Merkmale entwickelt, die für einen scharfen Beobachter zu unterscheiden sind, einen Beobachter, der das dank seiner Spezialkenntnisse ausnützen kann.
Ein weiterer »Break« kommt als das Resultat eines (mehr physischen als zerebralen) Angriffs auf die Kommunikationssysteme eines anderen Lands. Der Angriff kann eine heimliche Aktion sein, um ein Kodebuch oder ein Chiffresystem zu stehlen, die Bestechung eines Angestellten des Kommunikationssystems oder das Anbringen eines Audiogeräts im Funkraum einer Botschaft. Innerhalb der

Heimlichen Dienste der CIA spezialisiert sich eine besondere Abteilung des Stabs für Auslandsnachrichten (d. h. der Spionage) auf diese Angriffe.* Wenn das Bemühen erfolgreich ist, wird das Ergebnis an die NSA geschickt, um der NSA bei ihrem COMINT-Bemühungen zu helfen.

1970 haben Admiral Noel Gayler und seine obersten Gehilfen in privaten Gesprächen zugegeben, daß ein guter Teil der NSA-Erfolge aus Breaks stammte, und sie betonten, daß die Agentur bei Auswertung dieser nicht-kryptoanalytischen Glücksfälle äußerst geschickt sei. Trotzdem werden solche Breaks nie in den durch die US-Regierung autorisierten »Lecks« bezüglich der Tätigkeiten der NSA erwähnt, die von Zeit zu Zeit in der Presse erscheinen. In ihren kontrollierten Veröffentlichungen hat die NSA versucht, beim Publikum absichtlich den Eindruck zu erwecken, daß sie beim Dechiffrieren ausländischer Meldungen unglaublich gut sei und daß ihre Triumphe lediglich auf ihrem technischen Geschick basierten. ▶

* Diese Methode sprach offensichtlich Präsident Nixon an, als er den Huston-Plan von 1970 für Spionage im Inland billigte, der während des Watergate-Skandals aufgedeckt wurde. Der Plan forderte einen Einbruch in ausländische Botschaften in Washington, »weil es durch diese Methode möglich sein würde, das Material zu sichern, mit dem die NSA ausländische kryptographische Kodes knacken kann. Wir haben Millionen für den Versuch ausgegeben, um solche Kodes durch Maschinen knacken zu lassen; ein heimliches Eindringen kann die Arbeit erfolgreich vollbringen, ohne einen Dollar zu kosten«. Während der Huston-Plan gegen Länder der Dritten Welt mit einem nicht so ausgeklügelten kryptologischen System erfolgreich sein mochte, war es unwahrscheinlich, daß man gegen Großmächte bedeutende Erfolge erzielte – selbst wenn es erfolgreiche Einbrüche gegeben hätte. David Kahn erklärt den Grund: »Kodebücher könnten fotografiert werden, weil die heutigen Chiffregeheimnisse in elektronischen Schaltsystemen stecken, von denen einige auf einem Stecknadelkopf integriert sind, einige in gedruckten Schaltbrettern, die bis zu fünfzehn Schichten haben.«

◀

Eine Nebenwirkung der NSA-Programme, diplomatische und kommerzielle Nachrichten abzufangen, ist die, daß man ziemlich häufig gewisse Informationen über amerikanische Bürger, einschließlich Kongreßmitgliedern und anderen Bundesbeamten erhält, die für diese Personen höchst peinlich sein können. Diese Mitteilungen werden mit noch größerer Vorsicht behandelt als die normalen Produkte der NSA, die an sich schon so hochklassifiziert sind, daß eine spezielle Sicherheitsfreigabe nötig ist, wenn man sie sehen will. Solche Informationen können beispielsweise aus einer Unterhaltung eines Senators mit einem ausländischen Botschafter in Washington abgeleitet werden, der dann einen Bericht über das Gespräch an sein Außenministerium schickt.

Ein ernsterer, peinlicher Vorfall ereignete sich im Jahre 1970 während höchst delikater Friedensgespräche über den Nahen Osten. Ein Beamter des Außenministeriums hatte ein Gespräch über die Verhandlungen mit einem arabischen Diplomaten, der das, was man ihm gesagt hatte, sofort seiner Regierung berichtete. Seine Depesche verriet, daß der Mann aus dem Außenministerium entweder die amerikanische Verhandlungsposition gröblich entstellt oder daß der Diplomat völlig mißverstanden hatte, was man ihm sagte. Auf jeden Fall waren hohe Beamte des Außenministeriums ziemlich verwirrt wegen der falsch dargestellten Position, und der Vorfall setzte die Kompetenzen des betreffenden

Beamten in den Augen seiner Vorgesetzten nicht gerade in ein sehr günstiges Licht.

Nicht einmal die CIA ist gegen eine solche Beschnüffelung durch die NSA sicher. Bei einer Gelegenheit versah man den DCI mit einer abgefangenen Meldung bezüglich seines Stellvertreters. Dieser Meldung entsprechend, einem Funkspruch von einem westeuropäischen Botschafter an sein Außenministerium, hatte der zweite Mann der CIA einige Abende vorher bei einer Dinnerparty, deren Gastgeber der Botschafter war, sich sehr indiskret über einige sensible Positionen der US-Politik geäußert. Der DDCI widersprach der Auslegung des Botschafters – zur offensichtlichen Zufriedenheit des DCI – und man ließ die Sache in aller Stille fallen.

Einige von der NSA aufgefangene Mitteilungen verursachen bei der US-Regierung überraschende Probleme, wenn sie ungeschickt an die falschen Stellen verteilt werden. Wenn besonders sensible politische Verhandlungen laufen, die durch ein allzu verbreitetes bürokratisches Wissen kompromittiert werden könnten, war es die Politik des Weißen Hauses, spezielle Anweisungen an die NSA herauszugeben, man solle Meldungen, die diese Verhandlungen erwähnten, nur an Henry Kissinger und seinen unmittelbaren Stab weitergeben.

Das FBI führt ein Telefonanzapf-Programm gegen zahlreiche ausländische Botschaften in Washington durch, die wie einige NSA-Abfangunternehmen ebenfalls Informationen über Amerikaner liefern. In Zusammenarbeit mit der **Chesapeake und Potomac Telephone Company (einer Tochtergesellschaft von Bell)** hören FBI-Agenten regelmäßig die Telefone in den Büros aller hier vertretenen kommunistischen Staaten ab, gelegentlich werden auch die Telefone von Botschaften verschiedener nichtkommunistischer Länder angezapft, besonders wenn ihre Regierungen mit den USA verhandeln oder wenn in diesen Ländern wichtige Dinge geschehen. ▶

◀

Das Anzapfen der Leitungen von fremden Botschaften, das durch Gründe der nationalen Sicherheit gerechtfertigt ist, muß durch das Außenministerium gebilligt werden, ehe die Einrichtungen durch das FBI angebracht werden. Da es häufig das Außenministerium ist, das von dem FBI die Verstärkung der Abhörtätigkeit fordert, wird diese Genehmigung fast immer erteilt. Die Niederschriften solcher Gespräche lassen nie erkennen, daß sie aus einer Anzapfung stammen, sondern tragen Hinweise »von einer Quelle, die sich in der Vergangenheit als zuverlässig erwiesen hat«. Solche »zuverlässige« Quellen schließen auch Beamte des Außenministeriums selbst ein – die CIA hat gelegentlich Gespräche zwischen amerikanischen Botschaftsbeamten und ihren Kollegen in Washington abgefangen.
Zur Erklärung sollte man wissen, daß Kommunikationsangestellte der CIA beinahe alle klassifizierten Depeschen zwischen den amerikanischen Botschaften und Washington – sowohl für die CIA wie für das Außenministerium – behandeln. Für jede Behörde in jeder Botschaft einen eigenen Koderaum zu haben, wäre eine Verschwendung; deshalb wird gewöhnlich ein höherer Kommunikationsfachmann dem Verwaltungsstab des Außenministeriums zugeteilt, um die Kommunikationen der CIA zu überwa-

chen, die unter der Tarnung des Außenministeriums arbeiten. Der Theorie nach sollen CIA-Angestellte die Funksprüche, die sie für das Außenministerium bearbeiten, nicht lesen, aber jeder Kodeangestellte, der eine erfolgreiche Laufbahn wünscht, erkennt natürlich schnell, daß seine Beförderung von der CIA abhängt und daß er gut beraten ist, wenn er dem Stationschef der CIA Kopien aller wichtigen Meldungen des Außenministeriums zeigt. Das Außenministerium hat schon vor langem stillschweigend erkannt, daß seine geheimsten Mitteilungen nicht dadurch vor der Inspektion durch die CIA sicher sind, daß man besondere Kommunikationskanäle aufstellt, die vermutlich nicht von der CIA entziffert werden können.

Als 1968 der Botschafter im Iran, Armin Meyer, mit dem Stationschef in Teheran in Schwierigkeiten geriet, schaltete er sein Kommunikationssystem mit dem Außenministerium in Washington auf einen dieser »sicheren« Kanäle und rief »Roger«. Aber die CIA hatte sich trotzdem einen Weg ausgedacht, um seine Meldungen und die Antworten, die er aus Washington, erhielt, aufzufangen. Der CIA-Direktor erhielt so eine Kopie von jedem abgefangenen Funkspruch. Aber auf jeder Meldung stand die Warnung, der Inhalt solle als besonders vertraulich behandelt werden, da das Außenministerium nicht wisse, daß die CIA eine Kopie besaß.

Satelliten und andere Systeme

Die allerwichtigsten Quellen des technischen Nachrichtenwesens, die in den USA gesammelt werden, sind die von fotografischen und elektronischen Aufklärungssatelliten. **Die meisten sind in einer Nord-Süd-Umlaufbahn gestartet, die dazu bestimmt ist, sie mit einer maximalen Häufigkeit über die Sowjetunion und China zu führen,** wenn sie um die Erde kreisen. Andere werden auf Umlaufbahnen geschickt, die mit der Erdrotation synchronisiert sind, was die Illusion erweckt, sie seien stationär. **Alle Satellitenprogramme fallen unter die Autoritäten des National Reconnaissance Office (NRO = Nationales Aufklärungsbüro),** einer Komponente des Staatssekretärs für die Luftwaffe. Das NRO gibt alljährlich über eine Milliarde Dollar für Satelliten und andere Aufklärungssysteme aus. Während das Verteidigungsministerium die Mittel zur Verfügung stellt, werden politische Entscheidungen darüber, wie die Mittel ausgegeben werden, vom Executive Committee for Reconnaissance (Exekutivausschuß für Aufklärung) getroffen, der aus dem Stellvertretenden Staatssekretär für Nachrichtenwesen, dem DCI und dem Assistenten des Präsidenten für Nationale Sicherheitsfragen besteht. Die Erfordernisse für die Sammlung durch Satelliten werden durch den Intelligence Board (USIB, den US-Nachrichtenausschuß) erarbeitet, der unter dem Vorsitz des DCI steht und dessen Mitglieder die Chefs aller Nachrichtenagenturen sind. Ein Sonderausschuß des USIB bezeichnet die spezifischen Ziele, die jeder Satellit erfassen soll.

Mit Hochauflösungs- und Weitwinkelkameras haben die Fotosatelliten seit Jahren umfangreiche und detaillierte Informationen über die militärischen Entwicklungen und andere strategische Fragen in der Sowjetunion und in China geliefert. Im Gegensatz dazu hat es, von wenigen Ausnahmefällen abgesehen – wie etwa der arabisch-israelischen Situation – wenig Grund gegeben, eine Satellitenaufklärung gegen andere, weniger mächtige Länder einzusetzen.

Einige Fotosatelliten sind mit Farbfilmkameras für besondere Aufträge ausgestattet, einige haben sogar infrarote Sensorengeräte, die Wärmeausstrahlungen von Bodenzielen messen, um beispielsweise festzustellen, ob ein bestimmter Ort besetzt ist oder welche Aktivitätsebene an bestimmten Punkten herrscht. Manche Satelliten haben Fernsehkameras, um die Übermittlung ihrer Ausbeute an die Fotoauswerter zu beschleunigen, die die Filmpäckchen der Himmelsspione analysieren oder lesen. So gut die Fotosatelliten aber auch sind, sie haben inhärente Beschränkungen. Sie können nicht durch Wolken schauen und auch nicht in Gebäude oder Innenobjekte.

Zusätzlich zu den Fotosatelliten besitzt die US-Nachrichtengemeinde ein großes Arsenal anderer Aufklärungssatelliten, die zahlreiche elektronische Abtastungsaufgaben erfüllen. Diese Satelliten sammeln Daten über Raketentests, über Radars und die Emissionen anderer starker elektronischer Geräte und solche über den Kommunikationsverkehr. Elektronische Satelliten werden in einigen Fällen von kunstvollen Bodenstationen – sowohl im freundlichen Ausland wie in den Vereinigten Staaten – unterstützt, die Zielanweisungen in die Sensoren speisen, die gesammelten Daten von den Satelliten empfangen und sie an die Nachrichtenagenturen in Washington senden ▶

◀

Bis die Satelliten Anfang der 60er Jahre arbeitsfähig wurden, waren Spionageflugzeuge und -schiffe wertvolle Informationsquellen; sie dienten als Ergänzung zu den Produkten der NSA, dem damals besten Material, das dem US-Nachrichtenwesen zur Verfügung stand. Die Luftwaffe und CIA-Flugzeuge flogen häufig an den Perimetern der kommunistischen Länder entlang – und sogar über deren Territorium – auf der Suche nach dringend benötigten elektronischen und fotografischen Informationen. Von der Marine geführte Spionageschiffe, wie die *Pueblo*, fuhren die Küsten entlang und lauschten auf Kommunikationen und andere elektronische Signale. Obwohl die Nachrichtengemeinde diese Programme für große Erfolge hielt, hatten gelegentliche Patzer wie die U-2-Affäre und der Zwischenfall im Golf von Tonking (die zwei US-Zerstörer, die von nordvietnamesischen Booten »torpediert« wurden, befanden sich auf einer heimlichen Spionagemission) eine ernste und schädliche Auswirkung auf die Weltpoltik. Aggressive technische Nachrichtensammlungen haben zur Kaperung der *Pueblo* geführt, zu dem israelischen Angriff auf die *Liberty* von 1967 und zum Abschuß von RB-47s durch die Sowjets und dem von EC-121s und einigen U-2s durch die Chinesen.

Trotz der Risiken durch solches provozierendes Sammeln im Namen des Nachrichtenwesens fördert das Pentagon diese jetzt veralteten Programme weiterhin. Satelliten und Langstrecken-Distanz- (d. h. nicht durchdringende) Systeme haben das Bedürfnis nach Spionageflügen und Kreuzfahrten stark reduziert, wenn nicht überhaupt beseitigt. Die Streitkräfte haben jedoch Milliarden Dollar ausgegeben, um die Spionageflugzeuge und -schiffe zu entwickeln (genau so wie die CIA und die NSA veraltete Horchposten rings um die UdSSR und China installiert haben); infolgedessen besteht ein stures bürokratisches Zögern, diese Sammler aus dem Dienst zu ziehen. Die Flüge der »Drohnen« – unbemannter Flugkörper – über China zum Beispiel, wurden fortgesetzt, selbst nachdem die Chinesen damit begonnen hatten, sie regelmäßig und geradezu peinlich oft abzuschießen, und nachdem sie sich als nahezu nutzlos erwiesen hatten. Aufklärungsexperten des Außenministeriums bestanden darauf, daß die Luftwaffe die Drohnen-Tätigkeit fortsetze, obwohl die dabei gesammelten Informationen nur am Rande von Wert waren, weil es nirgends sonst Verwendung für eine derartige Spionageausrüstung gab. Ähnlich fliegen SR-71s der Luftwaffe weiterhin über Nordkorea, obwohl dieses Land keine bemerkenswerten Nachrichtenziele bietet. Nachdem die Sowjetunion für geheime Überfliegungen seit 1960 tabu ist und China seit 1971, kann die Luftwaffe keinen anderen Weg finden, um das Arbeitsbedürfnis für diese Flugzeuge zu rechtfertigen.

▶

◀

Ganz offensichtlich forderte die vorherrschende Theologie innerhalb der US-Nachrichtengemeinde das Sammeln von so vielen Nachrichten wie möglich. Der Brauchbarkeit der Überfülle des so gesammelten Materials wird nur wenig Beachtung geschenkt. Die Haltung des »Sammelns um des Sammelns willen« hat zu Bergen von Material geführt, das die Analytiker, die mit seiner Bearbeitung betraut sind, nur überwältigen kann. Des weiteren steuert derartiges Material nur wenig zu den Erfordernissen des Landes bei, obwohl es sich für gewisse hochspezialisierte Analytiker, besonders im Pentagon, als interessant erweisen mag. Zwischen den Männern der verschiedenen technischen Spionageprogramme hat nur wenig Koordination bestanden, und noch weniger zwischen Nachrichtensammlern und den Machern der Politik. Jede der vielen Dienststellen, die solche Programme durchführen, hat ein starkes bürokratisches Interesse, ihr besonderes System in Gang zu erhalten, und die extreme Aufspaltung der Operationen auf Abteilungen hat es fast unmöglich gemacht, daß die Programme in ihrer Gesamtheit ausgewertet werden. Der ehemalige CIA-Direktor Helms versagte fast völlig bei seiner Mission, in die Myriade von Spionagesystemen eine rationellere und koordiniertere Methode zu bringen. Es ist unwahrscheinlich, daß seine Nachfolger Besseres leisten werden. Kein CIA-Direktor war je in der Lage, die Nachrichtengemeinde zu managen.

Trotz der ungefähr $ 5 Milliarden, die bereits alljährlich für die technischen Systeme und die Bearbeitung der großen Datenmengen, die gesammelt wurden, ausgegeben werden, besteht innerhalb der Nachrichtengemeinde ein starker Druck, noch mehr Informationen zu sammeln. ▶

◀ Diese Geheimhaltung ist zweifellos nötig, um das tatsächliche Funktionieren des Systems zu schützen, aber schließlich war die Arbeitsweise der ABM nicht weniger klassifziert, und doch schien die nationale Sicherheit durch die ABM-Debatte im Kongreß nicht verletzt worden zu sein. Das bloße Wort »Nachrichtenwesen« scheint jedoch unseren Gesetzgeber zu Verbeugungen und einem Kniefall zu veranlassen. Sie haben in der Vergangenheit den verschiedenen Nachrichtenagenturen praktisch Blankoschecks ausgestellt und diesen Dienststellen gestattet, praktisch alles zu tun, was sie tun wollten. Die Sowjets haben eine ziemlich klare Vorstellung von den Funktionen der amerikanischen Satelliten und anderer Sammelsysteme; es scheint daher nur wenig Grund zu bestehen, warum der Kongreß und die amerikanische Öffentlichkeit so völlig im dunkeln gelassen werden sollten.
Des weiteren hat die technische Spionage jeglicher Art nur einen begrenzten Wert. Sie kann Raketenentwicklungen oder Truppenbewegungen identifizieren und messen, aber sie kann nicht sagen, was die ausländischen Führer mit diesen Raketen und diesen Truppen tun wollen. 1968 hatte die US-Nachrichtengemeinde ein ziemlich klares Bild von den sowjetischen Vorbereitungen für eine militärische Aktion gegen die Tschechoslowakei, sie hatte aber keine Möglichkeit, in Erfahrung zu bringen, ob und wann ein wirklicher Angriff auf die CSSR stattfinden würde. Diese Art von Information hätte nur ein menschlicher Spion in den inneren Bereichen des Kreml liefern können, und die USA hatten keinen und auch wenig Aussicht, je einen zu rekrutieren. Die USA wußten, was geschehen *konnte*, aber die Nachrichtenkonsumenten haben einen unstillbaren Appetit nach einem Wissen darüber, was geschehen *wird*. Sie schreien laut nach noch größeren Sammelsystemen, die versuchen sollen, ihre Forderungen zu erfüllen.

Gegenspionage

Auf die Gegenspionage, den heimlichen Krieg, der zwischen rivalisierenden Nachrichtendiensten geführt wird, bezieht man sich im Spionagegeschäft gewöhnlich delikater, als auf Konter- oder Gegennachrichten (Counterintelligence). Sie besteht hauptsächlich darin, daß man die Opposition hindert, in den eigenen Geheimdienst einzudringen, während man gleichzeitig den der Opposition zu durchdringen sucht – um zu erfahren, was er plant. Wie sie von der CIA und dem sowjetischen KGB betrieben wird, ist die Gegenspionage eine sehr komplizierte und umwegige Tätigkeit. Sie hängt von einem listigen Fallenstellen, von *agents provocateurs*, Spionen und Gegenspionen, einem einfachen, doppelten und dreifachen »Umdrehen« ab. Sie ist der Stoff, aus dem Spionageromane gemacht werden, mit grenzenlosen Möglichkeiten für Täuschung und Wendungen in der Story.

Während ausländische Nachrichtendienste mit einer längeren Geschichte schon traditionsgemäß Gewicht auf die Gegenspionage gelegt haben, hat das amerikanische Nachrichtenwesen eine derartige Kapazität erst langsam entwickelt. Für die Amerikaner bedeutete die Gegenspionage während des Zweiten Weltkriegs wenig mehr als defensive Sicherheitsmaßnahmen, wie etwa elektrisch geladene Zäune, Kodebücher und Wachhunde. Die obskuren Feinheiten und die verwickelten Verschwörungen der Gegenspionage schienen dem amerikanischen Charakter fremd und mehr für die europäischen Hintergassen und den Orientexpreß geeignet. Aber die Erfordernisse des Kalten Kriegs und die Erfolge, die das KGB durch die Infiltration in westliche Nachrichtendienste erzielte, zogen die CIA allmählich tiefer in das Spiel der Gegenspionage.

Die primäre Verantwortung für die innere Sicherheit der Vereinigten Staaten liegt beim FBI; unvermeidlicherweise gab es jedoch Reibungen zwischen der Agentur und dem Büro bei ihren sich oft überschneidenden Versuchen, die Nation vor feindlichen Spionen zu schützen. Der Theorie nach arbeitet die CIA in Fällen von Gegenspionage mit dem FBI zusammen, indem sie die Aspekte in Übersee handhabt und dem FBI alle Aktionen innerhalb der USA überläßt. Tatsächlich tendiert die Agentur dazu, auch im Innern die Operationen in der Hand zu behalten, die dazu bestimmt sind, feindliche Nachrichtendienste zu durchdringen; die im wesentlichen defensive Aufgabe, die Sowjets daran zu hindern, daß sie in den USA amerikanische Agenten anwerben, bleibt dem FBI überlassen. Während das FBI gelegentlich auch zur Offensive übergeht, indem es versucht, ausländische Nachrichtenagenten anzuwerben, scheint es die erste Neigung des Büros zu sein, ausländische Spione lieber zu verhaften und zu deportieren, als sie, wie es die CIA versucht, umzudrehen, sie zu Doppelagenten zu machen. Dieser grundsätzliche Unterschied in der Methode begrenzt das Ausmaß der Zusammenarbeit von FBI und CIA in der Gegenspionage und bestätigt die allgemeine Ansicht in der Agentur, daß FBI-Agenten ziemlich phantasielose Polizeioffiziers-Typen und damit unfähig sind, die verwickelten Techniken der Gegenspionagearbeit zu meistern. (Das FBI andererseits tendiert dazu, die Gegenspionage-Operatoren der CIA als Dilettanten zu sehen, die viel zu clever sind, um etwas zu erreichen.) Obwohl die CIA fast keinen Erfolg dabei hatte, den sowjetischen und andere oppositionelle Dienste zu durchdringen, drängt sie trotzdem auf weitere Arbeitsmöglichkeiten innerhalb der USA. Sie behauptet, das FBI sei nicht raffiniert genug, um mit dem KGB konkurrieren zu können.

Innerhalb der CIA werden die Routinefunktionen der Sicherheit, der Schutz von Gebäuden, Untersuchungen der Hintergründe des Personals und die Lügendetektor-Tests dem Büro für Sicherheit zugewiesen, einer Abteilung des Direktoriums für Management und Dienstleistungen. Die Politik der Gegenspionage und einige tatsächliche Unternehmen gehen von dem Gegenspionagestab (Counterintelligence) der Heimlichen Dienste aus. Wie die Hauptmasse der Spionagetätigkeiten werden die meisten Unternehmen jedoch durch die Raumabteilungen durchgeführt (Ferner Osten, Westliche Hemisphäre usw.), die dafür auch verantwortlich sind. Die Raumabteilungen sehen in Unternehmen der Gegenspionage einen Wert der Spionage oder des Nachrichtensammelns, auf die man sich in den Akten der CIA als auf FI/CI-Projekte bezieht. FI (Foreign Intelligence – Auslandsnachrichten) sind dabei der euphemistische Ausdruck der CIA für Spionage.

Fast jede CIA-Station oder -Basis im Ausland erhält einen oder mehrere Offiziere für Gegenspionagezwecke zugeteilt. Die erste Priorität für diese Gegenspionage-Spezialisten besteht darin, die Agentur-Spionage und die geheimen Aktionen zu überwachen, um sicherzustellen, daß die Opposition nicht irgendwie in das Unternehmen eingedrungen ist oder es sonstwie kompromittiert hat. Alle Berichte, die von den CIA-Führungsoffizieren und ihren ausländischen Agenten vorgelegt werden, werden sorgfältig nach Hinweisen auf eine feindliche Beteiligung studiert. Die Männer der Gegenspionage wissen nur allzu genau, daß Agenten – ob nun wissentlich oder unwissentlich – als Dezeptionen von dem KGB benutzt werden können, um der CIA falsche Informationen einzuspeisen; sie können auch als Provokationen angeworben werden, um sorgfältig geplante Unternehmen zu unterbrechen. Ausländische Agenten können auch Durchdringungen oder Doppelagenten sein, deren Aufgabe es ist, die geheime Tätigkeit der CIA auszuspionieren. Wenn ein Doppelagent bei einem Unternehmen entdeckt wird, erwägt man es, ihn umzudrehen, das heißt, ihn zum Tripelagenten zu machen. Oder er kann vielleicht unwissentlich dazu verwendet werden, die Opposition zu täuschen oder zu provozieren.

Wenn ein KGB-Offizier versucht, einen Angestellten des CIA-Stabs zu rekrutieren, kann der Gegenspionage-Experte einen Plan ausarbeiten, um dem feindlichen Agenten eine Falle zu stellen und ihn dann öffentlich bloßzustellen oder umzudrehen. Man kann den CIA-Angestellten auch ermutigen, er solle vorgeben, mit dem KGB-Mann zusammenzuarbeiten, um genauer herauszubringen, welche Informationen der KGB sucht, um mehr über die KGB-Methoden und seine Ausrüstung herauszufinden oder bloß die Zeit und das Geld des KGB auf eine sinnlose Bemühung zu lenken. Die Gegenspionage-Experten der CIA warten nicht unbedingt, bis das KGB einen Rekrutierungsversuch macht. Statt dessen können sie auch eine kunstvolle Falle aufstellen und einen ihrer Leute als Köder für die Opposition darin baumeln lassen.

Neben der Sicherung der eigenen verdeckten Aktionen versuchen die Offiziere der Gegenspionage, aktiv die Dienste der Opposition zu durchdringen. Sie suchen, Agenten in kommunistischen Ländern zu rekrutieren, und hoffen, sowohl herauszufinden, welche Geheimaktionen die Opposition gegen die CIA plant, als auch diese Initiativen zu vereiteln oder abzulenken.

Die Gegenspionage ist, wie die verdeckte Aktion, in der CIA zu einem Beruf geworden. Einige heimliche Operatoren leisten während ihrer Dienstzeit bei der Agentur keine andere Arbeit. Diese Spezialisten haben ihre eigene clan-artige Subkultur in den

Heimlichen Diensten entwickelt, und selbst andere CIA-Mitarbeiter finden sie oft geheimnisvoll und trügerisch. Die Funktion der Offiziere der Gegenspionage ist es, jeden Aspekt der CIA-Operationen in Frage zu stellen und zu überprüfen. Sie nehmen nichts nach dem äußeren Schein, sie neigen dazu, überall Täuschung zu sehen. In einer Agentur voll von extrem mißtrauischen Menschen sind sie die Berufsparanoiden.*

Viele erfahrene CIA-Leute glauben, daß Gegenspionage-Unternehmen, die gegen oppositionelle Dienste gerichtet sind, innerhalb der Heimlichen Dienste einen unverhältnismäßig großen Anteil an Beachtung und auch an Mitteln erhalten, denn selbst wenn ein Spion in dem KGB rekrutiert würde (was fast nie geschieht), hätte er wahrscheinlich viel weniger Nachrichtenwert als eine Durchdringung in gleicher Ebene anderswo in der Sowjetregierung oder der kommunistischen Partei. Sicher: Der Spion könnte die CIA wahrscheinlich mit einigen Informationen über ausländische Agenten versorgen, die für das KGB arbeiten, und vielleicht auch mit einigen Einblicken in die Operationen des KGB gegen die Vereinigten Staaten und andere Länder. Aber er wüßte nur wenig über die Absichten der Sowjetregierung oder die militärischen oder nuklearen Geheimnisse Moskaus – die allerwichtigste Information für all die, die für die nationale Sicherheit der Vereinigten Staaten verantwortlich sind. Wie die meisten Operatoren der Heimlichen Dienste ist der KGB-Offizier gewöhnlich besser über die Entwicklung in fremden Ländern als über die in seinem eigenen informiert. Obwohl es interessant ist zu erfahren, was die Operatoren des KGB

* Innerhalb der CIA glaubt man allgemein, daß der Stab der Gegenspionage unter der Annahme arbeitet, daß die Agentur – genauso wie andere Elemente der US-Regierung – von dem KGB durchdrungen ist. Man sagt, daß der Chef der Gegenspionage eine Liste von etwa 50 Schlüsselpositionen in der CIA besitzt, die am wahrscheinlichsten von der Opposition infiltriert sind; den Berichten nach hält er die Personen in diesen Stellungen dauernd unter Überwachung.

Einige CIA-Offiziere spekulieren – und einige glauben das fest –, daß der Grund für die schlechte Leistung beim Anwerben von sowjetischen Agenten und ganz allgemein bei der Durchführung von klassischen Spionageunternehmen gegen die UdSSR, der ist, daß KGB-Elemente innerhalb der CIA schon seit Jahren Vorauswarnungen zurückgeschickt haben.

wissen und wie sie dieses Wissen erworben haben, hat das für die Erreichung der Nachrichtenziele der USA in sich nur wenig Bedeutung. Die Rechtfertigung für die Bemühungen der Gegenspionage laufen, auch wenn sie in komplizierten, sophistischen Argumenten verborgen sind, selten auf wenig mehr hinaus als auf »Operationen um der Operationen willen«. Zugegebenermaßen ergibt sich gelegentlich aus einer Gegenspionageaktion ein Glücksfall; ein Agent, der in einem ausländischen Dienst rekrutiert wird, kann Zugang zu Informationen zu der geheimen Politik und den Plänen seiner eigenen Regierung haben. Penkovsky, der im sowjetischen militärischen Nachrichtendienst arbeitete [GRU – Glavnoe razvedy vatelnoe upravlenie – Haupt-Nachrichtendirektorium A.d.Ü.] versorgte seine britischen und amerikanischen Führungsoffiziere mit ganzen Stößen von Dokumenten über die sowjetischen Streitkräfte und ihre fortschrittlichen Waffenentwicklungsprogramme, zusätzlich zu heimlichen Arbeitsinformationen und Doktrinen. Agenten, die für andere Dienste arbeiteten, haben gelegentlich ähnliche, wenn auch nicht ganz so wertvolle Beiträge geleistet. Aber die Beschäftigung der CIA mit dieser Art von heimlichen Operationen – oft bis zum Anschluß anderer wichtiger Geheimnisse – ist zum mindesten fragwürdig.

Innerhalb der Heimlichen Dienste ist die Abteilung Sowjetblock (SB) offensichtlich die, die am meisten nach der Gegenspionage hin orientiert ist. Die Begründung, die für diese Betonung gegeben wird, ist im allgemeinen die, daß es wegen der allzu dichten inneren Sicherheitsmaßnahmen in diesem Land fast unmöglich ist, einen Spion auch nur auf der untersten Ebene zu rekrutieren. Zu den wenigen Sowjets, die sich jedoch trotz dieser Beschränkungen frei bewegen können, gehören KGB- und andere Nachrichtenoffiziere. Sie sind des weiteren Teil der kleinen Gruppe von Sowjetoffiziellen, die regelmäßig in Kontakte mit Menschen aus dem Westen kommen (wobei sie oft ihre eigenen Rekruten suchen). Und sie gehören auch zu den Offiziellen, die am wahrscheinlichsten außerhalb der Sowjetunion reisen (wo eine Annäherung durch CIA-Mitarbeiter wegen einer Rekrutierung oder eine Verleitung zum Überlaufen leichter arrangiert werden kann). Da sie unter allen Sowjetbürgern am zugänglichsten sind und am wenigsten überwacht werden, sind KGB-Offiziere potentiell am leichtesten zu rekrutieren.

Nach den Überlegungen der Abteilung SB ist die Rekrutierung von Nicht-KGB-Agenten außerhalb der Sowjetunion fast so schwierig, wie in der UdSSR. Die meisten anderen Sowjetbürger, einschließlich der höchsten Offiziellen, stehen gewöhnlich unter der Überwachung der KGB, sie reisen oder leben in Gruppen oder sind anderweitig für die heimlichen Mitarbeiter der Agentur nicht zu erreichen. Andererseits ist es wieder nur der Nachrichtenoffizier der Opposition, der die Bewegungsfreiheit besitzt, die geheime Kontakte mit Ausländern ermöglicht. Die Bemühungen der Abteilung konzentrieren sich daher auf das Aussuchen potentieller Agenten aus dem KGB.

In diesem Arbeitsplan der Abteilung Sowjetblock steckt viel Wahrheit: Die Tatsache, daß die Mitarbeiter der CIA in mehr als einem Jahrzehnt *keinen* Sowjetspion auf höherer Ebene rekrutiert und fast *keine* Überläufer aus der UdSSR gesteuert haben, wirft ernste Fragen hinsichtlich der Kompetenz der CIA als heimlicher Nachrichtenorganisation auf. Tatsächlich fanden seit den frühen 60er Jahren praktisch keine Versuche statt, durch die CIA einen Sowjetagenten zu rekrutieren, und nur eine Handvoll Verlockungsversuche zum Überlaufen. Man muß sich daran erinnern, daß Oleg Penkovsky, als er zum ersten Mal überlaufen wollte, abgewiesen wurde.

Sicher: Es besteht ein starker Grund zur Vorsicht. Die meisten Überläufer, die in den Westen fliehen, werden von der Agentur mit äußerster Vorsicht begrüßt, weil sie KGB-Dezeptionen oder -Provokationen sein können. Die heimlichen Operatoren sind sich hinsichtlich ihrer Fähigkeit, die Absichten der meisten Überläufer zu bewerten und ihre Legitimität festzustellen, so unsicher, daß die CIA einen zwischenbehördlichen Ausschuß innerhalb der US-Nachrichtengemeinde aufgestellt hat, der alle Überläuferfälle überprüfen soll. Diese bürokratische Schichtung reduziert nicht nur die Zahl der Überläufer, die von der US-Regierung akzeptiert werden (was vielleicht weise ist), sie dient auch dazu, die Schuld an einem etwaigen Fehler vielen zuzuschreiben.

Trotz der extremen Vorsicht der CIA ist es aber einigen Überläufern, darunter einigen getarnten KGB-Offizieren, gelungen, ihr Ziel zu erreichen, nämlich zu entkommen und, wie es im heimlichen Beruf genannt wird, ihre *bona fides* trotz der Zweifel der Agentur aufzubauen. Swetlana Stalin hatte einfach deshalb Erfolg, weil sich die CIA-Offiziere, die in Indien an Ort und Stelle waren, durch den Botschafter Chester Bowles ermutigt, weigerten, sich von den bürokratischen Vorsichtsmaßnahmen der SB-Division zurückhalten zu lassen.

Es ist schon eindeutig festgestellt worden, daß die CIA nicht im klassischen Sinn gegen ihr Hauptziel, die Sowjetunion, spionieren kann. Die CIA scheint auch nicht fähig zu sein, wirksame Gegenspionage-Operationen gegen die Sowjetunion (im offensiven Sinn) führen zu können. Sie hat sogar Schwierigkeiten, mit den Gratismöglichkeiten zurechtzukommen, die ihr durch Walk-ins und Überläufer geboten werden. Viel davon kann offensichtlich den Schwierigkeiten zugeschrieben werden, die eine Arbeit in einer geschlossenen Gesellschaft wie der Sowjetunion – und gegen eine mächtige und rücksichtslose oppositionelle Organisation wie das KGB in sich birgt; ein Teil der mangelnden Erfolge kann aber auch der Inkompetenz der CIA zugemessen werden. Hinter dem Versagen gegenüber dem sowjetischen Ziel steckt aber mehr als die unüberwindlichen Sicherheitsmethoden oder die eigene Ungeeignetheit. Die Heimlichen Dienste der CIA fürchten in einem großen Ausmaß das KGB und sind sogar von ihm eingeschüchtert, weil sie so oft durch diese sowjetische Dienststelle ausmanövriert wurden.

Bei den Spionageerfolgen der Sowjets gegen westliche Großmächte ging es auch um die Durchdringung der Nachrichtendienste. Das KGB mit seinen Ursprüngen in der so konspirativen zaristischen Geheimpolizei ist oft professionellen Beobachtern geeigneter erschienen, ausländische Nachrichtenorganisationen zu durchdringen, als gewöhnliche Spione zu rekrutieren.

Am bekanntesten unter den KGB-Infiltrationen des westlichen Nachrichtendienstes (wenigstens unter denen, die entdeckt wurden) war Harold »Kim« Philby, der über zwanzig Jahre für Moskau spionierte, während er als sehr hoher Beamter des britischen MI-6 tätig war.* Auch noch weitere äußerst schädliche KGB-Durchdringungen im britischen, französischen und deutschen Nachrichtendienst, sowie in den Nachrichtendiensten der meisten kleineren

NATO-Länder wurden bekannt. KGB-Agenten sind bei mehreren Gelegenheiten in US-Nachrichtenagenturen, einschließlich der Nationalen Sicherheitsagentur, mehreren militärischen Sicherheitsbehörden und der Nachrichtenabteilung der Vereinigten Stabschefs aufgedeckt worden.

Soweit bekannt ist, wurde aber noch keinem Berufsoffizier der CIA nachgewiesen, er sei ein feindlicher Spion. Von Zeit zu Zeit hat es merkwürdige Entlassungen von Offizieren der Heimlichen Dienste gegeben, die nach mehr als bloßer Inkompetenz oder Korruption rochen, doch wurde keiner davon offiziell als Durchdringung bezeichnet. Andererseits hat man mehrmals festgestellt, daß durch die Agentur rekrutierte ausländische Agenten für einen oppositionellen Nachrichtendienst gearbeitet haben. Jedesmal, wenn eine Durchdringung in einem CIA-Unternehmen aufgedeckt wurde, stellen die Gegenspionage-Spezialisten der Agentur einen Schadensbericht zusammen, der bewertet, wieviel Informationen dem Betreffenden gegeben wurden, sowie welche möglichen Auswirkungen diese Enthüllungen auf andere CIA-Operationen gehabt haben. Auf ähnliche Art nehmen Gegenspionage-Offiziere an der Vorbereitung von Schadensberichten teil, wenn anderswo in der Nachrichtengemeinde eine Durchdringung festgestellt wurde.

Ein derartiger Bericht wurde in Zusammenarbeit mit dem Verteidigungsministerium 1966 erstellt, als Oberstleutnant W. H. Whalen, ein US-Nachrichtenoffizier, der für die Vereinigten Stabschefs arbeitete, als KGB-Spion verhaftet wurde. Die Untersuchung enthüllte, daß Whalen Zugang zu fast allen nationalen Nachrichtenbeurteilungen der sowjetischen strategisch-militärischen Kapazitäten während der mehrere Jahre zurückliegenden »Raketenlükken«-Kontroverse gehabt hatte. Augenscheinlich hatte er Kopien dieser streng geheimen Dokumente an seine sowjetischen Auftraggeber geliefert.

* In seinen Memoiren (die zweifellos voll von Desinformationen des KGB sind) drückte Philby sehr wenig professionellen Respekt für die Talente der CIA in der Gegenspionage aus. Er gab aber zu, daß es ein Mann der Agentur war (ironischerweise ein ehemaliger FBI-Agent), der zu guter Letzt seine Maskerade durchschaute und für seine Bloßstellung gegenüber den britischen Behörden verantwortlich war.

Die Resultate von Whalens Aktionen waren jedoch so überraschend wie für das US-Nachrichtenwesen entmutigend. Ein Hauptgrund, warum die Analytiker des Pentagon und der CIA in den späten 50er und frühen 60er Jahren glaubten, daß es eine Raketenlücke gebe, waren die zahlreichen Hinweise in Reden Chruschtschows und anderer Sowjetführer, die auf die Entwicklung und Entfaltung sowjetischer Langstrecken-Atomraketen anspielten. Diese Ankündigungen, die sorgfältig zeitlich abgestimmt waren, um mit den fortschreitenden Phasen der Forschung, den Tests der Produktion und der Einführung interkontinentaler Raketen bei den Streitkräften zu korrespondieren, wurden in allen Einzelheiten von den Kreml-Beobachtern der US-Nachrichtengemeinde studiert. Da sie von amerikanischen Wissenschaftlern, die an den amerikanischen Raketenprogrammen arbeiteten, erfuhren, was auf dem Gebiet der ICBM-Forschung (Intercontinental Ballistic Missiles) möglich war und da sie bereits Zeuge der sowjetischen Weltraumtechnologie beim Start der Sputniks gewesen waren, nahmen die Nachrichtenanalytiker das Schlimmste an, daß nämlich die Sowjets den Amerikanern, in dem Raketenrennen weit voraus seien. Die Analytiker bemerkten in ihren Beurteilungen, daß die sowjetischen Feststellungen ein wesentlicher Faktor bei der Aufstellung ihrer Beurteilungen waren.

Weder die U-2-Aufklärungsflüge noch die ersten Missionen der Fotosatelliten bestätigten die Befürchtungen der Analytiker, aber die US-Regierung ging kein Risiko ein und drängte ihre eigenen Atomschlag-Programme voran – besonders die Minuteman-Interkontinentalrakete (ICBM) und die Polaris-Unterseeboot-Raketen.

1963 war es hinreichend klar, daß die einzige »Raketenlücke«, die tatsächlich bestand, zu Amerikas Gunsten sprach, weil die US-Systeme so schnell entwickelt worden waren. Chruschtschow und seine Kollegen hatten absichtlich einen Irreführungsversuch unternommen, indem sie geschickt die Fähigkeit zu einem atomaren Angriff implizierten, die die Sowjetunion jedoch gar nicht besaß; augenscheinlich waren sie etwas durch jene US-Nachrichtenbeurteilung ermutigt worden, die Oberstleutnant Whalen insgeheim geliefert hatte und die bewies, wie besorgt die Vereinigten Staaten über den sowjetischen Bluff waren. Aber obwohl die Täuschung darin zuerst erfolgreich war, daß US-Beamte den sowjetischen Behauptungen Glauben schenkten, gab es für die Sowjets einen schweren Rückschlag, weil die USA beschlossen, ihr eigenes Raketenentwicklungsprogramm zu beschleunigen, und die Sowjetunion dadurch in einen noch schwereren Rückstand brachten als zuvor.

Ein weiterer Dienst, den Oberstleutnant Whalen seinem Land unabsichtlich erwies, während er für das KGB spionierte, erfolgte während der Berlinkrise von 1961. Zu diesem Zeitpunkt versuchten die Ostdeutschen, neben dem Mauerbau, der den östlichen vom westlichen Teil Berlins trennte, mit offensichtlicher Unterstützung durch die Sowjetunion den Zugang von Westdeutschland nach Berlin zu reduzieren. Die US-Beurteilung lautete, daß sich die Kommunisten versteiften und wahrscheinlich nicht zurückweichen würden. Diese düstere, aber einflußreiche Beurteilung wurde von Oberstleutnant Whalen wahrscheinlich zusammen mit anderen Informationen, daß die USA fest bleiben würden, an das KGB weitergegeben. Als die Sowjets plötzlich und ganz unerwartet ihre Haltung milderten, waren das Weiße Haus und die Nachrichtengemeinde, wenn auch erfreut, doch über Moskaus Kehrtwendung verblüfft. Erst Jahre später, bei der Vorbereitung des Whalen-Schadensberichts, bekamen die Analytiker eine bessere Vorstellung davon, warum sich ihre ursprüngliche Beurteilung des sowjetischen Verhaltens 1961 als unrichtig erwiesen hatte. In verspäteter Einsicht überlegten die Analytiker: Die Sowjetführer hatten beschlossen, ihren Druck zu lockern, als sie erkannten, daß die USA nicht zurückweichen würden, und zwar *trotz* der Beurteilung, die eine sowjetische Unnachgiebigkeit voraussagte. Augenscheinlich in Sorge, sie könnten einen großen militärischen Konflikt heraufbeschwören, reduzierten die Sowjets unvermittelt ihre Forderungen.

Der unerwartete Nutzen, den die US-Regierung aus der Whalen-Durchdringung zog, war zwar zufällig, aber durchaus nicht einmalig. 1964 erfuhr man, daß die US-Botschaft in Moskau gründlich mit »Meisen« versehen worden war. Im ganzen Gebäude fand man Dutzende von sowjetischen Audiogeräten. Gegenspionage- und Sicherheitsspezialisten stellten fest, daß die Geräte bereits 1952 bei einer Renovierung der Botschaft eingebaut worden waren und daß die Wanzen seit ungefähr zwölf Jahren gearbeitet hatten.

Der Schadensbericht stellte fest, daß während der ganzen Periode, auf dem Höhepunkt des Kalten Kriegs, der sowjetische Nachrichtendienst wahrscheinlich jeden diplomatischen Funkspruch zwischen Washington und der Botschaft abgefangen hatte. ▶

◀

Der US-Verdacht hinsichtlich des sowjetischen Belauschens war offensichtlich Anfang 1964 geweckt worden, als Nikita Chruschtschow eine Bemerkung zu Botschafter Kohler über Kohlers Rolle bei der Blockierung der Verfrachtung von Stahl für eine wichtige sowjetische Pipeline machte. In diesem Zusammenhang betrachtet, wies Chruschtschows Bemerkung Kohler darauf hin, daß es irgendwo in der amerikanischen Sicherheit ein Leck geben müsse. Kohler ordnete eine massive Untersuchung an, und binnen ein oder zwei Monaten fand man über vierzig Meisen, die in dem ganzen Gebäude in den Wänden eingebettet waren. Obwohl Kohler später behauptete, daß zwischen der Entdeckung der Meisen und seiner Untersuchung, die er nach dem Gespräch mit Chruschtschow anordnete, kein Zusammenhang bestehe, scheint das zeitliche Zusammentreffen darauf hinzudeuten.

▶

◀

Heute ist die Wahrscheinlichkeit, daß das KGB die Tätigkeiten in dem Koderaum einer Botschaft belauscht, außerordentlich gering. Die CIA handhabt die meisten Kommunikationen des Außenministeriums nach Übersee. **Die Maschinen und anderen Geräte sind abgeschirmt und zugedeckt, um die Geräusche zu dämpfen, die von ihnen ausstrahlen. Die Räume selbst sind mit Blei verkleidet und ruhen auf riesigen Federn, die die Innengeräusche weiter reduzieren. Die Koderäume, die großen Campinganhängern gleichen, sind jetzt gewöhnlich tief in den Betonkellern der Botschaftsgebäude untergebracht.** Es ist praktisch unmöglich, daß Abhörgeräte heute zu ihnen noch Zugang finden.

Die Gegenspionage-Agenten der CIA versuchen nicht nur, Agenten in oppositionellen Diensten wie dem KGB zu rekrutieren, sie arbeiten auch gegen die sogenannten freundlichen oder alliierten Dienste. Tabu sind – wenigstens im Prinzip – die Nachrichtendienste der englischsprechenden Länder, zwischen denen eine Art ungeschriebenen Abkommens besteht, einander nicht zu bespionieren. ▶

Das Nachrichtendirektorium unternahm Versuche, die Verteilung hochklassifizierter Analysen an fremde Nachrichtendienste einzuschränken, zum größten Teil wurde das jedoch auf die Streichung von Hinweisen auf Sammelquellen reduziert. In einigen Fällen bedeutete das, daß man ganz einfach mit einem Rasiermesser hier und dort einige Wörter aus dem Text etwa einer Nationalen Nachrichtenbeurteilung über sowjetische Raketenkapazitäten herausschnitt. Gewöhnlich geschieht das nur bei einigen Dokumenten, die an die britischen oder anderen englischsprechenden Nachrichtendienste weitergegeben werden ▶

Operationen im Inland

Am 17. Dezember 1972 gab die *New York Times* bekannt, daß die CIA insgeheim Ausbildungsmöglichkeiten für vierzehn Polizisten aus New York City beschafft hätte. Zu dieser Zeit bestätigte der Sprecher der Agentur, Angus Thuermer, daß andere amerikanische Polizeiabteilungen »ähnliche Aufmerksamkeiten« erwiesen bekommen hätten, daß er sich aber nicht dazu äußern wolle, wieviele. Thuermer sagte zu der *Times:* »Ich bezweifle sehr, daß (CIA-) Beamte diese Art von Information zurückhalten.« Der New Yorker Kongreßabgeordnete Edward Koch blieb jedoch beharrlich und drängte darauf, »genau diese Art Information von der Agentur zu erhalten«. Am 29. Januar 1973 gab der Kongreßberater der CIA, John Maury (selbst lange Zeit heimlicher Operator und ehemaliger Stationschef in Griechenland) Koch gegenüber zu, daß »weniger als fünfzig Polizisten aus einer Gesamtzahl von etwa einem Dutzend Stadt- und County-Polizeien in den vergangenen zwei Jahren eine Art Agentureinweisung erhalten haben«. Aber wieder war die CIA weniger als auskunftfreudig, denn die Polizeiausbildung (die aus beträchtlich mehr bestand als lediglich einer »Einweisung«) hatte schon beträchtlich länger stattgefunden, als die zwei Jahre, die von der CIA erwähnt wurden – mindestens aber seit 1967, als die Polizei von Chicago sowohl im Hauptquartier der Agentur wie in »The Farm« im südöstlichen Virginia unterwiesen worden war. Als sie 1973 von Reportern befragt wurden, leugneten die Chicagoer Polizeibehörden, daß einer ihrer Leute eine derartige Agenturausbildung erhalten habe. Doch Richard Helms, der damals eben als Direktor ausgeschieden war, sagte bei einer Geheimsitzung des Außenpolitischen Senatsausschusses, Anfang Februar, daß die Chicagoer Polizei in die Ausbildungsbemühungen der Agentur eingeschlossen gewesen sei, und diese Enthüllung sickerte schließlich zu der Presse durch.

Es ist bezeichnend, daß zu dem Zeitpunkt, als die CIA in dem Brief Maurys an Koch die Ausbildung öffentlich eingestand, die einzige Zeitspanne, die erwähnt wurde, die »letzten zwei Jahre« war. Es stimmte vermutlich, daß in den letzten zwei Jahren weniger als fünfzig Polizisten von etwa einem Dutzend Polizeien ausgebildet worden waren. Wenn die CIA jedoch das volle Ausmaß ihrer Ausbildungen vor 1971 bekanntgegeben hätte, wären die Zahlen vermutlich viel höher gewesen. Was wichtiger war: Die Agentur hätte ihre Polizeiausbildung im Inland nicht, wie sie es tat, durch eine Klausel des Omnibus Crime Control and Safe Street Act (Gesetz, um die Verbrechen in Omnibussen unter Kontrolle zu bringen, zugleich Gesetz für die Sicherheit auf den Straßen) von 1968 rechtfertigen können, durch das Behörden, zur Durchführung der Gesetze, aufgefordert wurden, die örtlichen Polizeikräfte zu unterstützen. Das Gesetz wurde erst 1968 erlassen, lange Zeit, nachdem die CIA-Ausbildung begonnen hatte. Nachdem der Agentur eine derartige Tätigkeit nachgewiesen worden war, brauchte sie natürlich eine Rechtfertigung oder eine Ausrede; der National Security Act von 1947 hatte ihr nämlich verboten, irgendwelche Polizei-, Buß-, Gesetzesdurchführungs- oder innere Sicherheitsfunktionen auszuüben.

Die Taktik, die die CIA in diesem Fall für die Tarnung ihrer Spuren anwandte, war typisch für die Art von Täuschung, die die Agentur allgemein verwendete, um ihre zahlreichen Tätigkeiten innerhalb der Vereinigten Staaten zu verbergen. Das Thema der Inlandsunternehmungen ist in der CIA besonders empfindlich, wahrscheinlich wird kein anderes Programm mit größerer Geheimhaltung gehandhabt.

Die Ausbildung von örtlichen Polizeiabteilungen durch die CIA mag als eine relativ harmlose Tätigkeit erscheinen, sie wirft aber mehrere Fragen auf: Warum versucht die Agentur zuerst, die Sache zu tarnen und dann den Kongreß, die Presse und die Öffentlichkeit hinsichtlich dieser Aktivität in die Irre zu führen? Warum konnte diese Ausbildung nicht durch das FBI vorgenommen werden, das die nötigen Ausbildungseinrichtungen und auch die gesetzliche Vollmacht für eine solche Tätigkeit besitzt? (Helms sagte dem Außenpolitischen Senatsausschuß, die Polizei habe die CIA um Hilfe gebeten, weil die Techniken der Agentur in der Führung von Nachrichtenakten und bei der Durchführung gewisser Arten von Überwachung fortschrittlicher seien als die des FBI). Und warum haben die späteren CIA-Direktoren James Schlesinger und William Colby jede zukünftige Polizeiausbildung nicht ausdrücklich verboten, nachdem sogar die Presse und der Kongreß die Frage der Ungesetzlichkeit und Unschicklichkeit aufgeworfen hatten?

Keine dieser Fragen hat eine offenkundige Antwort gefunden. Im allgemeinen gibt die CIA jedoch nicht gerne zu, etwas getan zu haben, das sie nicht hätte tun sollen, und trügerische öffentliche Erklärungen sind so eine Art Standardreflex als Hinweis darauf, daß etwas besonders Unerfreuliches geschehen ist. Eine andere Erklärung könnte die sein, daß während der Tage im Dezember 1972 und Januar 1973, als der Vorfall mit der Polizeiausbildung aufgedeckt worden war, die Watergate-Tarnung noch nicht völlig enthüllt war, und daß die CIA deshalb versuchte, eine Untersuchung von ihrer Inlandstätigkeit fernzuhalten. Einige Monate später sollte die Presse natürlich entdecken – und verschiedene Beamte sollten es zugeben –, daß Richard Helms bei der Organisation des streng geheimen Planes des Weißen Hauses für die Überwachung und Nachrichtensammlung im Inland höchst kooperativ und hilfreich gewesen war; daß die CIA den »Klempnern« des Weißen Hauses bei ihrem Einbruch in die Praxis des Psychiaters von Daniel Ellsberg »technische« Hilfe gewährt hatte; daß die CIA im Herzen von Washington »sichere Häuser« unterhielt, wo E. Hunt heimlich mit falschen, von der CIA hergestellten Dokumenten, einer Verkleidung, einem Gerät zur Veränderung der Sprache und einer, in einen Tabakbeutel eingepaßten Kamera versehen wurde; daß fünf der sieben Watergate-Einbrecher ehemalige CIA-Angestellte waren und daß einer noch auf den Gehaltslisten stand und regelmäßig dem Führungsoffizier der Agentur berichtete; daß eine Woche nach dem Einbruch in das Hauptquartier der Demokratischen Partei Beamte des Weißen Hauses versuchten, die Agentur direkt in die Watergate-Tarnung zu verwickeln und, was vielleicht am bemerkenswertesten war, daß höchste CIA-Beamte selbst in Geheimaussagen vor Kongreßausschüssen über die illegalen Tätigkeiten weiter schwiegen, die, wie sie wußten, stattgefunden hatten. Tatsächlich erwiesen sich Helms' Antworten auf die Fragen des Außenpolitischen Senatsausschusses über Watergate im Februar und März 1973 als so ausweichend und irreführend, besonders als in der Folge weitere Enthüllungen gemacht wurden, daß Laurence Stern in der *Washington Post* vom 10. Juli des gleichen Jahres schrieb, »daß in den Senatsbüros derer, die das geheime Zeugnis kannten, das Helms abgelegt hatte, von Meineid gesprochen wurde . . .«

In einem Hearing vom 7. Februar sagte zum Beispiel der New Yorker Senator Clifford Case zu Helms, es sei ihm bekanntgeworden, daß das Weiße Haus 1969 oder 1970 die verschiedenen Nachrichtendienste der Regierung ersucht habe, ihre Möglichkeiten zusammenzulegen, um mehr über die Antikriegsbewegung in Erfahrung zu bringen. »Wissen Sie etwas«, fragte Case Helms, »über eine Tätigkeit der CIA in dieser Richtung? Wurde die CIA um eine Teilnahme ersucht?« Helms antwortete: »Ich erinnere mich nicht, ob wir ersucht wurden, aber wir waren nicht beteiligt, weil das für meine Begriffe eine klare Verletzung unserer Charta

gewesen wäre.« Case blieb hartnäckig: »Ich möchte wissen, was Sie in einem solchen Fall tun würden. Angenommen, Sie wären in dieser Situation?« Helms antwortete: »Ich würde einfach gehen und dem Präsidenten erklären, daß das nicht ratsam erscheint.« Case: »Und das würde die Sache beenden!« Helms: »Nun, ich glaube – normalerweise.«*
Die Fakten und der Verdacht, die in den folgenden Monaten aus den Watergate-Hearings hervorgehen sollten, deuteten an, daß das keineswegs der Weg war, wie solche Dinge hinter den Kulissen des exekutiven Arms der Regierung ausgearbeitet wurden, und sie warfen noch viel mehr Fragen hinsichtlich der Zuverlässigkeit der heimlichen Führung der CIA auf – und hinsichtlich der Rolle der Agentur in den Nachrichtenoperationen innerhalb der Vereinigten Staaten.

Die CIA und das FBI

Die CIA hat schon immer heimliche Unternehmen innerhalb der Vereinigten Staaten durchgeführt, wenn diese auch zum größten Teil in Beziehung zu Tätigkeiten in Übersee oder zu deren Unterstützung standen. Zu diesem Zweck richtete die Agentur vor vielen Jahren eine spezielle Komponente der Heimlichen Dienste, die Inlandsoperationsabteilung, ein. Die Trennung zwischen nach dem Ausland orientierten Unternehmen und solchen, die im wesentlichen dem Inland galten, ist im Nachrichtengeschäft oft vage und irreführend. So hat es in der Vergangenheit laufend

* Vier Monate später sickerte ein von dem ehemaligen Adjutanten des Weißen Hauses Tom Charles Huston geschriebenes Memorandum an die *New York Times* durch; es umriß ein Programm für Inlandüberwachung von US-Bürgern, ein Programm, das von Präsident Nixon am 15. Juli 1970 gebilligt worden, dann aber fünf Tage später durch ihn rückgängig gemacht worden war. Huston notierte eine Reihe von Begegnungen mit Spitzenbeamten des FBI, der CIA, der DIA, der NSA und der Nachrichtendienststellen der Streitkräfte und sagte: »Ich habe diese Übung mit der Furcht begonnen, daß die CIA eine Mitarbeit ablehnen würde. Tatsächlich war Helms aber äußerst kooperativ und hilfreich.« Dem Huston-Memorandum zufolge, dessen Authentizität durch das Weiße Haus bestätigt wurde, war die CIA für die volle Teilnahme vorgesehen.

Reibereien zwischen der CIA und dem FBI gegeben, das in erster Linie für die innere Sicherheit verantwortlich war. Kompromisse und Arbeitsarrangements mußten entwickelt werden, die der CIA eine gewisse Arbeitsbreite innerhalb der USA gewährten und dem Büro wiederum gewisse Privilegien im Ausland in der Verantwortungsphäre der Agentur gaben.

Die Domestic Operations Division (DOD – Abteilung für Inlandsoperationen) befindet sich nicht in der Hauptverwaltung der CIA in Langley, sondern in einem Bürogebäude in der Pennsylvania Avenue in der Stadtmitte von Washington, zwei Häuserblocks vom Weißen Haus entfernt. Hier befindet sich auch die »Station« von Washington, während die ihr unterstellten Basen in amerikanischen Großstädten untergebracht sind. Diese Büros sind getrennt von den anderen Einrichtungen der Agentur, zur Anwerbung von Routinepersonal und für den Kontakt mit amerikanischen Auslandsreisenden. Die geheimen DOD-Büros dienen als Sprungbretter für die verdeckten Aktionen der CIA in amerikanischen Städten.

Die DOD ist selbst nach CIA-Maßstäben von äußerster Geheimhaltung umgeben, und ihre tatsächlichen Funktionen sind in Geheimnisse gehüllt. Den Grad, bis zu dem die Agentur nicht über die Angelegenheiten der Inlandabteilung diskutieren will, konnte man sehen, als der Leitende Direktor der CIA dem Beamten, der das jährliche Budget-Ersuchen der Agentur 1968 für den Kongreß vorbereitete, sagte, er solle in die geheime Einweisung, die dem Bewilligungsausschuß von Senat und Kongreß übermittelt wurde, nichts über die DOD schreiben. In mindestens einem weiteren Fall wurde Direktor Helms in einer geheimen Kongreßsitzung spezifisch über die DOD befragt. In seiner Antwort an die ahnungslosen Gesetzgeber beschrieb er die Funktionen des Inland-Kontakt-Dienstes (Domestic Contact Service) – des offenen Kontaktbüros, das amerikanische Reisende als inoffizielle CIA-Augen und -Ohren im Ausland anwirbt –, das damals eine völlig separate Einheit, die auch von den Heimlichen Diensten getrennt untergebracht war.

Die Aufgabe der Inlandsabteilung ist, wie die aller anderen Heimlichen Raumabteilungen, die geheime Sammlung von Nachrichten und die Durchführung von anderen geheimen Operationen – aber in diesem Falle innerhalb der Vereinigten Staaten. Sie führt einige der Spionageunternehmen durch, die gegen ausländische

Studenten und andere Besucher der Vereinigten Staaten – aber keineswegs gegen alle gerichtet sind. Die Rekrutierung eines Sowjetdiplomaten in den Vereinten Nationen oder in Washington würde in den Bereich der Abteilung Sowjetblock fallen. Programme mit kubanischen Emigranten in Florida wären Aufgabe der Abteilung Westliche Hemisphäre, des Stabs für verdeckte Aktionen oder der Abteilung für (paramilitärische) Sonderoperationen – je nach der beabsichtigten Rolle des Agenten.

Bei den Beobachtern der Heimlichen Dienste der CIA herrscht das weitverbreitete Gefühl, daß die DOD auf dem amerikanischen Schauplatz offensichtlich mehr tun möchte, als sie bisher getan hat. Man glaubt auch, daß die DOD wahrscheinlich stark beteiligt worden wäre, wenn der Inlandssicherheitsplan der Regierung Nixon von 1970 zur Überwachung der amerikanischen Dissidenten – den das Weiße Haus geleugnet hat, auf den aber verschiedene Presseberichte hinwiesen – je in die Tat umgesetzt worden wäre. Die Begründung, die die CIA verwendet hätte, wäre höchstwahrscheinlich die gleiche gewesen, die von Direktor Colby bei seinem Bestätigungshearing erwähnt wurde: daß die Agentur von Rechts wegen Amerikaner bespitzeln kann, »die mit ausländischen Institutionen befaßt sind«. Das mißtrauische Denken der Heimlichen Dienste beschwor die Probleme, die in den Vereinigten Staaten durch Dissidenten, Bürgerrechtler und Kriegsgegner verursacht wurden, das Gespenst des ausländischen Einflusses herauf. Letzten Endes, so schlossen die Beamten der Heimlichen Dienste, erhielten die politischen Dissidentengruppen in den USA offensichtlich finanzielle Unterstützung von irgendwoher, und die Quellen konnten ausländisch sein. Die heimlichen Operatoren, die mit den Methoden der CIA vertraut waren, regierungsfeindlichen Gruppen in Osteuropa und anderswo zu helfen und sie zu unterstützen, kalkulierten ganz einfach, daß die kommunistischen Länder irgendwie Vergeltung übten, indem sie amerikanische Gruppen benützten, um in den USA Unruhe zu stiften. Die CIA-Unterstützung für Dissidentengruppen in Osteuropa machte die Quelle ihrer Beschwerden nie weniger real, aber das hinderte die Agentur nicht, sie zu verwenden, um die Sowjetregierung unter Druck zu setzen und vielleicht sogar die Aufmerksamkeit Moskaus von einem Kampf mit dem Westen abzulenken. Und Ende der 60er und Anfang der 70er

Jahre verursachten amerikanische Dissidenten der US-Regierung wahrlich Schwierigkeiten genug. Da die Heimlichen Dienste wußten, daß man selber ähnliche Umstände in Osteuropa ausgebeutet hatte, glaubten ihre Operatoren natürlich an eine KGB-Beteiligung in den Vereinigten Staaten.*

Dem Weißen Haus unter Johnson hatte es jedoch nicht beliebt, die CIA tief in die heimlichen Inlandsoperationen hineinzuziehen, als sie zu Beginn der Antikriegsbewegung erstmals darum ersuchte. Die DOD erhielt nur ein kleines Stück der Aktion übertragen – nämlich ihre Überwachung der Bewegung und ihrer Tätigkeiten hinsichtlich einer direkten ausländischen Beteiligung zu steigern. Auch das FBI wurde angewiesen, seine inländischen politischen Nachrichtenkapazitäten zu vergrößern. Den Löwenanteil an der Verantwortung erhielt jedoch das Pentagon – besonders die Armee – nach dem neu entdeckten, aber veralteten Notstandsgesetz, das dem Präsidenten besondere Vollmachten gewährte, das Militär einzusetzen und jede Maßnahme zu ergreifen, die er für nötig hielt, um innere Unruhen und Verschwörungen niederzuschlagen. Eine buchstäbliche gesetzliche Rechtfertigung war wahrscheinlich nicht der einzige Grund, warum der Armeenachrichtendienst zum Hauptinstrument für den Angriff auf innere Ziele wurde; ein weiterer Gesichtspunkt war die Größe. Weder die CIA noch das FBI hatten das Personal für einen Gesamtangriff gegen die Radikalen, sie besaßen auch nicht die große Zahl an jungen Nachrichtendienstlern, die die Bewegung tatsächlich durchdringen konnten. Der Armeenachrichtendienst patzte jedoch bald, und seine inneren Überwachungsprogramme wurden im Januar 1970 durch den Exagenten Christoph Pyle bloßgestellt, der im *Washington Monthly* schrieb. Während des folgenden Jahres sahen sich die Streitkräfte gezwungen, sich aus ihrem massiven Angriff gegen die Dissidenten zurückzuziehen. Das Feld wurde wieder den Professionals überlassen – dem FBI und der CIA.

* Die Heimlichen Dienste hatten überall Sympathisanten. H. R. Haldeman sagte in einem geheimen Memorandum, das während der Watergate-Hearings des Senats veröffentlicht wurde: »Wir müssen unsere Leute die Geschichte über das ausländische oder kommunistische Geld in die Öffentlichkeit bringen lassen, das 1972 zur Unterstützung der Demonstrationen gegen den Präsidenten verwendet wurde.«

Die Situation führte jedoch bald zu einem offenen Bruch zwischen der Agentur und dem Büro. Die *New York Times* schrieb diesen Riß Ende 1971 einem kleinen Vorfall zu, bei dem es um die Jurisdiktionskontrolle über einen Informanten-Agenten in Denver, Colorado, ging. Unmittelbar darauf wurde jedoch Sam Papich, der Verbindungsoffizier des FBI zur CIA und Mitglied des unmittelbaren Stabs von J. Edgar Hoover, durch den Bürochef entlassen. Und nur Wochen später wurde William Sullivan, der Chef der Abteilung für innere Sicherheit des FBI, Repräsentant des Büros im US-Nachrichtenausschuß und ein guter Freund der CIA aus seinem Büro ausgesperrt und von Hoover entlassen.
In der Folge der Schwierigkeiten beim FBI brachte die Presse eine Reihe von Berichten über Hoover und die Inkompetenz des Büros. Einige Kommentare, die in der Nachrichtengemeinde »autoritativen Quellen zugeschrieben wurden«, beschuldigten das FBI, in den letzten Jahren zum Schutz der inneren Sicherheit der Nation eine armselige Arbeit geleistet zu haben. Diese gleiche Quelle stellt fest, das Büro habe in den letzten Jahren auch nur eine Handvoll ausländischer Spione in den Vereinigten Staaten ausfindig und dingfest gemacht; sie sagte, dem FBI fehle die verfeinerte Methode zur modernen Gegenspionage. Solche Feststellungen stammten nach Inhalt und Phraseologie ganz eindeutig aus der CIA oder waren von ihr inspiriert.
Was die Öffentlichkeit damals nicht wußte, war jedoch, daß das Weiße Haus seit 1970, lange vor dem Riß zwischen CIA und FBI, eine Ausweitung der inländischen Nachrichtenoperationen geplant hatte. Während aber die CIA mitgemacht und diese Geheimpolitik ermutigt hatte, hatte sich das FBI widersetzt. Tatsächlich war es Hoovers persönliche Weigerung, die neue Politik zu unterstützen, die zum Zusammenbruch des Plans des Weißen Hauses führte. Und unter diesen Umständen etablierte dann ein paranoider Präsident die berüchtigte »Klempner«-Abteilung, mit der die CIA offensichtlich ganz bereitwillig zusammenarbeiten wollte – und mit der sich das FBI offensichtlich nicht abgeben will.

Als CIA-Direktor William Colby bei seinem Bestätigungshearing durch den Senat im Herbst 1973 gefragt wurde, welches Ausmaß der CIA-Tätigkeit in den Vereinigten Staaten er für angemessen hielt, lautete seine erste Antwort so: »Wir müssen ganz offensichtlich hier ein Hauptquartier haben, wir müssen Menschen als Mitarbeiter rekrutieren und so weiter, und wir müssen Untersuchungen bei diesen Leuten durchführen . . .« Niemand bestreitet, daß die Agentur gewisse Verwaltungsarbeiten in den Vereinigten Staaten durchführen muß, aber nur wenige Menschen sind sich darüber klar, daß die »Führung des Hauptquartiers« Dutzende von Gebäuden im Raum Washington umfaßt, große Ausbildungsanlagen an mehreren Orten in Virginia, eine paramilitärische Basis in Nordcarolina, geheime Flugbasen in Nevada und Arizona, Funk- und Radioabfangstationen im ganzen Land, Dutzende von kommerziellen Scheinfirmen und Fluglinien, Arbeitsbüros in über zwanzig Städten, ein riesiges Waffenlager im Mittelwesten und »sichere Häuser« für geheime Begegnungen in Washington und anderen Städten. Während die meisten auf das Ausland ausgerichtet sind, dienen mehrere doch ausschließlich oder teilweise für inländische Zwecke.

Colby fuhr fort: »Wir müssen mit einer großen Zahl von amerikanischen Firmen wegen der Ausrüstung, die wir vielleicht im Ausland brauchen, Geschäfte machen.« Äußerlich gesehen ist das wiederum eine legitime Funktion. Die CIA kauft alljährlich Waren im Wert von -zig Millionen Dollar von inländischen Firmen – alles, vom Bürobedarf bis zu verfeinerten Spionagegeräten. Colby vermied es aber sorgfältig, die anderen »Käufe« zu erwähnen – die Dienste, die die Vertragsbeziehungen mit Universitäten, »Denktanks« (Computerbeamten) und individuellen Professoren hervorbringen.

Viel davon kam im Winter 1967 ans Licht, nachdem *Ramparts* zum ersten Mal die Subsidien erwähnte, die die CIA an die National Students Association zahlte, und als Bloßstellung auf Bloßstellung folgte. Richard Helms fragte seinen Leitenden Direktor, was die CIA eigentlich im einzelnen an den amerikanischen Universitäten mache. Der Leitende Direktor stellte schnell fest, daß er keine leichte Aufgabe vor sich hatte, da fast jede Komponente der CIA ihren eigenen Satz von Programmen mit einer oder mehreren amerikanischen Universitäten durchführte und es in der CIA kein zentrales Büro gab, das diese Programme koordinierte oder auch nur im Auge behielt. Für einen Bericht bildete man einen eigenen

Ausschuß, und dessen Stabschefs wanderten wochenlang von Büro zu Büro, um das Material zusammenzutragen.
Der Ausschuß sammelte die Daten über die Hunderte von Collegeprofessoren, die durch das Sicherheitsbüro der Agentur besondere Freigaben erhalten hatten, um verschiedene Aufgaben für verschiedene CIA-Komponenten durchzuführen. Das Nachrichtendirektorium hatte beispielsweise ein Korps von Beratern in Universitäten, die fast wie normale Gelehrte historische und politische Forschung betrieben, mit der einzigen Ausnahme, daß es ihnen fast nie gestattet wurde, ihre Ergebnisse zu veröffentlichen; in einigen wenigen Fällen wurde jene Regel für sie aufgehoben unter der Bedingung, daß ihre Finanzierungsquellen nicht bekanntgegeben wurden – wenn die Arbeit ordentlich mit einer gerade vorherrschenden CIA-Propagandalinie zusammenfiel.
Auf ähnliche Weise beschäftigte das Direktorium für Wissenschaft und Technologie einzelne Professoren und manchmal ganze Fakultäten oder Forschungsinstitute für ihre Forschungs- und Entwicklungsprojekte (und das abgesehen von den Verträgen über Millionen von Dollar, die das Direktorat W & T alljährlich mit privaten Gesellschaften und »Denktanks« schloß). Forschungen dieser Art umfaßten die Entwicklung ▶

◀ allgemein gebraucht).

In vielen Fällen reichte das Forschungsengagement der CIA viel tiefer, als daß es einfach als der Patron gelehrter Arbeit diente. 1951 wurde CIA-Geld gebraucht, um das Center for International Studies (Zentrale für internationale Studien) am Massachusetts Institute for Technology einzurichten. Eine Schlüsselfigur im MTT-Center war Walt Rostow, ein Politologe mit Nachrichtenbindungen, die bis zu seinem OSS-Dienst während des Zweiten Weltkriegs zurückreichten. Rostow wurde später Präsident Johnsons Assistent für nationale Sicherheitsfragen. 1972 wurde Max Millikan, der Direktor des CIA-Büros für Nationale Beurteilungen gewesen war, Leiter des Centers. Diese Verbindung zwischen der CIA und Forschungsinstituten an Universitäten und auf dem privaten Sektor wurde in den späteren Jahren zur Regel – genauso wie für das Pentagon. Während jedoch das Vorgehen des Pentagon in einem gewissen Ausmaß durch den Kongreß und die Öffentlichkeit überwacht werden konnte, errichtete die CIA ihre eigenen »Denktanks« und finanzierte sie in völliger Geheimhaltung. Als das MIT 1953 *The Dynamics of Soviet Society*, ein Buch von Rostow und seinen Kollegen, veröffentlichte, gab es für den Leser keinerlei Hinweis, daß das Buch mit CIA-Mitteln finanziert worden war und daß es die Ansicht der Agentur über die Sowjetunion widerspiegelte. MIT zerschnitt 1966 seine Bindungen mit dem Center, die Bindung zwischen dem Center und der CIA blieb jedoch bestehen, und die CIA unterstützte weiterhin eine ganze Anzahl ähnlicher, wenn auch kleinerer Forschungsinstitute im ganzen Land.

Die Männer, die 1967 die Studie über die Bindungen der CIA zusammentrugen, stellten fest, daß die Heimlichen Dienste ihre eigenen Forschungsverbindungen mit den Universitäten hatten, und zwar zu dem Zweck, bessere Spionagewerkzeuge (Abhörgeräte, fortschrittliche Waffen, unsichtbare Tinten usw.) zu entwickeln. Für die geheimen Operatoren war aber die Forschung nicht der Hauptzweck der Bindung zu den Universitäten; für die Heimlichen Dienste stellten die Universitäten fruchtbaren Boden für die Anwerbung von Spionageagenten dar. An den meisten amerikanischen Colleges war eine große Anzahl ausländischer Studenten eingeschrieben, und viele davon – vor allem aus der Dritten Welt – waren (und sind) dazu ausersehen, schon in wenigen Jahren hohe Positionen in ihren Heimatländern einzunehmen. An amerikanischen Hochschulen waren sie viel leichter anzuwerben – wenn sie vielleicht Geld brauchten, wo sie leichter kompromittiert werden konnten und wo sich ausländische Sicherheitsdienste nicht einschalten konnten – als später, wenn sie erst einmal in ihre Heimat zurückgekehrt sein würden. Um diese Studenten herauszufinden und zu bewerten, unterhielten die Heimlichen Dienste ein Vertragsverhältnis zu einer Anzahl von Schlüssel-Professoren an den Universitäten. Wenn ein Professor einen wahrscheinlichen Kandidaten entdeckt hatte, benachrichtigte er seinen Kontaktmann in der CIA; gelegentlich nahm er sogar an dem tatsächlichen

Rekrutierungsversuch teil. Einige Professoren leisteten diese Dienste, ohne in einem formellen Vertragsverhältnis zu stehen. Andere nahmen aktiv an den verdeckten Operationen der CIA teil, indem sie als Mittelleute dienten und sogar auf Auslandsreisen geheime Missionen durchführten.

Die Heimlichen Dienste haben gelegentlich eine Universität als Tarnung oder sogar als Helfer für eine verdeckte Aktion in Übersee benützt. Der bestbekannte Fall dieser Art wurde 1966 aufgedeckt, als *Ramparts* enthüllte, daß die Staatsuniversität von Michigan von der CIA von 1955 bis 1959 zur Durchführung eines verdeckten Polizei-Ausbildungsprogramms in Südvietnam benützt wurde. Die Agentur hatte der Universität für ihre Dienste $ 25 Millionen gezahlt, fünf Operatoren der CIA waren in dem Stab des Programms »versteckt« worden.

Die Studie über die Bindungen der CIA zu den Universitäten von 1967 erfaßte alle oben beschriebenen Tätigkeiten; den Stabsoffizieren, die für die Vorbereitung des Berichts verantwortlich waren, wurde jedoch gesagt, daß **das Forschungsprogramm hinsichtlich der Verwendung von Drogen in dem Bericht nicht erwähnt werden sollte.***

Die endgültige Studie, die der Leitende Direktor Direktor Helms vorlegte, war ein ziemlich dicker Band, aber der Mann, der ihn geschrieben hatte, war sich immer noch nicht sicher, ob sie vollständig war, weniger, weil er befürchtete, er habe eine besondere CIA-Komponente oder Besitzgesellschaft übersehen, die ihr eigenes Universitätsprogramm hatte, als, weil er den Verdacht hatte, daß besonders die heimlichen Operatoren ihm Informationen vorenthalten hatten.

Wegen der Empfindlichkeit der Sache wurde nur ein Exemplar der Studie hergestellt, und dieses wurde Direktor Helms übergeben. Helms las sie und stimmte ihrer Schlußfolgerung zu, daß alle Universitätsverbindungen für die Agentur wertvoll seien und fortgesetzt werden sollten, mit Ausnahme einiger individueller

*** Das Interesse der Agentur an Drogen war mehr als nur flüchtiger Natur; ein Stabsoffizier erhielt den Auftrag, ganz Lateinamerika zu bereisen und alle Arten von Halluzinationsdrogen aufzukaufen, die für Nachrichtenaktionen und Operationen Anwendung finden konnten.**

Kontrakte, die veraltet oder zu sehr bloßgestellt worden waren. Schließlich wurden diese Programme beschnitten, diejenigen aber, die für die Tätigkeit der CIA wesentlich waren, wurden wie vor dem Ausbruch des NSA-Skandals fortgesetzt; sie bestehen heute noch.

Das einzige Exemplar der Studie wurde für spätere Verwendung in das Safe des Leitenden Direktors gelegt. Schon wenige Wochen, nachdem Helms den Bericht gelesen hatte, mußte er herausgeholt werden; an einer Universität des Mittelwestens war eine Kontroverse über die angeblichen Kontakte eines Professors mit der CIA ausgebrochen. Als man die Studie durchging, um festzustellen, ob die Behauptungen zutrafen, waren weder der Professor noch das Programm, mit dem er assoziiert war, irgendwo in der Studie aufgeführt. In den Direktionsbüros der Agentur stieß man einen geheimen Seufzer der Erleichterung aus, und man murmelte etwas über verantwortungslose Studenten, die lächerliche Behauptungen aufstellten. Kurze Zeit später fand der Stab des Direktors jedoch heraus, daß der bloßgestellte Professor echt war und seinen CIA-Kontakt angerufen hatte, um zu besprechen, wie er auf die Beschuldigungen reagieren sollte. Man sagte ihm, er solle sich anderswo einen Lehrauftrag suchen – und das tat er auch.

Bald darauf ereignete sich ein neuer Vorfall. ▶

◀

Wir kehren zu der Erklärung der Tätigkeiten der CIA durch Direktor Colby zurück:

> Wir können auch, wie ich glaube, völlig angemessene Auslandsnachrichten in den Vereinigten Staaten sammeln, ein-

> schließlich des Ersuchens an gewisse amerikanische Bürger, mit ihrer Regierung gewisse Informationen zu teilen, die sie bei ausländischen Situationen in Erfahrung gebracht haben, und wir haben einen Dienst, der das tut, und ich bin sehr glücklich, das sagen zu können: Es gibt eine sehr große Zahl amerikanischer Bürger, die uns einige Informationen gegeben haben. Wir bezahlen sie nicht für diese Informationen. Wir können ihre Besitzinteressen und sogar ihre Namen schützen, wenn das nötig ist und wenn sie nicht als die Quellen dieser Information exponiert werden möchten.

Das, worauf sich Colby bezog, war der Domestic Contact Service (DCS – Inländischer Kontaktdienst). Die Hauptfunktion des DCS war es traditionellerweise, Nachrichten von Amerikanern zu sammeln, ohne sich dabei verdeckter Methoden zu bedienen. Bis Anfang 1973 war der DCS Teil des Nachrichtendirektoriums der CIA, dem offenen analytischen Teil der Agentur. Die normale Arbeitstechnik des DCS beinhaltet die Kontaktaufnahme zu Geschäftsleuten, Gelehrten, Touristen und anderen Reisenden, die im Ausland, besonders in Osteuropa oder China waren. Diese Leute werden ersucht, freiwillige Informationen darüber zu liefern, was sie auf ihren Reisen gesehen oder gehört haben. Meistens setzt sich die Agentur mit ihnen in Verbindung, wenn sie von ihren Reisen zurückgekehrt sind, gelegentlich aber – wenn die CIA etwa erfährt, daß jemand einem entlegenen Teil der Sowjetunion einen Besuch abstatten will – setzt sich der DCS schon *vorher* mit dem Reisenden in Verbindung und ersucht ihn, Informationen über gewisse Ziele einzuholen. In der Vergangenheit hat der DCS aber davor zurückgescheut, besondere Aufträge zu erteilen, da die Reisenden ja keine Berufsspione sind und leicht verhaftet werden könnten, wenn sie ihre Spionenrolle zu ernst nehmen.

In den vergangenen Jahren haben die Heimlichen Dienste bei mehreren Gelegenheiten ein Interesse daran gezeigt, die Kontrolle über den DCS zu übernehmen – mit dem Argument, im Interesse der Wirksamkeit der CIA sollten alle Nachrichtensammlungen aus menschlichen Quellen von der gleichen Direktion betrieben werden. In den späten 60er Jahren wurden die Heimlichen Dienste nach einem derben Übernahmeversuch eindeutig zurückgewiesen;

als Kompromißmaßnahme gestattete Direktor Helms jedoch, daß heimliche Operatoren dem DCS zugeteilt wurden, um die Nachrichtensammlung besser zu koordinieren. Der DCS selbst blieb jedoch dem Nachrichtendirektorium unterstellt. Anfang 1973 billigte jedoch Direktor James Schlesinger die Überführung des DCS in die Heimlichen Dienste. Obwohl die Öffentlichkeit von diesem Wechsel nichts bemerkte und man die Reisenden nicht informierte, hatten sie jetzt mit den Heimlichen Diensten der CIA zu tun. Senator William Proxmire erfuhr irgendwie davon und sagte dem Senat am 1. August 1973, er sei über den Wandel »besonders beunruhigt«. »Mr. Colby sagt«, erklärte Proxmire, »daß das die Koordination der Sammlungstätigkeiten mit denen der Agentur im Ausland verbessern soll. Ich finde das beunruhigend wegen der Möglichkeit, daß das DCS, das einen guten Ruf hat, jetzt durch die verdeckte Seite der Agentur befleckt wird.«

Und wieder Colby bei dem Hearing des Senats:

> Wir haben auch, wie ich glaube, einige unterstützende Tätigkeiten, die wir in den Vereinigten Staaten erledigen müssen, um Nachrichtenunternehmen im Ausland durchführen zu können; gewisse Strukturen sind in diesem Land nötig, um unseren Leuten im Ausland vielleicht einen Grund für die Arbeit im Ausland zu geben, damit sie nicht als CIA-Angestellte, sondern als Repräsentanten einer anderen Einheit auftreten können.

Hier sprach Colby zweifellos über die Ausbildungseinrichtungen, die Waffenlager, die geheimen Arrangements mit US-Gesellschaften, um CIA-Operationen »tief getarnt« zu halten, über verdeckte Geschäfte mit Waffenhändlern und andere Unterstützungstätigkeiten für paramilitärische Operationen und andere heimliche Geschehnisse in Übersee. Er kann sich auch auf die Verwendung amerikanischer Stiftungen, Gewerkschaften und anderer Gruppen als Fassaden bezogen haben, um Programme der verdeckten Aktionen in Übersee zu finanzieren, oder auf die Besitzgesellschaften, die rings um die Welt für die CIA arbeiten. In diese letzte Kategorie gehört das komplizierte Netz der Fluglinien im CIA-

Besitz, der Air America, Air Asia, Southern Air Transport, Civil Air Transport, Intermountain Aviation ▶

◀, die alle ihr Hauptquartier in den Vereinigten Staaten haben und von denen einige hierzulande große Anlagen besitzen. Diese Fluglinien werden in direkter Konkurrenz zu Privatfirmen geführt, sie erhalten Charterverträge von der US-Regierung und arbeiten oft im Inland neben der Übernahme von Geheimnissen für die CIA im Ausland. ▶

◀ All diese Gesellschaften und andere, die noch nicht aufgedeckt wurden, leisten viel mehr, als daß sie der CIA nur eine Tarnung geben, wie Colby implizierte. Sie vertreten Geschäfte im Werte von Hunderten von Millionen Dollar, die von der CIA zu allen Arten von Operationen daheim und in Übersee verwendet werden können.

Colby schloß:

> Zuletzt glaube ich, daß es in den Vereinigten Staaten eine Anzahl von Tätigkeiten gibt, bei denen Auslandsnachrichten von Ausländern gesammelt werden können, und solange es ausländische Nachrichtendienste gibt, glaube ich, daß es völlig angemessen ist, daß wir das tun.

In diesem Fall bezog sich Colby zum Teil auf die Bemühungen der CIA, ausländische Studenten an amerikanischen Universitäten zu rekrutieren und auf ein ähnliches Programm, das in Zusammenarbeit mit den militärischen Nachrichtendiensten durchgeführt wurde und das ausländische Offiziere gewinnen will, die zu militärischer Ausbildung in die Vereinigten Staaten kommen. Die CIA nimmt sich aber auch andere ausländische Besucher in den USA zum Ziel – Geschäftsleute, Gelehrte, Zeitungsleute, Diplomaten, UN-Delegierte, Angestellte und sogar einfache Touristen. Speziell für die Rekrutierung und die Behandlung ausländischer Agenten unterhält die CIA »sichere Häuser« in Washington, New York und anderen Großstädten.

Eine weitere Gruppe von Amerikanern, die sehr stark Ziel der CIA sind, sind die Neueinwanderer. Fast von dem Augenblick an, in dem Fidel Castro 1959 in Kuba die Macht übernahm, haben Operatoren eng mit kubanischen Emigranten, besonders in Florida, zusammengearbeitet. Der größte Teil der Rekrutierung und auch ein Teil der Ausbildung für die gescheiterte Invasion der Agentur nach Kuba 1961 fand im Raum von Miami statt. Selbst nach dem Fiasko hat die CIA weiterhin Kuba-Amerikaner (einige davon so gefeiert wie der »pensionierte« Agent – und Watergate-Einbrecher – Eugenio Martinez) weiterhin Guerilla-Operationen gegen die Castro-Regierung durchführen lassen; sie war auch bei den osteuropäischen Emigranten in den USA recht aktiv. Im November 1964 verklagte Eerik Heine, ein estnischer Flüchtling, der in Kanada lebte, einen anderen Esten namens Juri Raus, wohnhaft in Hyattsville, Maryland, wegen Verleumdung. Raus, der der amerikanische nationale Kommandeur der Legion der estnischen Befreiung war, soll angeblich Heine als Agenten des KGB denunziert haben. Raus' Verteidigung vor dem Gericht gründete sich nicht auf die spezifischen Fakten des Falls, sondern auf eine eidesstattliche Erklärung des damaligen Stellvertretenden CIA-Direktors Richard G. Helms, der bestätigte, daß Raus CIA-Agent sei und vor anderen Estno-Amerikanern auf einen direkten Agenturbefehl gegen Heine gesprochen habe. Helms ließ dem Gericht zwei weitere eidesstattliche Erklärungen vorlegen, die besagten, die CIA habe Raus befohlen, nicht vor Gericht auszusagen, die aber erklärten, was er gesagt habe, habe er getan, »um die Integrität der ausländischen Nachrichtenquellen der Agentur zu schützen«. Der Bundesrichter Roszel C. Thomsen entschied zugunsten der CIA und nahm die Erklärung des Klägers nicht entgegen, daß die Agentur selbst wenn sie die Verleumdung befohlen habe, nach dem National Security Act von 1947, welches verbot, »irgendwelche innere Sicherheitsfunktionen auszuüben« nicht dazu berechtigt gewesen sei.
In seinem Urteil schrieb Richter Thomsen:

> Es leuchtet ein, daß Emigrantengruppen von hinter dem Eisernen Vorhang eine wichtige Informationsquelle hinsichtlich dessen sind, was in ihrem Heimatland vorgeht. Die Tatsache, daß sich die Nachrichtenquelle in den Vereinigten

> Staaten befindet, macht sie nicht zu einer »Inneren Sicherheitsfunktion«, über die die CIA keine Autorität hat. Das Gericht schließt, daß Tätigkeiten der CIA, um ihre ausländischen Nachrichtenquellen zu schützen, die sich in den Vereinigten Staaten befinden, innerhalb der Vollmacht liegen, die der Kongreß der CIA gewährt hat.

Daraus könnte argumentiert werden, daß jede »ausländische Nachrichtenquelle« – ob von Emigranten oder nicht –, die sich in den Vereinigten Staaten befindet, Freiwild für die CIA ist. Offensichtlich sind amerikanische Bürger, die im Ausland reisen, geeignet, augenscheinlich gehören auch Forscher an Universitäten dazu, und wenn die Agentur einen Grund vorbringen kann – wie etwa die Bedrohung des ausländischen Einflusses auf die amerikanische Politik –, dann ist jedermann »geeignet«. Und diese »Eignung zur Verwendung« erstreckt sich nicht bloß auf die Ehre, konsultiert, umschmeichelt und finanziert, sondern auch auf das Privileg, verhört oder bestochen zu werden – oder was die heimlichen Operatoren sonst noch wünschen könnten.

Dritter Teil

Die Geheimdienstmentalität

Die größten Gefahren für die Freiheit
liegen in den heimtückischen Übergriffen
von Männern, die zwar Eifer entwickeln
und es gut meinen, aber ohne jedes Verständnis sind.

Richter Brandeis, 1928

Die Nation muß bis zu einem gewissen Grade
darauf vertrauen, daß auch wir ehrenhafte
Männer sind, die ihr ergeben sind.

CIA-Direktor Helms, 1971

Der führende Kopf und leitende Mann bei den verdeckten Operationen der CIA in Indochina in den 60er Jahren war William Colby. Er ist ein gut aussehender, gepflegter Graduierter von Princeton und der Columbia Law School, den man, wenn er größer wäre, für einen dritten Bundy-Bruder halten könnte. Er begann seine Arbeit im Nachrichtendienstwesen während des Zweiten Weltkriegs beim OSS. Zu seinen Fronteinsätzen gehörten Fallschirmabsprünge über dem besetzten Frankreich und Norwegen, wo er mit den Untergrundbewegungen gegen die Nazis arbeitete. Hierbei bewies er ein beachtliches Talent für die Geheimarbeit. Nach dem Krieg ging er zu der neu geschaffenen CIA, kletterte sehr schnell die Rangleiter hinauf und wurde ein Experte für den Fernen Osten. Von 1959 bis 1962 war er Stationschef der CIA in Saigon. 1962 wurde er Chef der Fernost-Abteilung der Heimlichen Dienste.

In dieser Position lenkte Colby die sich schnell ausweitenden Programme in Südostasien. Unter seiner Führung (doch stets mit Billigung des Weißen Hauses) wurde der »geheime« Krieg der CIA in Laos gestartet, und mehr als 30000 Meo und andere Stammeskrieger wurden in der CIA-eigenen Armée Clandestine organisiert. Colbys Offiziere und Agenten lenkten die Schlachten gegen den Pathet Lao, die Bombereinsätze der **CIA-eigenen** Gesellschaft Air America und die kommandoartigen Überfälle auf China und Nordvietnam – und nahmen gelegentlich daran teil –, lange bevor die Golf-von-Tonking-Resolution gebilligt wurde.

Colby schien die geheimen Operationen stets unter straffer Kontrolle zu halten. Seine Kollegen von der CIA staunten über seine Fähigkeit, all die Aktivitäten der CIA in Laos mit nicht mehr als 40 bis 50 Berufsoffizieren der CIA in der Region zu leiten. Es gab allerdings noch ein paar tausend andere Amerikaner, die die CIA unterstützten, aber dies waren Glücksritter oder Piloten unter Vertrag, keine Berufssoldaten. Vom Standpunkt der CIA, war der Krieg in Laos billig – er kostete die Agentur nur 20 bis 30 Millionen Dollar im Jahr – und gut geführt.* Die Zahl der Amerikaner, die daran teilnahmen, war klein, so daß ein relativ hoher Grad an Geheimhaltung gewahrt bleiben konnte. Im Gegensatz zu den Zehntausenden von Laoten, die in dem Krieg fielen, wurden nur wenige Amerikaner getötet, und diese amerikanischen Verluste betrafen nicht Berufsoffiziere der CIA, sondern Söldner, Kontraktoffiziere und Angehörige der CIA-eigenen Luftfahrtgesellschaften. Für die CIA war Laos eine sehr erfolgreiche Operation. Und man schrieb es Colby zugute, daß die Dinge unter Kontrolle blieben.

Die Geheimaktivitäten der CIA in Vietnam waren nicht so gut organisiert, getarnt oder erfolgreich wie die Operation in Laos. Mitte der 60er Jahre wurden die CIA und die übrige US-Regierung von einer Welle neuer riesiger Programme zur Unterstützung der Kriegsanstrengungen mitgerissen. Die CIA hätte lieber relativ kleine, streng geheime Operationen gestartet (oder hätte gerne die volle Kontrolle über die Geheimaktionen gehabt), aber die immer starreren Forderungen der Johnson-Regierung machten dies unmöglich. Wenn der Präsident also einen größeren Beitrag der CIA wünschte, würde die CIA ihn leisten. 1965 überwachte Colby – er war noch immer in Washington – die Gründung des CIA-Counter Terror program (Gegenterrorprogramm) in Vietnam. 1966 war die CIA der negativen Publizität müde, die das Wort »Terror« umgab, und wandelte die Bezeichnung der Gegenterrorgruppen in PRU (Provincial Reconnaissance Units: Aufklärungseinheiten in der Provinz) um. Wayne Cooper, ein ehemaliger Beamter des Auswärtigen Dienstes, der nahezu 18 Monate als Berater bei der Erstellung südvietnamesischer Programme zur inneren Sicherheit fungierte,

* Die Gesamtkosten des Krieges beliefen sich eigentlich auf fast eine halbe Milliarde Dollar, die größtenteils von anderen Stellen – dem Verteidigungsministerium und der AID – finanziert wurden.

beschrieb die Operation: »Es war ein einseitiges amerikanisches Programm und wurde niemals von der Regierung Südvietnams anerkannt. CIA-Vertreter rekrutierten, organisierten, versorgten und bezahlten Gegenterrorgruppen, deren Funktion darin bestand, Vietkong-Terrortechniken – Mord, Mißhandlungen, Entführungen und Einschüchterungen – gegen die Führung des Vietcong anzuwenden.« Colby leitete auch den Aufbau eines Netzes von Verhörzentralen (Provincial Interrogation Centers) in der Provinz. Eine solche Zentrale wurde mit CIA-Geldern in jeder der 44 südvietnamesischen Provinzen eingerichtet. Ein CIA-Mann oder Vertragsangestellter leitete die Operationen jeder Zentrale, deren Methoden im wesentlichen in Folterungen verdächtiger Vietcong bestanden, wobei derartige Folterungen meistens von vietnamesischen Staatsangehörigen durchgeführt wurden.

1967 dachte Colbys Büro ein anderes Programm aus, das am Ende die Bezeichnung Phoenix erhielt. Hierdurch wollte man einen Angriff gegen die Infrastruktur des Vietcong unter allen vietnamesischen und amerikanischen Polizei-, Nachrichten- und Militäreinheiten koordinieren. Wieder waren CIA-Gelder der Katalysator. Nach Colbys eigenen Angaben 1971 vor einem Kongreßausschuß wurden in den ersten $2^1/_2$ Jahren der Operation Phoenix 20587 verdächtige Vietcong getötet.* Nach Zahlenangaben der südvietnamesischen Regierung kostete die Aktion Phoenix den Vietcong sogar 40994 Tote.

Eine von Colbys Hauptaufgaben war die Stärkung der vietnamesischen Wirtschaft, um das Los des durchschnittlichen vietnamesischen Bauern zu verbessern und ihn so weniger anfällig für die Lockungen des Vietkong zu machen und ihn loyaler gegenüber der

* Selbst Colby hat zugegeben, daß es während der Aktion Phoenix zu schweren Mißhandlungen gekommen sei. Ehemalige Nachrichtendienst-Offiziere haben vor Kongreßausschüssen wiederholte Beispiele von Folterungen und anderen besonders abstoßenden Praktiken der Phoenix-Leute beschrieben. Nach David Wises Artikel im *New York Times Magazine* vom 1. Juli 1973 würde jedoch »nicht einer von Colbys Freunden oder Nachbarn oder selbst seine Kritiker auf dem Kapitol in ihrer blühendsten Phantasie sich vorstellen können, daß Bill Colby elektrische Drähte an männliche Genitalien angeschlossen und persönlich die Kurbel gedreht hat. ›*Nicht Bill Colby . . . Er ist ein Princeton-Mann.*‹«

Thieu-Regierung zu stimmen. Um die Bauern zu gewinnen, bestand Colby darauf, daß die Korruption innerhalb der Saigoner Regierung erheblich reduziert wurde. In einem Punkt schlug er sogar eine systematische Kampagne vor, die sich »Ehret die Nation« nannte. Es sollte ein Angriff auf illegale Praktiken auf allen Ebenen der vietnamesischen Gesellschaft sein. Zu diesem Zeitpunkt wußte Colby, daß Schwarzmarkthandel mit Geld eines der schlimmsten Korruptionsprobleme in Vietnam war. Das gesamte US-Personal in Vietnam hatte strikten Befehl, keine vietnamesischen Piaster auf dem schwarzen Markt zu kaufen, und eine Anzahl Amerikaner wurden wegen Verstößen gegen diese Anordnung vor ein Kriegsgericht gestellt oder von ihren zivilen Dienststellen hinausgeworfen. Aber Colby wußte auch, daß die CIA seit vielen Jahren in Hongkong oder Saigon viele Millionen Dollar in Form von Piastern vom schwarzen Markt bezogen hatte. Auf diese Weise konnte die Agentur zwei- bis dreimal so viel Kaufkraft für ihre amerikanischen Dollars erzielen. Außerdem behaupteten die Heimlichen Dienste, die Spuren von Schwarzmarkt-Piastern ließen sich nicht verfolgen und seien somit ideal für geheime Operationen.* Obwohl von einem strengen Budget-Standpunkt die Währungskäufe der CIA eine gesunde Steuerpolitik darstellten, verstießen sie direkt gegen das vietnamesische Gesetz und die offizielle US-Politik. Außerdem hielten diese Käufe den schwarzen Markt am Leben, den die US-Regierung angeblich beseitigen wollte.

Mitte der 60er Jahre, als Colby immer noch in Washington war, erfuhr das Budget-Büro, daß das CIA-Budget für Vietnam Dollarausgaben aufwies, die nach dem legalen Umtauschkurs berechnet waren. Da die Agentur ihre Piaster in Wirklichkeit auf dem schwarzen Markt kaufte, hatte sie eigentlich zwei- bis dreimal so viele Piaster in Vietnam zur Verfügung als das Budget aufzeigte. Das Budget-Büro bestand dann darauf, daß alle Summen zum aktuellen Schwarzmarktkurs angegeben würden, damit so zumindest die Kontrolleure des CIA-Budgets in Washington sich ein

* Angesichts der mehr als 500000 Amerikaner in Vietnam, die alle vietnamesische Piaster verbrauchten, und angesichts eines chaotischen vietnamesischen Banksystems hätte sich die CIA natürlich nichtaufspürbares oder »steriles« Geld beschaffen können, ohne sich des schwarzen Marktes zu bedienen.

echtes Bild davon machen konnten, wieviel die CIA ausgab. Das Büro versuchte dann auch, die Kosten der US-Regierung zu kürzen, indem sie die CIA veranlaßte, Piaster für *andere* Regierungsstellen auf dem schwarzen Markt zu kaufen. Die Agentur war von dieser Idee nicht begeistert und es gelang ihr, dieser Weisung auszuweichen, nicht weil massive Schwarzmarktkäufe den offenen Anstrengungen der Regierung hinsichtlich einer Stützung des Piasters entgegengewirkt hätten, sondern weil die Agentur nicht wollte, daß die Geheimhaltung ihrer Geldumtauschoperationen gefährdet würde.

Verglichen mit anderen Aspekten des Vietnamkrieges ist die Benutzung des schwarzen Marktes durch die CIA kein großes Problem. Es zeigt lediglich die Tatsache, daß die CIA nicht an dieselben Regeln gebunden ist, die für die übrige Regierung gelten. Das CIA-Gesetz von 1949 macht dieses deutlich: »Die Summen, die der Agentur zur Verfügung gestellt werden, können ohne Rücksicht auf die gesetzlichen Bestimmungen und Regelungen die für die Ausgaben der Regierung gelten, ausgegeben werden.*

So kann also ein William Colby, ohne mit dem Gesetz oder der Moral in Konflikt zu geraten, Programme zur Beseitigung der Korruption in Vietnam vorschlagen, während er gleichzeitig der CIA ihre dubiosen Geldpraktiken nachsieht. Und durch die Ausweitung des Begriffs der Immunität der Agentur gegenüber den Gesetzen und der Moral kann ein Colby Terrortaktiken, Geheimkriege und ähnliches planen und leiten – alles im Namen der Demokratie. Dies ist die Geheimdienstmentalität: eine Trennung von persönlicher Moral und der Durchführung von Aktionen, ohne Rücksicht darauf, wie verderbt sie sind, wenn sie im Namen der US-Regierung und spezifisch des CIA unternommen werden.

Als Colby 1971 seinen Posten als stellvertretender Botschafter in Vietnam verließ, stellte ihn die CIA sofort wieder ein, und Direktor

* Die CIA in Vietnam entging sogar dem weltweiten Erlaß der Johnson-Regierung, daß alle von der amerikanischen Regierung gekauften Autos amerikanisches Fabrikat sein müßten. Während das Außenministerium und das Personal der AID gezwungen war, sich in Saigons engen Straßen in riesigen Chevrolets und Plymouths zu bewegen, war der Autopark des CIA voll mit den sehr viel kleineren und praktischeren japanischen Toyotas.

Helms ernannte ihn zum Executive Director-Comptroller (dritthöchste Position innerhalb der Agentur). Als James Schlesinger Anfang 1973 die Leitung der CIA übernahm, machte er Colby zum Chef der Heimlichen Dienste. Im Mai 1973 – auf dem Höhepunkt der personellen Umgruppierungen als Folge der Watergate-Affäre – versetzte Präsident Nixon Schlesinger ins Verteidigungsministerium und ernannte Colby zum Chef der CIA. Nach vier Monaten Leitung durch den Outsider Schlesinger war somit die Kontrolle der Agentur wieder in Händen eines Mannes von den Heimlichen Diensten.

Senator Harold Hughes jedenfalls äußerte in einer Rede vor dem Senat am 1. August 1973 große Vorbehalte gegen Colbys Ernennung zum CIA-Direktor: »Ich habe Befürchtungen gegenüber einem Mann, der sich so intensiv mit Geheimoperationen abgab, zu denen die Anwendung von Gewalt und die Manipulation von Parteien innerhalb ausländischer Regierungen gehört. Ein solcher Mann kann durchaus in diese Techniken so verliebt sein, daß er die höheren Ziele und moralischen Grenzen, die die Aktivitäten unseres Landes im Ausland leiten sollten, aus dem Auge verliert.«

Tief verwurzelt in der Geheimdienstmentalität ist der Glaube, daß menschliche Ethik und soziale Gesetze keinen Einfluß auf verdeckte Operationen oder ihre Akteure haben. Auf Grund seiner hohen und edlen natürlichen Sicherheitsziele ist der Nachrichtendienstberuf frei von allen moralischen Beschränkungen. Es besteht keine Notwendigkeit, sich mit technischen Legalitäten oder Urteilen herumzuschlagen, ob etwas richtig oder falsch sei. Die bestimmenden Faktoren bei Geheimoperationen sind rein pragmatischer Natur: Muß die Arbeit getan werden? Kann sie geleistet werden? Kann Geheimhaltung (oder eine plausible Dementierung) aufrechterhalten werden?

Eine der Lektionen, die man aus der Watergate-Erfahrung gelernt hat, besteht in dem Spielraum dieser Amoralität und seinem Einfluß auf die Geheimdienstmentalität. E. Howard Hunt behauptete, daß seine Teilnahme an dem Watergate-Einbruch und den anderen Operationen der Klempner »meiner Überzeugung nach im besten Interesse meines Landes geschah«. In diesem Fall zumindest können wir akzeptieren, daß Hunt ehrlich spricht. Er zeigt lediglich eine Haltung, die man bei den meisten CIA-Männern antrifft, wenn sie Befehle ihrer Vorgesetzten ausführen. Hunt äußerte sich zu diesem Punkt, als er vor dem Geschworenengericht im Untersuchungsstadium im April 1973 vom amerikanischen assistant US-attorney Earl Silbert vernommen wurde.

> Silbert: Waren Sie nun, als Sie im Weißen Haus arbeiteten, jemals beteiligt oder hatten Sie jemals Kenntnis von irgendeinem sogenannten »bag job« (illegale Durchsuchung) oder von Operationen mit dem Ziel, irgendwo einzudringen?
> Hunt: Nein.
> Silbert: Wußten Sie von anderen, gewöhnlich als illegal bezeichneten Aktivitäten oder nahmen Sie daran teil?
> Hunt: Illegal?
> Silbert: Ja.
> Hunt: Ich erinnere mich an keine, nein.
> Silbert: Was ist mit Geheimaktivitäten?
> Hunt: Ja.
> Silbert: Gut. Wie steht's damit?
> Hunt: Ich möchte keine Ausflüchte machen, aber es gibt einen ganz erheblichen Unterschied zwischen einer Sache, die illegal ist und etwas, das geheim ist.
> Silbert: Schön, wäre nach Ihrer Terminologie, das Eindringen in Mr. Fieldings Büro* geheim, illegal, weder noch oder beides gewesen?
> Hunt: Ich würde es einfach eine »entry operation«** nennen, durchgeführt unter der Schirmherrschaft einer kompetenten Autorität.

Innerhalb der CIA werden ähnliche Aktivitäten mit Einwilligung »kompetenter Autorität« betrieben. Die Watergate-Verschwörer, die sicher waren, die »nationale Sicherheit« stehe auf dem Spiel, stellten die Legalität oder Moral ihrer Methoden nicht in Frage; und dies tun die meisten CIA-Leute nicht. Hunderte, wenn nicht Tausende von CIA-Leuten haben an ähnlichen Operationen

* Daniel Ellsbergs Psychiater

** Operation mit dem Ziel, irgendwo einzudringen

teilgenommen, meistens – aber nicht immer – in fremden Ländern; all diese Aktionen werden im Namen der »nationalen Sicherheit« durchgeführt. Die Geheimdienstmentalität erlaubt es nicht nur, sie *will* es.

Anfang Oktober 1969 erfuhr die CIA durch einen Geheimagenten, daß eine Gruppe von Radikalen im Begriff sei, in Brasilien ein Flugzeug zu entführen und damit nach Kuba zu entkommen. Diese Nachricht wurde dem CIA-Hauptquartier in Langley/Virginia zugeleitet und dann auf der Basis »nur eines Augenzeugen« an Henry Kissinger im Weißen Haus sowie an hohe Beamte des Außenministeriums, das Verteidigungsministerium und den Nationalen Sicherheitsdienst NSA, weitergegeben. Nach wenigen Tagen, am 8. Oktober, brachten dieselben Radikalen, die der CIA-Bericht identifiziert hatte, mit Waffengewalt eine brasilianische Verkehrsmaschine mit 49 Passagieren an Bord in ihren Besitz und zwangen den Piloten, nach einer Zwischenlandung zum Auftanken in Guyana nach Havanna zu fliegen. Weder die CIA noch die anderen Dienststellen der US-Regierung, die vorher von den Plänen der Radikalen gewarnt wurden, unternahmen irgendwelche Schritte, um die Ausführung des Verbrechens zu verhindern, obwohl die USA – wie der Präsident verkündet hatte – zu diesem Zeitpunkt offiziell die Politik vertraten, daß alle möglichen Maßnahmen ergriffen werden müßten, um die Luftpiraterie auszuschalten.

Als nachher Beamte des Außenministeriums ihre Kollegen in der CIA befragten, warum man keine Präventivmaßnahmen ergriffen habe, um die Entführung zu verhindern, ließen die Geheimoperateure der Agentur einen Monat verstreichen, bis sie antworteten. In der Zwischenzeit gelang es den Sicherheitsstreitkräften in Brasilien, die wichtigste revolutionäre Gruppe des Landes zu zerschlagen und ihren Führer, Carlos Marighella, zu töten. Kurz nach dem Tode des Revolutionärs am 4. November ließ die CIA dem Außenministerium einen formellen Bericht zukommen, worin bemerkt wurde, daß das Eindringen der CIA in die radikale Bewegung hätte ans Licht kommen und Mari-

ghellas Organisation nicht zerschlagen werden können, wenn man irgendeine Aktion gestartet hätte, um die Flugzeugentführung im Oktober zu unterbinden. Während es niemals ganz klar war, ob der Agent, der die Geheimoperatoren auf die Entführung aufmerksam gemacht hatte, auch Marighella befühlt hatte, so war dies jedenfalls der Eindruck, den die CIA dem Außenministerium zu vermitteln versuchte. Die Agentur ließ durchblicken, sie habe die Flugzeugentführung nicht verhindert, weil sie hierdurch die Chance verringert hätte, das wichtigere Ziel – die »Neutralisierung« Marighellas und seiner Anhänger – zu erreichen. Für die Geheimoperatoren der CIA hatte offensichtlich der Zweck – die Ausradierung der radikalen brasilianischen Bewegung – die Mittel gerechtfertigt, sie hatten also die Entführungsaktion zugelassen und das Leben von 49 unschuldigen Passagieren unnötig aufs Spiel gesetzt.

In den letzten 25 Jahren wurde die amerikanische Außenpolitik von dem Konzept beherrscht, den Kommunismus in Schranken zu halten; nahezu immer wurden die im Interesse der »nationalen Sicherheit« angewendeten Mittel durch den Zweck gerechtfertigt. Da man meinte, die »freie Welt« sei dem Angriff eines entschlossenen Gegners ausgesetzt, glaubten – und glauben noch immer – ernsthafte Männer in den höchsten Regierungsstellen, ihr Land könne nur überleben, wenn es zu den gleichen widerwärtigen Methoden greife, die die andere Seite anwende. In den letzten Jahren hat die Intensität des Kampfes abgenommen, da der kommunistische Monolith sich in mehrere Machtzentren aufspaltete; folglich ist es zu taktischen Veränderungen in der Führung der amerikanischen Außenpolitik gekommen. Doch es herrscht weiterhin bei den Spitzenbeamten der Nation, in der CIA und anderswo das starke Gefühl vor, daß Amerika für das, was in anderen Ländern geschieht, verantwortlich ist, und daß es ein unveräußerliches Recht habe – einen offenkundigen Schicksalsauftrag –, sich in die internen Angelegenheiten anderer Länder einzumischen. Am Verhandlungstisch mag es Veränderungen gegeben haben, aber nicht im Bereich der Planung; Intervention, entweder militärisch oder geheim, ist immer noch die Regel.

Bei den Geheimoperationen der CIA ist nichts normaler als die Anwendung »schmutziger Tricks«, um das nationale Interesse der USA zu fördern, wie die CIA es definiert. Nach den Worten des ehemaligen Chefs der Heimlichen Dienste, Richard Bissell, empfinden CIA-Männer »eine höhere Loyalität und ... sie handeln gemäß dieser höheren Loyalität«. Sie müssen in der Lage sein, akzeptierte Normen der Integrität zu verletzen, wenn es die Ziele der CIA verlangen. Bissell gab in einem Fernsehinterview 1965 zu, daß CIA-Operatoren bisweilen Aktionen durchführten, die »im Gegensatz zu ihren moralischen Maximen standen«, aber sie glaubten, »die Ethik des ... Kalten Krieges sei so unendlich viel leichter als die Moral nahezu jeden heißen Krieges, daß ich dies niemals als ein ernstes Problem angesehen habe«.
Vielleicht ist ein Geheimoperator auf Grund dieser wirren Moralbegriffe, die ihn lenken, einer extremen Geheimhaltung verschrieben. Der überführte Watergate-Einbrecher Bernard Barker, der lange mit und für die Agentur arbeitete, beschrieb diese Operationen in einem Interview mit der *New York Times* im September 1972: »Es sind anonyme Männer, sie hassen Publizität; sie werden dadurch nervös. Sie wollen nicht, daß man von ihnen spricht. Sie wollen nicht einmal, daß man sie kennt oder etwas Ähnliches.« Und nahezu immer wird diese Leidenschaft für Geheimhaltung von einer Besessenheit von Irreführung und Manipulation begleitet. Diese Charakterzüge, die bei den Ausbildungsprogrammen der CIA entwickelt werden, sind wesentliche Elemente für den Erfolg bei der Karriere des Operators. Er lernt, daß er ein Experte darin werden muß, »wie man mit einer Tarnung lebt«, daß er vorgibt, er sei jemand, der er gar nicht ist. CIA-Instrukteure bewerten die jungen Operatoren danach, wie gut sie ihre Kollegen hereinlegen können. Eine Standardübung für die Spionagezöglinge besteht darin, eine Information über jemand anderen herauszufinden. Da jeder Schüler erwartungsgemäß eine falsche Identität und Tarnung während der Ausbildungszeit wahren muß, besteht die beliebte Methode, um die gewünschte Information zu entlocken, darin, daß man sich mit dem anvisierten Lehrgangsteilnehmer anfreundet, um sein Vertrauen zu gewinnen und ihn dazu zu bringen, sein Visier fallen zu lassen. Der Lehrgangsteilnehmer, der die Information erlangt, erhält eine hohe Bewertungsnote; sein mißbrauchter

Kollege fällt bei dem Test durch. Die Erfolgreichsten sind jene, die sich nach Meinung der Agentur am besten dafür eignen, einen ausländischen Beamten zum Verrat an seinem Land zu überreden, die diesen Beamten manipulieren – oft gegen seinen Willen – und die diesen Agenten, wenn er der CIA nicht mehr nützlich ist, »ausschalten«.

Unter Geheimhaltung und mit Betrugsmanövern zu operieren, wird zur zweiten Natur des Geheimdienstmannes, wenn seine Ausbildung voranschreitet und er seine erste wirkliche Einsatzaufgabe erhält. Die gleichen Gewohnheiten können sich zeitweilig auf seinen Umgang mit den Kollegen und sogar mit seiner Familie übertragen. Die meisten Geheimdienstleute sehen keinerlei Widerspruch zwischen einem ehrenhaften Privatleben und ihrer un- oder amoralischen Arbeit. Sie würden wahrscheinlich sagen, daß jemand, der den Zwiespalt nicht ertragen könne, »weich« sei. Der doppelte Moralstandard wurde bei der CIA so vollständig absorbiert, daß Allen Dulles einmal erklärte: »In meinen zehn Jahren bei der Agentur erinnere ich mich nur an einen einzigen Fall unter Hunderten, wo ein Mann, der zur Agentur gekommen war, Skrupel bei den Aktivitäten empfand, die man von ihm verlangte.« Selbst heute stimmt Dulles' Bewertung noch immer.

Insoweit der Geheimdienstmann an die Rechtmäßigkeit seiner Aktionen glaubt, ist er gezwungen, in einer Atmosphäre zu arbeiten, die potentiell demoralisierend ist. Er steht ziemlich häufig mit einem Fuß in der Unterwelt oder ist sogar in sie verstrickt, und er wendet sich häufig an die widerlichsten Typen, um seine Ziele zu erreichen. Kriminelle sind für ihn nützlich, und er kommt oft zu ihnen, wenn er irgendeine widerwärtige Aufgabe nicht persönlich ausführen will oder wenn er nicht riskieren möchte, daß die Agentur direkt in seine schmutzige Arbeit verwickelt wird. Und wenn der Geheimdienstmann attraktive junge Mädchen zur Verführung von ausländischen Beamten benutzen will, fordert er dazu nicht weibliche CIA-Angestellte an. Statt dessen bedient er sich der örtlichen Prostituierten oder überredet ausländische Mädchen dazu, die Rolle der Verführerin zu übernehmen, in der Hoffnung, die Mädchen könnten Informationen aus den anvisierten Gegnern herauslocken, mit denen man sie dann durch Erpressung zur Zusammenarbeit mit der CIA zwingen könnte.

Andere CIA-Männer verkehren mit Leuten vom schwarzen Markt, um »gewaschene« Währung zu kaufen. Die Agentur kann nicht gut eine politische Partei in Südvietnam subventionieren oder den Arbeitsfrieden auf den Docks von Marseille mit Geld erkaufen, dessen Spuren sich bis zur CIA zurückverfolgen lassen. Somit wenden sich die »Finanzierungsoffiziere« der CIA, die nach Hongkong, Beirut und an andere internationale monetäre Zentren abkommandiert sind, häufig an die illegalen Geldtauschhändler in der Welt, um Geheimoperationen der CIA zu unterstützen. Auf die gleiche Weise gelangt man in den Besitz von »sterilen« Waffen für paramilitärische Aktivitäten der CIA, man erlangt sie von Waffenhändlern, die jeden mit Waffen beliefern, der den Preis bezahlen kann. Und wenn heimliche Truppen gebraucht werden, um bei einer von der CIA geförderten Revolution oder Gegenrevolution zu helfen, so gibt die Agentur in Söldnerzentralen wie Brüssel, Kinshasa oder Saigon bekannt, daß sie Glücksritter anwirbt, die gewillt sind, jede Sache für einen bestimmten Preis zu unterstützen.
Doch es gibt gewisse Normen, die ein Geheimoperator der CIA wahren muß, um seinen Job zu behalten und die Achtung seiner Kollegen nicht zu verlieren. Nach dem Kodex der Agentur darf er nicht persönlich von seinen Aktivitäten profitieren. Wäre er aus eigenem Gewinnstreben in den Rauschgifthandel verwickelt, würde er wahrscheinlich gefeuert werden, weil er sich »durch den Handel korrumpieren ließ«. Aber wenn derselbe CIA-Mann mit dem Rauschgifthandel zu tun hätte, weil er seine Rauschgiftverbindungen benutzt, um einen sowjetischen Beamten zu erpressen, würden seine Kollegen sagen, er mache seine Arbeit gut.
Während die CIA sich niemals am Schwarzhandel mit Rauschgift im Zuge der offiziellen Politik beteiligt hat, hat ihr Geheimpersonal diesen Handel in seine Dienste eingespannt – wie es sich zur Erreichung seiner Ziele praktisch jeder anderen kriminellen Aktivität, die Menschen bekannt ist, bedient hat. In Laos hoffte die CIA, die Pathet Lao und Nordvietnamesen zu besiegen (und so »den Kommunismus zu stoppen«). Zu diesem Zweck war sie bereit, dem Meo-Stamm, jenem Teil der laotischen Bevölkerung, der am eifrigsten für die CIA kämpft, Gewehre und Geld zu verschaffen und ihn auszubilden. Die CIA war bereit, die Tatsache zu übersehen, daß die Hauptbargeldquelle der Meo Opium war und

daß sie weiterhin in den Jahren, als sie an dem »Geheimkrieg« als antikommunistische Streitkraft in Laos teilnahmen, dieses Rauschgift verkauften. Während die Flugzeuge der **CIA-eigenen Luftfahrtgesellschaft** Air America gelegentlich Opium transportierten und einige der höchsten Offiziere, die von der CIA unterstützt wurden, gleichzeitig die Hauptakteure des Rauschgifthandels waren, konnte die Agentur immer noch behaupten, sie sanktioniere offiziell diese Aktivitäten nicht. Erst als der Heroinhandel aus Richtung Südostasien vor einigen Jahren zu einem großen Problem für Amerika wurde, bemühte sich die CIA ernsthaft darum, den Strom der Droge zu bremsen, denn es war gleichgültig, was für Leute die Meo waren – es zählte einzig, was sie willens und fähig waren, für die CIA zu leisten. Die Agentur würde den Satan als Agenten anheuern, wenn er die »nationale Sicherheit« garantieren könnte.

Der Schlüssel für eine erfolgreiche Spionageoperation liegt darin, den richtigen Agenten ausfindig zu machen und einzusetzen. Es gibt sieben grundlegende Bereiche, in denen sich die Agentenbeziehungen abspielen – Ausfindigmachen, Bewerten, Anwerben, Testen, Ausbilden, Behandeln und Ausschalten oder Beenden. Jeder Bereich verdient eine genaue Untersuchung.

Ausfindigmachen: Bei diesem Prozeß werden Ausländer oder andere Personen, die bereit sein könnten, für die CIA zu spionieren, identifiziert.

Der CIA-Mann mischt sich so weit es geht unter die einheimische Bevölkerung des Landes, in das er abkommandiert ist, in der Hoffnung, potentielle Agenten ausfindig zu machen. Normalerweise konzentriert er sich auf Beamte in der Regierung, Mitglieder der Streitkräfte sowie Vertreter der Nachrichtendienste des Gastlandes. Leute in anderen Berufen, die sich anwerben lassen, haben meistens keinen Zugang zu jenem Typus strategischer oder sonstiger Informationen, die die CIA wünscht. Die meisten Operatoren arbeiten von der örtlichen US-Botschaft aus; ihre diplomatische Tarnung gestattet es ihnen, auf bequeme Weise ihre Zielgruppe anzusteuern – und zwar durch die unzähligen Beamten und die gesellschaftlichen Kontakte, die das Leben eines Diplomaten charakterisieren, selbst das eines vorgetäuschten im Dienste der

CIA. Einige CIA-Offiziere geben sich als Militärs oder Vertreter der US-Regierung aus – als Beamte des AID, der USIA und anderer Dienststellen. Neben der offiziellen Tarnung schirmt die CIA ihre Offiziere als Geschäftsleute, Studenten, Journalisten oder Missionare ab.

Der CIA-Mann sucht ständig nach Anzeichen schwacher Stellen bei potentiellen ausländischen Agenten. Die Anzeichen können dem CIA-Mann durch eine zufällige Beobachtung auf einer Cocktailparty auffallen, oder sie entstehen durch Klatsch mit der Frau des anvisierten Mannes, oder aber sie entstammen Bemerkungen bereits angeworbener Agenten. Oft kommt die Hilfe – bewußt oder unbewußt – von seiten eines echten amerikanischen Diplomaten oder Geschäftsmannes. Der CIA-Operator erhält Instruktionen, welche Art von Leuten am anfälligsten und empfänglichsten für die Intrigen und Taktiken des »geheimen« Lebens sind. Diese Instruktionen stützen sich auf Studien von CIA-Spezialisten oder amerikanischen Collegeprofessoren, die die CIA unter Vertrag genommen hat. Selbstverständlich variiert die Persönlichkeit des potentiellen Spions von Land zu Land und von Fall zu Fall, doch gewisse Grundkategorien von Agententypen, die vorzuziehen und anfällig sind, lassen sich erkennen. Die meistgesuchten Informanten sind ausländische Beamte, die mit der Politik ihres Landes unzufrieden sind und die in den USA eine Führungsnation sehen. Leute dieser Art entwickeln sich wahrscheinlich eher zu loyalen und ergebenen Agenten als jene, deren Hauptmotivation Geld ist. Mit Geld kommt man sicherlich sehr weit, wenn man sich Informationen verschaffen will, besonders in der Dritten Welt, aber der Mann, der von der CIA gekauft werden kann, ist auch ein relativ leichtes Ziel für die Gegenseite. Andererseits ist der Agent, der ernsthaft glaubt, seine Tätigkeit diene einem höheren Ziel, nicht so anfällig für die Annäherungsversuche des KGB oder anderer gegnerischer Geheimdienste, und er wird wahrscheinlich weniger von Schuldgefühlen und den damit Hand in Hand gehenden negativen psychologischen Zerfallserscheinungen gepeinigt, die häufig die Arbeit von Spionen behindern. Der ideologische Überläufer oder Abtrünnige ist die ideale Beute für CIA-Männer. Andere in Frage kommende Spionagekandidaten sind Beamte oder offizielle Persönlichkeiten mit kostspieligen Gelüsten, die sie mit ihrem normalen Einkommen nicht befriedigen können, oder Männer mit einer offensichtlich unkontrollierbaren Schwäche für Frauen, andere Männer, Alkohol oder Rauschgift.

Der CIA-Operator sucht die potentiellen Agenten nicht unbedingt immer unter Leuten aus, die bereits in wichtigen Positionen arbeiten. Er kann durchaus jemand nehmen, der in einigen Jahren auf einen wichtigen Posten versetzt wird (mit oder ohne einer kleinen Hilfe der CIA). Studenten gelten als besonders wertvolle Ziele, speziell in der Dritten Welt, wo Universitätsabsolventen oft nur wenige Jahre nach ihrer Graduierung in hohe Regierungspositionen aufsteigen. In Lateinamerika und Afrika legt die CIA das Schwergewicht auf die Suche nach Agenten bei den Streitkräften, da so viele dieser Nationen von Militärs regiert oder kontrolliert werden. Daher sind »für unbedenklich erklärte« auf den Lohnlisten der CIA stehende Professoren an amerikanischen Universitäten mit beträchtlichen ausländischen Immatrikulationen sowie Ausbildungsoffiziere, die beispielsweise der Führungsakademie in Fort Leavenworth/Kansas entstammen, die Hauptanwerber.

In den kommunistischen Ländern konzentrieren sich die CIA-Leute, wie wir schon erwähnten, bei ihrer Suche nach Geheimagenten auf Angehörige der gegnerischen Nachrichtendienste.

Bewertung: Sobald ein potentieller Spion erst einmal ausfindig gemacht worden ist, überprüft die Agentur zunächst gründlich alle über ihn verfügbaren Informationen, um zu entscheiden, ob er in der Lage ist oder eines Tages in der Lage sein wird, wertvolles Nachrichtenmaterial zu liefern. Der erste Schritt bei diesem Beurteilungsprozeß ist eine Namensüberprüfung der Person, wobei man die gewaltigen, von Computern erstellten Karteien der CIA im Hauptquartier von Langley verwendet. Diese Datenbank wurde von IBM exklusiv für die CIA entwickelt und enthält Informationen über Hunderttausende von Personen. Jede relevante biographische Information über den potentiellen Agenten, die man in den Karteien findet, wird dem betreffenden Operator im Einsatzgebiet telegraphiert, der inzwischen weiterhin den Kandidaten beobachtet und Nachforschungen über seine Vergangenheit, seine Persönlichkeit und seine Chancen für eine Beförderung usw. ausstellt. Der Kandidat wird wahrscheinlich überwacht, um seine Gewohnheiten und Ansichten besser kennenzulernen. Schließlich wird genau bestimmt, welche Motivation (ideologische, finanzielle oder psychologische) den Kandidaten veranlaßt, Spion zu werden. Hat er eine solche Motivation nicht, sucht die CIA nach Möglichkeiten – Erpressung und dergleichen – um Druck auf ihn auszuüben. Hierbei muß der CIA-Offizier bestimmen, ob der Kandidat einwandfrei oder ob er ein gegnerischer Spitzel ist – eine Provokation oder ein Doppelagent. Ein Mitglied des CIA-Teams, vielleicht der ursprüngliche Beobachter, bemüht sich, den potentiellen Agenten auf einer persönlichen Basis kennenzulernen und sein Vertrauen zu gewinnen.

Anwerben: Am Ende der Bewertungsperiode, die Wochen oder Monate dauern kann, entscheidet das Hauptquartier unter Konsultation der Einsatzabteilung, ob der vorgesehene Spion darauf angesprochen werden soll, für die Agentur zu arbeiten. Normalerweise, wenn die Entscheidung positiv ausfällt, tritt ein Außenseiter der CIA an den Kandidaten heran. Weder der Mann, der ihn ausfindig gemacht, noch der Mann, der ihn beurteilt hat, noch ein Mitglied des örtlichen CIA-Teams werden im allgemeinen verwendet, um den entscheidenden Anwerbungsversuch zu unternehmen. Für den Fall, daß etwas schief geht, kann die Person, der das Angebot gemacht wird, daher keinen der CIA-Männer preisgeben. In der Regel erhält der CIA-Offizier, der den Annäherungsversuch unternimmt, durch einen gefälschten amerikanischen Paß, der von der CIA ausgestellt wird, eine andere Identität, so daß er schnell aus dem Land verschwinden kann, wenn es Schwierigkeiten gibt.

Ist der Anwerber auf der Szene, arrangieren Operatoren der Agentur ein Treffen zwischen ihm und dem vorgesehenen Agenten. Der Anwerber wird der Zielperson unter zuvor sorgfältig arrangierten und kontrollierten Umständen vorgestellt, die es dem Operator, der die Vorstellung besorgte, gestatten, sich diskret zurückzuziehen, so daß der Anwerber mit dem potentiellen Agenten allein bleibt. Es werden auch Vorbereitungen getroffen, um dem Anwerber eine Fluchtroute zu sichern, für den Fall, daß der Versuch fehlschlägt. Wenn er bei seiner Annäherung geschickt ist, geht der Anwerber möglichst behutsam vor und vermeidet offene Erklärungen, die seine wahre Absicht oder seine Verbindung mit der Agentur preisgeben könnten.

Falls der potentielle Agent kürzlich Äußerungen gegen seine

Regierung getan hat, beginnt der Anwerber wahrscheinlich mit einem Appell an die patriotischen Pflichten und höheren ideologischen Neigungen des Mannes. Man legt ihm die Möglichkeiten nahe, durch die er seinem Lande und seinem Volk durch geheime Zusammenarbeit mit einer wohlwollenden fremden Macht helfen kann. Wenn andererseits der Kandidat als für Geld empfänglich gilt, wird der Anwerber wahrscheinlich diesen Punkt ausspielen und betonen, daß er Möglichkeiten kennt, wie man schnell und leicht das große Geld verdienen kann. Interessiert sich das Objekt für Macht oder hat lediglich kostspielige Gelüste zu befriedigen (Sex, Rauschgift usw.), will der Mann sein Land verlassen oder einfach seiner Familie und seiner sozialen Situation entkommen, wird sich der Anwerber auf diese menschlichen Bedürfnisse konzentrieren und die ganze Zeit Vorschläge machen, wie diese Bedürfnisse durch Zusammenarbeit mit »gewissen Parteien« befriedigt werden können. Die Leute spionieren gegen ihre Regierung aus vielen Gründen. Es ist Aufgabe des Anwerbers festzustellen, welcher Grund wahrscheinlich den potentiellen Agenten motiviert.

Wenn die Agentur zu dem Schluß gekommen ist, daß sich der Kandidat erpressen läßt, werden während des Gesprächs andeutungsweise Drohungen ausgesprochen werden, er könne bloßgestellt werden. In manchen Fällen jedoch kann der Anwerber den potentiellen Agenten direkt mit Beweisen konfrontieren, auf Grund derer er bloßgestellt werden kann, um ihn so zu schockieren, daß er auf die Anwerbung eingeht. Und in allen Fällen wird das Treffen zwischen dem Anwerber und dem Kandidaten überwacht, entweder durch Abhöranlagen (Tonbandgeräte usw.) oder eine andere Methode Fotografien, Fingerabdrücke oder irgend etwas anderes, das später als Beweismaterial benutzt werden kann, um den Kandidaten zu belasten. Wenn er zunächst nicht für Erpressungsversuche empfänglich ist, kann sich der Kandidat, der wissentlich oder unwissentlich einen Anwerbungsvorschlag in Erwägung zieht, durch das Beweismaterial, das verwendet werden kann, um seine Karriere zu ruinieren oder ihn ins Gefängnis zu bringen, überrumpelt fühlen.

Hat der Kandidat das Angebot der CIA akzeptiert oder der Erpressung nachgegeben, kommt der Anwerber zu den Details des Arrangements. Er kann einem Agenten 500 bis 1000 Dollar pro

Monat anbieten, teilweise in bar, doch meistens als Hinterlegung auf einem Konto bei einer amerikanischen oder Schweizer Bank. Er wird versuchen, die direkten Zahlungen so niedrig wie möglich zu halten: erstens, um den Mann daran zu hindern, große Zechgelage zu veranstalten, die die unerwünschte Aufmerksamkeit der örtlichen Sicherheitsdienste auf sich lenken, und zweitens, um den Spion fest im Griff zu haben. Der letzte Grund ist besonders wichtig, wenn der Agent nicht ideologisch motiviert ist. Der Anwerber kann versprechen, daß die CIA die Sicherheit des Agenten oder seiner Familie im Falle von Schwierigkeiten mit der örtlichen Polizei garantiert, und er kann einem besonders wertvollen Agenten eine lebenslange Pension und sogar die amerikanische Staatsbürgerschaft versprechen.

Die Erfüllung derartiger Versprechen variiert erheblich, sie hängt ab von der Verhandlungsposition und der Persönlichkeit des CIA-Offiziers, der damit betraut ist. Einige sind zynische, brutale Männer, deren Wort in den meisten Fällen absolut wertlos ist. Andere hingegen gehen bis zum äußersten, um ihre Agenten zu schützen. Anfang der 60er Jahre setzte ein CIA-Mann in Syrien sein Leben und das eines Kollegen aufs Spiel, um einen Agenten aus der Gefahrenzone herauszuschaffen: der Agent war von dem örtlichen Sicherheitsdienst geschnappt, gefoltert und gezwungen worden, seine Mittäterschaft bei den CIA-Operationen im Lande einzugestehen. Obwohl der Agent ein physisches und geistiges Wrack war und keinerlei Nutzen mehr für die CIA bot, brachten ihn die beiden CIA-Männer im Kofferraum eines Privatwagens in ein benachbartes Land und damit in Sicherheit.

Der Anwerber wird versuchen, den neuen Agenten dazu zu bringen, daß er ein Stück Papier unterschreibt, das ihn formell und deutlich an die Agentur bindet. Dieses Papier kann später benutzt werden, um einen störrischen Agenten mit der Bloßstellung zu bedrohen, sollte er sich weigern, seine Arbeit für den CIA fortzusetzen.

Die letzte Aufgabe des Anwerbers besteht darin, ein Treffen zwischen dem neuen Agenten und dem in diesem Land stationierten CIA-Operator zustande zu bringen, der als sein Führungsoffizier dient. Dies erfordert oft den Einsatz vorher vereinbarter Erkennungssignale. Beispielsweise kann man dem Agenten ein Paar ungewöhnlicher Manschettenknöpfe geben und ihm erzählen, er werde in Kürze von einem Mann angesprochen, der ein identisches Paar trage. Eine andere Technik besteht darin, einen Austausch von Kodewörtern festzusetzen, die der Führungsoffizier später verwenden kann, um sich dem Agenten zu erkennen zu geben. Wenn dies alles erledigt ist, bricht der Anwerber das Treffen ab und verläßt so bald wie möglich das Land.

Wenn der Annäherungsversuch nicht funktioniert, ▶

◀ **Treffen mit einem potentiellen Agenten/Überläufer in einem örtlichen Gasthaus, nur um festzustellen, daß die Gäste an den Nachbartischen keine Wiener waren, sondern vielmehr Mitglieder eines KGB-Teams. In diesem Augenblick brach eine Schlägerei aus, und er konnte nur dadurch entkommen, daß er in die Herrentoilette floh und durch das Fenster über der Toilette ins Freie kroch.**

Testen: Ist ein Agent angeworben, so testet sein Führungsoffizier sofort seine Loyalität und Zuverlässigkeit. Man stellt ihm bestimmte Aufgaben, die, wenn er sie erfolgreich ausführt, seine Aufrichtigkeit beweisen und zeigen, daß er Zugang zu geheimen Informationen hat. Man kann den Agenten zum Beispiel darum bitten, Informationen über einen Gegenstand zu beschaffen, über den die Agentur bereits sehr viel herausgefunden hat, was der Agent nicht weiß. Wenn sein Bericht sich nicht mit den bereits vorliegenden Nachrichten deckt, ist er wahrscheinlich entweder ein Doppelagent oder eine kümmerliche Informationsquelle und versucht in ungeschickter Form, seinem neuen Auftraggeber zu gefallen. Wenn es möglich ist, wird die Arbeit des Agenten während der Testperiode mit diskreten Methoden sorgfältig überwacht.

Ferner verlangt man von dem neuen Agenten mit ziemlicher Sicherheit, daß er sich dem Test durch einen Lügendetektor unterzieht. CIA-Operatoren verlassen sich bei ihren Agentenbeziehungen sehr stark auf die Befunde einer polygraphischen Maschine, die sich »black box« nennt. Spezialisten kommen aus dem Hauptquartier und einigen regionalen Hilfszentren der Agentur, um die Tests auf speziellen Auftrag hin zu leiten. Wie einer dieser Spezialisten erklärt, erfordert das Testen ausländischer Agenten völlig andere Fähigkeiten als die Befragung von Amerikanern, über deren Eignung für einen Dienst bei der CIA entschieden werden soll. Er stellte fest, daß Amerikaner normalerweise ziemlich unkompliziert und relativ berechenbar in ihren Reaktionen auf den Test sind und es somit ziemlich einfach machen, jemand auszusondern, der dem Standard der CIA nicht genügt. Das Testen ausländischer Agenten dagegen ist seiner Meinung nach sehr viel schwieriger. Gewisse Anpassungen müssen erfolgen, um auf kulturelle Unterschiede und die Tatsache Rücksicht zu nehmen, daß sich die Testperson auf eindeutig illegale und höchst gefährliche geheime Arbeit einläßt. Ein ideologisch motivierter Agent kann außerdem ziemlich emotional reagieren, so daß die Messungen des Apparates überaus schwierig zu »lesen« oder zu beurteilen sind. Spioniert jemand nur für finanziellen Gewinn, oder nur, um irgendein privates Laster zu befriedigen, können sie unter Umständen nicht gelesen werden, da es keine Möglichkeiten gibt, seine moralischen Grenzen exakt zu messen. Sympathische Lügner, Psychopathen und Leute die bestimmte Drogen nehmen, können häufig den »schwarzen Kasten« täuschen. Nach Aussagen eines polygraphischen Experten stützt sich daher eine Entscheidung über die Zuverlässigkeit und Aufrichtigkeit eines Agenten sowohl auf die Intuition des Testleiters als auf die Messungen des Apparates. Den Agenten jedoch läßt man glauben, der schwarze Kasten sei unfehlbar, so daß er, falls er nicht ein routinierter Doppelagent oder ein klinisch Anormaler ist, mit großer Wahrscheinlichkeit die Wahrheit sagt.

Ausbildung: Wenn der Agent das Testverfahren absolviert hat, unterweist man ihn in speziellen Fertigkeiten, die für die Arbeit eines Spions erforderlich sind. Umfang, Ort und spezifische Art der Ausbildung variieren nach den Gegebenheiten der Operation. In einigen Fällen ist die geheime Instruktion ziemlich gründlich; in

anderen Fällen ist es nahezu unmöglich, das Logikkalkül einer solchen Ausbildung sicherzustellen, und infolgedessen findet praktisch gar keine statt. In solchen Verhältnissen muß sich der Agent auf seinen Instinkt, sein Talent und die Berufserfahrung seines Führungsoffiziers verlassen, er muß den Stil und die Art seines geheimen Lebens erlernen, während die Operation sich entwickelt.
Wenn die Möglichkeit gegeben ist, einen Agenten auszubilden, lehrt man ihn, jegliches Ausrüstungsmaterial, das er benötigen könnte, zu benutzen – beispielsweise eine Mini-Kamera zum Fotografieren von Dokumenten. Man zeigt ihm die verschiedenen Methoden geheimer Kommunikation – Geheimschrift, kodifizierte oder chiffrierte Radio- und Funksendungen usw. Er lernt auch die Benutzung geheimer Kontakte. Und man bildet ihn in den Sicherheitsvorkehrungen aus: wie etwa im Entdecken und Vermeiden von Überwachung.
Je nach der Verwendbarkeit und dem geschätzten Wert eines Agenten in den Augen der Heimlichen Dienste erhält er nur ein paar Unterrichtsstunden von seinem Führungsoffizier darüber, wie man ein Hörgerät benutzt oder wie man durch eine Reihe von Mittelsmännern Verbindung zur Agentur hält, oder man verlangt von ihm, daß er gegenüber seiner Familie oder seinem Arbeitgeber eine Tarngeschichte erfindet, die es ihm gestattet, ein paar Tage oder Wochen in einem sicheren Haus der Agentur zu verbringen und hier die Kunst der Spionage zu erlernen. Er kann sogar eine Entschuldigung erfinden, um das Land zu verlassen, damit er in einer CIA-Einrichtung bei einer anderen Nation, wo er nicht von den Sicherheitsbehörden seines Landes beobachtet wird, Instruktionen empfangen kann. Oder er wird sogar zur Ausbildung in die Vereinigten Staaten gebracht, wo er dann ständig vom Sicherheitsbüro der CIA überwacht wird. Spezielle Ausbildungsanlagen für ausländische Neulinge, die hier von allen anderen Aktivitäten isoliert sind, gibt es in **Camp Peary – »The Farm« – in Süd-Virginia.**
Während die handwerklichen Fertigkeiten, die man dem Agenten lehrt, unzweifelhaft nützlich sind, dient die Instruktionszeit ebenfalls als Gelegenheit für den Führungsoffizier und die anderen Instrukteure, ihn zu motivieren und ihn stärker auf die Sache der CIA zu verpflichten. Der Agent lernt die Tüchtigkeit und Macht

der Agentur kennen. Er ist Zeuge der straff gefügten professionellen Kameradschaft. Er erfährt, daß er, obwohl er seine frühere Lebensweise aufgibt, jetzt eine Chance hat, ein besseres Leben zu haben. Gute Arbeit, die er leistet, wird mit politischem Asyl belohnt; die Regierung, die er ablehnt, kann sogar durch eine noch anmaßendere ersetzt werden. Somit wird seine Bindung an den neuen Arbeitgeber noch weiter gefestigt. Es ist Aufgabe des Führungsoffiziers, diese Einstellung des Agenten aufrechtzuerhalten.

Behandlung: Eine erfolgreiche Behandlung und Führung des Agenten hängt von der Stärke der Beziehung ab, die der Führungsoffizier zu seinem Agenten herstellen kann. Nach den Worten eines früheren CIA-Operators muß ein guter Führungsoffizier die Eigenschaften eines Meisterspions, eines Psychiaters und eines Beichtvaters miteinander verbinden.

Bei den Heimlichen Diensten herrschen zwei maßgebende Auffassungen darüber vor, wie sich ein Agent am besten führen läßt. Die erste neigt zur sogenannten Kumpel-Technik: hierbei entwickelt der Führungsoffizier eine enge persönliche Beziehung zu seinem Agenten und überzeugt ihn, daß sie beide zusammenarbeiten, um ein wichtiges politisches Ziel zu erreichen. Diese Methode kann eine mächtige motivierende Kraft sein, die den Agenten antreibt, große Risiken für seinen Freund auf sich zu nehmen. Die meisten dienstälteren Operatoren glauben jedoch, die Kumpel-Technik berge die Gefahr in sich, daß der Führungsoffizier sich gefühlsmäßig derart an den Agenten binde und so manchmal seine berufliche Objektivität verliere. Das Gegenteil dieser Technik im Rahmen der Behandlungsmethoden ist der »zynische« Stil: Hierbei verfährt der Operator, während er persönliches Interesse für den Agenten vortäuscht, in Wahrheit mit ihm in einer völlig gefühllosen Weise, die an Rücksichtslosigkeit grenzt. Von Anfang an interessiert sich der Führungsoffizier nur für das Resultat. Er treibt den Agenten bis zum äußersten, um ein Maximum an Einsatz und Leistung zu erreichen. Diese Methode hat auch ihre Kehrseite: Hat der Agent erst einmal gemerkt, daß er von seinem Führungsoffizier ausgebeutet wird, kann seine Loyalität schnell schwinden.

Agenten sind komplizierte Individuen mit einem oft labilen Gleichgewicht. Die Faktoren, die sie zu dem Geheimdienstspiel treiben, sind zahlreich und höchst komplex. Die Belastung und der Druck, unter dem sie stehen, machen diese Männer launenhaft und oft unberechenbar. Der Führungsoffizier muß daher ständig auf irgendwelche Zeichen achten, die darauf hindeuten, daß der Agent ungewöhnlich beunruhigt ist und möglicherweise seine Mission nicht durchführen kann. Der CIA-Mann muß ständig die rechte Mischung aus Schmeichelei und Drohungen, Ideologie und Geld, gefühlsmäßiger Verbundenheit und Mitleidlosigkeit anwenden.

Bei dem Russen Oleg Penkovsky stellten seine englischen und CIA-Führungsoffiziere fest, daß Schmeichelei eine besonders wirksame Methode der Motivierung war. Obwohl er britische Lebensart bevorzugte, bewunderte Penkovsky zutiefst die Macht der Amerikaner. Daher gab man ihm heimlich die amerikanische Staatsbürgerschaft und zeichnete ihn ebenso mit der »geheimen« CIA-Medaille aus. Als Soldat war er sehr rangbewußt; daher ernannte man ihn zum Oberst der US-Armee, um ihm zu zeigen, daß er keinerlei Statusverlust auf Grund seines Frontwechsels zu erleiden brauche.

Zweimal während seiner Zeit als aktiver Spion reiste Penkovsky außerhalb Rußlands in offiziellem Auftrag mit Delegationen auf hoher Ebene, die sowjetische Handelsmessen besuchten. Beide Male – zuerst in London, dann in Paris – schlich er sich von seinen sowjetischen Kollegen fort, um sich zu Einsatzbesprechungen mit seinen britischen und amerikanischen Führungsoffizieren zu treffen. Bei einem dieser Londoner Treffen wollte er seine US-Uniform sehen. Keiner der CIA-Männer und der britischen Operatoren war auf eine solche Bitte vorbereitet. Einer der Offiziere reagierte jedoch blitzschnell und erklärte, die Uniform befinde sich in einem sicheren Hause und die Fahrt hin und zurück, um sie zu holen, würde einige Zeit in Anspruch nehmen. Der Spion wurde vorübergehend besänftigt, und ein CIA-Führungsoffizier wurde sofort losgeschickt, um eine Obristenuniform zu finden, die man dem Agenten zeigen konnte. Nachdem er auf der Suche nach einem amerikanischen Obristen mit einer ähnlichen Statur wie Penkovsky ein paar Stunden durch London gerannt war, kehrte der CIA-Mann triumphierend zu der Einsatzbesprechung zurück, die gerade zu Ende ging – mit einer Uniform in der Hand. Penkovsky war begeistert.

Einige Monate später in Paris waren die CIA-Männer besser

vorbereitet. Man hängte eine nagelneue Uniform, die nach Penkovskys Maßen geschneidert war, in einen Schrank im Zimmer neben dem Raum, wo die Besprechung stattfand, und er inspizierte sie glücklich nach beendigter Sitzung.

In den 50er Jahren warb die CIA einen osteuropäischen Nachrichtendienstoffizier in Wien an, dessen Motivation – wie im Falle Penkovsky – wesentlich ideologischer Natur war. Während man ihm ein gutes Gehalt versprach (sowie eine ansehnliche Pension nach Beendigung der Operation, wenn er dann formell zu den USA überlaufen würde), vermied es sein Führungsoffizier sorgfältig, ihm in Wien irgendwelche direkten Zahlungen zu leisten, um nicht die Aufmerksamkeit der Gegenseite auf ihn zu lenken. Der Agent verstand durchaus die Notwendigkeit derartiger Vorsichtsmaßnahmen, doch nachdem er eine Zeitlang spioniert hatte, schockierte er eines Tages seinen Führungsoffizier, als er eine ziemlich hohe Summe Bargeld verlangte. Er wollte nicht sagen, warum er das Geld brauchte, aber es war dem Führungsoffizier klar, daß die weitere gute Arbeit des Agenten für die CIA davon abhing, daß er das gewünschte Geld bekam. Nach Absprache mit dem örtlichen CIA-Stationschef und dem Hauptquartier entschloß man sich schließlich, das Risiko einzugehen, und so erhielt der Agent das Geld, in der Hoffnung, daß er nicht irgend etwas Ausgefallenes oder Riskantes damit unternehmen würde. CIA-Leute überwachten ihn dann, um festzustellen, was er vorhatte. Zu ihrem größten Erstaunen entdeckten sie ihn am folgenden Wochenende in einem Motorboot, das er soeben gekauft hatte, auf der Donau. Ein paar Tage später trat ihm sein Führungsoffizier gegenüber und verlangte, er solle das Boot loswerden, da es sich um ein Objekt handle, das ein Mann in seinen scheinbar einfachen Verhältnissen unmöglich von seinem eigenen Gehalt gekauft haben konnte. Der Agent erklärte sich einverstanden, wobei er beiläufig erklärte, daß er sich seit seiner Kindheit ein eigenes Boot gewünscht habe. Nun war dieses Verlangen gestillt, und er war durchaus bereit, das Boot aufzugeben.

Ein anderer Osteuropäer, der einige Jahre später kurze Zeit für die CIA spionierte, lehnte alle Angebote einer Pension und eines Asyls im Westen ab. Er wollte lediglich Benny-Goodman-Platten.

Eines der größten Probleme bei der Behandlung und Lenkung eines

Agenten entsteht, wenn ein Wechsel der Führungsoffiziere stattfindet. Nach den Regeln der Politik der CIA, den meisten Operatoren der Agentur, die im Ausland arbeiten, eine diplomatische oder andere offizielle Tarnung zu geben, müssen Führungsoffiziere in der Maske von US-Diplomaten, Beamten des AID, oder Militärattachés gemäß einer Anweisung des Hauptquartiers alle zwei bis vier Jahre in ein anderes Land oder nach Washington versetzt werden, wie dies auch bei echten Beamten üblich ist. Ein scheidender Führungsoffizier benachrichtigt alle seine Agenten vor seinem Fortgang von seiner Versetzung, aber oft widerstrebt es den Agenten zunächst, mit einem neuen Mann zusammenarbeiten zu müssen. Wenn die Agenten eine akzeptable Arbeitsgemeinschaft mit einem Führungsoffizier aufgebaut haben, sind sie meistens nicht allzu erpicht darauf, es mit einem neuen Mann zu tun zu haben. Ihre Abneigung gegen einen Wechsel wird noch dadurch verstärkt, daß die Agentur häufig junge Führungsoffiziere beauftragt, bereits bewährte Agenten zu lenken. Auf diese Weise können junge Operatoren Erfahrungen sammeln, da sie es mit Agenten zu tun haben, die nicht so viel berufliche Anleitung oder mitfühlendes »Händchenhalten« brauchen wie neu angeworbene. Die meisten Agenten spüren jedoch, daß der Umgang mit einem unerfahrenen Offizier das Risiko der Bloßstellung verstärkt. Alles in allem kann der Wechsel des Führungsoffiziers ziemlich schwierig und heikel sein, doch er vollzieht sich nahezu immer ohne dauernden Schaden für die Operation. Wenn Überredung und Versprechungen nicht ausreichen, den Agenten bei der Stange zu halten, so wirken meistens Drohungen und Erpressung. Die Anhäufung von Belastungsmaterial, die die Agentur präventiv betreibt – geheime Verträge, unterzeichnete Zahlungsquittungen, Bandaufnahmen und Fotos – zwingen im allgemeinen selbst den störrischsten Agenten, die Dinge aus der Sicht der CIA zu betrachten.

Bei gewissen besonders empfindlichen Operationen wird der Wechsel des Führungsoffiziers mit Rücksicht auf die Wünsche eines hochgestellten Agenten vermieden. Der potentielle Schaden für die Tarnung des CIA-Mannes durch sein Verbleiben im Lande ist weniger wichtig als die Aufrechterhaltung der zerbrechlichen Beziehung, die er zu dem Agenten entwickelt hat. In Situationen, wo ▶

◀ der CIA-Offizier kann sechs oder acht Jahre in Diensten der Operation stehen, bevor er versetzt wird. Und wenn er schließlich auf einen anderen Posten versetzt wird, achtet man mit besonderer Sorgfalt darauf, daß man einen Ersatzmann auswählt, der für den befreundeten Staatschef akzeptabel ist.

Beendigung: Alle Geheimoperationen erreichen einmal ihr Ende. Aktionen, die von der Tätigkeit eines Agenten abhängen, haben eine kurze Lebensdauer und enden oft ganz plötzlich. Der Agent kann aus natürlichen Gründen sterben, er kann verhaftet werden und ins Gefängnis kommen oder sogar hingerichtet werden. In jedem derartigen Fall gilt die einzige Überlegung, die für die Operatoren der CIA Gewicht hat, dem Schutz der Interessen der Agentur. Dies geschieht, indem man meistens die Tatsache verdeckt, daß der Mann ein Geheimagent der US-Regierung war. Manchmal jedoch muß die Agentur selbst die Operation beenden und den Agenten ausschalten. Die Entscheidung darüber wird vom CIA-Stationschef des Landes getroffen, wo die Operation stattfindet, mit Zustimmung des Hauptquartiers der CIA. Die Ursache für den Bruch mit einem Agenten kann einfach darin liegen, daß er den Zugang zu den Geheimnissen verloren hat, an denen die CIA interessiert ist. Weitaus komplizierter ist gefühlsmäßige Instabilität, Mangel an persönlicher Vertrauenswürdigkeit, was eine Gefährdung der Operation darstellt, oder eine drohende Entlarvung und Verhaftung. Am allerschlimmsten ist es, wenn die Frage politischer Unzuverlässigkeit auftaucht: Es kann der Verdacht bestehen, daß der Mann ein Doppelagent, eine Provokation oder eine Täuschung, die von einem Nachrichtendienst der Gegenseite gelenkt wird, ist oder geworden ist.

Der nutzlose oder instabile Agent kann meistens ausbezahlt oder aber, falls notwendig, mit Erfolg bedroht werden. Ein zuverlässiger oder nützlicher Agent, der seine Aufgabe als Spion zur Zufriedenheit durchgeführt hat, kann in einem anderen Land wieder angesiedelt werden, wobei man ihm das nötige Geld zur Verfügung stellt, ja sogar bei der Suche nach einer Beschäftigung hilft oder ihn zumindest für einen neuen Beruf ausbildet. In den Fällen, in denen der Agent der CIA unter großem persönlichem Risiko hervorragende Dienste geleistet hat, wird er, besonders wenn er sich hierbei völlig aufgezehrt hat, in die USA gebracht und hier angesiedelt. Der Direktor des Central Intelligence kann nach dem CIA-Gesetz von 1949 die »Einwanderung eines besonderen Ausländers in die USA zum Zweck der dauerhaften Ansiedlung genehmigen . . . im Interesse der nationalen Sicherheit oder zur Förderung der nationalen Nachrichtenmission«. Dem Agenten und seiner Familie kann die »dauerhafte Niederlassung zugestanden werden – ohne Rücksicht auf ihre Nichtzulassung nach den Einwanderungsgesetzen oder sonstigen Bestimmungen«.

Die Wiederansiedlung und Eingliederung geht jedoch nicht immer glatt vor sich. Und manchmal ist dies der Fehler der CIA. Ende der 50er Jahre, als die Spionage in Deutschland immer noch auf vollen Touren lief, wurden ehemalige Agenten und Überläufer routinemäßig in Kanada und Lateinamerika angesiedelt. Der ständige Strom antikommunistischer Flüchtlinge, der sich in diese Gegenden ergoß, war zu stark, als daß die Heimlichen Dienste der CIA dem hätten widerstehen können. **Von Zeit zu Zeit wurde ein aktiver Agent in diesen Eingliederungsprozeß eingeordnet. Aber die ganze Operation brach fast zusammen, als innerhalb von Monaten die kanadische und brasilianische Regierung entdeckten, daß die CIA sie dazu benutzte, um aktiv tätige Agenten in ihre Gesellschaft zu integrieren.**

Nicht alle ehemaligen Agenten sind bereit, in den USA angesiedelt zu werden, besonders nicht unter den Bedingungen der CIA. In den 60er Jahren war ein hochgestellter lateinamerikanischer Beamter, der jahrelang Agent gewesen war, gezwungen, aus politischen Gründen aus seinem Land zu fliehen. Es gelang ihm, nach Mexico City zu gelangen, wo CIA-Operatoren wieder Kontakt zu ihm aufnahmen. Angesichts seiner früheren Verdienste war die Agentur bereit, seine Einwanderung in die USA nach dem CIA-Gesetz von 1949 zu arrangieren, falls er eine Vereinbarung unterzeichnete, daß er seine geheime Verbindung zur US-Regierung verschweigen und nicht in exilpolitische Aktivitäten in den USA verwickelt würde. Der Lateinamerikaner, der den Ehrgeiz besaß, eines Tages triumphal in sein Heimatland zurückzukehren, lehnte es ab, auf sein Recht zu verzichten, gegen seine Feinde zu Hause zu intrigieren. Er verlangte das Niederlassungsrecht in den USA ohne die amerikanische Staatsbürgerschaft und stellte die CIA so vor ein

schwieriges Problem. Solange der ehemalige Agent unglücklich und frustriert in Mexico City lebte, bestand die Gefahr, daß seine Beziehung zur Agentur und seine Verbindungen zu den vielen anderen Kontaktpersonen von der CIA, mit denen seine Regierung durchsetzt war und von denen er wußte, ans Licht kommen konnten. Infolgedessen informierte das CIA-Hauptquartier in Langley die Station in Mexico City, daß der Ex-Agent ohne die üblichen Vorbedingungen in die USA einreisen könne. Die CIA-Führung hoffte, man könne ihn unter vernünftiger Kontrolle halten und daran hindern, sich allzu tief in politische Aktivitäten hineinziehen zu lassen, was eine besonders peinliche Situation für die US-Regierung geschaffen hätte.
Es ist nur logisch, daß es Fälle gibt, in denen die Ausschaltung oder Beendigung eines Agenturverhältnisses drastische Aktionen seitens des CIA-Operatoren verlangt. Derartige Fälle sind natürlich höchst »empfindlich« und ziemlich ungewöhnlich in der CIA. Aber wenn es notwendig ist, die Ausschaltung eines besonders bedrohlichen Agenten auf Dauer zu erwägen, so fällt die Entscheidung hierüber auf höchster Ebene und wird vom Direktor des Central Intelligence getroffen. Mit Ausnahme spezieller oder paramilitärischer Operationen werden physische Gewalt und Mord nicht als akzeptable Geheimdienstmethoden angesehen – es sei denn sie erscheinen dem Direktor selbst akzeptabel.

Zwei Aspekte des Geheimdienstgeschäftes, die besonders für die klassische Spionage und für Agentenunternehmen im allgemeinen zutreffen, sind geheime Verbindungen und Kontakte. Der Führungsoffizier muß die Verbindungen zu seinem Agenten sichern; sonst besteht keine Möglichkeit, die Informationen, die der Agent stiehlt, zu empfangen, oder ihm Instruktionen zukommen zu lassen. Neben dem Hauptkommunikationssystem muß meistens noch eine Alternativmethode bereitgehalten werden, derer man sich bedienen kann, wenn das Hauptsystem versagt. Von Zeit zu Zeit werden verschiedene Systeme angewandt, um die Gefahr einer Kompromittierung der Operation zu verringern. Wie bei den meisten Aktivitäten im Nachrichtendienstspiel gibt es keine starren und festen Regeln, die für die Verbindung mit dem Geheimagenten gelten. Solange die angewandten Methoden sicher sind und funktionieren, hat der Führungsoffizier die Freiheit, sich jedes Mittel des Kontaktes zu seinem Agenten auszudenken, das für die operationelle Situation geeignet ist.

Viele Agenten wollen ihre Informationen dem Führungsoffizier mündlich durchgeben. Von ihrem Standpunkt aus ist es sicherer und einfacher als amtliche Schriftstücke zu benutzen oder Spionagegeräte zu verwenden, denn beide können sie belasten, wenn sie von den örtlichen Behörden entdeckt werden. Die CIA jedoch zieht Dokumente vor. Dokumente lassen sich überprüfen und beweisen so die Zuverlässigkeit des Agenten. Sie können von den Nachrichtenexperten im Hauptquartier besser und mit größerer Genauigkeit analysiert werden. Im Falle Penkovsky beispielsweise waren die geheimen sowjetischen Dokumente, die er lieferte, weitaus wertvoller als seine persönlichen Interpretationen der Vorgänge in militärischen Kreisen Moskaus.

Andererseits möchten einige Agenten so wenig wie möglich persönlichen Kontakt mit ihren Führungsoffizieren haben. Jedes geheime Treffen wird als Gelegenheit für Aufdeckung und Verhaftung oder Schlimmeres angesehen. In diesem Fall ziehen es die Agenten vor, die Verbindung durch indirekte Methoden oder mechanische Mittel (kodifizierte oder chiffrierte Funkmeldungen unsichtbare Tinte, Mikro-Punkte usw.) zu sichern. Aber die CIA besteht darauf, daß ihre Führungsoffiziere persönlichen Kontakt mit ihren Agenten haben – außer in ungewöhnlich riskanten Fällen. Regelmäßig müssen die Aufrichtigkeit und der Grad der Motivation des Spions in Sitzungen unter vier Augen mit dem CIA-Operator geprüft werden.

Jedesmal, wenn der Führungsoffizier einen persönlichen Kontakt mit seinem Agenten hat, besteht die Gefahr, daß die beiden von den örtlichen Sicherheitsdiensten oder einem feindlichen Geheimdienst wie etwa dem KGB beobachtet werden. Um das Risiko einer Kompromittierung so gering wie möglich zu halten, werden meistens indirekte Methoden des Kontaktes angewendet, besonders was die Übergabe der Information vom Agenten an den Operator betrifft. Eine Standardtechnik ist die Verwendung eines Mittelsmannes, der als Zwischenträger fungiert. Der Mittelsmann kann wissentlich oder unwissentlich diese Funktion ausüben; er kann ein anderer Agent sein und möglicherweise sogar in einem anderen

Land wohnen. Seine Rolle besteht einzig darin, Material entweder von dem Agenten oder dem Führungsoffizier entgegenzunehmen und es an den anderen weiterzugeben, ohne den Inhalt zu kennen.

Eine andere Technik ist ein sogenannter toter Briefkasten. Hierbei handelt es sich um eine Art Geheimbriefkasten: ein hohler Baum, die Unterseite einer Parkbank, eine Spalte in einer alten Steinmauer – oder jede andere natürliche und unwahrscheinliche Ablage, die für die Weiterleitung des Materials benutzt werden kann. (Eine der im Falle Penkovsky benutzten Ablagen war der Raum hinter dem Heizungskörper im Eingang eines Moskauer Wohnhauses.) Der Agent deponiert sein Material einfach an dem Aufbewahrungsort zu einem vorher abgesprochenen Zeitpunkt. Später wird dann die Ablage von dem Führungsoffizier oder einem hierfür engagierten Mittelsmann »bedient«.

Eine andere, immer noch häufig verwendete Technik ist ein flüchtiger direkter Kontakt: Hierbei treffen sich der Agent und sein Führungsoffizier oder Mittelsmann, indem sie an einem vorher vereinbarten öffentlichen Platz vorbeigehen. Der Agent kann seinen Kontaktmann beispielsweise auf einem belebten U-Bahn-Bahnsteig treffen, in den Wandelgängen eines Theaters oder vielleicht in einer vollen Geschäftsstraße. Sie verfahren hierbei so, als seien sie Fremde, versuchen jedoch für einen Augenblick einander ganz nahe zu kommen, wobei der eine der beiden dem anderen etwas in die Hand oder in die Tasche steckt. Oder aber sie können blitzschnell Zeitungen oder Aktentaschen austauschen. Ein derartiger Kontakt ist extrem kurz und heimlich, ist aber meistens ziemlich sicher, wenn er geschickt ausgeführt wird.

Obwohl der Führungsoffizier häufig indirekte Kontakte benutzt, muß er von Zeit zu Zeit persönliche Begegnungen arrangieren. Immer wenn ein geheimes Treffen stattfindet – in einem Bus, einem Park, einem Restaurant – halten andere CIA-Operatoren Wache als Vorsichtsmaßnahme gegen eine Überwachung oder Einmischung der Gegenseite. Man nennt dies im Geheimdienstgeschäft Gegen-Überwachung. Der Führungsoffizier vereinbart vor jedem »Treff« bestimmte Signale mit dem Agenten und dem Team der Gegen-Überwachung. Auf diese Weise können der Operator, der Agent oder ein Mitglied des Teams der Gegen-Überwachung den anderen signalisieren, ob sie das Treffen fortsetzen oder den

Kontakt vermeiden bzw. abbrechen sollen, wenn irgend etwas nicht in Ordnung zu sein scheint. Sichere Häuser (CIA-eigene Residenzen) werden ebenfalls für die Begegnungen mit Agenten benutzt, besonders wenn es sehr viel zu besprechen gibt. Ein sicheres Haus hat den Vorteil, daß es eine Atmosphäre bietet, in der Agent und Führungsoffizier entspannt und frei reden können – ohne Furcht vor Überwachung. Aber je häufiger ein Ort benutzt wird, desto eher kann er von der Gegenseite entdeckt werden. Die Notwendigkeit der Geheimhaltung bringt dem Geheimoperator viel Arbeit; aber es ist eine Notwendigkeit, von der sein Erfolg abhängt.

CIA-Kultur

Vor ein paar Jahren beschrieb *Newsweek* die CIA als die geheimste und am straffsten gegliederte Organisation (eventuell mit Ausnahme der Mafia) in der amerikanischen Gesellschaft. Die Charakterisierung ist eine Übertreibung, aber sie enthält ein Körnchen Wahrheit. In ihrer goldenen Zeit, auf dem Höhepunkt des Kalten Krieges, besaß die Agentur einen seltenen Elan; sie verfügte über einen Stab phantasiereicher und tollkühner Offiziere auf allen Ebenen und in allen Direktorien. Aber im Laufe der Jahre ist die CIA alt, fett und bürokratisch geworden. Der *esprit de corps* und der Pflichteifer, den sein Stab einst besaß und durch den sich die Agentur von allen anderen Regierungsstellen abhob, hat sich verringert, und an seine Stelle ist in großem Maße eine veraltete und doktrinäre Methode getreten, wie man die Missionen ausführt und die Funktionen ausfüllt. Man hat das wahre Ziel der Geheimhaltung – die Gegenseite über Politik und Operationen der Agentur im unklaren zu lassen – aus dem Auge verloren. Heute praktiziert die CIA Geheimhaltung um ihrer selbst willen. Und der wahre Zweck der Nachrichtenbeschaffung – wirksam die drohenden Bewegungen internationaler Gegner zu überwachen – wurde pervertiert durch die Tendenz, ein kollektives geheimes Ich zu kultivieren.

Nach der US-Invasion in Kambodscha im Jahre 1970 unterzeichneten ein paar hundert CIA-Angestellte (meistens jüngere Offiziere aus den Direktorien für Nachrichten, Wissenschaft und Technologie, **nicht** von den Heimlichen Diensten) eine Petition, in der sie gegen die amerikanische Politik in Indochina protestierten. Direktor Richard Helms war über die Gefahr einer allgemeinen Unruhe in den Reihen der Agentur und über die Möglichkeit, die Sache könne an die Öffentlichkeit gelangen, so bestürzt, daß er alle Protestler in das Hauptauditorium einberief und sie über die Notwendigkeit belehrte, die persönlichen Ansichten von den beruflichen Pflichten zu trennen. Zur gleichen Zeit kam es zu ähnlichen Demonstrationen in der Kambodscha-Frage im Außenministerium und in anderen Regierungsstellen. Fast jede Zeitung im Lande brachte Artikel über die beginnende Rebellion in den Reihen des Regierungsapparates. Die Vorgänge bei der CIA selbst, die die möglicherweise interessantesten von allen waren, wurden jedoch niemals von der Presse entdeckt. In Übereinstimmung mit den Traditionen der Agentur hatten die CIA-Angestellten ihren Protest geheim veranstaltet.

Für das Personal der CIA, dem man seit dem Moment der Anwerbung die Notwendigkeit der Geheimhaltung eingetrichtert hatte, war es nichts Ungewöhnliches, seine Demonstration vor der Öffentlichkeit zu verbergen. Geheimhaltung ist eine absolute Lebensform bei der Agentur, und während Außenstehende manche der daraus entstehenden Praktiken für äußerst komisch halten können, wird dieses Problem in der CIA selbst mit großem Ernst behandelt. Ausbildungsoffiziere belehren neues Personal stundenlang über »Sicherheitsbewußtsein«, und diese Sitzungen werden während der Karriere eines Angestellten durch neue Kurse, Warnplakate usw. noch weiter intensiviert, auch müssen sich alle Angestellten jedes halbe Jahr mit den Sicherheitsregeln der Agentur wieder vertraut machen und eine Kopie unterzeichnen zum Zeichen, daß sie sie gelesen haben. Eine Selbstverständlichkeit ist es, daß Außenstehenden absolut nichts über die CIA erzählt werden darf, und Kollegen soll man nur Informationen geben, wenn ein aktueller Anlaß für sie besteht, diese zu erfahren.*

* Die Neigung zur Geheimhaltung hat oft etwas Komisches an sich. Geheime Orden werden für herausragende Leistungen vergeben, aber man kann sie außerhalb der Agentur nicht tragen. Selbst Sporttrophäen – für

Das CIA-Personal ist an Sicherheitsmaßregeln so gewöhnt (von denen einige wirklich berechtigt sind), daß es alle ziemlich leicht akzeptieren und selten bei Verstößen ertappt werden. Nichts ist natürlicher, als mit einem Telefonbuch mit dem Vermerk GEHEIM zu arbeiten, einem Telefonbuch, das absichtlich unvollständig ist und niemand aufführt, der bei den Heimlichen Diensten arbeitet, und das in jeder der halbjährlich revidierten Ausgaben die Namen vieler ausläßt, die in den offenen Direktorien angestellt sind; falls somit das Buch in unbefugte Hände gerät, kann kein ausländischer Agent oder Reporter herausfinden, wie viele Leute im CIA-Hauptquartier arbeiten oder selbst wie viele auf nichtgeheimen Posten beschäftigt sind. Zu diesem Wirrwarr kommt noch die Tatsache, daß die meisten Telefonnummern der Agentur aus Sicherheitsgründen regelmäßig geändert werden. Die meisten Angestellten behalten die häufig angerufenen Nummern dadurch im Auge, daß sie sie in ihre persönlichen Notizbücher auf dem Schreibtisch eintragen, obwohl sie aufpassen müssen, daß sie sie abends in ihren Safe einschließen, sonst riskieren sie, wegen eines Verstoßes gegen die Sicherheit beschuldigt zu werden. Bei einem ersten Verstoß erhält der Angestellte einen strengen Verweis und wird meistens für mehrere Wochen einer Sicherheitsinspektion in seinem Büro unterworfen. Mehrere Verstöße führen zu einem unfreiwilligen unbezahlten Urlaub von mehreren Wochen oder gleich zur Entlassung.

Neben diesen Telefonbüchern wird alles geheime Material (Schreibmaschinenfarbbänder und Papierfetzen) in den Safe gelegt, wenn das Büro nicht besetzt ist. Sicherheitstrupps patroullieren abends und an den Wochenenden alle halbe Stunde durch jeden Teil der Agentur, um nachzusehen, ob auch keine Dokumente irgendwo unverschlossen herumliegen, daß keine Safes offen sind und keine Spione in den Hallen und Korridoren lauern. Wenn ein Wachmann irgendwelches Geheimmaterial ungesichert vorfindet, werden in die Personalakten der Person, die das Material nicht weggeschlossen hat sowie der Person, die damit beauftragt ist, den Raum zu kontrollieren, Sicherheitsverstöße eingetragen.

Bowling, Softball und dergleichen innerhalb des Hauses – können nur auf dem bewachten Gelände des Hauptquartiers zur Schau gestellt werden.

Diese Sicherheitsvorkehrungen finden alle innerhalb des Hauptquartiers statt, das von einem vier Meter hohen Stacheldrahtzaun umgeben ist. Bewaffnete Wachen und Polizeihunde machen ständig ihre Runden, und das Ganze ist durch ein Sicherheitskontrollsystem abgeriegelt, das garantiert, daß niemand in den äußeren Umkreis oder in das Gebäude hineingelangen kann, ohne sich auszuweisen. Jeder CIA-Angestellte erhält eine Plastikplakette mit seinem Foto darauf, und diese muß nicht nur den Wachen am Eingang vorgezeigt werden, sondern innerhalb des Gebäudes ständig bereitgehalten werden. Rund um den Rand der Plakette befinden sich etwa zwanzig Kästchen, die mit roten Buchstaben versehen sein können. Jeder Buchstabe bedeutet eine besondere Sicherheitskontrolle des Inhabers. Bestimmte Büros bei der CIA unterliegen Beschränkungen, und nur Personen, die ordnungsgemäß überprüft worden sind, wie es auf ihren Plaketten markiert ist, finden Zutritt. Diese Zonen werden meistens von einem CIA-Polizisten überwacht, der in einem Glaskäfig sitzt, von wo aus er ein Drehkreuz kontrolliert, das unbefugtem Personal den Durchgang verbietet. Besonders »empfindliche« Büros sind – außer durch das bewachte Drehkreuz – durch ein Kombinations- oder Chiffrierschloß geschützt, das die Person nach Überprüfung ihrer Plakette öffnen muß.

Selbst eine Reinmachefrau bei der CIA muß Sicherheitskontrollen durchlaufen und sich durch eine Plakette ausweisen, die sie ständig bei sich zu tragen hat; außerdem wird sie, während sie die Büroräume säubert (wo alles Geheimmaterial bereits vorher weggeschlossen wurde), von einem bewaffneten Posten begleitet. Einige Räume in der Agentur gelten als derart geheim, daß die Putzfrau und der Wachmann von jemand, der in dem Büro arbeitet, beaufsichtigt werden.

Die extreme Geheimhaltung erstreckt sich auf alles. Schilder oder Karten auf Anschlagbrettern der Agentur, auf denen irgendwelche Artikel zum Verkauf angeboten werden, enthalten die Bemerkung: »Rufen Sie Bill an, Apparat 6464.« Weder geheime noch andere Angestellte dürfen ihren Familiennamen den Blicken der Kollegen offenbaren, und erst seit 1973 dürfen Angestellte am Telefon mit etwas anderem antworten als mit der vierstelligen Apparatnummer. Außerdem hatte das gesamte CIA-Personal bis vor kurzem noch die Anweisung, sich gegenüber Nicht-CIA-Leuten als Angehörige des

Außen- oder Verteidigungsministeriums oder einer anderen Behörde auszugeben. Jetzt dürfen die Analytiker und Techniker sagen, daß sie für die Agentur arbeiten, allerdings nicht ihr spezielles Büro nennen. Angestellte der Heimlichen Dienste kann man um Washington herum leicht entdecken, denn sie behaupten fast immer, sie seien beim Verteidigungs- oder Außenministerium beschäftigt, aber sie geben sich in den Details äußerst vage und sind nie in der Lage, eine Büroadresse anzugeben. Manchmal nennen sie eine Telefonnummer, die korrekterweise dem Amt für diese Deckorganisation entspricht, aber diese Apparatnummer klingelt auf Grund eines raffinierten Leitungssystems in Langley.

Das Gebäude des Hauptquartiers, das auf einem, teilweise mit Wald bestandenen, 125 Acres großen Geländestreifen 13 Kilometer vom Geschäftsviertel Washingtons entfernt liegt, ist ein moderner, festungsartiger Bau. Bis zum Frühjahr 1973 war eine der beiden Straßen, die zu dem abgeriegelten Komplex führen, völlig unbezeichnet, und die andere kennzeichnete ein Schild, das die Anlage als das »Bureau of Public Roads« auswies, das zu der »Fairbank Highway Research Station« gehört, die an das Gelände der Agentur angrenzt.

Bis 1961 war die CIA auf eine Reihe von Gebäuden verteilt, die überall verstreut in Washington lagen. Eines der Hauptargumente für ein 46-Millionen-Dollar-Hauptquartier außerhalb Washingtons bestand darin, daß erhebliche Kosten eingespart werden könnten, wenn alle Angestellten unter einem Dach untergebracht würden. Aber wie es bei optimal aufgestellten bürokratischen Plänen so ist, erwies sich das Gebäude des Hauptquartiers, als es fertiggestellt war, für all die Aktivitäten der CIA in Washington als zu klein. Die Agentur räumte niemals einige ihrer alten Hauptquartier-Gebäude, die hinter einer Anlage der Marine-Gesundheitsabteilung in der 23. Straße im Nordwesten Washingtons versteckt lagen. Und das National Photo Interpretation Center (Fotoauswertungszentrale) der CIA ist in einem Teil der Anlagen der Marine im Südosten Washingtons untergebracht. Andere große CIA-Büros, die sich im Geschäftsviertel befinden, sind die Abteilung für Inlandsoperationen in der Pennsylvania Avenue nahe dem Weißen Haus.

Und in Washingtons Vorort Virginia befinden sich sogar noch mehr CIA-Gebäude außerhalb des Hauptquartiers. Eine Ausbildungsanlage liegt im Broyhill Building in Arlington, außerdem hat die CIA noch ausgedehnte Büroanlagen in Rossylin (Bezirk Arlington). Mindestens ein halbes Dutzend CIA-Abteilungen sind in Tyson's Corner (Nord-Virginia) untergebracht, das zu einem Mini-Nachrichtendienstapparat für technische Arbeiten geworden ist, da sich hier zahlreiche Elektronik- und Forschungsgesellschaften befinden, die für die CIA und das Pentagon arbeiten.

Die rapide Ausdehnung des Büroraumes der CIA in den letzten Jahren erfolgte nicht wegen eines nennenswerten Personalzuwachses. Die Ursache war vielmehr die technologische Explosion, verbunden mit dem unvermeidlichen bürokratischen Streben nach neuen Gebieten. Als Direktor widmete Richard Helms der Ausbreitung seiner Agentur wenig Beachtung, bis eines Tages im Jahre 1968 ein CIA-Beamter ihm gegenüber erwähnte, daß noch eine weitere technische Abteilung nach Tyson's Corner übersiedle. Aus irgendwelchen Gründen weckte dies Helms' Zorn, und er veranlaßte die Ausarbeitung einer Studie, um festzustellen, wie viele Abteilungen der Agentur außerhalb des Hauptquartiers untergebracht waren. Der vollständige Bericht sagte ihm, was die meisten Washingtoner Grundstücksmakler bereits wußten, daß ein erheblicher Prozentsatz von CIA-Angestellten das Hauptquartier geräumt hatte, das man ursprünglich dem Kongreß gegenüber damit gerechtfertigt hatte, das gesamte Personal müsse unter einem Dach vereint sein. Helms ordnete an, daß alle zukünftigen Umzüge seiner persönlichen Genehmigung unterlägen, doch seine Aktion brachte den Auszug nur vorübergehend zum Stoppen.

Als das CIA-Hauptquartier Ende der 50er Jahre gebaut wurde, fragte der Bauunternehmer, der für die Heizungs- und Klimaanlage verantwortlich war, wie viele Leute in dem Gebäude untergebracht werden sollten. Aus Sicherheitsgründen lehnte es die Agentur ab, ihm zu antworten, und so mußte er seine eigene Schätzung auf Grund der Größe des Gebäudes vornehmen. Die Heizungsanlage funktionierte dann recht gut, aber die Klimaanlage arbeitete sehr ungleich. Nach anfänglichen Beschwerden im Jahre 1961 installierte der Unternehmer in jedem Büro einen eigenen Thermostat, aber so viele Angestellte drehten ständig daran herum, daß alles nur noch schlimmer wurde. Das Direktorium für Management und Dienste ordnete dann an, daß die Thermostaten nicht länger benutzt werden dürften, und ließ sie abschließen. Doch die Experten des Direktoriums hatten nicht bedacht, daß der größte Teil des Personals während seiner Ausbildung an einem Spezialkursus über Schlösser und Dietriche teilgenommen hatte. Die meisten Thermostaten wurden bald entriegelt und wieder in Tätigkeit gesetzt.

Daraufhin brachte die CIA den Unternehmer vor Gericht, um ihn zu Verbesserungen der Anlage zu zwingen. Er verteidigte sich damit, daß er das beste System eingebaut habe, allerdings ohne genau zu erfahren, wie viele Leute in dem Gebäude untergebracht werden würden. Die CIA konnte seiner Argumentation nichts entgegensetzen und verlor den Prozeß.

Ein weiteres ungewöhnliches Phänomen des CIA-Hauptquartiers ist die Cafeteria. Sie ist in einen geheimen und einen offenen Raum unterteilt. Der größere davon ist für Agenturangestellte reserviert, die am Eingang den bewaffneten Wachen ihre Plaketten vorzeigen müssen, der kleinere ist sowohl für Besucher wie für Leute, die bei der CIA arbeiten. Obwohl die einzigen Außenstehenden, die jemals den kleinen, düsteren Teil betreten, Angestellte von anderen US-Regierungsstellen sind sowie Vertreter einiger befreundeter Regierungen und CIA-Familienangehörige, sorgt eine Trennwand dafür, daß kein Besucher das Gesicht eines Operators der Heimlichen Dienste beim Essen sehen kann.

Die höchsten Ränge der CIA (ein ziviles Äquivalent zum Generalsrang) haben jedoch ihren eigenen privaten Speisesaal in den Räumen der Direktion. Hier erhalten sie qualitativ besseres Essen zu niedrigeren Preisen als in der Cafeteria. Die Speisen werden in feinstem Porzellan auf frischen Tischdecken und von schwarzen Obern in tadellosen weißen Jacken serviert. Diese Ober sind ebenso wie die Köche der Direktion reguläre CIA-Angestellte, im Gegensatz zum Personal der Cafeteria, das für eine Vertragsfirma arbeitet. Bei mehreren Gelegenheiten hat das Büro für Management und Budget die hohen Kosten für den privaten Speiseraum beanstandet, aber die Agentur konnte stets alle Attacken abwehren, wie sie in der Praxis auch alle Attacken gegen ihre Aktivitäten abwehrt, indem sie die Erhaltung der »nationalen Sicherheit« als Begründung anführt.

Fragen der sozialen Klasse und des Snobismus wurden bei der CIA stets groß geschrieben. Mit ihren Wurzeln im Office of Strategic Services der Kriegszeit (die Buchstaben OSS wurden scherzhaft als Abkürzungen für »Oh, so social« angegeben) war die Agentur lange Zeit dafür bekannt, daß sie sich auf das Establishment der Ostküste, die Ivy League-Leute, konzentrierte. Allen Dulles, ein ehemaliger amerikanischer Diplomat und Anwalt aus der Wallstreet mit ausgezeichneten Verbindungen und Empfehlungen, bestimmte die Linie einer Agentur voller Roosevelts, Bundys, Cleaveland Amorys und anderen Sprößlingen der führenden amerikanischen Familien. Es hat zwar Ausnahmen gegeben, aber die meisten der führenden Leute der CIA waren stets weiße, angelsächsische, protestantische Graduierte aus den entsprechenden Schulen der Ostküste. Während die sich wandelnden Zeiten den Einfluß dieser Elite überall in der Regierung zurückgedrängt haben, bleibt die CIA vielleicht die letzte Bastion der WASP-Macht im offiziellen Washington, oder sie paßt sich zumindest am langsamsten an das Prinzip der Chancengleichheit an.

Es war kein Zufall, daß der frühere Chef der Heimlichen Dienste, Richard Bissell (Groton, Yale, A.B., Dr. phil., London School of Economics, A.B.), 1968 vor einer Diskussionsgruppe im Außenpolitischen Rat seine »vertrauliche« Rede über verdeckte Aktionen hielt. Denn der einflußreiche, doch private Rat, der sich aus mehreren Hundert der führenden Politiker, Militärs und Geschäftsleuten des Landes zusammensetzt, war lange Zeit der Hauptanhängerkreis der CIA in der amerikanischen Öffentlichkeit. Wenn die Agentur prominente Bürger brauchte, um als Strohmänner für ihre Gesellschaften zu fungieren, oder für sonstige Hilfeleistungen, wandte sie sich häufig an die Mitglieder des Rates. Bissell wußte an diesem Abend im Jahre 1968, daß er frei und offen über extrem empfindliche Themen sprechen konnte, weil er sich »unter Freunden« befand. Seine Worte gelangten nicht wegen der Indiskretion eines der Teilnehmer an die Öffentlichkeit, sondern auf Grund der Studentenunruhen in Harvard 1971.

Es können sehr wohl die Söhne der Mitglieder des Außenpolitischen Rates oder CIA-Beamte gewesen sein, die das Büro durchwühlten, in dem sich das Protokoll von Mr. Bissells Rede befand, und hierin zeigt sich die sich wandelnde Natur der CIA (und des

Establishments der Ostküste). In den letzten zehn Jahren hat sich die Haltung der jungen Leute, die in früheren Zeiten ihren Vätern oder den Collegekameraden ihrer Väter zur CIA gefolgt wären, drastisch gewandelt. Durch den Vietnamkrieg als Katalysator wurde die Agentur weitgehend in den traditionellen Schulen und Colleges des Ostens diskreditiert. Und folglich war die CIA gezwungen, ihre Anwerbungsbasis zu ändern. Harvard, Yale, Princeton und ein paar andere Schulen stellen nicht mehr das Gros des CIA-Nachwuchses.

Angehörige der Ivy League wollen zum größten Teil nicht mehr zur CIA gehen, und die CIA betreibt ihre erfolgreichste Anwerbung heute in den Universitäten in der Mitte des Landes und bei den Streitkräften. Während diese Verschiebung zweifellos die zunehmende Demokratisierung in der amerikanischen Regierung widerspiegelt, nahm die CIA diesen Wandel nicht gerade freiwillig vor, denn sie hatte keine Wahl, wenn sie ihre Reihen füllen wollte. Wenn das System der »old boys« keinen Nachschub mehr hat, wird es, so glauben wenige Beamte, sehr viel schwieriger sein, die Hilfe amerikanischer Firmen zu gewinnen und überhaupt einflußreiche »Freunde« im privaten und öffentlichen Bereich zu benutzen.

Obwohl sich in letzter Zeit die Rekrutierungsbasis der CIA verbreitert hat, ist die Agentur heute dennoch kein Arbeitgeber auf der Grundlage der Chancengleichheit. Die Agentur verzeichnet den kleinsten Prozentsatz an Schwarzen unter allen Regierungsabteilungen. Die Direktion der CIA wies 1967 nachdrücklich auf diese Tatsache hin, als ein Bürgerrechtler an die Agentur schrieb, um sich über die Anstellungspraktiken gegenüber Minderheiten zu beschweren. Man ließ zu diesem Zeitpunkt eine Studie anfertigen, und es stellte sich heraus, daß der ranghöchste Schwarze beim CIA ein GS-13 (dies entspricht etwa einem Major der Armee) war. Insgesamt gab es weniger als 20 Schwarze unter den annähernd 12000 Nicht-Büroangestellten der CIA, und selbst der Prozentsatz an schwarzen Sekretärinnen, Büroangestellten und anderen »nonprofessionals« lag erheblich unter dem Prozentsatz der meisten Washingtoner Regierungsstellen. Man könnte letztere Tatsache damit erklären, daß die Agentur in einem Stadtrandgebiet liegt, aber Schwarze waren bemerkenswerterweise bei den Wachen und beim Hauspersonal gut vertreten.

Die Beamten in den Spitzenpositionen schienen von dem Ergebnis der Studie von 1967 überrascht, denn sie hielten sich nicht für Männer mit Vorurteilen. Sie verlangten, man solle sich stärker bemühen, mehr Schwarze einzustellen, aber diese Initiative hatte nicht allzu viel Erfolg. Junge schwarze College-Graduierte zögerten in den letzten Jahren, sich der CIA anzuschließen, einige aus politischen Gründen, andere wegen der vielversprechenden Berufschancen im privaten Bereich. Außerdem ließ sich das Anwerbungssystem gegenüber Minoritäten nicht so leicht ändern. Die Anwerbung potentieller Angestellter erfolgt größtenteils durch College-Professoren, die entweder Freunde oder Berater der Agentur sind, und diese lehren an überwiegend weißen Universitäten, wo sie jedes Jahr ein paar sorgfältig ausgewählte Studenten für die CIA herauspicken.
Die geringe Anzahl von Minderheitengruppen bei der CIA betrifft nicht nur Schwarze. Im Jahre 1964 erarbeitete der Generalinspekteur der Agentur eine Routinestudie über das Büro der Nationalen Beurteilungen, ONE. Der Inspekteur fand keine Schwarzen, keine Juden, keine weiblichen »professionals« und nur wenige Katholiken. Das Büro unternahm sofort Schritte, Angehörige von Minderheiten einzustellen. Eine Frau wurde als »professional« auf Probe eingestellt, ebenso eine schwarze Sekretärin. Als erstere ihre Probezeit absolviert hatte, riet man ihr, anderswo eine Arbeit zu suchen, und der schwarzen Sekretärin übertrug man eine Arbeit außerhalb des ONE-Büros im Reproduktionszentrum. Ein paar Juden und Katholiken stellte das ONE jedoch ein.
In hohen Positionen der CIA gibt es äußerst wenig Frauen, als Sekretärinnen und für andere nicht-professionelle Aufgaben werden sie jedoch von der Agentur eingestellt. Wie bei allen großen Organisationen herrscht auf diesen Posten ein starker Wechsel, und die Agentur stellt jedes Jahr tausend oder mehr neue Bewerber ein. Auf der Suche nach geeigneten Kandidaten konzentrieren sich die Anwerber der CIA auf High school-Graduierte aus den – überwiegend weißen – kleinen Städten in Virginia und den Nachbarstaaten Maryland, West-Virginia und Pennsylvanien. Washington mit seiner überwiegend schwarzen Bevölkerung stellt wenig Sekretärinnen und Sekretäre für die CIA. Im Laufe der Jahre haben die Anwerber gute Kontakte mit den Rektoren der High schools in den Nachbarstaaten geschlossen, und wenn sie ihre Jahrestour auf der Suche

nach Kandidaten machen, werden ihnen interessierte Mädchen vorgeführt, wobei gleichzeitig einige ihrer Klassenkameradinnen mitangeworben werden. Wenn die neuen Sekretärinnen zum CIA-Hauptsitz außerhalb Washingtons kommen, empfiehlt man ihnen, in eigens von der CIA ausgesuchten Appartements im Vorort Virginia zu wohnen, wo fast alle Mieter CIA-Angestellte sind.

Sicherheitsüberlegungen spielen eine große Rolle, wenn sich die CIA bei der Anwerbung seiner Sekretärinnen so wenig für die Stadtrandgebiete interessiert. Alle CIA-Angestellten müssen eine gründliche Sicherheitskontrolle über sich ergehen lassen, bevor sie mit ihrer Arbeit beginnen. Dies ist ein sehr kostspieliger Prozeß, und Frauen aus kleinen Städten lassen sich leichter und billiger überprüfen. Außerdem scheint die CIA gegenwärtig Sekretärinnen mit dem amerikanischen National-Image vorzuziehen, von denen man erwartet, daß sie weniger »korrumpiert« oder »politisiert« sind als ihre Schwestern aus den großen Städten.

CIA-Sekretärinnen müssen sich, wie das gesamte Personal, den Tests mit einem Lügendetektor unterziehen, bevor man sie einstellt. Diese Tests werden regelmäßig wiederholt, meistens alle fünf Jahre oder wenn jemand von einem Auslandsposten zurückkehrt. Durch diese polygraphischen Tests findet die CIA, im Gegensatz zu den meisten Arbeitgebern, nahezu alles Erdenkliche über das Privatleben ihres Personals heraus. Routinemäßig werden Fragen über Sex, Rauschgift und persönliche Zuverlässigkeit gestellt, und dann natürlich Fragen im Zusammenhang mit Sicherheitsproblemen wie mögliche Kontakte zu ausländischen Agenten. Bei den jungen Sekretärinnen zeigt der Apparat einen negativen Meßstand an, wenn die Frage kommt: »Haben Sie jemals Regierungseigentum gestohlen?« Die polygraphischen Experten müssen meistens die präzisierende Klausel hinzufügen: »Hierzu gehören keine Federn, Bleistifte oder geringfügiges Büromaterial.«

Haben die CIA-Kandidaten ihre Sicherheitskontrollen durchlaufen und den Test mit dem Lügendetektor absolviert, werden sie von der Agentur ausgebildet. Die meisten Sekretärinnen erhalten diese Instruktionen in dem Gebiet um Washington, wobei sich die Instruktion vor allem auf die Verpflichtung zur Geheimhaltung in allen Bereichen der Arbeit konzentriert. Frauen, die ins Ausland gehen, um für ihre CIA-Chefs Schreibarbeiten zu leisten oder

Akten zu ordnen, machen einen kleinen Lehrgang im Spionagegewerbe mit. Eine ehemalige Sekretärin berichtete, daß ihre Feldausbildung Ende der 60er Jahre hauptsächlich darin bestand, einen Instrukteur inner- und außerhalb Washingtoner Warenhäusern zu verfolgen und aufzuspüren.*

Die Professionals der Agentur, die meistens (bis zu den Aufdeckungen durch die NSA, im Jahr 1967) durch »befreundete« College-Professoren angeworben wurden, erhalten eine gründlichere Ausbildung, wenn sie in die CIA als sogenannte CTs (career trainees: Berufsanwärter) eintreten. Zwei Jahre lang haben sie einen Probestatus. Das erste Jahr besteht aus einem formalen Ausbildungsprogramm, im zweiten Jahr werden sie speziell auf ihre Arbeit hin instruiert. Die CTs nehmen an Einführungskursen in einer CIA-Anlage in Arlington, Virginia, teil; die Themen sind Sicherheit und Organisation der CIA und der übrigen Nachrichtendienste sowie der internationale Kommunismus. Als Allen Dulles Direktor war, erzählte er diesen Klassen gerne, wie er eines Tages als amerikanischer Diplomat in der Schweiz während des Ersten Weltkrieges an einem Samstagmorgen einen Telefonanruf von einem Russen erhielt. Der Russe wünschte, sofort mit einem Vertreter der US-Regierung zu sprechen, aber Dulles hatte eine Verabredung mit einer jungen Dame und lehnte das Angebot ab. Es stellte sich heraus, daß der Russe Nikolai Lenin war, und Dulles benutzte den Vorfall, um die jungen CTs darauf hinzuweisen, daß sie ständig auf die mögliche Bedeutung von Leuten, die sie bei ihrer Arbeit treffen, eingestellt sein müßten.

»The Farm«, eine als Forschungseinrichtung des Pentagon getarnte Anlage, ähnelt in der Tat einem großen militärischen Reservat. Kasernen, Büros, Klassenräume und ein Offiziersklub sind um ein Zentrum gruppiert. Über die 480 Acres Gelände, das zum großen Teil mit Wald bepflanzt ist, sind Schießstände, Sprungtürme und eine vorgetäuschte abgeriegelte Grenze eines fiktiven kommunistischen Landes verstreut. Abseits dieser Anlagen befinden sich schwer bewachte und für jeden Zutritt gesperrte Plätze, die für superge-

* Die Ausbildung der Frau erwies sich als nützlich, als man ihr auf ihrem ersten Auslandsposten – offensichtlich als Botschaftssekretärin – die Aufgabe übertrug, in der Verkleidung einer Araberin ein Appartementhaus zu überwachen.

heime Projekte benutzt werden: für die Einsatzbesprechung mit einem Dissidenten aus dem kommunistischen Lager, die Planung einer Spezialoperation oder die Ausbildung eines wichtigen Auslandsagenten, der in sein Heimatland zurückkehren wird, um dort für die CIA zu spionieren.

Als Teil ihrer formalen Ausbildung in »The Farm« werden den CTs Spionagefilme aus Hollywood vorgeführt, und nach der Vorstellung kritisieren sie gemeinsam die in dem Film angewandten Techniken. Auch andere Filme werden benutzt. Ein ehemaliger Geheimoperator beschrieb sie im April 1967 in *Ramparts* so:

> Wir sahen von der Agentur produzierte Filme, die die CIA in Aktion zeigt, Filme mit einer gewissen Hollywood-Tendenz zum Dramatischen, das innerhalb der Agentur nicht ungewöhnlich ist. Ein Kollege, der 1963 einen Ausbildungslehrgang absolvierte, berichtete von einem Film über den Zwischenfall mit der U-2. In seinem einleitenden Kommentar deutete der Instrukteur an, daß Präsident Eisenhower seine Ruhe verlor, als er nicht mehr ableugnen konnte, daß die U-2 ein CIA-Flugzeug war. Aber wie dem auch sei, sagte der Instrukteur, die U-2 war alles in allem ein Triumph für die CIA, denn die Maschinen hatten mindestens fünf Jahre lang sowjetisches Territorium überflogen. Während dieser Zeit hatte die sowjetische Führung innerlich getobt, denn sie war einerseits nicht in der Lage, eine U-2 abzuschießen, und andererseits sträubte sie sich, vor der Weltöffentlichkeit ihre Unfähigkeit zuzugeben. Die in dem Film gezeigten Fotos bestätigten, daß die »fliegenden Kameras« eine beachtliche Aufklärungsarbeit geleistet hatten. Als der Film zu Ende war, und die Lichter wieder angingen, zeigte der Instrukteur auf das hintere Ende des Raumes und verkündete: »Meine Herren, der Held unseres Films.« Dort stand Francis Gary Powers. Die Lehrgangsteilnehmer erhoben sich und klatschten Beifall.

Alle CTs erhalten eine Ausbildung an leichten Waffen, und wer für paramilitärische Einsätze bestimmt ist, erhält eine gründliche Ausbildung über den Umgang mit Sprengstoffen, über Fallschirmabsprünge, Luft- und Seeoperationen und Artillerieübungen. Diese paramilitärische Ausbildung erhalten auch sogenannte Vertragssoldaten (die sich ziemlich darüber ärgern, daß man sie »Söldner« nennt), die für Spezialoperationen angeworben werden. Sie nehmen an einigen anderen Kursen der CTs teil, aber im allgemeinen gehen sie den jüngeren und weniger erfahrenen College-Graduierten, die das Gros der CTs bilden, aus dem Wege. Viele dieser Söldner und einige CTs nehmen an einem Kursus für Fortgeschrittene über den Umgang mit Sprengkörpern und schweren Waffen teil. Dieser findet in einer CIA-Ausbildungsanlage in North-Carolina statt. Ausbildungslehrgänge für Graduierte, die auf einen paramilitärischen Einsatz vorbereitet werden sollen, werden in Fort Bragg in North-Carolina und Fort Gulick in der Panama-Kanal-Zone abgehalten.

Zusätzliche Sozialaufwendungen

Obwohl die Angestellten der Agentur die gleiche Bewertung genießen und die gleichen Bezüge erhalten wie andere Regierungsangestellte, fallen sie nicht unter die Rechtsprechung, die sonst für den Staatsdienst gilt. Der Direktor besitzt das Recht, einen Angestellten ohne Rücksicht auf die für den Regierungsdienst geltenden normalen Regelungen anzustellen oder zu entlassen, und es gibt keinen rechtlichen Einspruch gegen seine Entscheidungen. Im allgemeinen sorgt die CIA jedoch außergewöhnlich gut für Leute, die der Organisation gegenüber loyal sind. Die Direktion vertritt die Auffassung, daß sie sich um das Wohl des gesamten Personals kümmern müsse, und diese Haltung geht weit über die normale Beziehung zwischen Arbeitgeber und Angestellten in der Regierung oder in der Privatindustrie hinaus. Bis zu einem gewissen Grad wird diese Haltung der Regierung von Sicherheitsüberlegungen diktiert, da ein Unglücklicher oder finanziell nicht gesicherter Angestellter ein potentielles Ziel für einen Agenten der ausländischen Spionage werden kann. Aber dies ist nicht der einzige Grund. Fast jeder scheint zu glauben: *wir ziehen hier alle am gleichen Strang und müssen uns um jeden, der dem Team angehört, in anständiger Weise kümmern.* Die Angestellten empfinden wahrscheinlich eine stärkere Loyalität gegenüber der CIA als die Mitglieder fast jeder anderen Stelle ihrer Organisation

gegenüber. Dies ist wiederum gut für die Sicherheit, aber es macht die Gefühle nicht weniger real.
Einige der Vorteile für das Personal der Agentur sind einmalig in der gesamten Bundesbürokratie. Beispielsweise führt die CIA ein internes Sommerprogramm für College-Studenten durch. Im Gegensatz zu anderen Regierungsstellen, die versucht haben, benachteiligte junge Leute sowie junge Angehörige von Minderheiten anzustellen, ist das CIA-Programm nur für die Söhne und Töchter der Angestellten der Agentur. Wiederum dienen die Sicherheit und die Kosten für die Kontrolle von Außenstehenden als Rechtfertigung, aber dies ist irgendwie dubios, denn das Außenministerium überprüft alle seine Internen auf die geheime Verwendung ohne besondere Belastung oder Gefahr für die Sicherheit.
Wenn ein CIA-Angestellter stirbt, begibt sich sofort ein Sicherheitsoffizier der Agentur zum Haus der Familie, um festzustellen, ob für die Hinterbliebenen alles in Ordnung ist (und um sicherzustellen, daß keine CIA-Dokumente aus dem Büro mit nach Hause genommen wurden). Wenn der Tote unter einer Tarnidentität gelebt hat, sorgt der Sicherheitsoffizier dafür, daß die Tarnung mit dem Tode nicht aufhört. Oft hilft der Sicherheitsoffizier sogar bei den Vorbereitungen für die Bestattung.
Hinsichtlich ihrer Bankverbindungen wird den CIA-Angestellten empfohlen, die eigene Kreditanstalt der Agentur zu benutzen, die sich im Gebäude des Hauptquartiers befindet. Diese Anstalt ist spezialisiert auf die Vergabe von Krediten an Geheimoperatoren, die unter einem Decknamen leben und deren Erklärungen über ihre persönlichen Verhältnisse folglich falsch sind. In dem ungewöhnlichen Fall, wenn ein Angestellter gegen die Kreditbestimmungen verstößt, erhebt die Anstalt selten Klage, um das Geld zurückzuerlangen. Das könnte eine Gefährdung der Sicherheit bedeuten. Es gibt auch einen Sonderfonds, der aus Jahreszuschüssen von CIA-Offizieren gespeist wird, um Kollegen zu helfen, die unabsichtlich oder versehentlich in finanzielle Schwierigkeiten geraten sind.
Die Kreditanstalt organisiert auch jede Art von Versicherung für CIA-Angestellte. Da die Agentur Außenstehenden keine biographischen Angaben über ihr Personal zu machen wünscht, gibt die CIA dem Versicherer – außer dem Alter und der Höhe der Police –

keinerlei Daten an, die Versicherungsgesellschaften normalerweise verlangen. Die Agentur bescheinigt, daß alle Fakten stimmen – selbst daß ein bestimmter Angestellter verstorben ist – ohne irgendwelche Beweise zu liefern. Die Gesellschaft »Blue Cross«, die ursprünglich die Krankenversicherung für die Agentur stellte, verlangte nach Ansicht der CIA zu viele Informationen, und Ende der 50er Jahre wechselte die CIA zu der toleranteren »Mutual of Omaha« über. CIA-Angestellte werden sogar angehalten, nicht die Apparate auf den Flugplätzen zu benutzen, wo man sich gegen Flugkatastrophen versichern lassen kann, sondern eine solche Versicherung über die Kreditanstalt abzuschließen.
Versuche sind im Gange, die außerberuflichen Aktivitäten der Angestellten zu steuern, um sie stärker an die Organisation zu binden, und natürlich aus Sicherheitsgründen. Eine (aus rechtlichen Gründen sogar eingetragene) Gesellschaft, die sich um die Aktivitäten der Angestellten kümmert, fördert Programme auf allen Gebieten – von Sport und Kunst bis zu Schlankheitskuren und Karate. Die Gesellschaft betreibt sogar einen Reisedienst, eine Verkaufsstelle für Theater- und Sportveranstaltungskarten und ein Discount-Geschäft. Die CIA betreut auch ein eigenes Ausbildungsprogramm für Reserveoffiziere der Armee. Und sie hat mit den örtlichen Universitäten vereinbart, daß ihre eigenen Offiziere anerkannte Kurse auf College- und Graduiertenebene für Angestellte in der Sicherheitszone des Hauptsitz-Gebäudes abhalten.
Die CIA kann sich auch in anderer Hinsicht besonders väterlich zeigen. Im großen und ganzen ist sie ziemlich tolerant gegenüber sexuellen Techtelmechteln unter ihren Angestellten, solange die Beziehungen heterosexuell sind und nicht mit einem feindlichen Spion stattfinden. Das Gesundheitsamt der CIA in Saigon war Ende der 60er Jahre dafür bekannt, daß es bei Geschlechtskrankheiten keinerlei Fragen stellte, während Beamte des Außenministeriums in Saigon die Botschaftskliniken bei ähnlichen Krankheiten mieden, da sie durch die Eintragung VD (veneral disease: Geschlechtskrankheit) in ihre Personalakten Konsequenzen für ihre Karriere befürchteten.
Die CIA behält die gesundheitliche Verfassung ihrer Angestellten streng im Auge. Wenn ein CIA-Offizier krank wird, kann er zu einem Arzt der Agentur oder zu einem »überprüften« Arzt außer-

halb der CIA gehen. Wenn er operiert wird, wird er häufig von einem Sicherheitsmann der CIA in den Operationssaal begleitet, der dafür sorgt, daß keine Geheimnisse unter einer Natrium-Pentathol-Betäubung ausgeplaudert werden. Hat er einen Nervenzusammenbruch, verlangt man, daß er sich von einem Psychiater der Agentur behandeln läßt (oder von einem »überprüften« Arzt außerhalb). Im extremen Fall wird er in eine von der CIA gebilligte Heilanstalt eingewiesen. Obwohl es hierüber keine Statistiken gibt, scheinen Nervenzusammenbrüche in der spannungsgeladenen Atmosphäre der Agentur häufiger zu sein als allgemein in der Bevölkerung, und die CIA nimmt psychischen Problemen und psychiatrischer Therapie gegenüber eine tolerantere Haltung ein als die breite Öffentlichkeit. Bei den Heimlichen Diensten werden derartige Zusammenbrüche als praktisch ganz normale Arbeitsausfälle betrachtet, und die Angestellten werden nach beendeter Behandlung aufgefordert, zu ihrer Arbeit zurückzukehren. Im allgemeinen ist eine derartige Krankheit mit keinerlei Stigma behaftet; Richard Helms erlitt in der Tat einen Zusammenbruch, als er in den 50er Jahren noch bei den Heimlichen Diensten war, und es schadete seiner Karriere überhaupt nicht. Der ehemalige Chef der Heimlichen Dienste, Frank Wisner, hatte eine ähnliche Krankheit, kehrte aber später auf seinen Posten als CIA-Stationschef in London zurück.

Viele CIA-Beamte sind dafür bekannt, daß sie starke Trinker sind, was anscheinend auch als Berufsrisiko betrachtet wird. Auch hierin ist die CIA toleranter als andere Organisationen. Rauschgiftverbrauch bleibt jedoch ein absolutes Tabu.

Während soziale Sonderleistungen, die die CIA ihren Angestellten gewährt, damit gerechtfertigt werden können, daß sie aus Sicherheitsgründen erfolgen und die Loyalität gegenüber der Organisation gestärkt werden muß, haben sie eine gewisse demoralisierende Wirkung auf die Berufsoffiziere. Die Agentur wird unbewußt als eine allwissende und allmächtige Institution angesehen – eine Institution, die als unfehlbar gilt. Pflichteifer wird zu Fanatismus; Zweifel an den Entscheidungen der Direktion sind gleichbedeutend mit religiöser Blasphemie. Derartige Verhältnisse fördern bürokratische Isolation und Introvertiertheit (besonders unter starkem Druck von außen) und sie fördern eine perverse, defensive Einstellung, die den einzelnen daran hindert, mit bedeutenden sozialen Ereignissen, die innerhalb der eigenen Nation geschehen – ganz zu schweigen von Ereignissen im Ausland – Schritt zu halten. Anstatt eine gewisse Distanz und Sensitivität im Hinblick auf ihre beruflichen Aktivitäten zu entwickeln und zu bewahren, werden die Berufsoffiziere zu Routinebürokraten, die überhaupt nicht denken und sich nur für ihre eigene Bequemlichkeit und Sicherheit interessieren, was sie dadurch erreichen, daß sie sich an die Forderungen der vorhandenen politischen und institutionellen Führung halten – jener Gruppen also, die die Mittel für derartige persönliche Ziele beschaffen können.

Geheimschriften

Vor einigen Jahren richtete die CIA eine historische Bibliothek ein, später gab sie eine interne, geheime Fachzeitung heraus, und schließlich begann sie mit der Vorbereitung einer umfangreichen geheimen Geschichte der Agentur, die von pensionierten höheren Offizieren geschrieben wird.

Die Historical Intelligence Collection (Historische Nachrichtensammlung) wie die Spezialbibliothek offiziell bei der CIA genannt wird, ist eine faszinierende Sammlung von Spionageliteratur, die Tausende von Bänden, Erzähl- und Sachliteratur, in vielen Sprachen umfaßt. Dem Kurator, einem höheren Berufsoffizier, der daneben ein Bücherliebhaber von Rang ist, wird jährlich eine hübsche Summe zur Verfügung gestellt, damit er auf der Suche nach seltenen Büchern und Dokumenten über Spionage um die Welt reisen kann. Dank seinen Bemühungen besitzt die CIA heute wahrscheinlich die vollständigste Sammlung derartiger Publikationen in der Welt. In den letzten Jahren wurde die Sammlung auf Denkwürdigkeiten der Nachrichtenbranche erweitert, auf Beispiele von unsichtbarer Tinte, von Abhörgeräten, Kameras und anderem Ausrüstungsmaterial, das bei gewissen Unternehmen von Spionen oder ihren Führungsoffizieren benutzt wird.

Die vierteljährlich erscheinende Fachzeitschrift nennt sich *Studies in Intelligence*. Artikel in den letzten Jahren behandelten Themen aus dem praktischen und theoretischen Bereich, zum Beispiel über die

Fragen: Wie verhält man sich, wenn man vom Feind verhört wird? Wie überschreitet man unbemerkt stark bewachte feindliche Grenzen? Nach der kubanischen Raketenkrise brachte die Zeitschrift eine Debatte darüber, ob die CIA die sowjetischen Raketen rechtzeitig entdeckt habe, so daß die Regierung hätte Abhilfemaßnahmen treffen können, oder ob es ein Fehlschlag gewesen sei.

Einige Artikel sind von rein historischem Interesse. 1970 brachte die Zeitschrift einen faszinierenden Bericht über die erfolgreichen Bemühungen des Couturiers Emilio Pucci, der damals – am Ende des Zweiten Weltkriegs – in der italienischen Armee gedient hatte, das Tagebuch von Mussolinis Außenminister (und Schwiegersohn) Graf Ciano, der zuvor vom Duce hingerichtet worden war, dem Zugriff der Deutschen zu entziehen. Vermutlich wären Geschichten dieser Art interessant für normale Bürger, aber *Studies of Intelligence* unterscheidet sich, obwohl es äußerlich vielen regelmäßig erscheinenden Magazinen ähnelt, in einem wesentlichen Punkte. Es ist mit dem Vermerk Geheim versehen und daher nur für CIA-Angestellte und ein paar ausgewählten Lesern unter den Nachrichtendienstlern zugänglich. Selbst die Besprechungen der laufenden Spionageromane werden der amerikanischen Öffentlichkeit vorenthalten.

Das wichtigste unter allen privaten literarischen Projekten der CIA ist die umfangreiche Geheimgeschichte der Agentur, die seit 1967 in Vorbereitung ist. Da er die unwiderstehliche Neigung ehemaliger Geheimdienstoffiziere, Memoiren zu schreiben, kannte, und wußte, wie sie dabei oft ihre Organisationen und Regierungen mit ihren Enthüllungen in Verlegenheit brachten, war Direktor Helms klugerweise mit der Vorbereitung einer offiziellen Geheimgeschichte der CIA und ihrer Aktivitäten einverstanden. Ein Geschichtsprofessor von einer Universität aus dem Mittleren Westen wurde angeworben, um als Koordinator und literarischer Berater für die Offiziere zu fungieren, die an dem Projekt mitarbeiten wollten. Pensionierte hohe Beamte wurden wieder unter ihren ehemaligen Gehaltsbedingungen unter Vertrag genommen, um ein paar Jahre zusätzlich bei der Agentur zu arbeiten und ihre Erinnerungen für eine eventuelle Aufnahme in die Enzyklopädie zu Papier zu bringen.

Helms' Entscheidung war ein Geniestreich. Die Geschichte wird niemals beendet, noch je veröffentlicht werden. Sie ist von ihrer Konzeption her ein Dauerprojekt und kann nur von denen gelesen werden, bei denen einwandfrei die Notwendigkeit für diese Lektüre gegeben ist – und davon gibt es nur sehr wenige. Aber die Autoren mit ihren alten Händen voller Kriegsnarben haben sich damit ihre Frustrationen von der Seele geschrieben, ohne hierdurch Schaden anzurichten, und sie sind dafür bezahlt worden, gut bezahlt. (Wahrscheinlich besser, als wenn sie an die Öffentlichkeit gegangen wären.) Was die CIA anbetrifft, so ist sie ebenfalls zufrieden mit dem Arrangement, denn es ist *ihr* Arrangement, ein Pakt unter Freunden und Kollegen, der in passender Form den Hauptfeind aller jener ausschließt, die von der Geheimdienstmentalität besessen sind – die Öffentlichkeit.

Nachrichtendienst und Politik

Politik muß sich auf die beste Beurteilung
der Fakten stützen, die sich zusammenfügen lassen.
Diese Beurteilung sollte eine Agentur leisten,
die keine Privatinteressen verfolgt und nicht
mit einer besonderen Politik verheiratet ist.

Allen Dulles

An einem Dezembertag im Jahre 1969 – Arbeiter hatten bereits damit begonnen, die Weihnachtsdekorationen am Weißen Haus anzubringen – traf der Präsident im Kabinettsraum mit dem Nationalen Sicherheitsrat (NSC) zusammen. ▶

◀ Verwaltungsleute hatten Lageberichte ausgearbeitet, um ihre Chefs für das Treffen vorzubereiten. Innerhalb der Regierung herrschte starke Uneinigkeit darüber, wie hart der Kurs der USA sein sollte gegenüber ▶

◀ Nun war der Zeitpunkt für Entscheidungen in Reichweite, und zu den Anwesenden gehörten der Vizepräsident, der Außen- und der Verteidigungsminister, die Staatssekretäre im Außen- und Handelsministerium, der Direktor des Central Intelligence, ein Vertreter der NASA, der Assistent des Präsidenten in Fragen der Nationalen Sicherheit sowie der Vorsitzende der Vereinigten Stabschefs.*

* Admiral Thomas Moorer, der neu ernannte Vorsitzende der Vereinigten Stabschefs, nahm an seiner ersten NSC-Konferenz in dieser Eigenschaft teil. Der Präsident erwähnte dies, indem er Moorer den versammelten Anwesenden als »Admiral Mormon« vorstellte.

Der Präsident eröffnete die Sitzung mit der Feststellung, daß der Nationale Sicherheitsrat es mit einigen sehr komplexen Problemen zu tun habe – komplex nicht nur im normalen außenpolitischen Sinne, sondern auch in moralischer Hinsicht, wie der Präsident bemerkte, da breite Kreise der amerikanischen Bevölkerung davon betroffen seien. Dann wandte sich Nixon an den DCI, Richard Helms, und sagte: »Legen Sie los, Dick.«

Die Sitzung des Nationalen Sicherheitsrates hatte offiziell begonnen, und wie üblich gab Helms am Anfang einen detaillierten Überblick über die politischen und wirtschaftlichen Verhältnisse der Länder, die zur Diskussion standen. An Hand von graphischen Darstellungen und Karten beschrieb er die neueste Entwicklung in **Südafrika. (Seine sonst tadellose Darbietung wurde lediglich durch die falsche Aussprache des Wortes »Malagasy« [ehemals Madagaskar] beeinträchtigt, als er auf die junge Republik anspielte.**

Dann sprach Henry Kissinger darüber, welche Haltung die USA gegenüber der Frage der ▶ ◀ einnehmen könnten und umriß die besonderen Möglichkeiten, die dem Präsidenten zur Verfügung standen. Im Falle von ▶

◀ * ▶

◀ die Vereinigten Staaten, es so zu tun. Inwieweit Helms' Argumente bei der Entscheidung des Präsidenten eine Rolle spielten, kann nur von Richard Nixon selbst beantwortet werden. Aber im folgenden Jahr beendeten die USA auf Wunsch der Briten ihre ▶

* Einige Erklärungen waren sehr aufschlußreich. Zu Beginn der Sitzung hatte Außenminister William Rogers unter allgemeinem Gelächter betont, es sei nicht angebracht, daß die Anwesenden über dieses Thema diskutierten, da einige unter ihnen **südafrikanische Klienten bei früheren Rechtsverfahren vertreten hätten. Vizepräsident Spiro Agnew sprach sehr leidenschaftlich darüber, daß die Südafrikaner, seit sie ihre Unabhängigkeit proklamiert hätten, nicht bereit seien,**

◀ war ein derartig selbstverständlicher Faktor, daß es nicht einmal bei dem NSC-Treffen überprüft wurde.

Es war völlig ungewöhnlich, daß Helms sich gegenüber dem NSC über die negativen Folgen für die CIA äußerte, wenn ▶ ◀ denn die normale Rolle des Direktors der Central Intelligence bei diesen Sitzungen beschränkt sich auf einen einführenden Hintergrundsbericht. Als Hauptberater des Präsidenten in Nachrichtendienstsachen hat er die Aufgabe, die Fakten zu liefern und aus der Sicht des Nachrichtendienstes die zukünftigen Ereignisse zu beurteilen, um so den verantwortlichen Politikern bei ihrer Entscheidung zu helfen. Was Helms dem NSC sagte, basierte vollständig auf Tatsachen, hatte jedoch zur Folge, daß Operationen des Nachrichtendienstes in eine politische Entscheidung einbezogen wurden. In der Theorie zumindest nimmt man an, daß diejenigen, die die Entscheidungen treffen, in der Lage sind, die vorteilhafteste Wahl mit Hilfe – und nicht zum Nutzen – des Nachrichtendienstes zu treffen.

Analyse und Operationen

Viele – aber keinesfalls alle – Nachrichtendienstleute stimmen darin überein, der oberste Zweck der Geheimdiensttätigkeit sei die Beschaffung sinnvoller, rechtzeitiger Informationen über Entwicklungen im Ausland nach sorgfältiger Analyse geheimer und offener

sich herumstoßen zu lassen. Und er verglich Südafrika mit den USA in ihrer Frühzeit. Schließlich beugte sich der Präsident zu Agnew hinüber und sagte freundlich: »Sie meinen wohl Rhodesien, nicht wahr, Ted?«

Quellen. Das Endprodukt soll ausgewogen in der Perspektive und objektiv in der Darstellung sein. Unter gar keinen Umständen soll der Nachrichtendienst einen speziellen Kurs des Handelns empfehlen. Die Tätigkeit des Nachrichtendienstes ist, wenn sie richtig ausgefüllt wird, genaugenommen ein Informationsdienst.
Dies ist die Theorie, aber in der Praxis ist der US-Nachrichtendienst tief in die Arena politischer Entscheidungen eingedrungen. Vielleicht ist es unrealistisch zu erwarten, daß ein Sechs-Milliarden-Unternehmen mit mehr als 150000 Beschäftigten in über 100 Ländern anders verfährt. Trotzdem sollte man einsehen, daß, wenn ein Mann vom Rang Richard Helms' öffentlich erklärt, wie er es 1971 tat, »wir betreiben keine Außenpolitik«, er technisch insofern recht hat, als nämlich CIA-Beamte für ihre Hauptoperationsprogramme die Billigung des Weißen Hauses brauchen. Aber er hat absolut unrecht, wenn er den Eindruck erweckt, der Geheimdienst habe, abgesehen von seiner informativen Funktion, keinen bestimmenden Einfluß auf die Formulierung und Durchführung der amerikanischen Außenpolitik.
Allein schon die Existenz der CIA als Instrument geheimer Interventionen in die inneren Angelegenheiten anderer Länder verändert die Art, wie die höchsten Führer der Nation die Welt beurteilen. Sie wissen: Wenn offene politische oder wirtschaftliche Initiativen fehlschlagen, können sie sich an die CIA wenden, um sich aus der Schlinge zu ziehen. Man nimmt an, daß die Regierung Eisenhower sich in den letzten Monaten ihrer Amtszeit stärker bemüht hätte, es nicht zum Bruch mit Kuba kommen zu lassen, hätte der Präsident nicht bereits sein Jawort zur geheimen Ausbildung einer Flüchtlingsarmee zum Sturz des Castro-Regimes gegeben.
Die extreme Geheimhaltung, die die Tätigkeit der CIA umgibt, verstärkt die Chancen, daß ein Präsident sie in Aktion treten läßt. Er braucht die Aktivitäten der CIA nicht vor dem Kongreß, vor der Presse und gegenüber dem amerikanischen Volk zu rechtfertigen. Somit gibt es, da eine vorzeitige Aufdeckung unmöglich ist, keine institutionelle Macht innerhalb der USA, die ihn daran hindern könnte, das zu tun, was er will. Außerdem erlaubt es die Verborgenheit der CIA-Operationen einem Präsidenten, Aktionen in anderen Ländern zu gestatten, die, würde man sie öffentlich durchführen, die USA als eine kriminelle Nation brandmarken

würden. Das Völkerrecht und die Charta der Vereinten Nationen verbieten einem Lande eindeutig die Einmischung in die inneren Angelegenheiten anderer Nationen, aber wenn die Einmischung durch einen geheimen Apparat erfolgt, dessen Operationen sich nicht bis zu ihrem Initiator, in diesem Fall den USA, zurückverfolgen lassen, dann hat ein Präsident freiere Hand. Er braucht sich nicht einmal um eine negative öffentliche Reaktion zu Hause oder im Ausland zu sorgen. Nachdem beispielsweise Salvador Allende 1970 zum Präsidenten von Chile gewählt worden war, wurde Präsident Nixon auf einer Pressekonferenz gefragt, warum die USA entschlossen seien, in Vietnam militärisch zu intervenieren, jedoch nicht das gleiche in Chile tun wollten, um einen Marxisten daran zu hindern, an die Macht zu gelangen. Er antwortete: »Hätten die USA sich in eine freie Wahl eingemischt und diese in ihr Gegenteil verkehrt, so hätte dies meiner Meinung nach Rückwirkungen in ganz Lateinamerika gehabt, und diese wären weitaus schlimmer gewesen, als das, was in Chile passierte.« Der Präsident erwähnte nicht, daß er gebilligt hatte ▶

◀ aber dadurch, daß er seine Aktion geheimhält, konnte er zumindest vorläufig – »die negative politische Reaktion« vermeiden, die er befürchtete. Hätte es nicht die CIA gegeben, die die Sache geheim durchführte, hätte die US-Regierung sicherlich nicht versucht, sich in die chilenischen Wahlen verwickeln zu lassen, denn sie war augenscheinlich nicht gewillt, ihre Aktionen einzugestehen.

Geheimoperationen können einem Präsidenten als ein Allheilmittel erscheinen, als eine Möglichkeit, die Kastanien aus dem Feuer zu holen, ohne sich die ganze Mühe und den Ärger diplomatischer Verhandlungen aufzuladen. Und wenn die CIA irgendwie bei einer Aktion erwischt wird, so erspart die »Bestreitbarkeit« dieser Operationen dem Präsidenten theoretisch, dafür irgendeine Verantwortung zu übernehmen. Außerdem ist die CIA dafür ausgerüstet, in einer Krise schnell zu reagieren. Sie ist nicht annähernd so stark durch eine schwerfällige Bürokratie behindert wie das Pentagon und hat bewiesen, daß sie in der Lage ist, ohne große vorherige Benachrichtigung in Aktion zu treten – wie im Kongo Anfang der 60er Jahre – und ihre Luftwaffe einzusetzen. Und das Feldpersonal der CIA beansprucht nicht die Anlagen und Hilfsmittel wie die Kollegen vom Militär. In Laos führten 40 oder 50 Berufsoffiziere, unterstützt von ein paar Vertragssoldaten, einen ganzen Geheimkrieg, wohingegen das Pentagon bei der Durchführung einer ähnlichen Mission wahrscheinlich einen militärischen Hilfsapparat mit Tausenden von Leuten (wie in Vietnam) installiert hätte, der die USA sehr viel mehr Geld kosten würde. Auch murren CIA-Leute wahrscheinlich öffentlich weniger als die Militärs, wenn politische Restriktionen sie dazu zwingen, »mit einem Arm auf dem Rücken« zu kämpfen, und dies macht die CIA für den Präsidenten attraktiv, denn er hat keine Lust, einen ständigen Kampf mit seinen Generälen über die Strategie in einer speziellen Situation zu führen.

Die CIA bringt die USA nicht in die Lage, eine Verpflichtung einem Lande gegenüber einzugehen; dies ist anders, wenn der Präsident oder das Außenministerium intervenieren. Aber wenn die CIA-Operationen in einem fremden Land erst einmal begonnen haben, wächst damit das amerikanische Interesse an der Zukunft dieser Nation. Sicherlich wäre das amerikanische Interesse sehr viel größer, wenn der Präsident Kampftruppen entsenden würde anstatt seine Geheimkrieger, aber eine solche Intervention müßte öffentlich gerechtfertigt werden. In den 50er und frühen 60er Jahren wollten weder Präsident Eisenhower noch Präsident Kennedy in Vietnam oder Laos eine derartige Verpflichtung eingehen. Doch durch den Einsatz von Geldern aus der Auslandshilfe und mit Hilfe gewaltiger Geheimoperationen waren sie in der Lage, in beiden Ländern antikommunistische Regierungen am Leben zu erhalten. Als sich diese Mittel später in den 60er Jahren als ungenügend erwiesen, entschied sich Präsident Johnson für die Entsendung von Bodentruppen nach Vietnam und die systematische Bombardierung von Laos durch die US-Luftwaffe. Man könnte argumentieren, daß die Geheimoperationen der CIA den Zeitpunkt hinausschieben, zu dem ein massiverer Einsatz amerikanischer Macht erforderlich ist. Aber es läßt sich auch sagen: Wenn die CIA die Regierungen in Saigon und Vientiane nicht so lange Zeit funktionsfähig gehalten hätte, hätten die USA überhaupt niemals offen interveniert.

Weder in Vietnam noch in Laos handelte die CIA ohne die Billigung der höchsten Politiker der Nation. Alle großen Geheimoperationen der CIA werden vom 40er-Ausschuß gebilligt, und der

Präsident selbst überprüft streng die Entscheidungen dieses Ausschusses. Aber selbst gebilligte Geheimoperationen führen gern irgendwie ihr Eigenleben, da das Operationspersonal im Einsatz die allgemeinen Richtlinien, die vom Weißen Haus über Langley zu ihm gelangen, ziemlich frei auslegt. Dadurch, daß sie die Tarnoperationen der CIA nicht streng überwacht, hat die oberste Führung der USA es der CIA gestattet, die Außenpolitik entscheidend zu beeinflussen. Zum Beispiel bombardierte während der CIA-Revolte gegen das Linksregime in Guatemala 1954 ein CIA-Flugzeug einen britischen Frachter, weil man annahm, er transportiere Waffen für die Regierungstruppen. In Wahrheit war das Schiff mit Kaffee und Baumwolle beladen, und zum Glück wurde niemand verletzt, als nur eine Bombe explodierte. Richard Bissell gab gegenüber der *New York Times* am 28. April 1966 zu, daß der Angriff auf den britischen Frachter ein »kleiner Zwischenfall« war, der »über die etablierten Grenzen der Politik hinausging«. Bissell fuhr fort: »Man kann keine Operationen von diesem Umfang durchführen, Grenzen der Politik um sie herumziehen und absolut sicher sein, daß diese Grenzen nicht überschritten werden.«

Die CIA wurde in einen anderen »kleinen Zwischenfall« verwickelt, als sie Exilkubaner auf Geheimstützpunkten in Guatemala für eine Invasion Kubas ausbildete. Im November 1960 brach eine Rebellion gegen die guatemaltekische Regierung aus, die der CIA so wohlwollend die Benutzung ihres Territoriums als Startrampe für die Aktion gegen Kuba gestattet hatte. Die CIA erwiderte diesen Gefallen und schickte ihre B-26-Bomber, um den Aufstand niederzuschlagen. Es ist nicht klar, ob das Weiße Haus die Erlaubnis für diese Angriffe erteilt hatte, aber es war keine Frage, daß die CIA sich wieder einmal in die inneren Angelegenheiten Guatemalas eingemischt hatte – dieses Mal, um sicherzustellen, daß keine neue guatemaltekische Regierung sie von ihren Geheimstützpunkten vertriebe. Da sie nun einmal mit dem Versuch begonnen hatte, Castro zu stürzen, war die CIA in eine Kette von Zwischenfällen verwickelt worden, die sie zwangen, militärisch in einem zweiten Land zu intervenieren, um ihre Operation gegen Kuba zu schützen. Der Präsident mag zwar den ursprünglichen politischen Kurs festgelegt haben, aber er konnte nicht wissen, daß er, lediglich durch die Einwilligung zu einem Angriff auf Kuba, halbmilitä-

rische Aktionen der CIA gegen Guatemala auslösen würde.
CIA-Operationen können noch andere unvorhergesehene Auswirkungen auf die amerikanische Außenpolitik haben: Sie können das Land einer Erpressung ausliefern, wenn irgend etwas schief geht. Beispielsweise stimmte die US-Regierung 1958 innerhalb von fünf Tagen, nachdem ein **CIA**-Pilot von Indonesien abgeschossen und gefangengenommen worden war, dem Verkauf von 37000 Tonnen amerikanischem Reis gegen örtliche Währung zu und hob ein Embargo von Waffen und militärischem Material in Höhe von 1 Million Dollar auf. Angesichts der Tatsache, daß zu diesem Zeitpunkt die **CIA aktiv eine bewaffnete Revolution gegen das Sukarno-Regime unterstützte,** wäre dies für die US-Regierung eine seltsame Handlung gewesen, hätte sie sich nicht um die Rettung des gefangenen Piloten gesorgt.
Ein ähnlicher Zwischenfall passierte 1960 in Singapur, als ein CIA-Fachmann mit einem Lügendetektor in die Stadt eingeflogen wurde, um sicherzustellen, daß ein vor Ort angeworbener Agent zuverlässig war. Als der CIA-Mann in einem Hotelzimmer seine polygraphische Maschine einschaltete, schlugen alle Sicherungen in dem Gebäude durch.* Der Mann mit dem Lügendetektor, ein CIA-Führungsoffizier und der Agent wurden sofort verhaftet. Die Regierung von Singapur und die Engländer, die gerade Singapur die Unabhängigkeit zugestehen wollten, waren durch den Vorfall

* ▶

◀

beunruhigt. Verhandlungen hatten dann zur Folge, daß die Männer freigelassen wurden. Nach den Worten des Singapurer Premierministers Lee Kuan Yew hatte die US-Regierung 3,3 Millionen Dollar angeboten, um die Männer herauszuholen. Lee behauptete, er fordere zehnmal soviel und nahm daraufhin kein Geld an. In jedem Fall wurden die beiden CIA-Beamten später freigelassen, und der neu amtierende Außenminister Dean Rusk schrieb einen geheimen Entschuldigungsbrief an den Singapurer Regierungschef. In einer Rede erwähnte Lee 1956 die Affäre als Beispiel für die Art von Aktivitäten, in die ihn die CIA verwickelt habe. Das Außenministerium veröffentlichte ein Routinedementi, das von der CIA stammte – wobei das Pressebüro des Außenministeriums nicht wußte, daß Lee mit seinen Anschuldigungen recht hatte. Lee präsentierte daraufhin der Öffentlichkeit Rusks Entschuldigungsbrief, und das Außenministerium war gezwungen, seine ursprüngliche Erklärung zurückzunehmen, obwohl es immer noch behauptete, daß niemals irgendwelches Lösegeld angeboten wurde. Der Vorfall war nicht nur peinlich für die US-Regierung und machte Schlagzeilen in der ganzen Welt, er veranlaßte auch das Außenministerium, sein System in der Frage von Erklärungen und Noten über Geheimdienstangelegenheiten zu ändern. ▶

◀

Im allgemeinen kann die Existenz amerikanischer Geheimdienstanlagen in einem fremden Land bedeutende Auswirkungen auf die US-Politik gegenüber diesem Lande haben, vor allem in der Dritten Welt. Streng ausgerichtete Länder wie etwa ▶

◀ Aber für weniger entwickelte Länder ist eine amerikanische Anlage eine Bedrohung und eine Chance. Die Bedrohung kommt aus den Reihen der einheimischen Opposition, die den Stützpunkt als ein Beispiel für »Neokolonialismus« betrachtet und dies als Waffe gegen diejenigen verwendet, die an der Macht sind. Die Chance liegt in dem Faktum, daß die USA teuer für das Recht bezahlen, ihre Abhöranlagen zu installieren und aufrechtzuerhalten wie ▶ ◀ entdeckt.

▶

◀ Beide Gastregierungen wurden von inländischen Kreisen und den Nachbarländern scharf kritisiert, weil sie den USA eine Bastion auf ihrem Territorium einräumten, aber beide Länder wurden hoch belohnt durch amerikanische Militär- und Wirtschaftshilfe, die sich auf Hunderte von Millionen Dollar belief. Während wahrscheinlich vergleichsweise bescheidene Hilfssummen gezahlt worden wären, selbst wenn es keine Stützpunkte gegeben hätte, repräsentierte der gewaltige Umfang der Hilfsprogramme in der Tat eine direkte Bezahlung für die Nachrichtendienstanlagen.
In ähnlicher Weise unterhielt die US-Luftwaffe von 1956 bis Ende 1969 einen riesigen Stützpunkt in der Nähe von Peschawar in Pakistan. Er diente in erster Linie als eine Anlage für den Nachrichtendienst. Während mehrerer Jahre vor Francis Gary Powers' gescheitertem Flug über die Sowjetunion 1960 benutzten die U-2-Maschinen der CIA Peschawar als Hauptstartbahn für Aufklärungsflüge über die Randgebiete der Sowjetunion. Außerdem ▶

◀ Seit den Anfängen der Regierung Eisenhower hatten sich die USA enger mit Pakistan als mit Indien in dem Dauerstreit zwischen diesen beiden Ländern verbündet. Doch zumindest einige Experten für diese Region glauben, daß ein wichtiger Faktor in der amerikanischen Parteinahme für Pakistan – wenigstens bis in die späten 60er Jahre – der Wunsch war, den Stützpunkt in Peschawar zu behalten.
Ein anderes Terrain für große technische Spionageinstallationen der Amerikaner ist Taiwan. In diesem Fall brauchten die USA die nationalchinesische Regierung nicht allzu sehr zu überreden, den Bau der Anlagen zu gestatten, da diese sich gegen Formosas Erzfeind auf dem Festland richteten und der Tschiang Kai-schek-Regierung einige der gesammelten Informationen mitgeteilt wurden. Außerdem arbeitete die CIA in den ersten fünfzehn Jahren nach der Vertreibung der Nationalchinesen aus China eng mit Tschiangs Nachrichtendienst bei getarnten Missionen gegen das Festland zusammen, und die Nationalchinesen waren, was ihre

Existenz betraf, derart von den USA abhängig, daß sie nicht in der Lage waren, den USA für die Stützpunkte des Nachrichtendienstes große Summen aus der Tasche zu ziehen. Doch dadurch, daß die Tschiang-Regierung der CIA und den anderen Nachrichtendiensten freie Hand ließ, praktisch jede Art von Anlagen zu bauen, die sie wünschten, erschwerte sie den USA, sich von Taiwan zu lösen und bessere Beziehungen zu China anzuknüpfen. Viele der wichtigsten Installationen zur Überwachung des Festlandes befinden sich auf Formosa, und sie repräsentieren eine Investition von Hunderten von Millionen Dollar. Alle amerikanischen militärischen Streitkräfte, einschließlich derer, die Nachrichtendienstarbeit betreiben, müssen von Taiwan entfernt werden, ehe die USA Chinas Bedingungen für eine vollständige Normalisierung zwischen den beiden Ländern erfüllen können.

Die jüngste Geschichte ist voller Beispiele dafür, welche großen Auswirkungen technische Spionageprogramme auf die Außenpolitik der USA haben. Der Abschuß der U-2 über der Sowjetunion 1960 hatte die Absage des Gipfeltreffens zwischen Eisenhower und Chruschtschow zur Folge. Bei einem Versuch, den Aktionskurs während des Sechstagekrieges 1967 zu kontrollieren, wagte sich das Spionageschiff *Liberty* zu weit in das Operationsgebiet vor (weil eine Warnmeldung aus Washington fehlgeleitet wurde), so daß es von israelischen Flugzeugen und Schiffen versenkt wurde. 34 Amerikaner wurden getötet. Infolgedessen so schreibt der ehemalige DIA- und CIA-Angestellte Patrick McGarvey in seinem Buch *CIA: The Myth and the Madness*, schlugen die Vereinigten Stabschefs »einen schnellen Vergeltungsschlag aus der Luft gegen den israelischen Marinestützpunkt vor, von dem der Angriff aus gemacht wurde«. Der Vorschlag wurde abgelehnt. McGarvey fährt fort:

> Im nächsten Jahr brachten die Nordkoreaner ein ähnliches Schiff, die *Pueblo*, auf und internierten seine Besatzung. Wieder waren wir durch den Geheimdienst, von dem man annimmt, daß er der geheime Arm der Regierung ist, an den Rand eines Krieges geraten. Die Vereinigten Stabschefs empfahlen wieder einen Luftangriff. Auf den Vorfall mit der *Pueblo* folgte ein Jahr später der Abschuß eines amerikanischen Aufklärungsflugzeugs (ein Marineflugzeug vom Typ EC-121) vor der

Küste Nordkoreas. Und wieder wünschten die Vereinigten Stabschefs einen Vergeltungsschlag aus der Luft.

Es gab noch andere verhängnisvolle Aufklärungsflüge – jene über China –, über die die amerikanische Presse nichts veröffentlichte. Einige dieser Flüge wurden von der chinesischen Agentur Neues China erwähnt, wurden aber offensichtlich im Westen als kommunistische Propaganda abgetan. In diese Serie gehört der Abschuß mehrerer CIA-Maschinen vom Typ U-2, die von nationalchinesischen Piloten geflogen wurden, und von noch mehr pilotenlosen ferngelenkten Flugzeugen der US-Luftwaffe (die Chinesen behaupten, zwischen 1964 und 1969 neunzehn abgeschossen zu haben) über dem chinesischen Festland. Amerikanische SR-71s überflogen ebenfalls regelmäßig China (und setzen diese Flüge heute über Nordkorea fort), bis alle Aufklärungsflüge als Ergebnis von Henry Kissingers erstem Besuch in Peking 1971 eingestellt wurden.
Gerade zu dem Zeitpunkt, im Oktober 1969, als die USA versuchten, diplomatische Kontakte mit den Chinesen aufzunehmen, schickte der Nachrichtendienst der Air Force **mit Billigung des 40er-Ausschusses** ein ferngelenktes Flugzeug über Südchina. Am 28. Oktober meldete die Agentur Neues China den Abschuß »eines US-imperialistischen, pilotenlosen Flugzeugs in großer Höhe«, aber ▶

◀

Ein weiterer, höchst provokativer Flug einer ferngelenkten Maschine wurde vom Pentagon in der Zeit nach der amerikanischen Invasion in Kambodscha im Jahre 1970 vorgeschlagen. **Die Mission wurde vom 40er-Ausschuß entgegen den scharfen Einwänden des Außenministeriums gebilligt,** das der Meinung war, durchschnittlich würde eine von dreien dieser Maschinen abgeschossen. ▶

◀

Die offizielle Rechtfertigung für alle Spionagemissionen durch Nachrichtendienstflugzeuge und -schiffe ist die Sammlung von Nachrichten mit dem Ziel, die nationale Sicherheit der USA zu schützen. Aber angesichts von Hunderten planmäßiger Flüge jeden Monat entlang und über die Grenzen nicht befreundeter Länder gibt es zwangsläufig peinliche Fehlschläge. Daß diese scheiternden Missionen gelegentlich internationale Krisen hervorrufen, wird von den Politikern, die routinemäßig ihre Zustimmung geben, hingenommen und gehört wahrscheinlich zu den Kosten für die Beschaffung von Nachrichtenmaterial. Es ist jedoch erschreckend festzustellen, daß einige dieser Spionageraubzüge zu einem bewaffneten Konflikt hätten führen können und in Zukunft dazu führen können. Missionen, die die territoriale Integrität anderer Länder verletzen, sind eindeutig Verletzungen der Souveränität, und jedes Land, das einen Eindringling innerhalb seiner Grenzen abschießt, handelt völlig im Einklang mit dem Recht.

Während Allen Dulles erklärte, er glaube, die Außenpolitik der USA solle auf Einschätzungen und Beurteilungen eines Nachrichtendienstes basieren der »keine Privatinteressen verfolgt und der selbst nicht mit einer bestimmten Politik verheiratet ist«, so stimmten seine Aktionen doch nicht immer mit diesen Worten überein. Infolgedessen ermöglichte er das Unternehmen Schweinebucht – den klassischen Fall dessen, was geschehen kann, wenn Nachrichtendienste durch die Ausführung einer verdeckten Operation mißbraucht werden.

Das Problem begann am Vorabend von Fidel Castros Triumphmarsch auf Havanna im Januar 1959, als CIA-Analytiker einen Bericht für das Weiße Haus ausarbeiteten, der besagte, der Erfolg der Rebellen leite sich zum großen Teil daraus her, daß das Batista-Regime korrupt und das kubanische Volk hierüber empört sei. Allen Dulles schaltete sich persönlich in diesen Nachrichtendienstprozeß ein und korrigierte diesen Bericht, um seinen politischen Neigungen Genüge zu tun. Aus Dulles' Sicht war Castros Sieg keine natürliche Entwicklung, die man angesichts der Verfehlungen Battistas erwarten mußte. Dulles' calvinistischer Geist sah geradezu die Hand des Teufels im Spiel, und er prophezeite ein Blutbad in Havanna, das noch die Französische Revolution in den Schatten stelle. »Blut wird in den Straßen fließen«, schrieb er dramatisch in dem CIA-Bericht für das Weiße Haus.

Im großen und ganzen schlugen jedoch die CIA-Analytiker in den folgenden Monaten einen gemäßigteren Ton an. Sie betonten, Castros Kuba sei zwar lästig, stelle jedoch auf gar keinen Fall eine direkte Bedrohung für die Sicherheit der USA dar.

Das Nachrichtendirektorium versuchte auch zu erklären, daß Castro trotz seiner sozialistischen Neigungen leidenschaftlich unabhängig und ein echter Nationalist sei, ähnlich wie Sukarno, Nasser und Nkrumah (Ghana), die alle Gegner einer Beherrschung der Dritten Welt durch den Westen, aber sicherlich nicht Agenten irgendeiner kommunistischen Verschwörung seien. Die Analytiker schrieben was für zukünftige Ereignisse wichtig sein sollte, daß nämlich Castro, entgegen den emotionalen Berichten kubanischer Flüchtlinge über angebliche Unruhen auf der Insel, allem Anschein nach die allgemeine Unterstützung der Bevölkerung genieße.

Dulles akzeptierte diesen Befund seiner Analytiker nicht und setzte sich im Weißen Haus nicht für ihren Standpunkt ein. Statt dessen stützte er sich auf die Berichte der Heimlichen Dienste als einem getreueren Spiegelbild der Ereignisse auf Kuba. Dulles hat immer geglaubt, daß der Mann im Einsatz ein zuverlässigerer Beurteiler der Ereignisse sei als der Analytiker hinten im CIA-Hauptquartier. Vor Castros Machtübernahme hatte es im Nachrichtendirektorium nicht einmal einen hauptamtlichen CIA-Analytiker der kubanischen Probleme gegeben, und die zwei, die nach Januar 1959 eingesetzt wurden, gewannen niemals wirklich Dulles' Vertrauen. Er las lieber die Lagebeurteilungen der Beamten der Heimlichen Dienste, die ihre eigene Methode hatten, die Berichte der Geheimagentur auszuwerten.

Irgendwann Ende 1959 entschied Dulles, die beste Lösung für das kubanische Problem sei, Kuba mit einer Armee kubanischer Flüchtlinge zu besetzen und Castro zu stürzen. Er war fraglos beeinflußt durch die Berichte der Heimlichen Dienste, die im Gegensatz zu den Berichten des Nachrichtendirektoriums die mangelnde Popularität des Castro-Regimes, die inneren Spannungen und wirtschaftlichen Schwierigkeiten hervorhoben. Im März 1960 gab Präsident Eisenhower auf Dulles' Drängen hin und mit Dulles' Fakten in Händen seine Zustimmung, daß die CIA mit der Anwerbung und Ausbildung der glücklosen Invasionstruppe begann. Robert Armory, der stellvertretende Direktor des Nachrichtenwesens (DDI), wurde niemals offiziell darüber informiert, daß die Invasion in Vorbereitung war und somit seine Experten die Chancen eines Erfolges analysieren konnten. Dulles war überzeugt, daß Kuba reif sei für eine Invasion, und er war der Hauptberater des Präsidenten in Sachen Geheimdienst. So standen die Dinge.
Als die CIA-Truppe bei ihrem Versuch scheiterte, Castro im Frühjahr 1961 zu stürzen, erreichte das CIA-Nachrichtendirektorium vorübergehend den gleichen Rang wie die Heimlichen Dienste. Dies passierte nicht, weil man irgendwie plötzlich die Arbeit der Analytiker besser zu schätzen wußte, sondern weil die Akteure des Unternehmens in der Schweinebucht allgemein in Ungnade gefallen waren. John McCone wurde im November 1961 Direktor der CIA, und nachdem er sein anfängliches Mißtrauen gegenüber der gesamten Organisation überwunden hatte, erkannte er die Notwendigkeit und den Wert eines hochqualifizierten nationalen Nachrichtendienstes.

▶

◀* Castro, dessen Geheimagenten die Operationen der CIA lange vor der Aktion Schweinebucht durchschauten, wußte sehr wohl, was die CIA trieb, und die fortgesetzten amerika-

* Die Ermordung Castros schien innerhalb der CIA in diesen Jahren mehrfach erwogen worden zu sein. E. Howard Hunt behauptet, sie vor

nischen Angriffe gegen sein Regime mögen durchaus ein wichtiger Faktor bei seiner Entscheidung im Frühjahr 1962 gewesen sein, der Sowjetunion die Installation offensiver Atomwaffen auf Kuba zu gestatten.

Die kubanische Raketenkrise, die sich daraus entwickelte, war eine der schönsten Stunden für die CIA und den gesamten Nachrichtendienstapparat, obwohl die letzte Nationale Nachrichtenbewertung, die die CIA einen Monat vor Präsident Kennedys Ankündigung der »Quarantäne« Kubas ausgearbeitet hatte, erklärte, es sei unwahrscheinlich, daß die Sowjets Raketen mit nuklearen Sprengköpfen auf der Insel installieren würden. Tatsache bleibt jedoch, daß die CIA und die anderen Nachrichtendienste rechtzeitig die sowjetischen Raketen entdeckten, so daß der Präsident handeln konnte, und die Nachrichtendienste präsentierten Kennedy die Fakten ohne irgendwelche politischen Empfehlungen und Tendenzen, die Kennedys Entscheidung hätten beeinflussen können. Folgendermaßen ist der Nachrichtendienstprozeß vermutlich vor sich gegangen:

Die Affäre begann im späten Frühjahr des Jahres 1962, als CIA-Analytiker beobachteten, daß die Sowjets ihre Militärhilfe für Kuba verstärkten. Diese Transporte wurden in der CIA nicht mit besonderer Unruhe vermerkt, denn hinsichtlich der sowjetischen Ausrüstung der kubanischen Streitkräfte blieb immer noch vieles zu tun. Außerdem hatte die CIA Möglichkeiten zu verfolgen, welche Waffen nach Kuba einströmten.

dem Unternehmen Schweinebucht empfohlen zu haben, sein Vorschlag sei jedoch abgelehnt worden. Im November 1961 erwähnte Präsident Kennedy den Gedanken bei einer privaten Plauderei mit Tad Szulc, der damals bei der *New York Times* war. Kennedy fragte ihn: »Was würden Sie denken, wenn die Vereinigten Staaten Castro ermordeten?« Als Szulc sagte, dies sei seiner Meinung nach ein sehr schäbiger Gedanke, erwiderte Kennedy: »Ich freue mich, daß Sie so denken, denn Vorschläge in dieser Richtung kommen ständig auf mich zu, und ich glaube fest, die Vereinigten Staaten sollten nicht an politischem Mord beteiligt sein.« Lyndon Johnson erzählte seinem ehemaligen Assistenten Leo Janos, wie im Juli 1973 in einem Artikel von *Atlantic* wiedergegeben wurde: »Wir hatten eine verdammte Mordbande in der Karibischen See unterhalten.« Janos gab genauere Einzelheiten an: »Ein Jahr vor Kennedys Tod wurde eine von der CIA unterstützte Mördergruppe in Havanna verhaftet. Johnson war der Ansicht, daß Dallas eine Vergeltung für diesen vereitelten Versuch war, obwohl er dies nicht beweisen konnte.«

Seit Januar 1961, als die Regierung Eisenhower die diplomatischen Beziehungen mit dem Castro-Regime abgebrochen hatte, gab es keine CIA-Leute mehr, die von der amerikanischen Botschaft in Havanna aus arbeiten konnten, aber ▶

◀ Außerdem traf ein ständiger Strom von Flüchtlingen in Miami ein, wo sie von CIA-Offizieren, die ständig abkommandiert waren, verhört wurden. Genau wie vor dem Schweinebucht-Unternehmen waren die Geschichten vieler dieser Flüchtlinge einer hysterischen Phantasie entsprungen, aber gelegentlich konnte doch ein Stückchen brauchbarer Information aus ihren Märchen herausgepickt werden.

Auf Präsident Kennedys Veranlassung hin hatte der Nachrichtenausschuß der USA (USIB), Kuba zum PNIO (Priority National Intelligence Objective: vorrangiges Nachrichtenbeschaffungsziel) erklärt, und an die verschiedenen militärischen Nachrichtendienste wurden vom USIB erhöhte Anforderungen hinsichtlich der Nachrichtenbeschaffung gestellt. Diese Anforderungen wurden als Antwort auf die spezifischen Bedürfnisse der Analytiker fast ständig erhöht. Die Luftwaffe und die Marine beobachteten sorgfältig die Schiffsrouten und fotografierten sowjetische Schiffe, die Kuba ansteuerten. An dieser Überwachung beteiligten sich die Sechste Flotte im Mittelmeer, die Atlantik-Flotte (die sogar einen Horchposten in der Guantanamo Bay innerhalb Kubas besaß) und die Luftwaffe. Der US-Nachrichtendienst fotografierte Schiffsbewegungen und hörte mit elektronischen Geräten die kubanischen Kommunikationen ab. Der Nationale Sicherheitsdienst richtete seine gewaltigen Antennen auf **sowjetische Schiffe** und das kubanische Verbindungssystem. ITT hatte einen großen Teil des kubanischen Nachrichtenwesens vor Castros Verstaatlichungsmaßnahmen in Betrieb gehalten, und die Firma hatte **eng mit der CIA und dem Nationalen Sicherheitsdienst beim Abfangen von Meldungen zusammengearbeitet.** Ein großer Teil der alten Apparatur war immer noch in Gebrauch, und der Nationale Sicherheitsdienst sammelte Berge von Informationen. Schließlich ließ die CIA jeden

Monat zwei U-2-Maschinen Kuba überfliegen, und die Fotos, die diese Spionageflugzeuge machten, wurden schnell an die Analytiker weitergeleitet.

Während so die sowjetische Militär- und Wirtschaftshilfe für Castro Ende Frühjahr 1962 im Ansteigen begriffen war, schien wenig Grund zur Beunruhigung bei der CIA oder sonstwo innerhalb der US-Regierung zu bestehen. Moskau hatte erst kürzlich Spannungen in Berlin reduziert – sehr zur Erleichterung der Washingtoner Politiker, deren feste Haltung in der geteilten Stadt sich offensichtlich bezahlt gemacht hatte. Doch es gab immer noch ein paar unheilvolle Signale. **Die CIA erfuhr, daß sowjetisches Militärpersonal heimlich zu Kampfzwecken als U-Bootsbesatzungen in Indonesien und als Bomberbesatzungen im Yemen eingesetzt wurden,** was ein drastisches Abrücken von früheren sowjetischen Praktiken darstellte. Dann, im Juli, stellten die Analytiker eine Zunahme der Waffentransporte nach Kuba fest, gleichzeitig trafen eine große Zahl junger Leute aus der Sowjetunion ein. Moskau behauptete, es handele sich um technische Berater zur Unterstützung wirtschaftlicher Entwicklungsprogramme. Die CIA bezweifelte dies, denn die »Zivilisten« waren alle jung, schienen militärische Funktionen zu haben und trugen nur zwei Arten von Sporthemden. Es wurde klar, daß die Sowjets mehr militärisches Ausrüstungsmaterial entsandten, als die kubanischen Streitkräfte absorbieren konnten. Eine kleine Gruppe von CIA-Analytikern mit Erfahrungen im Entschlüsseln der Methoden, deren sich Moskau und seine Verbündeten bei der Durchführung ihrer Auslandshilfeprogramme bedienten, waren überzeugt, daß sich auf Kuba ein beispielloser militärischer Aufbau vollzog. Ihre Bemühungen im August, hohe US-Beamte zu alarmieren, wurden überraschenderweise durch militärische Nachrichtendienste behindert, nämlich durch die Verteidigungsnachrichtenagentur (DIA) und den Nationalen Sicherheitsdienst, die in der intensivierten sowjetischen Aktivität auf der Insel im wesentlichen ein Phänomen wirtschaftlicher Hilfe sahen. Vielleicht lag es daran, daß die CIA mit ihrer ungenauen Berichterstattung über Kuba als Vorspiel zum Unternehmen Schweinebucht eine so kümmerliche Rolle gespielt hatte, wenn jetzt selbst das doch so kriegswütige militärische Establishment der Fähigkeit der CIA mißtraute, die kubanische Situation richtig zu

beurteilen. DIA und NSA jedenfalls hielten es für richtig, die Nachrichtendienstberichte der CIA Ende August 1962 zu widerlegen.
Der Hauptgrund dafür, daß die CIA-Analytiker die militärischen Vorbereitungen der Sowjets näher verfolgen konnten als die übrigen Nachrichtendienste, die im wesentlichen über die gleichen Informationen verfügten, lag in der verfeinerten Technik begründet, die die CIA entwickelt hatte. Hierzu gehörte ein analytisches Instrument, das man »crate-ologie« (crate: Kiste, Verschlag) nennt. Es handelt sich hierbei um eine einzigartige Methode, den Inhalt der großen Kisten auf den Decks der sowjetischen Waffentransporter zu bestimmen. Die Spezialisten konnten die Fotos der Kästen, die einen hohen Grad an Genauigkeit erreichten, betrachten. Diese vermittelten Informationen über den Verladeplatz des Schiffes und die militärischen Produktionspläne der Sowjets. Daraus konnten sie folgern, ob die Kisten Transportflugzeuge oder Düsenjäger enthielten. Während dieses System von vielen Leuten aus Nachrichtendienstkreisen mit Vorsicht beurteilt wurde, akzeptierte CIA-Direktor John McCone den Befund, und sein Vertrauen in die Technik erwies sich als gerechtfertigt.
Trotzdem entdeckten die CIA-Analytiker die ersten Transporte sowjetischer Raketen nicht, die Anfang September auf Kuba eintrafen. Die Sowjets entwischten den Argusaugen der »crateologists«, indem sie ihre Waffen in den Laderäumen riesiger Frachter transportierten und nicht in Kisten an Deck, wie es ihre übliche Praxis war, wenn sie umfangreiches militärisches Ausrüstungsmaterial lieferten. Am 19. September billigte der USIB die Nationalen Nachrichtenbewertungen, die zwar die beunruhigenden militärischen Vorbereitungen der Sowjets erwähnten, jedoch erklärten, es sei unwahrscheinlich, daß die Russen Raketen mit atomaren Sprengköpfen nach Kuba schafften. In dieser Zeit traute McCone persönlich den Sowjets das Schlimmste zu, aber man muß es ihm als Verdienst anrechnen, daß er seine Privatansichten nicht als Position der CIA präsentierte, da, wie er später sagte, seine Privatmeinung auf »Intuition« und nicht auf »harten Nachrichten« basierte. Trotzdem bedrängte er das Weiße Haus, die Zahl der U-2-Flüge zu erhöhen. Der Präsident stimmte Anfang Oktober zu, aber auf Drängen des Verteidigungsministers McNamara wurde die Verantwortung für die Aufklärungsaktionen von der CIA auf die

Luftwaffe übertragen, da sowjetische SAM-Raketen für häufigere Flüge eine Gefahr bedeuteten.*

Am 14. Oktober brachte eine U-2 der Luftwaffe Fotos von sechs Mittelstreckenraketenrampen zurück, die nahezu einsatzbereit waren, sowie von vier Rampen für Raketen einer Zwischenreichweite, die sich im Anfangsstadium ihres Baus befanden. CIA-Analytiker konnten diese Bilder eindeutig verifizieren – und zwar mit Hilfe von Informationen, die die Überwachung ähnlicher Anlagen in der UdSSR durch Satelliten geliefert hatte, sowie durch Dokumente, die von Penkovsky stammten, ebenso durch den Vergleich mit ▶

◀ Und so begann die Kubakrise.

Ende Oktober war Chruschtschow von Kennedy ausmanövriert worden, und er versprach den Abzug der Offensivwaffen von Kuba als Gegenleistung für eine amerikanische Zusage, keine Invasion der Insel zu starten. (Dieses Versprechen hat die CIA mit Billigung des Weißen Hauses anscheinend systematisch durch die Fortsetzung ihrer Guerilla-Angriffe auf Kuba bis Ende der 60er Jahre verletzt.)

Die CIA und einige militärische Nachrichtendienste überwachten weiterhin Kuba, um sicherzustellen, daß der Abtransport der sowjetischen Anlagen auch wirklich abgeschlossen wurde. Sie wurden abtransportiert, trotz ständiger Gerüchte in der Presse, daß die Sowjets einige der Raketen in Höhlen verborgen hätten. Die CIA hatte sogar bemerkt, daß eine Gruppe von IL-28-Düsenbombern aus einem Versteck entfernt worden war, das die CIA, was den Sowjets unbekannt war, zuvor entdeckt hatte.

Präsident Kennedy betrachtete später die Raketenkrise als ein nahezu katastrophales Versagen des Nachrichtendienstes, da die CIA unfähig gewesen war, frühzeitig vor den offensiven Vorberei-

* Gerade als die neue Welle von U-2-Maschinen mit der Überwachung Kubas begann, setzten die Chinesen am 9. Oktober 1962 eine SAM-Rakete ein, um eine U-2 mit einem nationalchinesischen Piloten abzuschießen. Eine SAM gleichen Modells hatte Francis Gary Powers zwei Jahre zuvor im sowjetischen Luftraum abgeschossen und sollte Ende Oktober auf dem Höhepunkt der Raketenkrise eine Luftwaffen-Maschine über Kuba abschießen.

tungen der Sowjets zu warnen, und da sie in ihrer letzten Lagebeurteilung erklärt hatte, die Existenz sowjetischer Raketen auf der Insel sei unwahrscheinlich. Er war nicht gewillt anzuerkennen, daß die Warnungen der CIA vor erheblich verstärkter Aktivität der Sowjets auf der Insel während der Sommermonate (als die militärischen Nachrichtendienste etwas anderes behaupteten) einen Ausgleich darstellten für die Unfähigkeit der CIA, die Anlage von Nuklearraketen vorauszusagen – obwohl es eine direkte Folge der Warnung der CIA war, daß die Überwachung der Insel intensiviert wurde und schließlich zur Entdeckung der Raketen führte. Inwieweit der Präsident der CIA wegen der Schlappe in der Schweinebucht mißtraute, ist unklar, aber Kennedy erwartete offensichtlich bessere Informationen.

Die kubanische Raketenkrise zeigte die natürlichen Grenzen der Nachrichtendienste. Die wichtigste besteht darin, daß sich gewisse Ereignisse einfach nicht mit Genauigkeit und Zuverlässigkeit voraussagen lassen. Chruschtschows Entscheidung, Nuklearraketen auf Kuba zu installieren, wurde erst bekannt, als die Sowjets diesen Aktionskurs wirklich eingeschlagen hatten. Sorgfältige psychologische Studien von Chruschtschows Charakter hätten vermuten lassen können, daß er in unvorhergesehener Weise handeln konnte, aber genau zu wissen, was er tun wollte, hätte überirdische analytische Fähigkeiten oder Spione innerhalb der Mauern des Kreml erfordert – über beides verfügte die CIA nicht. Was nun jene Leute aus Nachrichtendienstkreisen betrifft, die auf Grund ihrer inneren Gefühle von Chruschtschow und Castro das Schlimmste erwarteten, noch bevor einer von beiden das Raketenspiel vorgehabt hatte, so wäre es der Gipfel der Verantwortungslosigkeit gewesen, ihre Spekulationen als Nachrichtendienstinformationen zu akzeptieren. Allen Dulles und seine Leute von den Heimlichen Diensten hatten fast zwei Jahre früher in ihrer eigenen Weise auf die Geschehnisse in Kuba reagiert, und als ihre »Gefühle« der amerikanischen Führung als geheimdienstliches Nachrichtenmaterial präsentiert wurde, war das Ergebnis das Unternehmen Schweinebucht. John McCone erwies sich als ein weitaus verantwortungsbewußterer Nachrichtendienstoffizier als sein Vorgänger, als er es, im Gegensatz zu Dulles, ablehnte, seine eigenen Verdachtsmomente dem Präsidenten aufzuzwingen. Späte Einsicht mag anzeigen, daß die Technik von Dulles, hätte McCone sie angewandt, bessere Resultate erzielt hätte – aber späte Einsicht ist einfach.

Die CIA und die übrigen Nachrichtendienste führten eine ausgedehnte Autopsie der Raketenkrise durch. Sie stellten fest, daß genügend Informationen und andere weniger bedeutende Beweise vorgelegen hätten, um ein früheres Urteil zu gewährleisten, daß die Sowjets auf Kuba Raketen installierten. Bürokratische Verwicklungen und Reibungen, verbunden mit einem gewissen Grad menschlicher Unvollkommenheit, hinderten jedoch selbst die scharfsinnigsten Nachrichtendienstoffiziere daran, den wahren Zweck von Chruschtschows Aktionen zu bestimmen. Doch der Geheimdienst scheint das beste getan zu haben, was er angesichts der existierenden Umstände tun konnte; die ein oder zwei genauen Agentenberichte, die man im September aufgefangen hatte, lagen begraben unter Tausenden nutzloser, ungenauer oder irreführender Berichte. Die Sammlung riesiger Berge geheimer Informationen unter einer Fülle von Quellen und selbst ein weit größerer Analytikerstab, als er damals vorhanden war, hätten an sich noch nicht die Garantie gegeben, daß die CIA und die übrigen Nachrichtendienste korrekte Voraussagen machen. Nachrichtendienstarbeit ist im wesentlichen ein Ratespiel, obgleich sie sich auf Fakten, Logik und Erfahrung gründet. Sie kann nützlich für die Politiker sein, aber sie ist, selbst in ihrer reinsten Form, keine Zauberei.

Mißbrauch des Produkts

Leider gehen Nachrichtendienstberichte an die Staatsführung in einer alles anderen als fehlerfreien und unverfälschten Form, vor allem in bezug auf die militärischen Möglichkeiten der Sowjets. Aber die Bewertung des Umfangs und die Qualität sowjetischer Waffen ist wahrscheinlich die wichtigste Aufgabe der Nachrichtendienste, da die Sowjetunion in strategischer Hinsicht das einzige Land der Welt ist, das eine wirkliche Bedrohung für die Sicherheit der USA darstellt. (Die strategische Bedrohung, die von China ausgeht, ist mehr potentieller als realer Natur.) Jeder Präsident seit dem Zweiten Weltkrieg wollte über jegliche Unausgewogenheit zwischen amerikanischen und sowjetischen Streitkräften informiert sein, und Entscheidungen des Präsidenten darüber, ob man mit der Entwicklung neuer und kostspieliger Waffensysteme weitermachen solle oder nicht, gründeten sich weitgehend auf Nachrichtendienstbeurteilungen der sowjetischen Stärke (obwohl innenpolitische Erwägungen und die Ansichten von Amerikas Verbündeten auch eine große Rolle spielen).

Das Pentagon weiß nur zu gut: Will es seine ständigen Forderungen nach neuen Waffen und mehr Soldaten rechtfertigen, muß der Nachrichtendienst nachweisen, daß die Sowjets in eine Position der Stärke aufrücken.* Um eine Forderung nach mehr Schiffen zu unterstützen, übertreibt die Marine oft eine verstärkte Bedrohung seitens der sowjetischen Flotte. Die Luftwaffe kann weitaus leichter Gelder für einen neuen Bomber erlangen, wenn sie zeigen kann, daß die Sowjets auch einen neuen Bomber entwickeln. In ähnlicher Weise können neue Raketen und Panzer gerechtfertigt werden (und wurden es auch), ebenso die Fortsetzung amerikanischer Entwicklungsprogramme auf dem Gebiet des chemischen und biologischen Krieges. Analytiker der Armee tendieren in ihrer Beurteilung der Sowjets dazu, stets vom »schlimmsten Fall« auszugehen und sagen die fürchterlichsten Konsequenzen sowjetischer Aktionen voraus. Generalmajor Daniel Graham, ehemaliger Chefanalytiker bei der DIA, beschreibt diesen Prozeß in einem Artikel vom April 1973 im *Army Magazine:* »Um es ganz unverblümt zu sagen: Es gibt eine starke Gruppe unter den Verantwortlichen innerhalb und außerhalb des Verteidigungsministeriums, die der Meinung ist, daß Lagebeurteilungen der Militärs einem Selbstzweck dienen, haushaltsorientiert und allgemein aufgebauscht sind.« Während Graham einräumt, daß der Mangel an Vertrauen in militärische Analysen und Beurteilungsstudien »völlig verständlich« ist, da sie sich auf »schlimme Überschätzungen und Überbewertungen stützen, die sich später dann Lücken hinsichtlich der Bomber-, Raketen- und Megatonnenstärke nennen«, stellte er fest, daß sich die militärische Nachrichtenarbeit heute weitaus verbessert hat und in der Lage ist, objektive Beurteilungen zu erarbeiten. Während die mei-

* Senator Stuart Symington hat betont, daß im Frühjahr, wenn der Kongreß über den Haushalt debattiert, ebenso regelmäßig wie die Kirschen blühen, Schreckensnachrichten über die derzeitige sowjetische Militärstärke auftauchen.

sten Beobachter der Nachrichtendienstszene mit seiner Feststellung übereinstimmen, die Militärs würden in ihren Beurteilungen einen schlechten Bericht geben, akzeptieren nur wenige außerhalb des Pentagons Grahams Behauptung, die Beurteilung der Sowjets durch das Pentagon sei neuerdings wieder objektiver, obwohl diese Beurteilung ohne Frage näher an die Realität herankommt als vor zehn Jahren.
Graham führte einen anderen wichtigen Punkt an, der »allmählich in den militärischen Planungskreisen verstanden wird«. Er schrieb:

> Schätzungen künftiger Kräfte des Gegners und seines Materials sind naturgegeben Schätzungen seiner Absichten – nicht seiner realen Möglichkeiten. Das alte Argument ›Möglichkeiten gegen Absichten‹ hört man heute im Verteidigungsministerium weniger. Es stimmt weiterhin, daß der Nachrichtendienst in seinen Beschreibungen heutiger und zukünftiger feindlicher Kräfte die realen Möglichkeiten betonen sollte. Aber in dem Augenblick, da man das Problem der Streitkräfte oder der Rüstungsmaterialien, über die der Gegner im kommenden Jahr verfügen könnte, berührt, ist man bereits auf das Feld der Intentionen des Gegners geraten. Seit dem Zweiten Weltkrieg haben beispielsweise die Sowjets unseres Wissens niemals Kräfte auf dem Gebiet des schweren Rüstungsmaterials bis zur Grenze ihrer gesamten Möglichkeiten entwickelt. Abzuschätzen, daß sie dies im Hinblick auf einige Waffensysteme oder einen bestimmten Typ von Streitkräften in Zukunft tun würden, wäre ziemlich sinnlos ... Es ist bemerkenswert, wieviel Zeit es einige unserer Militärs gekostet hat, dies einzusehen.

Da die Militärs dazu neigen, die Dinge zu überschätzen, ist die CIA (meistens vom Außenministerium unterstützt) gegenüber Behauptungen des Pentagons fast immer mißtrauisch. Daher hat die CIA die Tendenz, den Beurteilungen durch die Militärs zu widersprechen und sie zu durchkreuzen, was wiederum die CIA zu Unterschätzungen verleitet. In der nationalen Sicherheitsbürokratie wird die Tendenz der CIA zu Unterschätzungen, was seltener geschieht als daß sich das Pentagon irrt, sehr viel ernster und schwerwiegender beurteilt, da dies, wenn die Schätzungen über die sowjetischen Möglichkeiten zu hoch liegen, eine Sicherheitsmarge für die militärischen Planer schafft. Diese können dann durchaus Milliarden von Dollar als Reaktion auf eine nichtexistente Drohung ausgeben, stürzen aber zumindest nicht das Land dadurch in Gefahr, daß sie zu wenig Waffen entwickeln.

Dieser ständige Konflikt zwischen militärischen Stellen und den Zivilisten innerhalb des Nachrichtendienstwesens trat besonders zutage bei der Ausarbeitung der sogenannten Nationalen Nachrichtenbeurteilungen, die bis 1973 als die höchste Form nationaler Nachrichtendienstarbeit galt.

Bei der internen Umbesetzung der CIA, die James Schlesinger während seiner kurzen Amtszeit bei der CIA begann und die der jetzige Direktor Colby fortsetzte, wurden der zwölf bis fünfzehn Mann umfassende Ausschuß für die Nachrichtenbeurteilung und sein Stab von 40 bis 50 Spezialisten größtenteils entlassen und die Produktion gründlich recherchierter und wohldurchdachter Bewertungen ausgeschaltet. Diese Dokumente, die lange Zeit die Essenz abgeschlossener Nachrichtendienstproduktion darstellten, wurden für die unmittelbaren außenpolitischen Zwecke Kissingers und der Regierung Nixon als unzulänglich bewertet. So wurde der Ausschuß durch eine Gruppe von acht hohen Offizieren ersetzt, die sich »National Intelligence Officers« nennen und die auf Kurznachricht hin knappe Bewertungen (nicht länger als 10 bis 15 Seiten) über die internationale Situation vorlegen, die gerade von unmittelbarem Interesse für Kissingers Nationalen Sicherheitsrat ist.

Das klare Ergebnis dieser Veränderung war, daß langfristige Bewertungsstudien über große Themenbereiche (Ansichten über Lateinamerika in den kommenden zehn Jahren, die strategischen Möglichkeiten der Sowjets in den nächsten fünf Jahren usw.) kurzfristigen Voraussagen gewichen sind, die kaum mehr darstellen als Verlängerungen der laufenden Nachrichtendienstanalysen. Aber das Nachrichtendienstsystem ist der Diener der Politiker und muß ihren Bedürfnissen und Anforderungen entsprechen. Trotzdem gefällt das neue Bewertungssystem der CIA dem NSC und dem Weißen Haus nicht. Es hat sich erwiesen, daß die Beurteilung weltpolitischer Probleme aus taktischer Sicht nicht mehr – eher geringeren – Wert haben als die traditionelle strategische Sicht.

Während sich die meisten der 50 oder mehr Beurteilungen, die jedes Jahr verfaßt wurden, mit politischen Themen befaßten, konzentrierten sich die CIA und das Pentagon früher bei ihrer Arbeit auf Schätzungen der militärischen Möglichkeiten des Auslandes, besonders der Sowjetunion. Diese Ansichten über beispielsweise die strategischen Kräfte der Sowjets, ihre Luftabwehrkräfte usw. beeinflußten große Entscheidungen über den amerikanischen Verteidigungshaushalt, und jeder Zweig der Dienststelle ebenso wie die DIA, die das Verteidigungsministerium repräsentiert, kämpften energisch darum, daß ihre Standpunkte in die Beurteilungen mit einbezogen wurden.

In den Jahren von 1963 bis 1965 beispielsweise, als das Pentagon nach Geldern suchte, um ein ABM-System (Raketenabwehrraketen) aufzubauen, schlossen sich die militärischen Stellen zusammen, um die Überlegung zu stützen, daß Moskau seine eigene ABM entwickle, die die offensive nukleare Schlagkraft der strategischen Streitkräfte Amerikas zunichte mache. Dann, so folgerte das Pentagon, hätten die USA nicht länger die Macht, die Sowjets an gewagten Vorstößen in Westeuropa und in der Dritten Welt zu hindern, und die Sicherheit der USA selbst sei bedroht. Obwohl die Militärs ernsthaft geglaubt haben mögen, die Sowjets überholten die USA und Moskau würde in die Offensive gehen, sobald es im Vorteil sei, so war der Gewinn, den die Streitkräfte aus einem ABM-System hätten ziehen können, immer noch ungeheuer groß. Die Armee setzte sich dafür ein, daß Milliarden von Dollar für den Aufbau des Systems bereitgestellt wurden (und daß sie, was nicht zufällig geschah, den Raketensektor eroberte, auf dem sich Luftwaffe und Marine Vorrechte gesichert hatten). Die Luftwaffe konnte ihre Forderungen nach mehr Fernraketen rechtfertigen, um der sowjetischen ABM Herr zu werden, und die Marine konnte aus ähnlichen Gründen zusätzliche Gelder für ihre raketenbestückten U-Boote fordern.

Die CIA und das Außenministerium sahen dagegen in der sowjetischen ABM keine so große Bedrohung für die USA. Keiner von beiden unterstellte den Sowjets derart feindselige Absichten wie das Pentagon, und viele Analytiker waren nicht einmal überzeugt, daß jemals irgendein Raketenabwehrsystem entwickelt werden könnte, das die Interkontinentalraketen der anderen wirksam stoppen würde. (In der Tat glauben einige wenige zynische Beobachter der S.A.L.T.-Abkommen, daß der Grund, warum die amerikanische und sowjetische Regierung der Begrenzung zweier ABM-Anlagen zustimmten, darin lag, daß beide Länder kein wirkliches Vertrauen in ihre eigene ABM hatten und somit froh waren, das Geld in ihre anderen Waffensysteme investieren zu können.

Während die Debatte über ABM innerhalb der Nachrichtendienste tobte, hatten zivile und militärische Analytiker Zugang zu dem gleichen fragmentarischen Informationsmaterial über die Absichten der Sowjets auf diesem Gebiet. Man stand unter einem gewaltigen Druck hinsichtlich zusätzlichen Nachrichtenmaterials, und der USIB stellte ständig neue Anforderungen hinsichtlich der Nachrichtenbeschaffung. Offene Quellen wie US-Diplomaten und sowjetische Zeitschriften lieferten einige Daten, und die Spionageflugzeuge der Luftwaffe, die die Randgebiete der Sowjetunion abflogen, sammelten weitere Daten. Riesige Radarschirme und andere elektronische Sensoren in ▶ ◀ steuerten ebenfalls Daten bei. Und die wertvollsten Informationen lieferten die Fotosatelliten.

Doch das Gesamtbild der sowjetischen ABM war unvollständig, und die Analytiker mußten Folgerungen ziehen, ohne alle Teilstücke des Puzzlespiels vor sich zu haben. Oft wandten sie sich an Experten bei den privaten »Denk-Tanks« (Computerbanken), um Rat zu erhalten. Auch konsultierten sie amerikanische Firmen – besonders die Bell Laboratorien, die Forschungs- und Entwicklungsprogramme für die amerikanische ABM durchführten –, in der Hoffnung, daß die gesammelten fragmentarischen Daten für die Leute, die an ähnlichen Systemen arbeiteten, einen Sinn ergäben.

Zivile wie militärische Analytiker stimmten darin überein, daß die Sowjets eine Art neuen Verteidigungssystems in Leningrad und etwas anderes in Moskau konstruierten. Die meisten Zivilisten glaubten, das Leningrader System richte sich gegen amerikanische Bomber, und das Moskauer System sei wahrscheinlich eine ABM-Anlage, die zur Zeit noch im Entwicklungsstadium sei. Die Militärs behaupteten, die Leningrader Anlage sei in Wirklichkeit eine ABM-Anlage, und die Forschung hinsichtlich eines weiter entwikkelten ABM-Systems, das man um Moskau herum installieren würde, sei abgeschlossen.

In jenen Jahren zwischen 1963 und 1965 versahen die Militärs die Beurteilungen mit Fußnoten über Fußnoten, und die Ansichten und Auffassungen einer geteilten Expertengemeinde gelangten dann ins Weiße Haus. Die Regierung Johnson stellte der Armee Hunderte von Millionen Dollar für die amerikanische ABM zur Verfügung, obwohl das Pentagon lieber noch mehr Geld gehabt hätte, um die Entwicklung zu beschleunigen. Einige Jahre später erfuhr der Nachrichtendienst, daß sich das Leningrader System in der Tat gegen Flugzeuge richtete und nicht gegen Raketen (obwohl die Militärs schnell den Standpunkt verfochten – und dies tun sie heute noch –, die Leningrader Anlage könne rasch zu einer ABM-Anlage aufgestockt werden), daß aber die Sowjets in Moskau eine echte, jedoch begrenzte ABM-Anlage bauten. Die Bewertungen der Zivilisten kamen der Wahrheit weitaus näher als die Beurteilungen der Militärs, aber das Pentagon erhielt das Kapital, das es von der Johnson- und Nixon-Regierung wünschte, um mit der Entwicklung eines ABM-Systems vorwärtszukommen.

Dieser Krieg der Nachrichtendienste wird nicht unbedingt in privater Abgeschlossenheit ausgefochten. Alle Mitglieder haben gelegentlich geheime Daten wahlweise an die Presse und an Kongreßleute weitergegeben, um ihre haushaltspolitischen Forderungen zu unterstützen. So schrieb der Kolumnist Joseph Kraft: ». . . weitaus mehr als die Zivilisten in der Regierung haben Militärs die Angewohnheit, Informationen durchsickern zu lassen, um ihren eigenen Interessen zu dienen.« Die Unverletzlichkeit geheimer Informationen scheint fortzufallen, wenn im Kongreß um zusätzliche Gelder gerungen wird.

Der ehemalige stellvertretende CIA-Direktor für Forschung, Herbert Scoville jr., hatte absolut recht, wenn er vor dem Außenpolitischen Ausschuß des Senats am 28. März 1972 erklärte: »Die Geschichte der letzten 20 Jahre ist voller Beispiele dafür, daß der Nachrichtendienst mißbraucht wird, um im Kongreß die Programme individueller Organisationen oder des Regierungsapparates insgesamt zu fördern.«

Pentagonfreundliche Journalisten wie etwa Joseph Alsop (er half eifrig mit, das Gerede des Pentagons über die mythische Lücke auf den Sektoren Bomben, Raketen, Megatonnen und ABM zu fördern und heizt gegenwärtig den neuesten Paniktrick der Militärs, die

»technologische« Lücke, an), sowie William Beecher* haben seit langem Informationsmaterial mit dem Vermerk »Higher Than Top Secret« (Strenger als Streng Geheim) erhalten, um die Sache der Militärs in einem besonderen Streitfall zu unterstützen. Zu diesem Material gehörten zahlreiche Berichte, die sich auf Satellitenfotos und abgefangene Nachrichten stützten – Methoden der Nachrichtensammlung, die so empfindlich sind, daß die überwältigende Mehrheit der Regierungsangestellten, die die Sicherheitskontrollen durchlaufen haben, keinen Zugang zu den empfangenen Informationen haben.

Daraufhin zitierten und veröffentlichten Verteidigungsminister Melvin Laird und andere Beamte des Verteidigungsministeriums in der Kongreßdebatte 1969 derartig einseitiges Nachrichtendienstmaterial über die ABM, daß jemand – vermutlich aus der CIA oder dem Außenministerium – konterte, indem er die *New York Times* vorlegte, worin die Skizze einer USIB-Bewertung abgedruckt war, die die meisten Argumente des Pentagons über eine angebliche Gefahr durch sowjetische ABM widerlegte. 1971 leitete das Verteidigungsministerium Satellitenfotos vom angeblichen Bau eines neueren und größeren Typs sowjetischer Raketen dem bedeutendsten Fürsprecher des Verteidigungshaushalts, Senator Henry Jackson, zu. Jackson nannte die Entwicklung »in der Tat ominös« und warnte am 7. März das Land vor den vermutlichen Absichten der Sowjets – zum gleichen Zeitpunkt, als der Kongreß über den Verteidigungshaushalt beriet. Melvin Laird bestätigte Jacksons Enthüllungen drei Tage später in einem Fernsehinterview und zitierte am 22. April neues Nachrichtendienstmaterial, »das die ernüchternde Tatsache bestätigt, daß die Sowjetunion an einem neuen und offen-

* Beecher, der viele Jahre lang Pentagon-Korrespondent der *New York Times* war, verließ diese Zeitung Anfang 1973 und wurde Abteilungsleiter für Öffentliche Angelegenheiten im Verteidigungsministerium. Ironischerweise wurde seine Geschichte von 1969 über die geheimen Bombenangriffe der Amerikaner gegen Kambodscha und sein Artikel aus dem Jahre 1971 über die geheime amerikanische Verhandlungsposition bei den S.A.L.T.-Gesprächen – gemeinsam mit dem noch wichtigeren Durchsickern der Pentagon-Papers – von der Regierung Nixon als einer der Hauptgründe für die Schaffung der sogenannten »Klempner« des Weißen Hauses im Juni 1971 zum Stop nichtautorisierter Veröffentlichungen in der Presse bewertet.

sichtlich umfangreichen ICBM-Programm arbeitet«. Zusätzlich wurde die Bedrohung, die Jackson und Laird beschrieben, noch deutlich gemacht durch eine Menge nicht genannter undichter Stellen.

Schließlich holte ein anonymer CIA-Angestellter zum Schlag gegen das Pentagon aus. Er wußte, die CIA war zu dem Schluß gekommen, daß die Sowjets ihre Raketensilos lediglich »härteten« anstatt ein riesiges neues Raketensystem zu entwickeln und daß mehr als zwei Drittel der von Jackson und Laird erwähnten Ausschachtungsarbeiten für eine ältere und relativ kleine ICBM bestimmt waren. So veröffentlichte dieser CIA-Mann den Geheimbefund der CIA, laut *New York Times* vom 26. Mai 1971, durch »nicht der Regierung angehörende Experten für Waffenkontrolle« und »republikanische Quellen des Senats«. Obwohl sich die Beurteilung der CIA als der Wahrheit viel näher herausstellte als die düstere Version des Pentagon, wußte – mindestens für ein Jahr – niemand im US-Nachrichtenwesen, was die sowjetischen Raketenbauer wirklich taten. Inzwischen hatten die militärischen Schreckgeschichten – wenn die undichten Stellen der CIA sie auch reduzierten – eine psychologische Wirkung auf den Kongreß, so daß er 1971 wie gewöhnlich die gesamten haushaltspolitischen Forderungen des Pentagon billigte.

Die Tragödie all dieser Manöver besteht darin, daß trotz der sechs Milliarden, die jedes Jahr für Nachrichtendienste ausgegeben werden, weder der Kongreß noch die Öffentlichkeit ein wahres Bild von den militärischen Möglichkeiten der Sowjets erhalten. Nachrichtendienstler erklären, daß die Hochempfindlichkeit der Quellen und Methoden bei der Sammlung derartigen Informationsmaterials den hohen Grad von Geheimhaltung notwendig machen, und sie haben sich allen Versuchen des Kongresses widersetzt, ein reguläres Verfahren zum Austausch von Daten mit der Legislative zu schaffen. Doch die Nachrichtendienstleute zögern nicht, die geheimsten Informationen durchsickern zu lassen, wenn dies den Interessen ihrer Abteilung dienlich ist. Außerdem versorgt sie regelmäßig das befreundete Ausland mit detaillierten Befunden über die militärische Stärke der Sowjets, und während der S.A.L.T.-Gespräche erzählten die amerikanischen Verhandlungspartner ihren sowjetischen Kollegen sogar, wieviel die USA von sowjetischen Raketen

wußten.* Doch der amerikanische Kongreß, der nach der Verfassung die Verantwortung hat, Gelder für den Verteidigungshaushalt zu billigen, kann die gleichen Informationen nicht erhalten.
Der Kongreß hat jedoch immer die legislative Macht gehabt, darauf zu bestehen, daß die CIA und die übrigen Geheimdienste ihm Informationen über die militärischen Möglichkeiten der Sowjets – oder über andere Punkte – mitteilten. Doch bis jetzt hat es der Kongreß im ganzen abgelehnt, derartige Schritte zu unternehmen – trotz lauter Proteste einer stimmgewaltigen Minderheit. Und die Tatsache, daß der Kongreß nicht gewillt ist, einen derart unbedeutenden Schritt zu tun, um sich selbst besser über Daten informieren zu lassen, die benutzt werden, um militärische Ausgaben zu rechtfertigen, ist symptomatisch für ein weitaus größeres Versagen der Legislative: Sie lehnt es ab, eine gewisse sinnvolle Kontrolle über die Aktivitäten des amerikanischen Nachrichtendienstes auszuüben.

* Die amerikanischen S.A.L.T.-Unterhändler waren tatsächlich bei ihren Beschreibungen der sowjetischen Kapazität derartig offen, daß an einem bestimmten Punkt, wie John Newhouse in seinem Buch *Cold Dawn* schreibt, der ranghöchste sowjetische General einen amerikanischen Offizier auf die Seite nahm und die USA bat, sie möchten doch den sowjetischen zivilen Verhandlungspartnern nicht derart detaillierte Informationen über sowjetische Raketen liefern.

Kontrolle über die CIA

Ich verweise darauf, daß es keine
Bundesstelle unserer Regierung gibt,
deren Aktivitäten strenger untersucht
und »kontrolliert« werden als die der CIA.

Lyman Kirkpatrick
ehemaliger Exekutivdirektor, CIA
11. Oktober 1971

Das Gegenteil dieser Erklärung
stimmt nach meiner Meinung,
und es ist schändlich, daß das
amerikanische Volk so irregeführt
wird. Es gibt keine Bundesstelle
unserer Regierung, deren Aktivitäten
weniger untersucht und kontrolliert
werden als die der CIA.

Senator Stuart Symington
Mitglied des Vereinigten Senats-
ausschusses zur Überwachung der CIA
23. November 1971

Obwohl Harry Truman 1963 geschrieben hat: »Ich hatte, als ich die CIA gründete, niemals den Gedanken, daß sie in Friedenszeiten für Mantel- und Deck-Operationen eingesetzt würde«, hat er – und jeder Präsident nach ihm – bereitwillig die CIA dazu benutzt, Spionage zu treiben und sich insgeheim in die inneren Angelegenheiten anderer Länder einzumischen – Aktivitäten, die in der Sprache der Gesetzgebung »diese anderen Funktionen und Pflichten« genannt werden. In diesem Satz liegt, nach den Worten von Richard Helms, die Vollmacht für den Sturz ausländischer Regierungen, die Unterminierung von Wahlen, Bestechung von Beamten und Durchführung »geheimer« Kriege. Wie sich Helms 1971 vor der amerikanischen Gesellschaft für Zeitungsjournalisten ausdrückte, »sollte es uns diese Formulierung ermöglichen, Aktivitäten im Ausland zu betreiben, die die Regierung für geeignet hielt, einer Art ›secret service‹ aufzutragen.«
Seit ihren Anfängen waren die wirklichen Funktionen der CIA eingehüllt in Verschleierung und Geheimhaltung. In seiner bekannten Rede 1968 vor dem Außenpolitischen Rat betonte Richard Bissell, daß die ursprüngliche Gesetzgebung »notwendigerweise vage« war. Er fuhr fort:

> Die »Charta« der CIA ist häufig revidiert worden, aber sie war geheim und muß das bleiben. Das Nichtvorhandensein einer öffentlichen Charta läßt die Leute nach der Charta suchen

und die Befugnis der CIA in Frage stellen, verschiedene Aktivitäten durchzuführen. Das Problem einer geheimen Charta bleibt ein Fluch, aber die Notwendigkeit der Geheimhaltung scheint eine Lösung auszuschließen.

Männer wie Bissell zweifeln niemals daran, daß die Funktionen der CIA keine Angelegenheit für öffentliche Protokolle und Niederschriften sein dürften. Faktisch sind der National Security Act (CIA-Gesetz) von 1947 und der Central Intelligence Act von 1949 kaum mehr als gesetzliche Deckmäntel, die der CIA eine Existenz schaffen und ihr die Befugnis erteilen, außerhalb der Regeln, die für andere Regierungsstellen gelten, zu operieren. Die eigentliche Rolle der CIA kommt in Bissells »Geheimcharta« zum Ausdruck, die die geheimen Regierungsanweisungen als National Security Intelligence Directives, NSCID (Nachrichtenanweisung des Nationalen Sicherheitsrates), bezeichneten. Diese Richtlinien wurden 1959 »kodifiziert«, stehen jedoch niemandem – mit Ausnahme einiger weniger hoher Regierungsbeamter – zur Verfügung. Erst im Juli 1973 bot die CIA den Kongreßausschüssen, die vermutlich seine Aktivitäten überwachen, einen flüchtigen Einblick in die »Geheimcharta« an. Und die Öffentlichkeit hat immer noch keine Möglichkeit, in Erfahrung zu bringen, ob die CIA ihr Mandat überschreitet, denn sie hat keine Möglichkeit festzustellen, worin dieses Mandat eigentlich besteht.
In der Kongreßdebatte 1947 über die Gründung der CIA sagte der Abgeordnete Fred Busby: »Ich möchte wissen, ob es irgendeine Begründung für die Gerüchte gibt, daß sie durch diese CIA operative Aktivitäten beabsichtigen.« Die Gerüchte stimmten in der Tat, und im folgenden Jahr billigte Präsident Truman die NSC-Direktive 10/2, die zunächst dem halbunabhängigen Office of Policy Coordination (Büro für politische Koordination) und dann 1951 der CIA selbst die Befugnis erteilte, im Ausland »schmutzige Tricks« anzuwenden – mit der Weisung, die Operationen müßten geheim und »in plausibler Weise dementierbar« sein. Eine ganze Serie von NSCID-Direktiven, die den Spielraum der CIA-Aktivitäten ausweiteten, wurden in den nächsten Jahren erlassen. **Eine, die NSCID 7, ermächtigte die CIA, innerhalb der USA Amerikaner über ihre Auslandsreisen auszufragen und vertragliche**

Absprachen mit amerikanischen Universitäten zu treffen, obwohl der National Security Act von 1947 der CIA verboten hatte, irgendwelche »Politik« zu betreiben, »Vorladungen« vorzunehmen, »gesetzliche Machtbefugnisse« zu besitzen und »Funktionen auf dem Gebiet der inneren Sicherheit« auszufüllen. Eine andere NSCID wurde anscheinend dem Richter bei dem Prozeß im Jahre 1966 gegen einen Amerikaner estländischer Abstammung vorgelegt, der einen anderen Emigranten verleumdet hatte und dann für diese Tat ein »absolutes Privileg« beanspruchte, da er auf Weisung der CIA gehandelt habe. Nachdem er die Geheimdirektive eingesehen hatte, entschied der Richter, die CIA habe die Machtbefugnis, unter Emigrantengruppen in den USA tätig zu sein, und er wies die Klage ab. **Doch eine andere Direktive, die NSCID 6, legt offensichtlich die Funktionen der NSA,** die selbst auf Anweisung der Exekutive hin geschaffen wurde **fest,** denn in dem Geheimplan der Regierung Nixon von 1970 über Spionage im Inland findet sich eine Empfehlung, **diese Direktive zu revidieren,** um der NSA zu ermöglichen, »die Verbindungen von US-Bürgern zu decken, die internationale Anlagen benutzen«.

Der wesentliche Punkt ist, daß die amerikanischen Präsidenten nacheinander regelmäßig die Funktionen der CIA durch Regierungserlasse erweitert haben. Keine neuen Gesetze wurden verabschiedet, und nur eine Handvoll Kongreßabgeordneter wurde über die Vorgänge informiert. Und manchmal handelten Präsidenten, ohne diese normalerweise nachsichtigen »Wachhunde« aus dem Kongreß zu informieren, wie dies der Fall war, als Präsident Nixon das Programm zur Spionage im Inland billigte und sich hierbei die Mitarbeit der CIA sicherte. Die CIA hat stets alles, was ihr ein Präsident auftrug, als im Interesse der Landesverteidigung erlaubt – und sogar notwendig – betrachtet.

»Aus der Krise des Zweiten Weltkriegs und des folgenden Kalten Krieges«, sagte Senator Jacob Javits am 18. Juli 1973, »haben Juristen für den Präsidenten eine falsche Doktrin von ›inhärenter‹ oberster Befehlsgewalt zusammengesponnen, die so weiträumig ist, daß sie praktisch jede Eventualität auf dem Gebiet der ›nationalen Sicherheit‹ deckt.« Hohe CIA-Beamte unterstützen diese großzügige Auslegung der Machtfülle des Präsidenten nach Kräften, obwohl sie wissen, daß die Aktivitäten der CIA oft eine zweifelhafte

Legalität besitzen. Senator Symington fragte am 2. Juli 1973 den designierten Direktor William Colby: »Gehen nicht großangelegte Operationen wie der Krieg in Laos erheblich über das hinaus, was der Kongreß beabsichtigte, als er (in dem Gesetz aus dem Jahre 1947) die Voraussetzungen für die anderen Funktionen und Pflichten des Geheimdienstes schuf?« Colby erwiderte: »Ich glaube, das stimmt zweifellos.« Aber Colby rechtfertigte die Operation in Laos mit der Begründung, sie werde »nach ordnungsgemäßer Überprüfung, nach den Instruktionen und unter der Leitung des Nationalen Sicherheitsrates« und – was besonders wichtig ist – des Präsidenten durchgeführt. Die Legalität der Sache stammte nach Colbys offensichtlicher Meinung aus der Ermächtigung durch den Chef der Exekutive, nicht aus dem Gesetz. Senator Harold Hughes fragte später Colby: »Glauben Sie, daß es im Rahmen unserer Verfassung richtig ist, wenn derartige militärische Operationen ohne Wissen und Billigung des Kongresses durchgeführt werden?« Colbys schriftliche Antwort ist ein interessanter Kommentar über die moderne Bedeutung der Zustimmung des Kongresses:

> Die entsprechenden Kongreßausschüsse und eine Anzahl Senatoren und Kongreßabgeordneter wurden über die Aktivitäten der CIA in Laos während der Periode ihrer Wirksamkeit informiert. Außerdem wurden die Programme der CIA bei den Hearings über den Jahreshaushalt den Bewilligungsausschüssen beschrieben.*

Colbys Erklärung spiegelt die allgemeine Ansicht innerhalb der CIA wider, daß legislative und rechtliche Beschränkungen für die CIA einfach nicht gelten, solange sie auf Anweisung des Präsidenten handelt. Die CIA hält sich nach Senator Symingtons Worten für »die Männer des Königs oder die Armee des Präsidenten«. Trotzdem muß der Kongreß eine gewisse Verantwortung dafür übernehmen, daß er zur Ansicht der CIA beiträgt, sie stehe »über

* Colbys Behauptung, diese Ausschüsse wären informiert worden, steht im Widerspruch zu den Erklärungen des bisherigen Vorsitzenden des Senatsbewilligungsausschusses, Allen Ellender, im Jahre 1971 (Zitat folgt in diesem Kapitel), daß er nichts über die »Geheimarmee« von 36000 CIA-Männern in Laos gewußt habe.

dem Gesetz«, denn er befreite die CIA ganz speziell von allen haushaltspolitischen Beschränkungen, die für andere Regierungsstellen gelten. Das Statut aus dem Jahre 1949 lautet: »Ungeachtet irgendwelcher anderen gesetzlichen Vorschriften können Gelder, die der CIA durch Bewilligung zur Verfügung gestellt werden, für Zwecke ausgegeben werden, die zur Erfüllung ihrer Funktionen notwendig sind . . .« Dieses Gesetz, das dem Direktor des Central Intelligence auch das Recht gibt, Gelder ohne Beleg auszugeben,* besagt jedoch nicht, daß die CIA dem Kongreß gegenüber nicht verantwortlich sei; doch dies war im wesentlichen die Erfahrung, die man in den letzten 25 Jahren gemacht hat.

Der 40er-Ausschuß

Die Exekutive hat ihren eigenen Mechanismus, die CIA zu kontrollieren. Während diese Verfahrensarten im wesentlichen dazu neigen, die Position der CIA zu begünstigen, erfordern sie die Billigung auf höchster Ebene – meistens durch den Präsidenten – für alle großen Geheimoperationen, mit Ausnahme der klassischen Spionageaktivitäten der CIA.

Nach dem Gesetz von 1947 untersteht die CIA dem Nationalen Sicherheitsrat (NSC), erstattet über den NSC dem Präsidenten Bericht und empfängt vom NSC seine Befehle. Aber der NSC ist unter der Regierung Nixon faktisch zu einer im Sterben liegenden Körperschaft geworden, und die CIA berichtet manchmal dem Präsidenten, aber häufiger noch dem Stab des NSC, an dessen Spitze Henry Kissinger steht. Dadurch, daß er bestimmte Prioritäten für die Nachrichtenbeschaffung setzt und analytische Beiträge

* Diese Bestimmungen sowie die Praktiken des Kongresses, das Budget der CIA unter den Zuwendungen an andere Regierungsstellen zu verstecken, verstößt durchaus gegen die Forderung der Verfassung: »Kein Geld darf aus der Staatskasse bezogen werden, außer wenn dies auf Grund einer Bewilligung durch das Gesetz erfolgt; und von Zeit zu Zeit soll eine reguläre Aufstellung und Abrechnung über alle Einnahmen und Ausgaben aller öffentlichen Gelder veröffentlicht werden.« Eine juristische Anfechtung der Geheimhaltung der CIA in Haushaltsfragen, die sich auf diese verfassungspolitischen Gründe stützt, ist gegenwärtig beim Bundesgerichtshof anhängig.

zu politischen Studien erbittet, spielt der Kissinger-Stab eine wichtige Rolle bei der Lenkung der Informationssuche der CIA. Was die CIA betrifft, so ist jedoch der NSC selbst kaum mehr als ein Kanal vom Präsidenten und von Kissinger zur CIA, eine rechtliche Fiktion, die man aufrechterhält, weil das Gesetz von 1947 ihm Autorität über die CIA verleiht.

Jeder größere CIA-Vorschlag einer Geheimaktion – finanzielle Unterstützung ausländischer Politiker, politischer Parteien oder Publikationen, Einmischung in Wahlen, große Propagandaaktivitäten, paramilitärische Operationen – müssen immer noch vom Präsidenten oder vom 40er-Ausschuß gebilligt werden.* Der nahezu allgegenwärtige Kissinger hat den Vorsitz in diesem Ausschuß und ist gleichzeitig Chef der drei anderen Ausschüsse des Weißen Hauses, die den Nachrichtendienstapparat überwachen.

Allen Dulles beschrieb die Rolle des 40er-Ausschusses in *The Craft of Intelligence*: »Tatsache ist, daß die CIA niemals irgendeine Aktion politischer Natur durchgeführt hat, irgendwelche Personen, politische Machthaber oder andere Bewegungen unterstützt hat, ohne die entsprechende Bewilligung auf höchster Regierungsebene *außerhalb der CIA*« (Dulles' Kursivschrift). Dulles' Erklärung war und ist korrekt, aber er unterließ sorgfältig jede Erwähnung der Spionageaktivitäten der CIA. Auch erwähnte er nicht, daß der 40er-Ausschuß in der Weise tätig ist, daß er selten Forderungen der CIA nach Geheimaktionen ablehnt. Es wird vom Ausschuß erwartet, daß er einmal pro Woche zusammentritt, aber der Terminkalender seiner Mitglieder** hat zur Folge, daß seine Sitzungen häufig abgesagt werden. Wenn er tatsächlich zusammentritt – unter der Nixon-Regierung durchschnittlich ein- oder zweimal im Monat – verbleiben absichtlich unvollständige Protokolle und Konzepte bei dem einen und einzigen permanenten Mitglied des Stabes, der stets

* In den letzten 25 Jahren nannte man dieses Gremium auch »Special Group«, »54-12 Group« und »303 Committee«. Sein Name wechselte mit den Regierungen oder immer dann, wenn seine Existenz öffentlich bekannt wurde.

** Außer Kissinger sind dies üblicherweise der Unterstaatssekretär für Politische Angelegenheiten, der stellvertretende Verteidigungsminister, der Direktor des Central Intelligence und der Vorsitzende der Vereinigten Stabschefs.

ein CIA-Offizier ist. Alle Vorschläge für amerikanische Interventionen im Ausland, die vor den Ausschuß kommen, sind von den Heimlichen Diensten der CIA abgefaßt und steigern somit wahrscheinlich den Erfolg einer CIA-Aktion aufs äußerste und verkleinern die Nachteile und Risiken. Meistens werden diese Vorschläge erst ein paar Tage vor dem Zusammentreten des Ausschusses in ihre endgültige Form gebracht. Somit haben die Nicht-CIA-Mitglieder oft kaum Zeit, die Probleme gründlich zu untersuchen. Und selbst wenn eine rechtzeitige Benachrichtigung erfolgt, ist die Arbeit, die von den Mitarbeitern getan werden kann, außerordentlich eingeschränkt durch die Geheimhaltung, die alle Beratungen des 40er-Ausschusses umgibt, sowie durch die Tatsache, daß nur eine Handvoll Leute außerhalb der CIA die Erlaubnis haben, über seine Aktivitäten Bescheid zu wissen. Selbst innerhalb der CIA gestatten die knappen Termine und die exzessive Geheimhaltung kaum eine unabhängige Überprüfung der Projekte durch die eigenen Mitarbeiter des Direktors.
Die Mitglieder des 40er-Ausschusses haben so viel Verantwortung in ihren eigenen Abteilungen, daß sie meistens nur eine allgemeine Kenntnis über die meisten Länder der Welt besitzen. Über spezifische Probleme holen sie sich im allgemeinen Rat bei den Regionalexperten ihrer Dienststelle, aber diese Beamten haben oft keinen Zugang zu den Vorschlägen des 40er-Ausschusses und dürfen ihre Chefs niemals zu den Ausschußsitzungen begleiten. Nur der Direktor des Central Intelligence darf einen Regionalspezialisten mitbringen, und die anderen hohen Beamten, die ihrer eigenen »Schildknappen« beraubt sind, sind so im Nachteil. Überdies sind die Mitglieder des 40er-Ausschusses Männer, denen man Zutritt zu der äußerst privaten und exklusiven Welt geheimer Operationen erteilt hat, und sie haben die starke Tendenz, allem zuzustimmen, was vorgeschlagen wird, wenn sie erst einmal in das Geheimnis eingeweiht sind. Die Nicht-CIA-Mitglieder des Ausschusses haben wenig oder gar keine Erfahrung mit Geheimoperationen, und sie neigen dazu, sich den Ansichten der »Experten« anzuschließen. Der Kolumnist Stewart Alsop, selbst ein Veteran des OSS, beschrieb in der *Washington Post* vom 25. Mai 1973, wie die klügsten Männer in der Regierung Kennedy ein Abenteuer mit so geringen Chancen wie die Invasion der Schweinebucht billigen konnten, und seine

Erklärung trifft ebenso für andere Aktivitäten der CIA zu. Alsop schrieb: »Die Antwort liegt irgendwo in der Mystik des Geheimdienstprofis gegenüber dem Amateur. Irgendwie neigt der Amateur bei diesem Aufeinandertreffen dazu, ein kindliches Vertrauen in die zuversichtlichen Behauptungen der Profis zu setzen.« In ähnlicher Weise zitierte Marilyn Berger in der *Washington Post* vom 26. Mai 1973 die Erfahrungen eines alten Nachrichtendienstoffiziers im Umgang mit dem 40er-Ausschuß: »Sie waren wie eine Bande Schuljungen. Sie hörten zu, und ihre Augen quollen heraus. Ich pflegte immer zu sagen, daß ich dem 40er-Ausschuß schneller 5 Millionen Dollar für eine Geheimoperation abluchsen als dem normalen Verwaltungsapparat Geld für eine Schreibmaschine aus der Tasche locken könnte.«

Die Prozedur des 40er-Ausschusses läuft außerdem zugunsten der CIA ab, weil die CIA die Vorschläge vorbereitet und die Diskussion daher im Sinne der Empfehlungen der CIA verläuft. Die Nicht-CIA-Mitglieder haben keine Möglichkeiten zu prüfen, ob viele Behauptungen und Vermutungen stimmen, zum Beispiel ▶

◀ Die Nicht-CIA-Mitglieder mußten das Wort der CIA akzeptieren, daß dieses Programm eine Erfolgschance haben würde. Aus Sicherheitsgründen werden die spezifischen Leute und Methoden, die die CIA bei einer Geheimoperation dieses Typs einsetzen will, niemals in den Vorschlag mit aufgenommen. Mitglieder des 40er-Ausschusses können bei den Sitzungen nach Details fragen, da aber ihre eigenen Regionalexperten nicht anwesend sind, haben sie keine Möglichkeit festzustellen, ob die CIA sie nicht mit Antworten bedient, die nur ihr selbst nützlich sind.

Ein großer Teil der gesammelten Nachrichten, auf denen die empfohlene Intervention basiert, stammt faktisch aus den eigenen Quellen der Heimlichen Dienste und diese Mischung von informativer und operativer Funktion, die die CIA hat, kann katastrophale Folgen haben – wie im Fall der Aktion Schweinebucht, als die CIA die Regierung Kennedy zu der Annahme verführte, die Landung einer Streitmacht von Exilkubanern würde zu einem allgemeinen Aufstand des kubanischen Volkes führen. Ein weniger weit zurückliegender, allerdings nicht so katastrophaler Fall trat 1970 ein, als die Regierung ein Eingreifen in die chilenischen Wahlen erwog. ▶

◀ der Inhalt dieses Berichtes lieferte ein starkes Argument für die amerikanische Intervention mit dem Ziel, sowjetische Gewinne zu verhindern. Dieser Bericht mag echt oder nicht echt gewesen sein. In jedem Fall wurde er von den Leuten in den Heimlichen Diensten vorbereitet, die für eine Intervention waren, und sie waren sich nur zu sehr der Wirkung bewußt, die er auf die Mitglieder des 40er-Ausschusses haben würde. Wenn in diesem Fall die Akteure der Geheimoperationen den Ausschuß auch nicht eigentlich irreführten, so wäre es ihnen doch möglich gewesen, und es gab keine Möglichkeit, sie in unparteiischer Weise zu überprüfen.

Bis zu dem Zeitpunkt, als 1967 die geheimen Geldzuschüsse der CIA an den Nationalen Studentenverband und an andere scheinbar private Organisationen ans Licht kamen, wurde der 40er-Ausschuß nur angerufen, um seine Zustimmung zu Programmen verdeckter Aktionen zu geben.* Daher empfingen die meisten der von der CIA unterwanderten und subventionierten Organisationen weiterhin Jahr für Jahr CIA-Gelder und sonstige Unterstützung ohne jegliche Kontrolle darüber, ob das Projekt weiterhin der

* Endgültig gebilligt wird ein Programm verdeckter Aktionen normalerweise vom Vorsitzenden des 40er-Ausschusses. Dies ist noch immer Henry Kissinger, sogar nachdem er Minister geworden ist. Er wiederum unterrichtet den Präsidenten darüber, was entschieden worden ist, und wenn sich der Ausschuß in einer Frage nicht hat einigen können, so trifft der Chef der Exekutive die letzte Entscheidung. Obwohl der Präsident all diese

Unterstützung würdig ist. Aber der Skandal des Jahres 1967 bewirkte, daß der 40er-Ausschuß sein Verfahren revidieren mußte, so daß alle folgenden Operationen, die nicht in den Bereich der Spionage fallen, regelmäßig überprüft wurden. Bei diesen Überprüfungen ist der Ausschuß jedoch hinsichtlich Information und Führung vielleicht noch stärker von der CIA abhängig als bei neuen Programmen. Denn meistens – außer wenn es zu einer öffentlichen Kontroverse kommt – wissen nur die Heimlichen Dienste, ob ihre Bemühungen um die Subventionierung bestimmter Organisationen oder um die Unterminierung einer bestimmten Regierung Erfolg gehabt haben. Und die Heimlichen Dienste würden wahrscheinlich nicht zugeben, daß ihre eigene Operation fehlschlug, selbst wenn dies der Fall wäre. ▶

◀ Amerikanische Beamte hofften, daß Thieu mit dieser »demokratischen Front« seine politische Basis durch Gewinnung verschiedener nichtkommunistischer Elemente für sein Lager ausweiten könne. Diese Initiative war vom amerikanischen Standpunkt aus ein eklatanter Reinfall, denn Thieu zeigte keinerlei Interesse an einer Ausweitung seiner Basis – solange die vietnamesische Armee und die US-Regierung ihn immer noch unterstützten. Obwohl dies einer der wenigen Fälle war, in denen das Außenministerium durch seine diplomatischen Berichte aus Saigon ▶

◀

Selbst Richard Bissell gab in seiner Rede 1968 vor dem Außenpolitischen Rat zu, daß der 40er-Ausschuß »von begrenzter Effektivität« ist. Bissell erklärte, wenn der Ausschuß das einzige Kontrollin-

geheimen Einmischungen in die internen Angelegenheiten anderer Länder entweder nachprüft oder persönlich genehmigt, so unterzeichnet er doch niemals irgendwelche diesbezüglichen Dokumente. Statt dessen wird die Verantwortung auf den 40er-Ausschuß abgeschoben, so daß der Präsident, wenn er will, »in plausibler Weise dementieren« kann, mit irgendwelchen illegalen Aktivitäten im Ausland etwas zu tun zu haben.

strument sei, so »würde er es als unzureichend betrachten«, aber er glaubte, daß vorherige Diskussionen über Geheimprojekte auf funktionsfähiger Ebene innerhalb des Verwaltungsapparates ein Ersatz seien für die Mißerfolge des »interministeriellen Ausschusses, der aus vielbeschäftigten Beamten besteht, die einmal pro Woche zusammentreten«. Bis zu einem gewissen Grad stimmt es, was Bissell sagt, aber er läßt die Tatsache außer acht, daß die wichtigsten Projekte, wie etwa das Unternehmen Schweinebucht, als derartig hochempfindlich angesehen werden, daß der funktionsfähigen Ebene außerhalb der CIA jede Kenntnis von ihnen vorenthalten wird. Und er erklärt auch nicht, daß, selbst wenn ein paar Beamte draußen, etwa der stellvertretende Minister oder der einen Rang tiefer stehende Beamte über Geheimoperationen unterrichtet werden, ihnen gesagt wird, die Programme seien so geheim, daß sie mit niemandem ihrer Kollegen darüber reden dürften. Sie werden also daran gehindert, die bürokratischen Kräfte hinzuzuziehen, die normalerweise nötig sind, um die Projekte einer anderen Dienststelle zu blockieren. Außerdem unternehmen diese Beamten, wenn sie in die schmutzigsten und dunkelsten Aktivitäten der US-Regierung eingeweiht sind, oft nur widerstrebend irgend etwas in der Gegenrichtung, das ihr Recht gefährden könnte, zu einem späteren Zeitpunkt über weitere Geheimnisse informiert zu werden. Trotzdem haben die Bürokratie innerhalb des Außenministeriums und in geringem Ausmaß das Verteidigungsministerium einen gewissen Einfluß auf die Begrenzung geheimer Operationen der CIA, obwohl dieser Einfluß nicht annähernd so weit geht, wie Bissell behauptet.

Wie schon an früherer Stelle erwähnt wurde, gibt es eine Aktivität der CIA, die klassische Spionage, über die es keinerlei Kontrolle von außen gibt – weder vom 40er-Ausschuß, von seiten der funktionsfähigen bürokratischen Ebene noch vom Kongreß. Der Direktor des Central Intelligence hat satzungsgemäß die Verantwortung dafür, daß Nachrichtenquellen und -methoden vor nichtgenehmigter Enthüllung geschützt werden, und jeder DCI seit Allen Dulles hat dies in dem Sinne ausgelegt, daß die CIA irgendwelche anderen Regierungsstellen über die Identität ihrer ausländischen Agenten – das am allerstrengsten gehütete Geheimnis der CIA – nicht informieren kann. Während diese Geheimhaltung – um das Leben von

Ausländern (oder Amerikanern), die für die CIA spionieren, nicht zu gefährden – verständlich ist, so kann doch die Verwendung eines bestimmten Agenten manchmal politische Folgen haben, die so groß sind, wie ein Programm geheimer Aktion oder noch größer. Wenn die CIA zum Beispiel einen ausländischen Beamten anwirbt, der Innenminister seines Landes ist oder wird (Antonio Arguedas in Bolivien), dann kann diese Verbindung zur CIA einen internationalen Zwischenfall hervorrufen (wie es 1968 passierte, als Arguedas öffentlich zugab, er hätte für den CIA gearbeitet). In anderen Fällen hat es Außenminister und sogar Ministerpräsidenten gegeben, die CIA-Agenten waren, doch der 40er-Ausschuß hatte niemals die Erlaubnis zu entscheiden, ob die CIA ihre Kontakte zu ihnen fortsetzen solle oder nicht. Manchmal informiert der Stationschef der CIA in einem bestimmten Land den amerikanischen Botschafter darüber, daß einer seiner Agenten eine sehr hohe Stellung in der örtlichen Regierung habe oder daß er einen solchen Mann anwerben wolle, aber der Stationschef tut dies nach seinem eigenen Belieben.

Auch die Anwerbung von Ausländern geringerer Bedeutung kann große Auswirkungen haben, besonders wenn etwas schief geht. Dies war 1960 in Singapur der Fall (siehe letztes Kapitel), als ein CIA-Fachmann für Lügendetektoren eine Sicherung durchschlagen ließ, gefangengenommen wurde, die US-Regierung dadurch einer Erpressungsaktion ausgesetzt wurde und Amerikas Ansehen im Ausland Schaden erlitt. Der Punkt, der hier zu erwähnen wäre, ist dieser: Da der CIA-Mann mit dem Lügendetektor einen potentiellen Spion mit dem »schwarzen Kasten« überprüfte, gehörte seine Mission zu einer Spionageoperation und war folglich keiner Kontrolle außerhalb der CIA unterworfen. Während der Mitte der 60er Jahre ▶

◀

Der Gemeinsame Aufklärungsplan, der vom Amt für Nationale Aufklärung des Pentagons ausgearbeitet wird, ist meistens mehrere Zentimeter dick und füllt Hunderte von Seiten mit hochkomplizierten technischen Daten und Karten. Für einen Nichtwissenschaftler ist es eine völlig unverständliche Sammlung von Papieren, und die Mitarbeiterstäbe der verschiedenen Mitglieder des 40er-Ausschusses haben meistens nur einen oder zwei Tage Zeit, diese Aufstellung vor den Sitzungen durchzusehen. Unter diesen Bedingungen läßt der 40er-Ausschuß diese Übersicht meistens ohne Diskussion passieren. Von Zeit zu Zeit erhebt das Außenministerium Einwände gegen einen besonders gefährlichen Flug wie etwa die Entsendung eines ferngelenkten Flugzeugs der Luftwaffe nach Südchina im Zusammenhang mit der amerikanischen Invasion in Kambodscha, aber meistens werden die Missionen – die Fahrten der *Liberty* (die 1967 während des Sechstagekrieges von den Israelis angegriffen wurde), die Fahrt des Spionageschiffes *Pueblo* (das 1968 von den Nordkoreanern aufgebracht wurde) und der Flug der EC-121 (1969 von den Nordkoreanern abgeschossen) – routinemäßig gebilligt.

▶

◀

Da es selbst dem 40er-Ausschuß nicht gelingt, die geheimen Aufklärungsaktivitäten scharf zu überwachen, und er relativ untauglich für die Überwachung der Geheimoperationen der CIA und völlig im unklaren über Spionageoperationen ist, sind sich Präsident Nixon und besonders Henry Kissinger ohne Frage seiner Unzulänglichkeit bewußt. Sie haben wenig getan, um die Dinge zu ändern. Institutionell könnte der Ausschuß leicht eine bessere Kontrolle über den amerikanischen Nachrichtendienst ausüben, wenn seine internen Verfahrensmethoden geändert würden, er einen ausreichenden Mitarbeiterstab erhielte und wenn er seine eigenen Informations- und Bewertungsquellen unabhängig von den Heimlichen Diensten entwickeln könnte. Aber der Präsident und Kissinger entschieden letztlich darüber, wie die CIA operiert, und wenn sie ihr keine strengere Kontrolle auferlegen *wollen*, dann ist die *Form* des Kontrollmechanismus bedeutungslos. Tatsache bleibt, daß beide Männer glauben, die USA müßten geheime Methoden und »schmutzige Tricks« im Umgang mit anderen Ländern anwenden, und das gegenwärtige Niveau und der Typ derartiger Operationen stimmen augenscheinlich mit ihren Auffassungen über die Art überein, wie Amerikas geheime Außenpolitik ausgeführt werden sollte. Solange daher die CIA das loyale und persönliche Instrument des Präsidenten bleibt, das nach seinem Belieben und nach Belieben seines Chefberaters in der Welt eingesetzt wird, wird wahrscheinlich kein Präsident, ausgenommen er würde einem unvorhergesehenen starken Druck ausgesetzt, darauf dringen, daß die Operationen unter strengere Kontrolle von außen gestellt werden.

PFIAB und OMB

Zusätzlich zum 40er-Ausschuß hat der Präsident noch zwei weitere Gremien innerhalb der Exekutive zu seiner Verfügung, die ihm bei der Kontrolle über die CIA helfen könnten. Das eine ist der President's Foreign Intelligence Advisory Board, PFIAB (Beratender Ausschuß des Präsidenten für Auslandsnachrichten), eine Gruppe von elf privaten Bürgern, die vom Präsidenten berufen werden und sich mehrere Male im Jahr treffen, um die Aktivitäten der Nachrichtendienste zu beurteilen und Empfehlungen für notwendige

Veränderungen zu geben. Präsident Eisenhower gründete 1956 den PFIAB unter dem Vorsitz von Dr. James Killian vom MIT; seine anderen Vorsitzenden waren General John Hull, Clark Clifford, General Maxwell Taylor und zur Zeit der pensionierte Admiral George Anderson. Die Mehrheit seiner Mitglieder waren stets Leute mit engen Kontakten zum Pentagon und zu Rüstungslieferanten,* und sie haben ständig auf größere (und kostspieligere) Systeme der Nachrichtenbeschaffung gedrungen.

Der PFIAB tritt etwa einmal im Monat in Washington zusammen und ist daher als Überwachungsausschuß nur von begrenztem Wert. Ferner wird er behindert durch seinen Status als Beratungsgruppe mit seinem daraus resultierenden Mangel an verwaltungspolitischer Autorität. Im allgemeinen betrachten die verschiedenen Mitglieder des Nachrichtendienstwesens den Ausschuß mehr als etwas Lästiges und nicht als echtes Kontrollinstrument. Regelmäßig, wenn der PFIAB tagt, informieren die CIA-Beamten die Mitglieder über die laufende Nachrichtenbeschaffung und die letzten Beurteilungen. Die Aktivitäten der Heimlichen Dienste – besonders die verdeckten Operationen werden fast nie berücksichtigt, oder erst dann, wenn eine Operation bereits bekannt ist.

Im Laufe der Jahre tendierten die Präsidenten dazu, den PFIAB als angesehenes, aber »relativ sicheres Untersuchungskommando« innerhalb des Hauses zu verwenden, meistens in Zeiten, wenn der Chef der Exekutive mit der Qualität des erhaltenen Nachrichtenmaterials nicht zufrieden war. Immer wenn ein Versagen des Nachrichtendienstes im Zusammenhang mit einem außenpolitischen Mißerfolg vermutet wird, wird der Ausschuß einberufen, um die Angelegenheit zu untersuchen. Präsident Kennedy schaltete den

* Im Februar 1974 waren die Mitglieder neben Admiral Anderson: Dr. William Baker, Vizepräsident der Bell Telephone Laboratories; John Connally, ehemaliger Gouverneur von Texas und Minister der Marine und Finanzen; Leo Cherne, Direktor des Research Institute of America; Dr. John Foster, ehemaliger Direktor für Forschung und Technik im Verteidigungsministerium; Robert Galvin, Präsident von Motorola; Gordon Gray, ehemaliger Referent des Präsidenten für Fragen der nationalen Sicherheit; Dr. Edwin Land, Präsident von Polaroid; Clare Boothe Luce, ehemalige Kongreßabgeordnete und Botschafter; Nelson Rockefeller, ehemaliger Gouverneur von New York und Dr. Edward Teller, Atomphysiker und »Vater« der Wasserstoffbombe.

Ausschuß ein, um nach dem Unternehmen Schweinebucht Methoden zur Reorganisierung des Nachrichtendienstapparates zu empfehlen, aber die Bemühungen des PFIAB erbrachten keinerlei Veränderungen. Im folgenden Jahr bat Kennedy den PFIAB herauszufinden, warum die CIA nicht früher die Existenz sowjetischer Offensivraketen in Kuba entdeckt habe, und der PFIAB fand die beiden genauen Agentenberichte über die sowjetischen Vorbereitungen unter Tausenden von irreführenden und irrelevanten Berichten, die sich bei der CIA einen Monat vor der Krise angesammelt hatten. Der PFIAB erklärte, die CIA hätte die Wahrheit dieser Berichte erkennen und alle anderen zurückweisen müssen. Ebenso ließ Präsident Johnson 1968 den Ausschuß untersuchen, warum die CIA nicht den genauen Termin des sowjetischen Einmarsches in die Tschechoslowakei vorausbestimmt habe.

Diese Autopsien des PFIAB können dadurch von großem Wert für das Nachrichtendienstwesen sein, daß sie spezifische Schwächen haarscharf markieren und Lösungen empfehlen; sie können sogar dadurch noch nützlicher sein, daß sie klarstellen, daß sich gewisse Ereignisse einfach nicht voraussagen lassen, nicht einmal durch das wirksamste System der Nachrichtenbeschaffung. Der PFIAB hat jedoch die Tendenz gehabt, mit der Annahme zu operieren, jede Information sei »erfahrbar« und die Probleme der Nachrichtendienste ließen sich allein dadurch lösen, daß mehr Daten durch bessere Systeme gesammelt würden. Die Betonung der Quantität gegenüber der Qualität hat die Probleme des Managements verstärkt, die den amerikanischen Nachrichtendienst quälen, und hat, zumindest in den letzten Jahren, oft zur Unproduktivität geführt.

Wahrscheinlich leistete der PFIAB seinen wichtigsten Beitrag zu den amerikanischen Anstrengungen auf dem Nachrichtensektor in den 50er und Anfang der 60er Jahre, als sich einer seiner Unterausschüsse unter der Leitung von Dr. Edwin Land (von der Polaroid) mehrere neue technische Nachrichtenbeschaffungsprogramme ausdachte. Lands Unterausschuß trug wesentlich zur Entwicklung des U-2-Spionageflugzeugs bei, das mit Ausnahme des unglücklichen Flugs von Powers über der Sowjetunion als einer der größten Erfolge der CIA gewertet werden darf. ▶

◀ **Die neuen Systeme sind technologisch realisierbar, jedoch ungeheuer teuer. Sie kosten Milliarden von Dollar und der nachrichtenpolitische Gewinn ist nur zweitklassig.**

Das letzte potentiell regulative Gremium in Nachrichtendienstsachen, das dem Präsidenten zur Verfügung steht, ist das OMB, das Büro für Management und Budget. Bis 1969 war es unter dem Namen Bureau of the Budget (Budget-Büro) bekannt. Das OMB ist die Dienststelle innerhalb des Weißen Hauses, die alle Ausgaben der Regierungsstellen streng kontrolliert und sogenannte Steuerprioritäten für die Regierung festlegt. Es hat die Macht, die Ausgaben der Bundesabteilungen zu kürzen und sogar ganze Programme zu streichen. Die Kabinettsmitglieder können zwar manchmal bei Entscheidungen des OMB an den Präsidenten appellieren, aber es widerstrebt ihm verständlicherweise, seinen haushaltspolitischen Wachhund auszuschalten. Für die CIA jedoch war das OMB niemals mehr als ein geringfügiger Störfaktor. Seine Unterabteilung, die Nachrichtenstelle der Abteilung für Internationale Angelegenheiten, die theoretisch die Finanzen der Nachrichtendienste überwacht, verfügt nur über einen Stab von fünf Männern: einen Abteilungsleiter und je einen Revisor für die CIA, die NSA, die **Nationale Aufklärungsorganisation** und die DIA (hierzu gehören die übrigen militärischen Nachrichtendienste). Diese fünf Männer können unmöglich die sechs Milliarden Dollar, die jährlich für Spionageaktionen der Regierung ausgegeben werden, im Auge behalten, selbst wenn sie sich auf die volle Zusammenarbeit der beteiligten Dienststellen stützen könnten – was nicht der Fall ist.

Die Theologie der nationalen Sicherheit mit ihrem Schwergewicht auf Geheimhaltung und Irreführung begrenzt die Wirksamkeit der Haushaltsrevisoren des Präsidenten, die im allgemeinen von den Nachrichtendiensten als Feinde behandelt werden, erheblich. In dieser Hinsicht machte sich die CIA besonders schuldig. Als das OMB in den 50er Jahren damit begann, die CIA zu überwachen, wurde dem Haushaltsexperten ein Dauerpaß zum Besuch des Hauptquartiers verweigert. Er war regelmäßig gezwungen, am Eingang des Gebäudes zu warten, während ein CIA-Beamter in den oberen Etagen angerufen und aufgefordert wurde, die Papiere des Wirtschaftsprüfers zu kontrollieren. Die Situation besserte sich 1962 etwas, nachdem Robert Amory, der ehemalige stellvertretende CIA-Direktor für Nachrichten, Chef der Internationalen Abteilung des OMB geworden war, und der Revisor erhielt seine eigenen Abzeichen. (Derselbe Revisor wurde später von der CIA angeworben und damit beauftragt, alle Fragen mit dem OMB zu erledigen.)

Mitte der 60er Jahre erweiterte Präsident Johnson die Vollmachten des OMB, die Ausgaben der CIA zu kontrollieren, aber selbst dieses Präsidentenmandat besserte nicht wesentlich die Zutrittsmöglichkeiten des OMB. Zum Beispiel nach ▶

◀ wollte ein Revisor herausfinden, wie das Geld ausgegeben wurde. Einmal kam er zur CIA in der Absicht, mit dem Personal der Heimlichen Dienste zu sprechen, machte zunächst jedoch halt, um einen der PPB-Offiziere (Planning, Programming and Budgeting) aufzusuchen. Der PPB-Mann wurde angewiesen, den OMB-Vertreter nicht aus seinem Büro zu lassen, während Direktor Helms darüber informiert wurde, was das OMB untersuchen wolle. Helms rief sofort einen hohen Beamten des Weißen Hauses an und beklagte sich, daß das OMB seine Nase in ein Programm stecke, das bereits vom 40er-Ausschuß gebilligt sei. Das Weiße Haus wies daraufhin das OMB an, seine Untersuchung einzustellen. ▶

◀

Die Bedeutung dieses Vorfalls liegt nicht so sehr darin, daß die CIA dem OMB das Leben schwer macht und damit durchkommt. Was hier geschah, zeigt vielmehr die Ansicht der CIA, ihre Operationen stünden über allen normalen bürokratischen Schranken, und wenn der Präsident seine Zustimmung gegeben habe, könnten nicht einmal technische Einzelheiten in Frage gestellt werden.

Die CIA hat auch zu glatten Lügen und Betrugsmanövern gegriffen, um das OMB daran zu hindern, über ihre Aktivitäten informiert zu werden. 1968 machte ein Revisor eine Informationsreise zu CIA-Stellen in Europa und im Nahen Osten. Er wurde von einem CIA-Offizier aus dem Hauptquartier begleitet, und dieser Begleiter hatte speziell vom Chef der Europaabteilung der Heimlichen Dienste den Auftrag erhalten, dem OMB-Mann keinen Einblick in irgend etwas zu gestatten, »was uns später Schwierigkeiten und Peinlichkeiten verursachen kann«. Der Revisor sollte beschäftigt werden, oberflächliche Informationen erhalten, aber nicht unterrichtet werden. ▶

◀*

* ▶

◀

Das Hauptquartier der CIA wußte, daß der OMB-Mann sich außerordentlich für Waffen und die Arbeit der Polizei interessierte, und die einzelnen CIA-Stationen im Einsatz waren hierüber informiert worden. ▶

◀ er wurde gefragt, ob er als erstes Scotland Yard besuchen wolle. Bei seinem Interesse für die Arbeit der Polizei konnte er einem solchen Angebot nicht widerstehen, und nach vorheriger Absprache überhäufte ihn die britische Polizei mit umfangreichen Informationen und Besichtigungen der Anlagen. Diese Ablenkung, die nichts mit dem Zweck seiner Reise zu tun hatte, kostete ihn einen ganzen Tag seines vollen Terminkalenders. Am nächsten Tag sollte er zu einer anderen CIA-Anlage etwa hundert Meilen von London entfernt fahren. Aber die CIA wollte nicht, daß er viel Zeit hatte, um Fragen zu stellen oder sich umzuschauen. Daher wurde seine Route so gelegt, daß er über Banbury fahren mußte, diese pittoreske alte englische Stadt, deren Kreuz man aus Kinderliedern kennt. Wie die CIA-Leute vermutet hatten, konnte er nicht auf das Vergnügen verzichten, in einem typischen englischen Pub haltzumachen, hier zu Mittag zu essen und dann ein bißchen die Stadt zu besichtigen. Der größte Teil eines weiteren Tages wurde ebenfalls auf diese Weise totgeschlagen, und so hatte er niemals Zeit, tiefer in Dinge einzusteigen, die er nicht kennenlernen sollte. Kurz darauf verließ er England, ohne jemals näher die dortigen ausgedehnten Aktivitäten der CIA (die sich hauptsächlich auf die Dritte Welt konzentrieren) zu inspizieren. Allerdings war er bei seinen Bemühungen, die Nebelwand der CIA zu durchdringen, nicht allzu eifrig gewesen.
Im Nahen Osten liefen die Dinge für den OMB-Mann besser. Im Gegensatz zum Chef der Europaabteilung der Heimlichen Dienste betrachtete der Chef dieser Abteilung den Besuch als Gelegenheit, den Revisor mit den Aktivitäten der CIA zu beeindrucken. Daher erhielt der begleitende Offizier die Anweisung, dem Besucher die »volle Behandlung« angedeihen zu lassen, und die Männer der Heimlichen Dienste in der Region wurden angewiesen, ihm zu vertrauen, um ihn so für die Sache der CIA zu gewinnen.
Die Erfahrungen des Revisors waren nicht außergewöhnlich. Viele ähnliche Beispiele zeigen das Unvermögen des OMB – und früher des BOB –, irgendeinen Grad sinnvoller Kontrolle über die CIA auszuüben. Als Direktor war sich Richard Helms voll der Bemühungen der CIA bewußt, der Kontrolle durch das OMB zu entge-

hen – und ermutigte sie auch. Nach wie vor konnte er anscheinend mit völlig ruhigem Gewissen 1971 vor der Amerikanischen Gesellschaft für Zeitungsredakteure erklären: »Unser Budget wird Zeile für Zeile vom Büro für Management und Budget überprüft.«

Der Botschafter

Der amerikanische Botschafter in jedem Land, mit dem die USA diplomatische Beziehungen unterhalten, ist theoretisch der Chef des »Landesteams«, das aus den Chefs aller US-Regierungsstellen besteht, die in diesem Lande operieren, einschließlich der CIA. Die Regierung Eisenhower schuf diese Funktionserweiterung des Botschafters, gab jedoch gleichzeitig eine Geheimdirektive heraus, die die CIA von ihrer Beaufsichtigung befreite. Präsident Kennedy wiederholte kurz nach seiner Amtsübernahme, daß der Botschafter alle Dienststellen beaufsichtigen solle und schickte dann ein Geheimschreiben herum, das besagte, daß die CIA nicht ausgeschlossen werden solle. Dieses Schreiben Kennedys hat bis heute seine Gültigkeit behalten, aber seine Anwendung variiert von Land zu Land.

In nahezu jedem Fall hängt der Grad, bis zu dem der Botschafter eine Kontrolle über die CIA ausübt, von der Persönlichkeit des Botschafters und des CIA-Stationschefs ab. Diplomaten mit starkem Willen wie G. McMurtrie Godley, der zuerst im Kongo und dann in Laos war (wo er unter dem Namen »Feldmarschall« bekannt wurde) sowie Ellsworth Bunker in Vietnam haben die CIA streng überwacht, aber sie sind auch starke Fürsprecher ausgedehnter Geheimoperationen. Einige Botschafter wie Chester Bowles in Indien bestehen darauf, daß sie über alle Aktivitäten der CIA unterrichtet werden, versuchen jedoch meistens keine Kontrolle über die Operationen auszuüben. Wiederum andere lassen der CIA aus Mangel an Energie und mangelndem Interesse freie Hand und wollen nicht einmal über die Pläne der CIA informiert werden.

Zitieren wir wieder die Bissell-Doktrin:

> Im allgemeinen hatte der Botschafter ein Recht, von jeder verdeckten Aktion in seinem Zuständigkeitsbereich Kenntnis

zu erlangen, obwohl in besonderen Fällen (auf Grund der Bitten des örtlichen Staatschefs oder des Ministers) der CIA-Stationschef angewiesen wurde, dem Botschafter Informationen vorzuenthalten. In einem Fall fand tatsächlich die Restriktion auf speziellen Wunsch des betreffenden Botschafters hin ihre Anwendung, denn der Botschafter zog es vor, nichts von gewissen Aktivitäten zu wissen.

Ein Botschafter, John C. Pritzlaff jr., lehnte es ab, eine derart passive Rolle zu spielen und stellte sich – ein höchst uncharakteristisches Verhalten für einen amerikanischen Diplomaten – gegen die CIA. Im Lauf der Zeit wurde Pritzlaff, ein »politischer Beamter«, in den Augen der wenigen Beamten des Außenministeriums, die wußten, wie er von seinem Zuständigkeitsbereich Malta Aktivitäten der CIA regelrecht verbannte, so etwas wie ein Held. Das Problem begann Anfang 1970, als der pensionierte Admiral George Anderson eine Reise durch die Mittelmeerländer unternahm und darüber beunruhigt war, daß der links eingestellte Dom Mintoff die fürs Jahresende vorgesehenen Wahlen gewinnen könne. Als Marinemann war Anderson Fürsprecher einer starken Seemacht, und er fürchtete, Malta könne für die Streitkräfte der NATO verlorengehen und ein Stützpunkt für die sowjetische Flotte werden. Obwohl er noch nicht Chef des PFIAB war, benutzte er seine Verbindungen zum Weißen Haus, um darauf zu drängen, daß sich die Heimlichen Dienste in die Wahlen auf Malta einschalteten. Die CIA war von dem Projekt nicht begeistert, vor allem da sie über keinerlei Trümpfe auf der Insel verfügte, stimmte jedoch der Entsendung eines Nachrichtendienstmannes zu, der untersuchen sollte, wie sich die Wahlen manipulieren ließen. In einer Reihe von Telegrammen widersetzte sich Botschafter Pritzlaff selbst diesem vorübergehenden Auftrag eines CIA-Mannes in seinem Lande. Am Ende intervenierten die Heimlichen Dienste nicht, und Mintoff wurde gewählt. Die NATO behielt Zugang zur Insel auf dem Wege über britische Stützpunkte.*

* Andersons Befürchtungen schienen 1971 teilweise gerechtfertigt zu sein, als Mintoff eine Minikrise hervorrief, weil er den NATO-Kommandeur von der Insel verwies und für Großbritannien die Kosten für die Beibehaltung seiner Einrichtungen erheblich steigerte. Wie einige Jahre zuvor, als

Der Kongreß

Bei der Kontrolle der CIA durch den Kongreß lassen sich deutlich zwei verschiedene Perioden unterscheiden: vor und nach Watergate. In den ersten 25 Jahren der Existenz der CIA war die Legislative im allgemeinen bereit, der CIA reichlich Gelder für ihre Bedürfnisse zu bewilligen, ohne ernsthaft nachzuprüfen, wie diese Gelder ausgegeben wurden. Faktisch wußte nur eine Handvoll von Kongreßabgeordneten über die bewilligte Summe Bescheid, da alle Gelder in den Etats anderer Regierungsstellen, besonders des Verteidigungsministeriums, versteckt wurden. Zwar waren vier getrennte Unterausschüsse der Ausschüsse für die bewaffneten Streitkräfte von Senat und Kongreß verantwortlich für die Überwachung der CIA, aber ihre Kontrolle war minimal oder nicht existent. Im Repräsentantenhaus hielt man die Namen der Mitglieder lange Zeit geheim, aber es handelte sich bei ihnen im allgemeinen um die dienstältesten und ranghöchsten (und somit oft konservativsten) Männer in ihren Ausschüssen. (Im April 1966 berichtete die *New York Times,* Allen Dulles habe »persönlich die Kontrolle« darüber gehabt, welcher Kongreßabgeordnete ausgewählt würde.) Im August 1971 brach der Vorsitzende des Kongreß-Ausschusses für die Streitkräfte, F. Edward Hébert aus Louisiana, mit der bisherigen Praxis und griff nach einem rangniedereren Dienstgrad seines Ausschusses, um Lucien Nedzi, einen emsigen Liberalen aus Michigan, zum Chef des Überwachungsausschusses zu ernennen. Hébert behielt jedoch die volle Kontrolle über den Mitarbeiterstab des Ausschusses, und Nedzi ist der einzige Nichtkonservative unter den fünf Dauer- und zwei ex-officio-Mitgliedern des Ausschusses. Als Hébert seine ungewöhnliche Wahl traf, wurde allgemein vermutet, er versuche, Kritiken von außen gegenüber der Arbeit des Ausschusses durch die Ernennung eines Liberalen zum Vorsitzenden abzuwehren, und er glaube, daß er Nedzi isoliert halten könne. Nedzi hatte wenig Zeit, die CIA 1972, dem ersten Jahr in seiner Eigenschaft als Vorsitzender, zu überwachen, denn er mußte sich

Zyperns Staatspräsident Makarios den US-Nachrichtendienst erpreßt hatte, war die US-Regierung gezwungen, mehrere Millionen Dollar beizusteuern, um den Briten bei der Bezahlung ihrer höheren Pacht für die Stützpunkte auf Malta zu helfen.

mit starken Anfechtungen gegen seine Wiederwahl herumschlagen. 1973 startete er eine umfassende Untersuchung der Rolle der CIA in der Watergate-Affäre, aber es bleibt abzuwarten, ob sein Ausschuß in die verdeckten Operationen der CIA tiefer eindringen wird als die Ausschüsse des Repräsentantenhauses in der Vergangenheit. Im Senat sind die Ausschüsse für die Streitkräfte und die Bewilligungsausschüsse traditionsgemäß zusammengetreten, um eine gemeinsame Kontrolle der CIA aufrechtzuerhalten. Wie im Repräsentantenhaus waren die Mitglieder fast alle konservative, alternde, militärorientierte Legislatoren.

Viele Kongreßabgeordnete und Senatoren – doch keineswegs eine Mehrheit – glauben, daß diese Kontrollarrangements unzureichend sind, und seit 1947 wurden fast 150 verschiedene Gesetzesvorlagen eingebracht, um die Kontrolle des Kongresses über die CIA zu stärken. Keine hat eine der beiden Kammern passiert, und im Repräsentantenhaus hat es nicht einmal eine protokollarisch belegte Abstimmung in dieser Frage gegeben. Mit 59:27 im Jahre 1956 und 61:28 Stimmen im Jahre 1966 hat der Senat Vorschläge zur Erweiterung und Aktivierung der Ausschüsse zur Übewachung der CIA und der übrigen Nachrichtendienste abgelehnt. Um seine Position zugunsten der Aufrechterhaltung des Status quo zur Zeit der Abstimmung im Jahre 1966 zu stärken, stimmte Senator Richard Russell, der damalige Vorsitzende des Ausschusses für die Streitkräfte zu, daß ab 1967 die drei ranghöchsten Mitglieder des Außenpolitischen Ausschusses inoffiziell die Erlaubnis erhielten, an den Sitzungen des gemeinsamen Unterausschusses für Überwachung teilzunehmen. Aber nachdem dieses Arrangement mehrere Jahre lang in Kraft war, stoppte Senator John Stennis, Russells Nachfolger, die Sitzungen. 1971 und 1972 fand nicht eine einzige statt. Man nimmt allgemein an, daß Stennis die Funktionen des Ausschusses beendet hat, weil sonst die außenpolitisch liberal eingestellten J. William Fulbright und Stuart Symington an den geheimen Beratungen teilgenommen hätten. Keinem der beiden Männer wurde getraut, weder von seiten der CIA noch der konservativen Senatoren, die die Kontrolle über die CIA als ihre eigene private Domäne beibehielten. Da es zu gemeinsamen Ausschußsitzungen nicht mehr kam, trafen sich die fünf ranghöchsten Mitglieder des Bewilligungsausschusses, die alle solide Falken und Regierungsan-

hänger waren, privat, um den Etat der CIA durchzugehen.
Senator Symington focht dieses Arrangement am 23. November 1971 an, als er ohne vorherige Warnung einen Abänderungsantrag einbrachte, der für die Ausgaben des Nachrichtendienstes ein Limit von 4 Milliarden Dollar bedeutet hätte – etwa 2 Milliarden Dollar weniger als das, was die Regierung forderte. Obwohl Symingtons Antrag mit 51 gegen 36 Stimmen abgelehnt wurde, rief er die vielleicht aufschlußreichste Debatte über den Nachrichtendienst hervor, die es je im Senat gegeben hat.
Symington schimpfte auf die Tatsache, daß der Senat aufgefordert werde, Milliarden von Dollar für den Nachrichtendienst zu bewilligen, während nur fünf Senatoren die Summe bekannt sei; und in einem Gespräch mit dem Vorsitzenden des Bewilligungsausschusses, dem inzwischen verstorbenen Allen Ellender, stellte Symington fest, daß selbst diese fünf Senatoren nur begrenzte Kenntnis von den Operationen der CIA hätten. Ellender erwiderte auf Symingtons Frage, ob der Bewilligungsausschuß die Finanzierung der »geheimen« Armee von 36000 Mann in Laos gebilligt habe:

> Ich wußte überhaupt nichts davon . . . Ich fragte niemals, ob in dieser Summe, die die CIA forderte, irgendwelche Gelder zur Durchführung des Krieges enthalten seien. Ich kam überhaupt nicht auf den Gedanken, danach zu fragen. Ich las es vor einiger Zeit in den Zeitungen.

Laos war natürlich die größte Operation der CIA zu dem Zeitpunkt, als der angebliche »Kontrolleur« Ellender zugab, nicht davon zu wissen. Richard Russell hatte ebenfalls wenig Interesse an den Aktionen der CIA. Er hatte sogar einmal CIA-Direktor Helms privat erzählt, es gebe gewisse Operationen, von denen er einfach nichts wissen wolle.
Senator Leverett Saltonstall, der viele Jahre der ranghöchste Republikaner im Kontrollausschuß war, vertrat 1966 öffentlich dieselbe Ansicht: »Es liegt nicht so sehr daran, daß die CIA-Beamten nicht mit uns sprechen wollen. Es liegt vielmehr daran, daß es uns widerstrebt, Informationen und Kenntnisse von Dingen zu suchen, die ich persönlich, als Kongreßmitglied und als Bürger, lieber nicht besitzen möchte.«

Angesichts dieser Tatsache, daß die Aufpasser im Kongreß jede Verantwortung ablehnten, hat die CIA beschlossen, den Ausschuß über ihre verdeckten Operationen weitgehend im ungewissen zu lassen – falls nicht ein besonderes Unternehmen wie die Propagandaaktion gegen China 1967 in den Augen der CIA erfolgreich verlaufen ist und man vor den Gesetzgebern damit prahlen kann. Helms suchte häufig das Kapitol auf und gab Geheiminformationen, aber diese betrafen meistens landläufige Nachrichtendienstangelegenheiten und Beurteilungen der militärischen Möglichkeiten der kommunistischen Länder – nicht die Aktionen der Heimlichen Dienste. Doch Helms erwarb sich bei den Gesetzesmachern den Ruf eines Mannes, der zuverlässige Informationen lieferte.* Senator J. William Fulbright, der Helms' Lageberichten vor dem Kontrollausschuß beiwohnte, bis sie 1971 aufhörten, beschrieb die Vorgänge dem Autor Patrick McGarvey für sein Buch *CIA: The Myth and the Madness:*

> Die Zehn-Minuten-Regel findet Anwendung, und so haben die Mitglieder kaum eine Chance, tiefer in das Thema einzudringen. Der Direktor der CIA spricht die meiste Zeit über die sowjetische Raketenbedrohung und so weiter. Seine Informationen sind zwar interessant, aber sie bedeuten wirklich nur eine geringe Hilfe, wenn man herausfinden will, was im Nachrichtendienstwesen vor sich geht. Er erzählt eigentlich nur das, was man wissen soll. Es scheint mir, daß die Männer im Ausschuß in erster Linie daran interessiert sind, daß die CIA gegenüber ihren Kritikern abgeschirmt wird.

Einmal im Jahr kommt die CIA vor die Bewilligungsausschüsse in

* Obwohl Helms viele Jahre lang den Kongreßausschüssen in geheimen mündlichen Lageberichten laufendes Nachrichtenmaterial und Bewertungen geliefert hatte, erhob die CIA offiziell Einspruch gegen ein Gesetz, das 1972 Senator John Sherman Cooper aus Kentucky einbrachte und das den entsprechenden Ausschüssen die gleichen Daten in Form regulärer CIA-Berichte geliefert hätte. Über den Antrag wurde im Außenpolitischen Ausschuß positiv entschieden, er starb jedoch im Ausschuß für die Streitkräfte. Der designierte Direktor William Colby sagte letzterem Ausschuß, seiner Meinung nach könnten diese Berichte auf informeller Basis »ohne Gesetzgebung« gegeben werden.

beiden Häusern, um ihre Jahreshaushaltsforderungen zu stellen. Diese Sitzungen verlaufen jedoch vollständig im Sinne der CIA. Vor der Sitzung suchen Elektronik-Experten die Räume des Ausschusses nach Abhöranlagen ab, und Decken werden vor die Fenster gehängt, um jede Beobachtung von außen zu verhindern. Die Protokolle der Sitzungen gelten als so geheim, daß Kopien im CIA-Hauptquartier verwahrt werden. Nicht eine verbleibt beim Ausschuß für spätere Überprüfungen. Die Mitarbeiterstäbe des Ausschusses, die die Hauptarbeit bei der eigentlichen Vorbereitung von Hearings leisten, sind auf Verlangen der CIA ausgeschlossen.*

Allen Dulles gab in den 50er Jahren den Ton an für diese Vorlagen des CIA-Haushalts, als er zu seinen Assistenten, die ihn für seinen jährlichen Auftritt vorbereiteten, sagte: »Ich werde ihnen ein paar Kriegsgeschichten erzählen.« Ein noch üblicheres Beispiel für die Ausweichtaktik der CIA entstammt dem Jahre 1966, als man damit rechnete, daß der Bewilligungsausschuß des Senats ein paar harte Fragen über die wachsenden Kosten der Programme technischer Spionage stellen würde. Der DCI, Helms, beantwortete das Interesse der Senatoren damit, daß er den stellvertretenden CIA-Direktor für Wissenschaft und Technologie, Dr. Albert D. »Bud« Wheelon, mitbrachte. Wheelon schleppte eine Tasche voller Spionagegeräte mit: eine Kamera, in einem Tabaksbeutel verborgen, ein Sendegerät, hinter falschen Zähnen versteckt, ein Bandaufnahmegerät in einem Zigarettenetui und so weiter. Diese Ausrüstung entstammte nicht einmal Wheelons Abteilung, sondern war von den Heimlichen Diensten hergestellt worden. Falls jedoch die Senatoren über »technische« Fragen sprechen wollten, so waren Helms und sein Assistent durchaus bereit, sie mit ihrer James Bond-Ausrüstung abzulenken.

Wheelon begann über die Programme technischer Nachrichten-

* Eine relativ ähnliche Prozedur vollzieht sich, wenn ein einzelner Senator oder Kongreßabgeordneter in Sachen Geheimoperation an die CIA schreibt. Anstatt einen Brief als Antwort zu schicken, erbietet sich ein Vertreter der CIA, den Gesetzgeber *persönlich* über die Angelegenheit zu informieren, unter der Bedingung, daß keine Angehörigen des Mitarbeiterstabes anwesend sind. Dieses Verfahren bietet deutliche Nachteile für den vielbeschäftigten Gesetzemacher, da sein Stab meistens mit der Angelegenheit besser vertraut ist als er selbst und wahrscheinlich auch den ursprünglichen Brief geschrieben hat.

sammlung zu diskutieren, aber während er sprach, ließ er die Senatoren die Geräte inspizieren. Wie erwartet drehte sich die Diskussion nur allzubald um die Spionageausrüstung. Ein zäher Senator stellte zwei Fragen über die neuen und kostspieligen technischen Nachrichtenbeschaffungssysteme, die die CIA damals einsetzte, aber Wheelon brachte das Gespräch geschickt auf die Spionagetricks zurück. Als der Senator seine Frage ein drittes Mal stellte, sagte der Vorsitzende Russell zu ihm, er solle seine Frage zurückstellen, bis die CIA-Männer fertig seien. Aber die Senatoren waren derartig von den Ausrüstungsgegenständen vor ihren Augen fasziniert, daß keine weiteren Fragen mehr gestellt wurden.*

1967 bereitete die CIA ihre haushaltspolitischen Forderungen wie üblich mit einer überwältigenden Sammlung von Diapositiven und Bildern vor, die die Rolle der CIA im Kampf gegen den Kommunismus in der Welt unterstreichen und Nachrichtenmaterial über die militärische Bedrohung durch die Sowjetunion und China liefern sollten. Zu dem Lagebericht gehörte auch eine Beschreibung der Erfahrungen der CIA mit technischer Nachrichtenbeschaffung, seiner Arbeit mit Computern und anderen datenverarbeitenden Systemen – doch wiederum keine Beschreibung »schmutziger Tricks«. Die Demonstration wurde mehrere Male im Hauptquartier der CIA geprobt, während man Anrufe aus dem Kapitol erwartete, um spezifische Daten festzulegen. Ein Kongreßabgeordneter, der dem Bewilligungsausschuß des Repräsentantenhauses angehörte, wurde sogar eingeladen, zum Hauptquartier hinauszukommen, um sich einige Proben anzusehen. Ein paar Tage später rief ein Mann aus dem Stab des Ausschusses bei der CIA an und sagte, der Kongreßabgeordnete, der die Probe miterlebt habe, hätte erklärt, alles scheine in Ordnung zu sein, und der Vorsitzende habe einfach nicht die Zeit, sich die Demonstration anzuhören, aber der Ausschuß werde die volle Budgetforderung in Höhe von fast 700 Millionen Dollar in jedem Fall billigen. Kurz darauf kam ein ähnlicher Anruf vom Senatsausschuß. Dem Vorsitzenden war

* Sieben Jahre später untersuchte derselbe Ausschuß die Methoden, mit denen die Heimlichen Dienste E. Howard Hunt und Gordon Liddy bei ihren »Klempneroperationen« geholfen hatten. Diese Assistenz bestand aus den gleichen Ausrüstungstricks, die schon 1966 die Senatoren amüsiert hatten.

augenscheinlich von seiner Gegenseite im Kongreß gesagt worden, daß die CIA-Forderungen vernünftig erschienen und daß auf Grund der Empfehlung des Kongresses der Senat ebenfalls die volle Summe ohne Hearing genehmigen werde. Somit erschien die CIA 1967 nicht einmal vor ihren Etatkontrollausschüssen. Dieser Vorfall war zwar ein extremes Beispiel, aber er zeigt, wie wenig die CIA im Laufe der Jahre durch den Kongreß beaufsichtigt wurde.

Viele Kritiker der CIA aus Kongreßkreisen haben sich dafür ausgesprochen, daß die Mitgliederzahl der Ausschüsse zur Überwachung der CIA erweitert werden solle und daß Gesetzgeber zu ihnen gehören sollten, die die CIA der gleichen Kontrolle unterzögen, der andere Regierungsstellen unterworfen seien. Sie argumentieren, daß auf dem ebenso hochempfindlichen Feld der Atomenergie ein gemeinsamer Kongreßausschuß die Atomenergiekommission streng im Auge behalten habe, ohne daß es dadurch zu einer Gefährdung der Sicherheit gekommen sei. Einige Liberale jedoch, die für eine größere Kontrolle der CIA eintraten, fürchten, ein gemeinsamer CIA-Ausschuß analog zu dem Gemeinsamen Atomenergieausschuß könne leicht von der CIA »eingefangen« werden – ebenso wie der Energieausschuß in großem Maße von der Atomenergiekommission kooptiert worden sei.

Jene Leute, die gegen eine verstärkte Kontrolle der CIA durch den Kongreß sind, behaupten, daß, wenn die CIA wirksam operieren solle, totale Geheimhaltung gewahrt bleiben müsse und daß die Erweiterung der Funktionen und Mitgliederzahl der Aufsichtsausschüsse die Wahrscheinlichkeit von Sicherheitsgefährdungen verstärken würde. Sie fürchten, daß größere Ausschüsse notwendigerweise zur Anwesenheit von Regierungsgegnern führen würden, die CIA-Geheimnisse für politische Zwecke ausbeuten könnten. Ferner wird gesagt, daß befreundete ausländische Nachrichtendienste nur widerstrebend mit der CIA zusammenarbeiten und Geheimnisse teilen würden, wenn sie wüßten, daß ihre Aktivitäten vor dem amerikanischen Kongreß enthüllt werden.

Was auch immer die Verdienste der Argumente zugunsten einer strengeren Kontrolle durch den Kongreß gewesen sein mögen, es bestand keine Chance, daß eine Mehrheit in einem der beiden Häuser für einen merklichen Wandel stimmen würde. Dies änderte sich erst, als die Watergate-Affäre Anfang 1973 ans Licht kam.

Plötzlich begannen die seit langem untätigen Überwachungsausschüsse häufig zusammenzutreten, um nachzuprüfen, in welchem Maße die CIA in die illegalen Aktionen verwickelt war, die das Weiße Haus und der Ausschuß zur Wiederwahl des Präsidenten unterstützt hatten. Der offensichtliche Machtmißbrauch der Regierung und ihrer Anhänger ließ sogar konservative Gesetzgeber korrektive Maßnahmen fordern. Und bei ihrem Versuch, ihre Exzesse mit dem Schutz der »nationalen Sicherheit« zu rechtfertigen – eine Rechtfertigung, die für den Kongreß größtenteils inakzeptabel ist – schwächte die Regierung erheblich die Position all jener, die behaupteten, die Aktionen der CIA müßten aus denselben Gründen der »nationalen Sicherheit« einer Überwachung entzogen werden. Außerdem entrüsteten sich die Öffentlichkeit und die Medien über die Machtkonzentration im Weißen Haus sowie über Präsident Nixons Vorliebe für einseitige Aktionen ohne Billigung oder Beratung durch den Kongreß. Auch die CIA als das loyale Werkzeug des Präsidenten – bis zu einem gewissen Grad befleckt durch seine Verwicklung in Aktivitäten im Zusammenhang mit der Watergate-Affäre – zeigte schwache Stellen auf.

Die vier Überwachungsausschüsse, die in den ersten sechs Monaten des Jahres 1973 so häufig zusammentraten, bestehen immer noch aus denselben überwiegend konservativen Mitgliedern. Aber sie werden wahrscheinlich – entweder aus eigener Empörung über Watergate oder wegen der öffentlichen Reaktion auf Watergate – Schritte unternehmen, um die Überwachung der CIA durch den Kongreß zu verstärken.

Beispielsweise erklärte John Stennis, der Vorsitzende des Ausschusses für die Streitkräfte im Senat, am 20. Juli 1973: »Die Erfahrungen mit der CIA in Laos sowie die neuerlichen Enthüllungen hierzulande lassen mich definitiv zu dem Schluß kommen, daß die gesamte Akte CIA von Grund auf revidiert werden sollte.« Derselbe John Stennis hatte 19 Monate zuvor, als der »Geheimkrieg« der CIA in Laos auf dem Höhepunkt war, erklärt:

> Diese Dienststelle wird in glänzender Weise geführt . . . wie schon gesagt, Spionage ist Spionage. Aber wenn wir einen Nachrichtendienst haben wollen, so kann er nicht geführt werden, als leite man ein Steuereinnehmerbüro der HEW oder

eine andere ähnliche Dienststelle. Man muß sich darauf einstellen, daß man einen Nachrichtendienst haben wird und muß ihn als solchen schützen und seine Augen schließen und die Dinge nehmen, wie sie kommen.

Doch allen Anzeichen nach ist Stennis heute ernsthaft überzeugt, daß der Chef der Exekutive niemals wieder in der Lage sein sollte, im Alleingang das Land in einen Konflikt vom Typ Vietnam hineinzuziehen. Am 18. Oktober 1973 brachte er ein Gesetz ein – wobei er sich das Recht vorbehielt, es nach Überprüfung und Hearings, die sich bis ins Jahr 1974 ausdehnen würden, abzuändern – das die Rechtsbasis der CIA modifizieren würde. Erstens sollte es die Aktivitäten der CIA im eigenen Lande auf solche beschränken, »die notwendig und angebracht sind für seine Nachrichtendienstmission im Ausland«. Dies wurde offensichtlich definiert, um verdeckte Aktionen in den USA selbst abzustellen. Zweitens sollte das Gesetz strengere Prozeduren für die Beaufsichtigung der CIA durch den Kongreß ins Leben rufen, während »wesentliche Sicherheitserfordernisse anerkannt werden«.

Eine einfache Mehrheit in beiden Kammern würde genügen, um das gegenwärtige System der Kontrolle über die CIA abzuändern. Insofern die CIA ihre Aktivitäten geheimhalten möchte, bleibt ihr keine andere Wahl als sich den ernsthaften Forderungen des Kongresses nach mehr Informationen und mehr Aufsicht zu fügen. Die Macht über die Finanzen gibt der Legislative die Mittel, ihren Willen einer widerstrebenden CIA aufzuzwingen, und selbst wenn ein Haus allein steht, könnte es diese Macht als Kontrollmechanismus benutzen. Das heißt, vorausgesetzt, daß der Kongreß gewillt ist, die Verantwortung zu akzeptieren.

Die CIA und die Presse

Vor kurzem wurde in einem Interview ein Kolumnist, der für mehrere Zeitungen schreibt und über enge Kontakte zur CIA verfügt, gefragt, wie er 1961 reagiert hätte, wenn er Informationen aufgedeckt hätte, daß die CIA das Unternehmen Schweinebucht starten würde. Er erwiderte nachdenklich: »Das Problem mit dem

Establishment liegt darin, daß ich zu einem meiner Freunde in der Regierung gegangen wäre, und er hätte mir wahrscheinlich erzählt, warum ich die Story nicht schreiben solle. Und wahrscheinlich hätte ich die Story nicht geschrieben.« Es war ziemlich bezeichnend, daß dieser Kolumnist, als er über die Aufdeckung einer CIA-Operation befragt wurde, seine Antwort in Ausdrücke wie »Establishment« kleidete (obwohl er selbst ein anerkanntes Mitglied des Establishments war), denn vieles von dem, was die Amerikaner über die CIA erfahren haben oder nicht erfahren haben, wurde durch ein Sieb CIA-freundlicher Journalisten gefiltert. Es hat Ausnahmen gegeben, aber im großen und ganzen hat die CIA versucht, unabhängige Untersuchungen ihrer Aktivitäten zu entmutigen, abzuändern oder sogar zu unterdrücken.

Die Haupttechnik der CIA bei der Abwehr der Presse bestand darin, daß sie sich in den Deckmantel der »nationalen Sicherheit« hüllte. Die Reporter haben nur äußerst widerstrebend irgend etwas geschrieben, das eine gerade in Gang befindliche Operation hätte gefährden können oder wodurch nach Tom Wickers Worten »ein Agent in Timbuktu getötet würde«. Die CIA hat diese völlig begreiflichen Befürchtungen ausgenutzt und sie als Trumpfkarte verwendet, um Presseleute zu überzeugen, daß gewisse Stories überhaupt niemals geschrieben werden sollten. Und viele Berichterstatter brauchen gar nicht erst überzeugt zu werden, entweder weil sie bereits der Meinung sind, Aktivitäten der CIA seien keine Neuigkeiten, die die Öffentlichkeit ein Recht habe zu erfahren, oder weil sie in einem besonderen Fall die Ziele und Methoden der CIA billigen.

Am 23. September 1970 wurde zum Beispiel dem Kolumnisten Charles Bartlett von einem in Washington stationierten ITT-Beamten ein interner ITT-Bericht überreicht, der von zwei Repräsentanten der Gesellschaft in Chile, Hal Hendrix und Robert Berrellez, stammte. Dieses acht Seiten umfassende Dokument (mit dem Vermerk PERSÖNLICH UND VERTRAULICH versehen) besagte, daß der amerikanische Botschafter in Chile »grünes Licht erhalten hatte, im Namen Präsident Nixons zu handeln . . . mit maximalen Vollmachten ausgestattet, alles nur Mögliche zu tun – mangels einer Aktion wie in der Dominikanischen Republik –, um Allende an der Machtübernahme zu hindern«. Der Bericht erklärte ferner, der chilenischen Armee sei »volle materielle und finanzielle Unterstützung durch das militärische Establishment der USA zugesichert worden« und daß ITT sich »zu (finanzieller) Unterstützung falls notwendig«, der Anti-Allende-Kräfte »verpflichtet« habe. Das Dokument enthielt auch eine ausführliche Zusammenfassung der politischen Situation in Chile.

Mit dem Material für eine Enthüllung in Händen, startete Bartlett jedoch keine sofortige Untersuchung. Statt dessen tat er genau das, was die ITT hoffte: Er schrieb eine Kolumne über die Gefahren »einer kommunistischen Machtübernahme klassischen Stils« in Chile. Er sah eine gewisse Hoffnung, daß »Chile einen Weg finden wird, die Amtseinsetzung Salvador Allendes zu verhindern«, aber er dachte, daß die USA nur wenig Nutzbringendes tun könnten und daß die »chilenische Politik den Chilenen überlassen werden sollte«. Er informierte seine Leser nicht darüber, daß er dokumentarisch belegtes Beweismaterial dafür hatte, daß Chiles Politik der CIA und ITT überlassen blieb. Als man ihn fragte, warum er nicht mehr schreibe, erwiderte Bartlett 1973 in einem telephonischen Interview: »Ich interessierte mich nur für die politische Analyse. Ich nahm den Washingtoner Kram nicht ernst – die Beschreibung irgendwelcher Machenschaften innerhalb der US-Regierung. Die ITT-Männer, die den Bericht abfaßten, waren nicht in Washington gewesen; sie waren in Chile.« Doch nach Bartletts eigenem Eingeständnis basierte sein Artikel vom 28. September auf dem ITT-Bericht – stellenweise bis hin zu gewissen Umschreibungen. Er schrieb über mehrere Vorfälle in Chile, die er vermutlich in Washington nicht hätte verifizieren können. Die meisten Reporter verwenden derartiges Material nur dann, wenn sie es mit Hilfe einer unabhängigen Quelle nachprüfen können, Bartlett jedoch zeigte ungewöhnliches Vertrauen in die Zuverlässigkeit seiner Informanten. Aber er benutzte ihr Material selektiv – um die Anti-Allende-Psychose anzuheizen, nicht um die Trommel gegen die CIA und die ITT zu rühren.

Ein ITT-Angestellter gab denselben Bericht dem Pentagon-Korrespondenten von *Time*, John Mulliken. Mulliken berichtete weder über die CIA noch über Chile und schickte das ITT-Dokument zum Hauptsitz von *Time* in New York zur Weiterverwendung. Soweit er weiß, wurde die Story niemals weiter verfolgt. Er schreibt dies »der bürokratischen Stupidität zu – dem System, nicht den Leuten«. Er erklärt, *Time* hätte kurz zuvor einen langen Artikel über Chile gebracht und New York »wollte mehr nicht machen«.

Was die US-Regierung und die ITT in Chile im Schilde führten, erfuhr die Öffentlichkeit erst im Frühjahr 1972, als der Kolumnist Jack Anderson große Mengen interner ITT-Dokumente veröffentlichte. Zu Andersons Veröffentlichungen, den wohl wichtigsten Beweisstücken, gehörte eben dasselbe Dokument, das 18 Monate zuvor Bartlett und *Time* zugeleitet worden war.

Jack Anderson ist ein Einzelgänger unter den Washingtoner Journalisten, und er schreibt nahezu über alles, was er über die US-Regierung und die CIA erfahren und bestätigen kann. Mit ein paar nennenswerten Ausnahmen jedoch neigt die große Mehrheit des amerikanischen Pressekorps dazu, sich von Themen im Zusammenhang mit CIA-Operationen fernzuhalten. Einer der Gründe hierfür ist, daß es sehr schwer ist, über die CIA zu berichten, weil sie eine extrem verschwiegene Organisation ist. Journalisten haben keinen Zutritt zu ihren schwer bewachten Gebäuden, außer unter strengsten Kontrollbedingungen. Keine der öffentlichen Medien im Lande hat sich je einen full-time-Korrespondenten bei der CIA gehalten, und nur sehr wenige berichten über sie am Rande ihrer Tätigkeit. Außer in Fällen, wo die CIA irgendeine Information durchsickern lassen möchte, vermeidet fast das gesamte CIA-Personal jeglichen Kontakt mit Journalisten. In der Tat ordnet die Politik der CIA an, daß Angestellte ihre Vorgesetzten unverzüglich über irgendwelche Unterhaltungen mit Reportern informieren müssen, und der einfache CIA-Mann, der zu viele solcher Gespräche führt, macht sich in den Augen seiner Mitarbeiter verdächtig.

Denn nach allgemeiner Ansicht der CIA (wie auch anderer Stellen der Regierung) ist die Presse eine potentiell feindliche Kraft, obwohl man sie mit großem Erfolg für die eigenen Zwecke verwenden kann. Der ehemalige Stellvertretende Direktor des Nachrichtenwesens (DDI), Robert Amory, sprach im Namen der meisten seiner Kollegen, als er in einem Fernsehinterview am 26. Februar 1967 erklärte, Presseenthüllungen über die Subventionierung des Nationalen Studentenverbandes und anderer privater Gruppen durch die CIA seien »eine Erklärung der Unreife unserer Gesellschaft«. Mit

der ausgesprochen anglophilen Haltung und dem Neid auf das britische Official Secrets Act, den man so häufig bei hohen CIA-Beamten antrifft, verglich er die Situation mit »unserem freien Mutterland England«, wo in einer ähnlichen Situation »jeder im Interesse der nationalen Sicherheit den Mund hält . . . an das Interesse der Bevölkerung der freien Welt denkt«.
Der frühere CIA-Beamte William J. Barnds* war sogar noch kritischer gegenüber journalistischen Untersuchungen der CIA. In einem Artikel vom Januar 1969 in der einflußreichen Zeitschrift *Foreign Affairs* schrieb er:

> Die Enthüllung von Nachrichtendienstaktivitäten in der Presse während der letzten Jahre berührt eindeutig die Frage der nationalen Verantwortung. Diese Enthüllungen haben der Öffentlichkeit vor Augen geführt, daß die US-Regierung zumindest zeitweilig zu verdeckten Operationen in unpassenden Situationen Zuflucht genommen hat, daß es ihr nicht gelang, die Geheimhaltung zu wahren und es ihr ebenso mißlang, im Gang befindliche Operationen ausreichend zu überprüfen. Die öffentlichen Enthüllungen dieser Schwächen – obwohl sie jetzt partiell korrigiert sind – hemmen die CIA (und die US-Regierung) weil sie alle, die mit ihr und ihren Aktivitäten zusammenarbeiten wollen, einengen. Solange diese Enthüllungen im öffentlichen Bewußtsein bleiben, kann wahrscheinlich jeder offizielle Versuch, das Image der CIA zu bessern, sowohl schief gehen wie Erfolg haben.

Barnds' Eingeständnis, daß die CIA gewisse Schwächen aufweise, ist ungewöhnlich für einen ehemaligen (oder heutigen) CIA-Beamten, doch sehr wenige in der CIA würden mit seiner Erklärung nicht übereinstimmen, daß Pressestories über Nachrichtendienstoperationen »die Frage der nationalen Verantwortung berühren«.
Die Überlegung der CIA in der Frage, wie man mit Reportern

* Barnds hattte dem CIA-Büro für Nationale Beurteilungen angehört, bis er Mitte der 60er Jahre dem Mitarbeiterstab des Außenpolitischen Rates beitrat. 1968 war er Sekretär auf der Sitzung des Außenpolitischen Rates, bei der Richard Bissell seine Ansichten über verdeckte Operationen darlegte.

umgehen solle und wie man sich der Presse möglichst mit Vorteil bedienen könne, geht zurück bis in die Anfänge der CIA. In den 50er Jahren war die CIA hinsichtlich irgendwelcher formeller Beziehungen zu den Medien vorsichtig, und die Standardantwort auf Presseuntersuchungen war, die CIA »bestätige oder dementiere keine veröffentlichten Berichte«.

Zwar gab es ein Presseamt der CIA, aber es war kein sehr wichtiger Teil der Organisation der CIA. Für die eingeweihten CIA-Leute schien sich die Hauptfunktion dieses Büros darin zu erschöpfen, Zeitungsartikel über die CIA auszuschneiden und sie der interessierten Abteilung des Hauses zuzuleiten. Das Presseamt wurde größtenteils von Direktor Allen Dulles und einigen seiner Hauptassistenten, die Kontakte mit gewissen einflußreichen Berichterstattern aufrechterhielten, umgangen.

Dulles traf seine »Freunde« von der Presse oft im Hintergrund. Er und der Chef der Heimlichen Dienste, Frank Wisner, waren äußerst interessiert daran, die Gefahren des internaitonalen Kommunismus für das Land dem amerikanischen Volk verständlich zu machen. Sie unterstrichen die Rolle der CIA beim Kampf gegen die kommunistische Bedrohung, und Dulles prahlte gerne – nach beendeter Aktion – mit erfolgreichen CIA-Operationen. Die Reporter, die ihn sahen, waren im allgemeinen fasziniert von seinen Kriegsgeschichten aus dem Nachrichtendienstbetrieb. Wisner war besonders interessiert daran, daß Reklame für antikommunistische Emigrantengruppen (viele wurden von der CIA subventioniert oder organisiert) gemacht wurde, und er ermunterte die Reporter oft, über ihre Aktivitäten zu schreiben.

Nach den Worten eines ehemaligen CIA-Beamten, der eng mit Wisner zusammengearbeitet hatte, wurden die Flüchtlinge aus den »gefangenen Nationen« von der CIA benutzt, um die Idee zu untermauern, die USA seien aufrichtig daran interessiert, »den Eisernen Vorhang zurückzurollen«. Derselbe ehemalige CIA-Mann erinnert sich, daß Dulles und Wisner häufig zu ihren Untergebenen sagten: »Versuchen Sie, die Presse stärker durch befreundete Mittelsmänner zu beeinflussen.«

Trotzdem waren die Beziehungen der CIA zur Presse in der Ära Dulles im allgemeinen auf ein Minimum beschränkt. Reporter waren nicht geneigt, negative oder enthüllende Stories über die

CIA zu schreiben, und die CIA ihrerseits erhielt sehr viel nützliche Informationen von befreundeten Journalisten. Reporter wie Joseph Alsop, Drew Pearson, Harrison Salisbury und viele andere setzten sich regelmäßig mit CIA-Experten zusammen, um sich nach der Rückkehr von ihren Auslandsreisen ausfragen zu lassen. Diese Journalisten arbeiteten keineswegs für die CIA, aber sie freuten sich, beiläufige Informationen über Dinge, die ein Reisender beobachtet haben konnte, zu liefern: etwa die Anzahl der Schornsteine auf einer Fabrik oder die Verkehrsdichte auf einer Eisenbahnstrecke. Der Chef des Washingtoner Büros einer großen Zeitung erinnert sich, daß man ihn nach seiner Rückkehr aus Osteuropa bat, »die kleinen Stücke einzufügen, die in das Puzzlespiel passen könnten«. Diese Art von Daten war ziemlich wichtig für die Nachrichtenanalytiker in den Tagen, bevor die Programme der technischen Spionage dieselbe Information liefern konnten. Genau wie heute wurde normalerweise diese Befragung von Journalisten vom Nachrichtendirektorium durchgeführt. Ausgewählte Journalisten nahmen jedoch an einer zweiten Art »Verhör« teil, das den Heimlichen Diensten oblag. Hierbei ruhte das Schwergewicht auf der Persönlichkeit der ausländischen Beamten, die den Journalisten begegnet waren (als Teil der unaufhörlichen Sondierungen und Nachforschungen über schwache Stellen) sowie auf dem Funktionieren der internen Sicherheitssysteme des besuchten Landes.
Zur selben Zeit, da die CIA Journalisten ausfragte, suchte sie nach möglichen neuen Mitgliedern innerhalb des Pressekorps oder hoffte, einen CIA-Mann unter strengster Tarnung bei einem angesehenen öffentlichen Medium zu plazieren. Die Identität dieser Scheinreporter war und ist ein streng gehütetes Geheimnis. Die CIA würde wahrscheinlich ihre Existenz bestreiten, aber sie existieren tatsächlich. Nach den Angaben von Oswald Johnston in den *Washington Star-News* (durch andere Zeitungen bestätigt) standen im November 1973 etwa 40 hauptberufliche Reporter und nebenberufliche Journalisten auf den Gehaltslisten der CIA. Johnston berichtete, daß CIA-Direktor Colby beschlossen hatte, die »fünf Berufskorrespondenten bei Nachrichtenorganisationen mit überregionaler Verbreitung« zu streichen, daß man aber die anderen 35 stringers (freiberufliche Mitarbeiter im Ausland) und Mitarbeiter von Handelspublikationen behielt. Amerikanische Korrespondenten haben

oft bessere Zugangsmöglichkeiten zu ausländischen Gesellschaften als die Beamten der örtlichen amerikanischen Botschaft, die die meisten CIA-Leute tarnt, und die CIA war einfach außerstande, der Versuchung zu widerstehen, das Pressekorps zu unterwandern, obwohl es die großen öffentlichen Medien fast alle ablehnten, mit der CIA zusammenzuarbeiten.

William Attwood, der heute Verleger von *Newsday* ist, erinnert sich lebhaft, daß sich ihm in seiner Zeit als Auslandsredakteur bei *Look* in den 50er Jahren ein CIA-Vertreter näherte und ihn fragte, ob *Look* einen Korrespondenten in Neu Delhi brauchen könne. Die CIA erbot sich, den Mann hierfür zu stellen und sein Gehalt zu zahlen. Attwood erteilte der CIA eine Abfuhr.

Clifton Daniel, ehemaliger leitender Redakteur bei der *New York Times* und heute Chef des Washingtoner Büros dieser Zeitung, erklärt, daß er Ende der 50er Jahre »erstaunt war festzustellen, daß ein Korrespondent einer obskuren Zeitung in einem obskuren Teil der Welt ein CIA-Mann war. Das störte mich«. Daniel überprüfte sofort eine Reihe der Berichterstatter der *New York Times* auf ähnliche Verbindungen zur CIA, fand jedoch heraus, »es schien keine zu geben«. Daß die *New York Times* davon frei ist, erklärt sich seiner Meinung nach daraus, daß »unsere Leute wußten, daß sie rausgeschmissen würden«, wenn sie für die CIA arbeiteten.

1955 bewarb sich Sam Jaffe um einen Posten bei der Fernsehgesellschaft CBS. Während er auf die Entscheidung über seine Bewerbung wartete, suchte ihn ein CIA-Beamter, den Jaffe als **Jerry Rubins** identifiziert, in seinem Haus in Kalifornien auf und sagte zu ihm: »Wenn Sie für uns arbeiten wollen, gehen Sie für CBS nach Moskau.« Jaffe war verblüfft, denn er wußte nicht einmal, ob CBS ihn einstellen würde, und er nimmt an, daß irgend jemand bei CBS mit dem Arrangement zu tun gehabt haben muß, sonst hätte die CIA niemals erfahren, daß er sich um einen Posten beworben hatte. Außerdem wäre es höchst ungewöhnlich gewesen, einen neuen jungen Reporter auf einen derart wichtigen Auslandsposten zu schicken. **Rubins** erzählte Jaffe, die CIA sei »gewillt, Ihnen gewisse streng geheime Informationen zuzuspielen, damit Sie gewisse Informationen für uns sammeln«. Jaffe lehnte ab und wurde später von CBS für einen Posten im Inland eingestellt.

Vor der erfolgreichen bewaffneten Invasion in Guatemala im Jahre

1954 sprang ein *Time*-Reporter als Mitarbeiter ab und nahm, nach seinem eigenen Eingeständnis, an den paramilitärischen Operationen der CIA in diesem Lande teil. Nachdem die guatemaltekische Regierung gestürzt worden war, kehrte er ins New Yorker Büro von *Time* zurück und wollte seinen alten Posten wiederhaben. Nach den Worten eines anderen Mitarbeiters von *Time* fragte der leitende Redakteur den zurückgekehrten CIA-Mann, ob er immer noch bei der CIA sei. Der Mann verneinte. Der leitende Redakteur fragte ihn dann: »Falls Sie wirklich immer noch bei der CIA wären und ich Sie danach fragen würde, was würden Sie sagen?« Der zurückgekehrte CIA-Mann erwiderte: »Ich müßte nein sagen.« *Time* stellte ihn trotzdem wieder ein.*

Die Ära Dulles endete mit zwei Katastrophen für die CIA, die die Zeitungen im voraus erfuhren, aber ihren Lesern nicht in vollem Umfang mitteilten. Zuerst erfolgte 1960 der Abschuß des U-2-Spionageflugzeugs über der Sowjetunion. Chalmers Roberts, lange Zeit diplomatischer Korrespondent der *Washington Post,* bestätigt in seinem Buch *First Rough Draft,* daß er und »einige andere Journalisten« von den U-2-Flügen Ende der 50er Jahre wußten und »darüber schwiegen«. Roberts erklärt: »Rückblickend scheint es eine naheliegende Frage zu sein, ob es die richtige Entscheidung war, aber ich glaube wahrscheinlich, sie war es. Wir vertraten den Standpunkt, das nationale Interesse käme vor der Story, denn wir wußten, die USA mußten unbedingt die Geheimnisse der sowjetischen Raketenrüstung entdecken.«

Die meisten Berichterstatter wären damals mit Richard Bissell einer Meinung gewesen, daß vorzeitige Enthüllungen die Sowjets »zum Handeln« gezwungen hätten. Doch Bissell gab zu, daß die Sowjets »nach fünf Tagen« genau wußten, daß Spionageflugzeuge ihr Land

* In letzter Zeit traten CIA-Männer als »Auslandsberichterstatter« wenig bekannter Publikationen in Erscheinung, die sich wahrscheinlich die Zahlung ihrer Gehälter nicht ohne CIA-Unterstützung leisten könnten. Stanley Karnow, der frühere Asien-Korrespondent der *Washington Post,* erinnert sich: »Ich denke an einen Burschen, der nach Korea kam ohne sichtbare Unterstützung und Hilfsmittel. Er war angeblich Korrespondent einer kleinen Zeitung in New York. In einem Lande, wo es Jahre dauert, um Bekanntschaften zu schließen, hatte er sofort gute Kontakte und aß mit dem Stationschef der CIA. Es war allgemein bekannt, daß er für die CIA arbeitete.«

überflogen, und daß die Geheimhaltung, die die sowjetische und amerikanische Regierung beibehielt, ein Beispiel war für »zwei miteinander verfeindete Regierungen, die mit einer zusammenarbeiten, um Operationen gegenüber ihrer Öffentlichkeit auf beiden Seiten geheimzuhalten«.

Der ganze Zwischenfall mit der U-2 mag ein durchaus einschneidender Vorfall gewesen sein. Für einen großen Teil der amerikanischen Presse und Öffentlichkeit war es der erste Hinweis, daß ihre Regierung log, und es war der erste Schritt in einer Entwicklung, die in den Jahren des Vietnamkriegs zu dem sogenannten »credibility gap«, zur Glaubwürdigkeitslücke wurde. Aber am Ende der Regierung Eisenhower herrschte allgemeine Übereinstimmung im Lande, daß der Kampf gegen den Kommunismus praktisch jedes Mittel rechtfertigte. Die Presse teilte weitgehend diese Auffassung, und diese geriet erst ins Wanken, als bekannt wurde, daß die CIA eine bewaffnete Invasion Kubas vorbereitete.

Fünf Monate vor der Landung in der Schweinebucht veröffentlichte *Nation* einen Bericht aus zweiter Hand über die Bemühungen der CIA, Exilkubaner für Angriffe auf Kuba auszubilden und rief »alle US-Nachrichtenmedien mit Korrespondenten in Guatemala« (wo die Invasoren ausgebildet wurden) auf, die Story zu überprüfen. Die *New York Times* reagierte am 10. Januar 1961 mit einem Artikel über die Ausbildung einer Anti-Castro-Truppe in Guatemala mit US-Hilfe. Am Ende der Story, die weder die CIA noch eine mögliche Invasion erwähnt, stand eine Beschwerde des kubanischen Außenministers, daß die US-Regierung »Söldner« in Guatemala und Florida für eine militärische Aktion gegen Kuba vorbereite. Turner Catledge, der damalige leitende Redakteur der *New York Times*, schrieb in seinem Buch *My Life and The Times*: »Meiner Meinung nach hatte niemand, der die Story las, Zweifel daran, daß irgend etwas in der Luft lag, daß die USA tief darin verwickelt waren oder daß die *New York Times* der Story auf der Spur war.«

Als der Zeitpunkt der Invasion näherrückte, erhielt die *New Republic* einen umfassenden Bericht über die Vorbereitungen für die Operation, aber der Chefredakteur des liberalen Magazins, Gilbert Harrison, hatte Angst vor Sicherheitskonsequenzen und legte den Artikel Präsident Kennedy vor. Kennedy bat darum, den Artikel nicht zu drucken, und Harrison, ein Freund des Präsidenten, erfüllte seine Bitte. Etwa zur gleichen Zeit deckte der Reporter der *New York Times*, Tad Szulc, nahezu die komplette Story auf, und die Zeitung traf Vorbereitungen, sie am 7. April 1961 unter einer Schlagzeile über vier Spalten zu bringen. Doch der Verleger der *New York Times*, Orvil Dryfoos, und der Chef des Washingtoner Büros, James Reston, waren aus Gründen der nationalen Sicherheit gegen den Artikel, und so wurde er in einer Weise redigiert, daß jede Erwähnung einer Beteiligung der CIA oder einer »unmittelbar bevorstehenden« Invasion herausgestrichen wurde. Die verstümmelte Story, die lediglich erwähnte, daß 5000 bis 6000 Kubaner in den USA und Mittelamerika »zur Befreiung Kubas« ausgebildet würden, verdiente nicht länger eine Schlagzeile und wurde auf eine einzige Spalte auf der Titelseite reduziert. *Times*-Chefredakteur Clifton Daniel erklärte später, Dryfoos habe die Anweisung erteilt, die Story abzuschwächen, »in erster Linie aus Sorge um die Sicherheit der Männer, die bereit waren, ihr Leben am Strand von Kuba zu riskieren«.

Der *Times*-Reporter Szulc bestätigt, daß er wegen der starken Redigierung seines Artikels nicht konsultiert wurde, und er erwähnt, daß Präsident Kennedy persönlich an Verleger Dryfoos appellierte, die Story nicht laufen zu lassen. Doch knapp einen Monat nach der Invasion konnte Kennedy auf einem Treffen, wo er Zeitungsredakteure aufforderte, Informationen im Zusammenhang mit der Sicherheit nicht zu drucken, zu Catledge von der *New York Times* sagen: »Hätten Sie mehr über die Operation gedruckt, hätten Sie uns vor einem kolossalen Fehler bewahrt.«

Das Scheitern des Unternehmens Schweinebucht kostete CIA-Direktor Dulles seinen Posten, und ihm folgte im November 1961 John McCone. McCone tat wenig, um die Politik der CIA im Umgang mit der Presse aufzupolieren, obwohl ihm die Angelegenheit offensichtlich Sorge bereitete: Dies zeigte sich, als er seinem Presseoffizier einen Verweis erteilte und ihn dann versetzte, weil er seiner Meinung nach einem Reporter gegenüber zu entgegenkommend gewesen war. In den ersten Wochen von McCones Amtszeit bei der CIA erhielt die *New York Times* Wind von der Tatsache, daß die CIA Tibetaner in paramilitärischen Techniken auf einem CIA-Stützpunkt ausbildete, aber nach David Wises Bericht in *The Politics of Lying*, »flehte« das Büro des Verteidigungsministers die

Zeitung an, die Story nicht zu bringen, was auch geschah. Während der kubanischen Raketenkrise 1962 veranlaßte Präsident Kennedy die *New York Times* erneut, eine Story nicht zu drucken – dieses Mal handelte es sich um die Nachricht, daß sowjetische Raketen auf Kuba installiert worden waren, wovon die *New York Times* zumindest einen Tag vor Kennedys öffentlicher Erklärung erfahren hatte.*

1964 wurde McCone dann mit dem Problem konfrontiert, wie er sich gegenüber einem angekündigten Buch über die CIA verhalten solle, und seine Antwort war der Versuch, dem Ersten Zusatz zur Verfassung Gewalt anzutun.

Bei dem Buch handelte es sich um *The Invisible Government* von den Reportern David Wise vom *New York Herald Tribune* und Thomas Ross von der *Chicago Sun-Times.* Ihre Arbeit lieferte ein Beispiel für eine Berichterstattung über die CIA, die andere Journalisten ebenso gut hätten durchführen können, hierbei jedoch gescheitert waren. Kurzum, es war das Beispiel einer untersuchenden Reportage nach besten Kräften, und vielleicht machte sie daher die CIA wütend.

McCone und sein Stellvertreter, Generalleutnant Marshall Carter, telefonierten beide persönlich mit Wises und Ross' Verleger, Random House, um starke Einwände gegen die Veröffentlichung zu erheben. Dann bot ein CIA-Beamter an, die gesamte erste Auflage von mehr als 15000 Exemplaren aufzukaufen. Bennet Cerf, Präsident von Random House, nannte diese Aktion »lächerlich« und erklärte sich bereit, der CIA so viele Bücher zu verkaufen, wie sie wünschte, versicherte aber, er werde für das Publikum weitere Auflagen drucken lassen. Die CIA wandte sich ebenfalls an das Magazin *Look,* das Auszüge aus dem Buch bringen wollte, und »bat darum«, wie ein Sprecher bestätigte, »daß man einige Änderungen vornehme – Dinge, die die CIA für Ungenauigkeiten hielt. Wir

* Nach den Erklärungen von Max Frankel von der *New York Times* im *Columbia Forum* im Winter 1973 herrschte immer noch das Gefühl vor, daß die Zeitung schlapp gewesen war, als sie die Information über die Schweinebucht zurückgehalten hatte. So rang die *New York Times* dem Präsidenten das Versprechen ab, er würde, solange die Zeitung schwieg, »kein Blut vergießen und keinen Krieg anfangen«. Frankel bemerkt, daß »ein derartiges Tauschgeschäft nie wieder gemacht wurde, obwohl viele Beamte Annäherungsversuche machten. Das wesentliche Ingredienz war Vertrauen, und dieses ging irgendwo zwischen Dallas und Tonking verloren«.

nahmen ein paar Änderungen vor, sind aber nicht der Ansicht, daß sie wichtig waren«.

Das Schlußkapitel der CIA-Attacke gegen *The Invisible Government* wurde 1965 geschrieben, als die CIA ein Dokument von unbekannten Verfassern über »die Diffamierungskampagne der Sowjets und des kommunistischen Blocks« unter Kongreßabgeordneten und Presseleuten in Umlauf setzte. Diese lange Studie zählte genau die Methoden auf, die das KGB anwandte, um die CIA in Mißkredit zu bringen, hierzu gehörte die »Ausnutzung westlicher Journalisten. Unter ihnen fungieren vor allem Amerikaner«. Die Studie griff als Beispiel für die Fehlinformationen des KGB eine Sendung des Moskauer Rundfunks heraus, die direkt aus *The Invisible Government* zitierte. Die Botschaft der CIA war nicht allzu subtil, aber dann setzte die Agentur niemals ihren Namen auf das Dokument.

Als Richard Helms 1966 die Leitung der CIA übernahm, änderten sich die Beziehungen zur Presse merklich. Helms war vor dem Zweiten Weltkrieg selbst Reporter für United Press in Deutschland gewesen, und er hielt sich für einen vollendeten Journalisten. Wenn das Thema Presse bei internen CIA-Konferenzen auftauchte, pflegte er seinen Untergebenen zu erzählen, er verstehe die Probleme der Berichterstatter, wie ihr Denkapparat funktioniere und was die CIA mit ihnen machen und nicht machen könne. Er hatte gewisse Schreibgewohnheiten (die entweder von einem strengen Bürochef oder einem strengen englischen Highschool-Lehrer stammen mochten), die ihn von anderen Leuten in der Geheimabteilung der CIA unterschieden, wo Schreiben als eine funktionale Fertigkeit im Gegensatz zu einer literarischen betrachtet wird. So setzte er beispielsweise nicht seinen Namen unter ein Schriftstück, das Sätze enthielt, die mit den Wörtern »jedoch« oder »daher« begannen.

Innerhalb der CIA wurde es bald klar, daß Helms fest entschlossen war, sich selbst um die Beziehungen der CIA zur Presse zu kümmern. Da er genau wußte, daß das Image der CIA durch das Unternehmen Schweinebucht und andere gescheiterte Operationen Anfang der 60er Jahre stark gelitten hatte, war er entschlossen, die Situation zu bessern. Er sagte später vor einem Kongreßausschuß: »In unserer Gesellschaft kann selbst eine Geheimeinrichtung nicht weit von den Normen abweichen. Wenn wir die Öffentlichkeit, die

Presse oder den Kongreß gegen uns haben, können wir nicht darauf husten.«

So begann Helms die Pressebeziehungen zu pflegen. Er startete eine Reihe von Frühstücken, Essen und Cocktailparties für einzelne Reporter und Journalistengruppen. An Tagen, an denen er eine Gruppe von Journalisten bewirtete, widmete er einen Teil der morgendlichen Konferenz seines Stabes der Diskussion über die Sitzordnung und machte Vorschläge, welcher CIA-Beamte der umgänglichste Partner für welchen Reporter wäre. Während nur wenige höhere Dienstgrade aus den Heimlichen Diensten zu diesen Essen eingeladen waren, achtete Helms darauf, daß die Mehrheit aus den analytischen und technischen Abteilungen der CIA kam. Wie stets versuchte er, die CIA als eine vorherrschend nicht-geheime Organisation hinzustellen.

Helms' Einladungen galten nicht jedem Berichterstatter. Er konzentrierte sich auf die »großen Köpfe – Bürochefs, Leitartikelschreiber und andere Meinungsmacher«, wie John Finney von der *New York Times* schreibt. David Wise, der den Washingtoner Stab des *New York Herald Tribune* leitete, hat einen ähnlichen Eindruck: »In fast jedem Washingtoner Büro gibt es einen Burschen, der Zugang zur CIA hat – und zwar nicht zum Presseoffizier, sondern auf einer viel höheren Ebene. Andere Berichterstatter, die anrufen, kriegen keine vernünftige Antwort.« Finney bestätigt, daß Helms und seine Assistenten »mit Schmeicheleien am Prestige« dieser Journalisten in Schlüsselpositionen arbeiteten. Marvin Kalb von CBS, der an mehreren Pressetreffen mit Helms teilnahm (und kürzlich von der Nixon-Regierung abgehört wurde), erinnert sich, daß Helms »die Fähigkeit zu erstaunlicher Offenheit besaß, aber einem nur das erzählte, was man wissen sollte. Er hatte diese wunderbare Art, mit den Augen zu erzählen und Dinge zu suggerieren. Doch meistens erzählte er einem gar nichts.«

Helms' häufige Kontakte mit Reportern waren nichts Schlechtes. Er versuchte nicht, sie für irgendwelche abgefeimten Methoden der CIA zu gewinnen. Er bemühte sich vielmehr darum, seinen Standpunkt und den der CIA an die Presse und über sie an die amerikanische Öffentlichkeit heranzutragen – ein durchaus normales Vorhaben unter hohen Regierungsbeamten. Kolumnist Joseph Kraft (ein anderes Opfer der Abhörmethoden der Regierung Nixon) faßt ganz allgemein die Meinung der Journalisten zusammen, die Helms oft erlebten: »Ich wollte Helms häufig sehen, denn er sprach mit den Spitzenleuten in der Regierung. Er war ein guter Analytiker – schnell, knapp und intelligent in allem, was vor sich ging«. Kraft erinnert sich, daß Helms als einziger Regierungsbeamter prophezeite, Südvietnams Präsident Thieu werde erfolgreich die Erfüllung der vietnamesischen Friedensabmachungen bis nach den amerikanischen Wahlen 1972 blockieren, und andere Berichterstatter erzählen ähnliche Geschichten, die bestätigen, daß Helms zu den zuverlässigsten Regierungsquellen in Fragen der sowjetischen Raketen oder chinesischen Atomversuche gehörte. Er beteiligte sich normalerweise nicht an dem übertriebenen Gerede über kommunistische Drohungen, das so oft die »informierten Kreise« im Pentagon charakterisiert, und er schien auch weitaus weniger persönliche operationelle Interessen als andere Washingtoner Beamte zu verfolgen.

Die Angabe undichter Stellen wird von den Zeitungen meist vermieden. Doch wenn Helms oder irgendein anderer Regierungsbeamter Reportern eine Information »ohne Namensnennung« geben, so hat er immer einen Grund hierfür. Dies muß nicht unbedingt der Wunsch sein, daß die Wahrheit an die amerikanische Öffentlichkeit gelangt. Er kann durchaus etwas durchsickern lassen, um eine bestimmte Politik zu fördern oder zu blockieren, eine bürokratische Flanke zu schützen, einen Versuchsballon zu starten, einer ausländischen Regierung eine Botschaft zukommen zu lassen oder einfach eine Einzelperson in Verlegenheit zu bringen oder ihr zu schaden. Die meisten Reporter wissen, daß Regierungsbeamte ein derartiges Spiel betreiben; trotzdem spielt die CIA dieses Spiel besonders eifrig, da sie praktisch niemals irgendeine Information offen herausgibt. Clifton Daniel, Chef des Washingtoner Büros der *New York Times,* bemerkt, daß die CIA, obwohl sie keine Presseverlautbarungen herausgibt, Informationen durchsickern läßt, »um ihre eigene Sache zu unterstützen und ihren eigenen Zwecken zu dienen . . . Es überrascht mich nicht, daß sogar Geheimbürokraten dies tun«. Daniel sagt jedoch, daß er Material »ohne Namensnennung« akzeptieren würde, »wenn die Zuverlässigkeit der Quelle in der Vergangenheit feststeht. Aber man muß außerordentlich aufpassen, daß man nicht benutzt wird«.

Anfang 1968 recherchierten Reporter von *Time* für eine Titelgeschichte über die sowjetische Marine. Nach Angaben des Pentagonkorrespondenten von *Time*, John Mulliken, wollte weder das Weiße Haus noch das Außenministerium Informationen zu dem Thema liefern, aus Furcht, die Sowjets könnten den Eindruck bekommen, daß die US-Regierung hinter der Sache stecke, um die Bedrohung durch die sowjetische Flotte hochzuspielen. Wie Mulliken angibt, lieferten CIA-Experten mit Helms' Genehmigung *Time* alle Daten, die man brauchte. Fünf Jahre nach dem Vorfall erinnerte sich Mulliken: »Ich hatte den Eindruck, die CIA sagte sich ›zum Teufel mit den anderen‹ und machte sich einen Spaß daraus, sie damit einzuseifen.« Er fand niemals genau heraus, warum Helms diese Information publik gemacht wissen wollte – zu einem Zeitpunkt, da andere Regierungsstellen dies nicht wünschten. Und die *Time*-Leser fanden dies auch nicht heraus, sie wußten ja nicht einmal, daß die CIA größtenteils die Quelle dieses Artikels war, der am 23. Februar 1968 erschien.

Seit den Tagen von Henry Luce und Allen Dulles hatte *Time* immer enge Beziehungen zur CIA. In jüngster Zeit berichtete Hugh Sidey, Chefkorrespondent von *Time* in Washington: »Mit McCone und Helms hatten wir eine Abmachung: Wenn das Magazin irgend etwas über die CIA bringen wollte, gingen wir zu ihnen und legten es ihnen vor . . . Wir wurden nie irregeführt.«

Als *Newsweek* im Herbst 1971 eine Titelgeschichte über Richard Helms und »die neue Spionage« bringen wollte, wandte sich die Zeitschrift direkt an die CIA, um Informationen zu erlangen. Und der Artikel, der am 22. November 1971 erschien, gab allgemein die Linie wieder, die Helms so eifrig zu verkaufen suchte: daß sich seit »Ende der 60er Jahre . . . der Brennpunkt der Aufmerksamkeit und das Prestige innerhalb der CIA« von den Heimlichen Diensten zu der Analyse der Nachrichten verlagert hatte und daß »die große Mehrheit der angeworbenen Leute« für das Nachrichtendirektorium bestimmt sind. Dies wurde natürlich zu einem Zeitpunkt geschrieben, da mehr als zwei Drittel des Budgets und des Personals für verdeckte Operationen eingesetzt wurden (ungefähr derselbe Prozentsatz wie in den vorausgegangenen zehn Jahren). *Newsweek* deckte einige zuvor nicht veröffentlichte Anekdoten über frühere verdeckte Operationen auf (die der CIA ein gutes Aussehen verlie-

hen) und veröffentlichte zumindest einen völlig unwahren Bericht über ein Programm technischer Spionage in Höhe von mehreren Milliarden Dollar. Vorausgesetzt, daß die Fakten für diesen Bericht »zuverlässigen Nachrichtendienstquellen« entstammten, so handelte es sich wahrscheinlich dabei um eine Fehlinformation der CIA, um den Russen etwas Falsches über die Möglichkeiten der Amerikaner in der technischen Nachrichtenbeschaffung zu suggerieren.
Unter Helms' Leitung setzte die CIA auch ihre Praktiken fort, bei Herausgebern und Verlegern zu intervenieren, um die Veröffentlichung von Büchern zu stoppen, die entweder zuviel beschrieben oder zu kritisch gegenüber der CIA waren. Im April 1972 wurde dieses Buch – das bis dahin noch gar nicht geschrieben war – verboten. Zwei Monate später suchte der zweitwichtigste Mann der Heimlichen Dienste, Cord Meyer jr., das New Yorker Büro von Harper & Row Inc. auf, um gegen ein anderes Buch zu intervenieren. Der Verleger hatte die bevorstehende Veröffentlichung eines Buches von Alfred McCoy, *The Politics of Heroin in Southeast Asia*, angekündigt, das der CIA einen gewissen Grad von Komplizenschaft beim Rauschgifthandel in Südostasien vorwarf. Meyer bat alte Bekannte aus der Geschäftsleitung von Harper & Row, ihm eine Kopie der Fahnenabzüge des Buches zu beschaffen. Während die CIA offensichtlich hoffte, sie könne die Angelegenheit informell unter Freunden regeln, bat Harper & Row die CIA um eine offizielle Bestätigung seines Ersuchens. Der Rechtsbeistand der CIA, Lawrence Houston, antwortete in einem Brief vom 5. Juli 1972, daß, während die Intervention der CIA »in gar keiner Weise das Recht eines Verlegers berührt, zu entscheiden, was veröffentlicht werden soll . . . ich nur schwerlich glauben kann, daß . . . ein verantwortungsbewußter Verleger mit einer Attacke gegen unsere Regierung und ihre Beteiligung an dem unheilvollen internationalen Rauschgifthandel in Verbindung gebracht zu werden wünscht, ohne zumindest eine Überprüfung der Fakten zu versuchen«. McCoy behauptete, die CIA »habe keinerlei gesetzliches Recht, das Buch zu überprüfen« und »wenn man das Manuskript der CIA zur vorherigen Prüfung vorlege, so bedeutet dies den ersten Schritt zur Aufgabe des Ersten Verfassungszusatzes, der vor einer Zensur schützt«. Harper & Row stimmten ihm offensichtlich nicht zu und bedeuteten McCoy, daß das Buch nur verlegt würde, wenn es

zunächst der CIA vorgelegt würde. Ehe er zu so einem späten Zeitpunkt noch einen anderen Verleger suchen mußte, gab McCoy nach. Er übergab auch die ganze Geschichte der Presse, die im allgemeinen der CIA kritisch gegenüberstand.
Am 28. Juli führte die CIA gegenüber dem Verleger ihre Beanstandungen auf, und nach den Worten des Vizepräsidenten und Syndikus des Hauses, B. Brooks Thomas, war die Kritik der CIA »ziemlich allgemeiner Natur, wir waren alles andere als überwältigt«. Harper & Row veröffentlichte das Buch – ohne Änderungen – Mitte August.
Die CIA hat auch die amerikanische Presse noch direkter für ihre Kampagne gegen das KGB eingesetzt. Am 2. Oktober 1971 – eine Woche, nachdem die britische Regierung 105 sowjetische Funktionäre wegen angeblicher Nachrichtendienstaktivitäten aus England ausgewiesen hatte – brachte die *New York Times* auf der Titelseite einen Artikel von Benjamin Welles über sowjetische Spionage rund um die Welt. Ein großer Teil der Informationen in dem Artikel stammte von der CIA, und sie besagten, daß viele Russen, die bei den Vereinten Nationen arbeiteten, KGB-Männer seien. Nach Welles' Angaben »befühlte« die CIA besonders einen Russen in der Pressestelle der UNO, Vladimir P. Pavlichenko, als »KGB-Mann«, und bat darum, daß er in dem Artikel erwähnt werde. Welles gab dem statt und fügte einen Absatz mit biographischem Informationsmaterial über den Russen ein, das von der CIA stammte. Zehn Tage später protestierte die Sowjetunion offiziell bei der US-Regierung gegen die »verleumderischen« Berichte in der amerikanischen Presse über sowjetische Beamte bei den Vereinten Nationen.
Die Beschuldigungen der *New York Times* im Zusammenhang mit Spionagetätigkeiten der Sowjets bei den UN stimmten mit ziemlicher Gewißheit. Aber – so erklärt der Direktor einer Medienanstalt in Washington, der mit dem Fall vertraut ist – »die Wahrheit der Beschuldigungen hat nichts zu tun mit der Frage, ob sich eine amerikanische Zeitung in den Krieg der Nachrichtendienste untereinander hineinziehen lassen soll, ohne ihre Leser darüber aufzuklären, was los ist. Falls die CIA eine öffentliche Erklärung über einen sowjetischen Agenten bei den UN abzugeben wünscht oder die US-Regierung den Spion wegen unsauberer Aktivitäten ausweisen möchte, so sind derartige Aktionen legitime Themen für eine Pres-

seberichterstattung, aber mit dem Nachrichtendienst zusammenzuarbeiten, um den Spion zu befühlen, ohne Information des Lesers, ist keine ehrliche Berichterstattung.«

Die CIA hat oft Überläufer aus dem kommunistischen Lager ausgewählten Reportern in die Hände gespielt, damit Neuigkeiten geschrieben und Propagandasiege errungen werden können. Wie schon früher erwähnt wurde, sind die meisten dieser Überläufer fast vollständig von der CIA abhängig und werden sorgfältig auf das vorbereitet, was sie sagen und nicht sagen können. Überläufer sind fraglos ein legitimes Thema für die Presse, aber es ist bedauerlich, daß diese Stories für das Publikum in dieser Weise kontrolliert und gefiltert werden.

David Wise erinnert sich an einen Vorfall bei dem *New York Herald Tribune* Mitte der 60er Jahre, als die CIA die Direktion der Zeitung anrief und es arrangierte, daß ein chinesischer Überläufer den Reportern zur Verfügung gestellt wurde. Nach Wises Worten brachten ihn CIA-Beamte »von Langley [zu dem Interview] mit und legten ihn dann wieder auf Eis«. 1967 bat die CIA Welles von der *New York Times*, zum CIA-Hauptquartier hinauszukommen, um mit dem sowjetischen Überläufer, Oberstleutnant Yevgeny Runge, zu sprechen. Am 10. November schrieb Welles zwei Artikel, die sich auf sein Interview mit Runge und zusätzliches Material von CIA-Beamten über das KGB stützten. Aber Welles fügte in seine Artikel auch mehrere Absätze ein, in denen er die Motive diskutierte, die die CIA dazu geführt hatten, Runge für dieses Interview zur Verfügung zu stellen. Der Artikel erwähnte, daß zumindest einige amerikanische Nachrichtendienstbeamte »der größtenteils positiven internationalen Beachtung und Aufmerksamkeit für den 50. Jahrestag der Sowjetunion entgegenwirken wollten«. Die Veröffentlichung von Fällen, in denen Leute übergelaufen und abgefallen waren, so fuhr Welles fort, »bot den Männern vom US-Nachrichtendienst eine Chance, die öffentliche Aufmerksamkeit auf die Verwendung und den Einsatz ›illegaler‹ sowjetischer Agenten in der Welt zu konzentrieren«.

Diese Absätze, die in der Tat erklärten, daß die CIA Runges Abfall für seine eigenen Zwecke ausbeutete, versetzten die CIA nach Welles' Worten in Wut, und so wurde er von seinen CIA-Quellen abgeschnitten. Er erlebte eine »lange Periode der Kühle« und erfuhr von Freunden bei der CIA, daß er auf persönliche Anweisung von Helms mehrere Monate lang keine Stories mehr erhielt.

Die CIA ist durchaus bereit, ihre Freunde zu belohnen. Neben großen Neuigkeiten wie Überläufer-Stories erhalten ausgewählte Reporter manchmal »Exklusivmaterial« über alle möglichen Dinge – von der amerikanischen Außenpolitik bis hin zu sowjetischen Absichten. Hal Hendrix, der von drei verschiedenen Berichterstattern als ein bekannter »Freund« der CIA beschrieben wird, erhielt den Pulitzer-Preis für seine Berichterstattung im Jahr 1962 über die kubanische Raketenkrise in den *Miami Daily News*.* Große Teile seiner »Inside Story« waren tatsächlich intern: sie basierten auf CIA-Informationen.

Der geschickte Umgang der CIA mit den Reportern und die persönlichen Ansichten vieler dieser Berichterstatter und ihrer Redakteure haben bewirkt, daß sich der größte Teil der amerikanischen Presse bis in die letzten Jahre wenigstens stillschweigend der Meinung der CIA fügte, verdeckte Operationen seien kein geeignetes Objekt für journalistische Untersuchungen. Die Glaubwürdigkeitslücke jedoch, die sich aus dem Vietnamkrieg entwickelte, mag die Einstellung vieler Berichterstatter durchaus verändert haben. Tom Wicker von der *New York Times* meint, daß auf Grund der Vietnam-Erfahrung »die Presse stärker auf ihre fundamentale Pflicht achte«. Nun da die meisten Berichterstatter wiederholt erlebt haben, daß die Regierung lügt, akzeptieren sie nach Wickers Meinung wahrscheinlich nicht mehr so ohne weiteres CIA-Dementis über die Beteiligung an verdeckten Operationen zu Hause und im Ausland. »Viele Leute glauben heute, daß die CIA Regierungen stürzt«, und die meisten Journalisten akzeptieren nicht länger »die Heiligkeit und Unverletzlichkeit geheimen Materials«. Im Falle seiner eigenen Zeitung, der *New York Times*, meint Wicker, daß »die Pentagon-Papers die große Wende brachten«.

Die Aufdeckung des Watergate-Skandals hat die CIA auch in verstärktem Maße prüfenden Blicken ausgesetzt. Die Reporter

* Hierbei handelt es sich um denselben Hal Hendrix, der später zur ITT ging und das Memorandum schickte, aus dem hervorging, daß Präsident Nixon »grünes Licht« für eine amerikanische verdeckte Intervention in Chile gegeben hatte.

haben die Hilfestellung der CIA für die »Klempner« des Weißen Hauses sorgsam durchkämmt, ebenso die Versuche, die CIA in die Vernebelungen der Watergate-Affäre hineinzuziehen. Was vielleicht am wichtigsten ist: Die Presse hat entschieden das Argument der Verteidigung der nationalen Sicherheit zurückgewiesen, mit dem das Weiße Haus operiert, um seine Aktionen zu rechtfertigen. Vielleicht kann sich das amerikanische Volk darauf freuen, daß es von den Nachrichtenmedien erfährt, was seine Regierung tut – sogar ihre geheimen Teile. Da der Kongreß die Verantwortung ablehnt und der Präsident seine mißbraucht, haben wir niemand anders, an den wir uns wenden können.

Schlußfolgerungen

In den Augen der Nachwelt wird es unvermeidlich scheinen, daß wir unsere Freiheit zerstörten, indem wir sie schützten; daß der riesige Geheimapparat, den wir aufbauten, um die Hilfsmittel und Absichten unserer Feinde abzutasten, am Ende nur unsere eigenen Ziele verwirrte; daß die Übung, andere zum Nutzen des Staates zu täuschen, unfehlbar dazu führte, uns selbst zu täuschen; daß die riesige Armee von Nachrichtenpersonal, die zur Durchführung dieser Ziele aufgestellt wurde, bald im Netz ihrer eigenen kranken Phantasie gefangen war – mit verhängnisvollen Folgen für sie und für uns.

Malcolm Muggeridge
Mai 1966

»Es ist ein geheimer Machtapparat, der vielen Zwecken dient, ... mehr als eine Nachrichtendienst- oder Spionageabwehrorganisation. Es ist ein Instrument für Subversion, Manipulation und Gewalt, für die geheime Einmischung in die Angelegenheiten anderer Länder.« Diese Worte schrieb Allen Dulles 1963 über das KGB, damit die Amerikaner die Natur des sowjetischen Sicherheitsdienstes besser verstünden. Seine Beschreibung stimmte, aber er hätte genau dieselben Worte für die Beschreibung seiner eigenen CIA verwenden können. Er tat dies natürlich nicht, denn die US-Führung der Ära Dulles versuchte im allgemeinen, die schlimmsten Methoden und Motive den Kräften des internationalen Kommunismus zur Last zu legen, während sie die »defensiven Aktionen der freien Welt« als ehrenwert und demokratisch hinstellte. Beide Seiten jedoch wandten die mitleidlosesten Taktiken an. Keiner sträubte sich, Tricks und Betrug einzusetzen oder, nach Dulles' Worten, »Subversion, Manipulation und Gewalt«. Beide operierten geheim und verbargen ihre Tätigkeiten nicht so sehr vor der »Gegenseite« (weil sie es nicht konnten) als vor ihren eigenen Völkern. Geheimhaltung wurde eine Lebenshaltung, und sie ließ sich nicht in Frage stellen, ohne daß man sich dem Vorwurf aussetzte, man sei unpatriotisch oder nicht »sicherheitsbewußt«.

In den dunklen Tagen des Kalten Krieges war die kommunistische Bedrohung für die meisten Amerikaner etwas Reales. Ernsthafte Männer glaubten, man müsse den schmutzigen Tricks und Listen

des Feindes entgegenarbeiten. Feuer sollte mit Feuer bekämpft werden, und Amerikas kleines Elitekorps von Nachrichten-Professionals behauptete, es würde wissen, wie man das macht. Die Öffentlichkeit und die Führung des Landes waren bereit, wenn auch nicht immer begeistert, zumindest ohne ernsthaften Widerstand mitzumachen. Infolgedessen wurden Nachrichtendienstleute der USA und der Sowjetunion auf praktisch jedes Land der Welt angesetzt. Jede Seite errang geheime Siege, aber die Gesamtresultate waren entschieden gemischt. Die CIA spielte eine Rolle bei der Verhinderung einer kommunistischen Machtübernahme in Westeuropa, aber die Leistungen der CIA im Mittleren Osten, in Asien und anderswo in der Welt ließen vieles zu wünschen übrig.
Als die CIA-Invasoren 1961 am Strand der Schweinebucht geschlagen wurden, hätte dies für das Land ein Signal sein sollen, daß etwas nicht stimmte – mit der CIA und der Regierung, die die geheimen Tätigkeiten der Agentur steuerte. Es hätte klar sein sollen, daß die Ereignisse in der Dritten Welt nicht länger leicht und geräuschvoll von Washington manipuliert werden konnten (und sollten). Es hätte offenbar sein sollen, daß sich die Zeiten rapide änderten, daß die Befürchtungen, die auf den Zweiten Weltkrieg gefolgt waren, »der kommunistische Monolith« sei im Begriff, die »freie Welt« zu beherrschen, nicht mehr zutrafen. Die amerikanische Öffentlichkeit hätte sich bewußt sein sollen, daß die CIA in der Vergangenheit lebte.
Der Kolumnist Tom Braden, ein ehemaliger hoher CIA-Experte, schrieb im Januar 1973: »Joseph Stalins Beschluß, die Eroberung Westeuropas durch Manipulation zu versuchen, der Einsatz von Fronten und der Kauf von Loyalität machten aus der CIA ein Haus schmutziger Tricks. Aber es dauerte noch lange an, nachdem die Notwendigkeit gar nicht mehr bestand.«
Doch nach der anfänglichen öffentlichen Entrüstung über das kubanische Fiasko hatten die personelle Umbesetzung der CIA und die Überprüfung ihrer Aktionen auf höchster Ebene, wie sie Präsident Kennedy angeordnet hatte, nur wenig Wirkung. Die CIA operierte weiterhin im wesentlichen ebenso wie in den vorausgegangenen zehn Jahren, wiederum mit der zumindest schweigenden Billigung der amerikanischen Öffentlichkeit. Erst als der Indochinakrieg einen großen Teil der Bevölkerung schockierte und heraus-

forderte, wurden die Taktiken der CIA, wie heimliche Subventionen, Geheimarmeen und geheime »Coups«, ernsthaft in Zweifel gezogen. Jetzt hat uns der Watergate-Skandal das Problem eines ungenügend kontrollierten Geheimdienstes vor Augen geführt. Die Geheimtechniken, die man 25 Jahre lang während des Kalten Krieges entwickelt hatte, wurden zuletzt in dramatischer Weise dem Volk dieses Landes enthüllt, und die potentielle Gefahr einer CIA, die einzig dem Befehl des Präsidenten untersteht, wurde der Öffentlichkeit demonstriert.

Die CIA hat ihre eigene Schwungkraft, und ihre Leute treiben weiterhin ihr Spiel hinter dem Vorhang der Geheimhaltung. Sie wollen ihre verdeckten Tätigkeiten und ihre schmutzigen Tricks nicht aufgeben. Ohne das Mandat des Präsidenten müßten sie natürlich aufhören, aber das Land hat nicht einen Regierungschef seit der Bildung der CIA gehabt, der nicht an die fundamentale Notwendigkeit und das Recht von CIA-Einmischungen in die internen Angelegenheiten anderer Länder geglaubt hätte. Wenn ein Präsident die amerikanischen Interessen in einem entfernten Land bedroht sah, war er meistens bereit, eine Kursänderung durch die Entsendung der CIA zu versuchen. Daß diese verdeckten Interventionen oft unwirksam und unproduktiv sind oder dem nationalen Interesse schaden, hat keinen Präsidenten daran gehindert, sie zu versuchen.

▶

◀ Kissinger und Nixon befaßten sich mit dem ihrer Meinung nach legitimen Ziel, die Wahl eines Marxisten zum Präsidenten von Chile zu verhindern, und die Mittel, die man anwandte, waren ihnen gleichgültig, solange die Geheimhaltung bewahrt werden konnte.

Der neue CIA-Direktor William Colby hat in seinem öffentlichen Bericht angegeben, die CIA solle nach seinen Intentionen größtenteils so wie in der Vergangenheit funktionieren (während er gelobte, zukünftige »Watergates« zu vermeiden). Als Senator Harold Hughes ihn fragte, wo man die Linie zwischen dem Einsatz paramilitärischer CIA-Krieger und den regulären US-Streitkräften ziehen müsse, erwiderte Colby, daß die Trennungslinie »an dem Punkt sein solle, wo die USA die Verwicklung in derartige Handlungen anerkennen«. Senator Hughes rückte seine Antwort besonders ins Blickfeld, als er am 1. August 1973 sagte: »Mr. Colby glaubt, daß von der CIA gesteuerte militärische Operationen völlig akzeptabel sind, solange sie sich geheimhalten lassen.«

Die Ansicht Colbys, der CIA und der Regierung Nixon, daß »Dementierbarkeit« den USA freie Hand für geheime Interventionen im Ausland gestatte, ist ein anachronistisches Überbleibsel aus dem Kalten Krieg. Vielleicht ließen sich derartige Aktionen einstmals rechtfertigen, als anscheinend noch die Zukunft des Landes auf dem Spiel stand, aber eine derartige Bedrohung lauert heute nicht am Horizont. Die einzigen beiden ausländischen Mächte, die über das Potential verfügen, um die USA zu bedrohen – die Sowjetunion und China – bieten seit langem keine sinnvollen Ziele mehr für verdeckte Operationen der CIA. Statt dessen arbeitet die CIA vorwiegend in der Dritten Welt, in Ländern, die keine mögliche Bedrohung für die amerikanische Sicherheit darstellen. ▶

◀ Die CIA verteidigt nicht unsere nationale Sicherheit. Sie versucht vielmehr, den Status quo aufrechtzuerhalten und die Uhr der kulturellen Entwicklung in Gegenden zu bremsen, die von geringer oder gar keiner Bedeutung für das amerikanische Volk sind. Diese Bemühungen sind oft zum Scheitern verurteilt. Seit 1961 hat die CIA faktisch sehr viel mehr Schlachten verloren als gewonnen, selbst nach ihren eigenen Normen. Außerdem hat allein die Tatsache, daß die USA eine aktive CIA rund um den Erdball in Gang hält, der internationalen Position der Nation unschätzbaren Schaden zugefügt. Nicht nur waren und sind Millionen von Menschen im Ausland befremdet über die Aktivitäten der CIA, auch eine große Anzahl Amerikaner, besonders junge Leute, fühlen sich vor den Kopf gestoßen.

Die Zeit ist für die USA gekommen, offen hinter ihren Aktionen im Ausland zu stehen, durch Beispiel und nicht durch Manipulation zu führen. Dieser Wandel wird wahrscheinlich alle jene Regierungskreise beunruhigen, die an das inhärente Recht der Vereinigten Staaten glauben, ihre Macht überall auszuüben, und zwar, wenn dies notwendig erscheint, geheim; aber langfristig würden Nichteinmischung und Aufrichtigkeit Amerikas internationales Ansehen und seine Position stärken.

Selbst in einer Zeit, da die Öffentlichkeit an ständig sich ausweitende und immer kostspieligere Regierungsaktivitäten gewöhnt ist, bedeuten die sechs Milliarden jährlicher Kosten für die amerikanischen Nachrichtendienste einen gewaltigen Brocken für die nationalen Finanzen. Die Regierung gibt mehr Geld für die verschiedenen Formen der Spionage aus als für den Kampf gegen Verbrechen und Rauschgift, für Gemeindeentwicklung und Wohnungswesen, Massentransportsysteme und selbst für die offenen internationalen Programme des Außenministeriums, der USIA und AID zusammen. Doch im Gegensatz zu anderen Aktivitäten des Bundes werden Informationen über das Nachrichtenwesen – wieviel Geld ausgegeben wird und wohin das Geld wandert – systematisch vor dem amerikanischen Volk und allen Leuten mit Ausnahme einer Handvoll von Kongreßabgeordneten zurückgehalten. Hinter dieser Wand von Geheimhaltung (sie soll sowohl Verschwendung und Unfähigkeit verdecken wie die »nationale Sicherheit« schützen) ist der Nachrichtendienst weit über die Grenzen der Bedürfnisse der Nation hinausgewachsen.

Der Zeitpunkt ist gekommen, da man den Nachrichtendienstberuf entmystifizieren sollte, da man die Amerikaner von der Vorstellung befreien sollte, daß Geheimagenten aus der Welt einen sicheren Lebensraum machen und daß exzessive Geheimhaltung zum Schutz der nationalen Sicherheit notwendig sei. Diese Vorstellungen stimmen einfach nicht; die CIA und die anderen Nachrichtendienste haben sie lediglich benutzt, um ihr geheimes Imperium aufzubauen. Der US-Nachrichtendienst leistete Entscheidendes bei der Verfolgung und Analyse der militärischen Möglichkeiten der Sowjetunion und Chinas, aber seine anderen Funktionen – die schmutzigen Tricks und die klassische Spionage der CIA – berühren insgesamt die Frage der Verpflichtung für das Land, sowohl aus praktischen wie moralischen Gründen.

Aber auf Grund des Zusammengehörigkeitsgefühls in der Bürokratie, wohlerworbener Interessen und der gewaltigen Ausmaße des

Nachrichtendienstapparates haben innere Reformen so gut wie keinen Einfluß auf den Komplex der Nachrichtendienstoperationen. Die verantwortlichen Männer wollen die Dinge so wie sie sind, und sie waren niemals jenem intensiven Druck von außen ausgesetzt, der zum Wandel in unserer Gesellschaft führt. Die Präsidenten wollten außerdem nicht das vorhandene System stören, weil sie stets mehr – und bessere – Nachrichten wollten, weil sie sich davor fürchteten, die verborgene Welt der Nachrichtendienste den prüfenden Blicken der Öffentlichkeit zu öffnen und weil sie es nicht riskieren wollten, ihr persönliches Aktionsinstrument für Interventionen im Ausland zu verlieren.

Der Kongreß, der von der Verfassung her die Macht und in der Tat die Verantwortung hat, die CIA und die US-Nachrichtendienste zu überwachen, ist bei dem Versuch, eine sinnvolle Kontrolle auszuüben, nahezu völlig gescheitert. Der Nachrichtendienst war stets das geheiligte »Schibboleth«, das man nicht antasten durfte, ohne der »nationalen Sicherheit« zu schaden, und trotz lauter Proteste einiger weniger offener Kritiker war keines der beiden Häuser der Legislative gewillt, das Ausmaß der Aktivitäten des Nachrichtendienstes ernsthaft in Frage zu stellen. Doch wenn es zu irgendeinem wirklich sinnvollen Wandel kommen soll, so muß er vom Kongreß ausgehen, und wie die frühere Erfahrung lehrt, handelt der Kongreß nur, wenn er von der öffentlichen Meinung dazu getrieben wird. Die Watergate-Affäre hat in einem gewissen Sinne diese Rolle gespielt, und die volle Revision der Geheimcharta der CIA, die der Vorsitzende des Senatsausschusses für die Streitkräfte, John Stennis, versprochen hat, sollte der erste Schritt sein, wenn man die verdeckten Operationen der CIA beschränken und die Überschneidungen und die Unwirksamkeit der übrigen Geheimdienste reduzieren will.

Der Kongreß sollte von den verschiedenen Nachrichtendiensten verlangen, daß er über das gesammelte Nachrichtenmaterial informiert wird. Diese Daten sollten routinemäßig der Legislative zur Verfügung gestellt werden, damit sie ihre außenpolitischen Funktionen angemessen ausfüllen und Gelder für die nationale Verteidigung bewilligen kann. Wenn dieselben Informationen ausländischen Regierungen zugespielt werden und selektiv an die Presse durch Regierungen gelangen, die auf der Suche nach Stimmen für kostspielige Militärprogramme sind, dann besteht kein sicherheitspolitischer Grund, warum sie dem Kongreß vorenthalten werden sollten. Die Sowjets wissen, daß die Spionagesatelliten der USA ihr Land beobachten und daß andere elektronische Anlagen ihre Aktivitäten überwachen; es hat wenig Sinn, die gesammelten Nachrichten »strenger als streng geheim« einzustufen. Niemand verlangt, daß technische Daten – wie beispielsweise eine Kamera funktioniert – dem Kongreß gegeben oder veröffentlicht werden, aber die exzessive Geheimhaltung, die das fertige Nachrichtenprodukt umgibt, könnte reduziert werden, ohne daß man in irgendeiner Weise die Fähigkeit der Nation einschränkt, »rohe« Nachrichtendaten durch technische Mittel zu sammeln.

Der Kongreß sollte Schritte unternehmen, um die CIA auf die Rolle zu beschränken, die ursprünglich für sie im National Security Act (CIA-Gesetz) von 1947 vorgesehen war, nämlich: die CIA solle sich ausschließlich mit der Koordination und Auswertung von Nachrichten befassen. Falls Geheimaktivitäten von der Regierung betrieben werden müssen, sollte der operative Zweig der CIA von den nichtgeheimen Abteilungen getrennt werden. Auf dem analytischen und technischen Gebiet kann die CIA ihren wichtigsten Beitrag zur nationalen Sicherheit leisten, aber diese Funktionen sind durch die Operatoren der Heimlichen Dienste vernachlässigt und zeitweilig entstellt worden, die fast immer unter der Kontrolle der CIA standen. Nachrichtenmaterial sollte den Politikern der Nation nicht von denselben Männern zugestellt werden, die versuchen, verdeckte Operationen zu rechtfertigen. Die Versuchung, »Front«-Informationen selektiv zu verwenden und Informationen auszuwerten, um operativen Interessen zu dienen, kann für die ehrenwertesten Männer unwiderstehlich sein – ganz zu schweigen von den Operatoren der Heimlichen Dienste.

Die beste Lösung wäre jedoch nicht einfach die, daß man die Heimlichen Dienste von der restlichen CIA abtrennt, sondern daß man sie vollkommen abschafft. Ihre wenigen Funktionen, die immer noch einem nützlichen Zweck dienen, könnten anderen Regierungsabteilungen übertragen werden, aber zum größten Teil sollten solche Handlungen eingestellt werden. Dies würde die Regierung ihres Arsenals schmutziger Tricks berauben, aber die Republik könnte diesen Verlust leicht verschmerzen.

Die Spionageoperationen der Heimlichen Dienste mit Hilfe von Agenten sind bereits überholt durch die Systeme der technischen Nachrichtensammlung, die – zusammen mit offenen Quellen – die US-Regierung mit nahezu jeder Information über die militärische Stärke und Entwicklung der Sowjetunion und Chinas versorgen. Die wirklich wertvollen technischen Systeme – Satelliten und elektronische Abhörgeräte – sollten beibehalten werden, allerdings ohne die gegenwärtigen Überschneidungen und die bürokratische Ineffektivität. Seit Oleg Penkovskys Verhaftung durch die sowjetischen Behörden im Jahre 1962 gab es keinen CIA-Spion, der den USA wichtige Informationen über eine kommunistische Macht geliefert hat, und es ist schwierig, die Ausgabe von mehr als einer Milliarde Dollar in den letzten 10 Jahren für die klassische Spionage einzig mit der Hoffnung zu rechtfertigen, daß sich eines Tages ein anderer Penkovsky als CIA-Agent anbiete. Vorausgesetzt, daß die wertvollsten Agenten der CIA weiterhin Freiwillige sind – sogenannte »walk-ins« und Überläufer – so könnte man eine kleine Dienststelle beim Außenministerium einrichten und Botschaftskontakte ausbauen, um die Informationen zu erlangen, die diese Quellen liefern.
Während die CIA sehr viel erfolgreicher bei der Unterwanderung der Regierungen der Dritten Welt und einiger von Amerikas Verbündeten ist, ist die erlangte Information nicht so bedeutend und kann in einem gewissen Grade über diplomatische Kanäle und durch offene Quellen erlangt werden. Es mag zwar interessant sein zu wissen, wie ein bestimmtes lateinamerikanisches, asiatisches oder afrikanisches Land im Innern strukturiert ist, aber dieses Nachrichtenmaterial hat wenig praktischen Nutzen, wenn die CIA nicht die Absicht verfolgt, die lokale Machtstruktur zu manipulieren.
Die Funktionen der Gegenspionage der Heimlichen Dienste sollte das FBI übernehmen. Die USA vor ausländischen Spionen zu schützen, ist angeblich ohnehin die Aufgabe des FBI, und das unaufhörliche Spiel mit ausländischen Nachrichtendiensten – die Provokationen, Betrugsmanöver und Doppelagenten – würden schnell ein Relikt der Vergangenheit werden, wenn die CIA nicht in ihre eigenen verdeckten Operationen verwickelt wäre. Das Schachspiel (mit den Steuergeldern) gegen das KGB ist unzweifelhaft eine faszinierende Beschäftigung für Operatoren der Heim-

lichen Dienste, aber dieses Spiel könnte durchaus vom inneren Sicherheitsdienst der USA, dem FBI, übernommen werden.

Was nun die paramilitärischen Aufgaben der CIA angeht, so haben sie keinen Platz in einem Nachrichtendienst und keinen Platz in einer demokratischen Gesellschaft. Nach der Verfassung hat nur der Kongreß die Macht, einen Krieg zu erklären, und die USA sollten niemals wieder in einen bewaffneten Konflikt ohne Billigung des Kongresses und ohne Wissen der Öffentlichkeit verwickelt werden. Wenn »amerikanische Berater« nötig sind, um einem anderen Land legitim zu helfen, so kann sie das Pentagon stellen. Die anderen Formen geheimer Aktionen – Propaganda, Subversion, Manipulation von Regierungen – sollten einfach abgeschafft werden. Sie sind meistens unproduktiv und stehen, selbst wenn sie Erfolg haben, im Gegensatz zu den grundlegendsten Idealen Amerikas. Die CIA-eigenen Gesellschaften oder Firmen sollten geschlossen oder verkauft werden. Die CIA brauchte kaum eines der größten Luftfahrtnetze der Welt, wenn sie nicht ständig in fremden Ländern intervenieren würde. Die CIA-Besitzungen mit ihren unregulierten Gewinnen, potentiellen Interessenkonflikten und zweifelhaften Geschäftspraktiken sollten in keinem Fall ihre Operationen fortsetzen dürfen.

Die anderen Länder der Welt haben ein fundamentales Recht darauf, daß sich keine fremde Macht in ihre internen Angelegenheiten einmischt. Die USA, die sich feierlich verpflichteten, dieses Recht zu schützen, als sie die UN-Charta ratifizierten, sollten dieses Recht achten. Die Mechanismen, deren man sich bedient, um im Ausland zu intervenieren, ignorieren und unterminieren die Erfüllung der Verfassung in Amerika und stellen eine Bedrohung für das demokratische System zu Hause dar. Die USA sind sicherlich als Nation stark genug, um aus der Gosse aufzusteigen und ihre Außenpolitik im Einklang mit den Idealen zu lenken, die bei der Gründung des Landes Pate gestanden haben.

Anhang
Die Bissell-Philosophie

Protokoll des »Bissell-Treffens« von 1968
im Außenpolitischen Rat,
nachgedruckt von der Gruppe
für Afrika-Forschung

Am 8. Januar 1968 um 17 Uhr fand im Harold Pratt House das dritte Treffen der Diskussionsgruppe über Geheimdienst und Außenpolitik *statt. Anwesend waren: Richard M. Bissell, Diskussionsleiter; Douglas Dillon, Vorsitzender; William J. Barnds, Sekretär; William R. Harris, Berichterstatter; George Agree, Frank Altschul, Robert Amory jr., Meyer Bernstein, Oberst Sidney B. Berry jr., Allen W. Dulles, George S. Franklin jr., Eugene Fubini, Julius C. Holmes, Thomas L. Hughes, Joseph Kraft, David W. MacEachron, Philip W. Quigg, Harry Howe Ransom, Theodore C. Sorensen, David B. Truman.*

Der Vorsitzende Dillon eröffnete die Sitzung und stellte fest, daß, obwohl die gesamte Diskussionsreihe »außerprotokollarisch« sei, das Thema der Diskussion für diese bestimmte Sitzung besonders brisant und den angekündigten Restriktionen unterworfen sei.

Mr. Dillon stellte fest, daß Probleme im Zusammenhang mit den Beziehungen der CIA zu privaten Institutionen bei einem späteren Treffen behandelt werden, obwohl weder Mr. Bissell noch andere sich bei der Diskussion derartiger Probleme an diesem Abend eingeengt fühlen sollten.

Als Diskussionsleiter der Sitzung bot Mr. Bissell einen Überblick und eine Beurteilung der verdeckten Operationen der US-Außenpolitik an.

Mr. Bissell ging kurz auf die Frage der Verantwortlichkeit und darauf ein, ob diese Dienststellen Instrumente der nationalen Politik seien; daraufhin bemerkte Mr. Bissell, er brauche in einer solchen Gruppe nicht näher darauf einzugehen, daß die CIA für die nationale Politik empfänglich sei; wir dürfen annehmen, daß die CIA, obwohl sie an der Gestaltung der Politik teilnehme (wie auch andere »Aktions-Stellen«: das AID, die militärischen Stellen und Ministerien, ganz abgesehen vom Außenministerium), eine verantwortliche Stelle der nationalen Politik sei.

Nach Mr. Bissells persönlichen Erfahrungen war in der Tat die Rolle der

CIA sorgfältiger definiert und werden die etablierten Grenzen aufmerksamer beachtet, als in der ECA, wo Mr. Bissell zuvor gearbeitet hatte.
Die wesentliche Kontrolle über die CIA ginge von einem Ausschuß auf Kabinettsebene aus, dem ein Vertreter des Weißen Hauses, der Unterstaatssekretär im Außenministerium, der stellvertretende Verteidigungsminister und in den letzten Jahren der Direktor des Central Intelligence angehörten. Im Laufe der Jahre hat sich der Ausschuß zu einem mächtigen und wirksamen Instrument der Kontrolle entwickelt. Er überprüft alle neuen Projekte und überwacht periodisch die Projekte, die bereits ablaufen.
Als ein interministerieller Ausschuß, der aus beschäftigten Beamten besteht, die sich nur einmal pro Woche treffen, ist diese Kontrollgruppe von begrenzter Wirksamkeit. Wäre er das einzige Kontrollinstrument, würde Mr. Bissell ihn als unzureichend betrachten, aber dieser Ausschuß ist faktisch der Gipfel der Kontrolle – zusammen mit einer Reihe dazwischenliegender Prüfungsverfahren auf tieferer Ebene. Projekte werden meistens in dem dafür zuständigen Büro des stellvertretenden Außenministers diskutiert und, falls sie überhaupt die Interessen des Verteidigungsministeriums berühren, auf ähnlicher Ebene im Verteidigungsministerium, und zwar häufig, nachdem sich diese Abteilungen auf unterer Ebene damit befaßt haben. Selten geschah es, daß ein Problem vor der Diskussion auf tieferer Ebene vor die »Special Group« gebracht wurde, und wenn auf unterer Ebene Einwände erhoben wurden, wurden die meisten Projekte der Special Group gar nicht vorgeschlagen – mit Ausnahme der großen Projekte oder Schlüsselprobleme, die auf jeder Ebene, die Special Group eingeschlossen, ihre Billigung finden.
Ähnliche Verfahren galten im ausländischen Einsatzgebiet. Im allgemeinen hatte der Botschafter das Recht, von jeder Geheimoperation in seinem Zuständigkeitsbereich zu erfahren, obwohl der Stationschef in besonderen Fällen (auf Grund einer Bitte des örtlichen Staatschefs oder Außenministers) angewiesen war, dem Botschafter Informationen vorzuenthalten. In einem Fall wurde diese Restriktion auf ausdrücklichen Wunsch des betreffenden Botschafters in Kraft gesetzt, der es vorzug, über gewisse Aktivitäten nicht informiert zu werden.
Von den Operationen, die aufflogen, waren die meisten bekanntlich vom Präsidenten selbst gebilligt worden. Das U-2-Projekt zum Beispiel war ein Produkt des »Land (intelligence) Committee« des Killian-Ausschusses; es wurde als Empfehlung des Killian-Ausschusses dem Präsidenten vorgeschlagen – und zwar mit Unterstützung des USIB. Seine Bewerkstelligung – unter strengster Geheimhaltung – war vom Präsidenten genehmigt worden, und mit Ausnahme der ersten paar Flüge (die ursprüngliche Anweisung lautete, für einen Zeitraum von zehn Tagen zu operieren, sofern es die Wetterlage gestattete) wurde jeder einzelne Flug vom Präsidenten unter Hinzuziehung des Außen- und Verteidigungsministers genehmigt.

Verdeckte Operationen sollten aus bestimmten Gründen in zwei Kategorien zerfallen: (1) *Nachrichtenbeschaffung*, vorwiegend Spionage oder die Erlangung von Informationen durch geheime Mittel; (2) *verdeckte Aktionen* mit dem Versuch, die internen Angelegenheiten anderer Länder – manchmal »Intervention« genannt – mit geheimen Methoden zu beeinflussen.
Obwohl sich diese beiden Kategorien von Tätigkeiten in der Theorie trennen lassen, beeinflussen und überschneiden sich Nachrichtenbeschaffung und verdeckte Aktion gegenseitig. Man hat in der Vergangenheit Versuche unternommen, die beiden Funktionen zu trennen, aber das Ergebnis wurde meistens als »eine totale organisatorische Katastrophe« bezeichnet. Einer dieser Versuche war die Gründung des OPC (Büro für politische Koordination) unter Frank G. Wisner als eines separaten Organs für verdeckte Aktionen. Obwohl diese Organisation von der CIA unterstützt und gedeckt wurde, war sie unabhängig und legte ihre Berichte direkt dem Außen- und Verteidigungsminister vor. »Beedle« Smith entschied, als er Direktor des Central Intelligence wurde, daß, wenn er für den OPC verantwortlich wäre, er ihn führen werde, und der OPC wurde mit dem Nachrichtendienst in der Weise fusioniert, daß es innerhalb der Heimlichen Dienste zu einer völligen Integration von Nachrichtenbeschaffung und verdeckten Aktionen in jeder Regionalabteilung kam.
Neben unseren Erfahrungen mit dem OPC hatten die Deutschen und Engländer zeitweilig während des Krieges geheime Spezialoperationen, die getrennt von ihren Spionagediensten funktionierten. In jedem Fall war es ein unglückliches Experiment. Obwohl es viel Unstimmigkeit innerhalb der CIA in Fragen der Doktrin gibt, ist man übereinstimmend der Ansicht, daß die Trennung von Nachrichtenbeschaffung und verdeckten Aktionen katastrophal wäre und zur Konkurrenz bei der Anwerbung von Agenten führte, zu mehrfacher Anwerbung derselben Agenten, zu zusätzlichen Sicherheitsrisiken und zur Zersplitterung der Kräfte.
Im Falle der ersten Kategorie, der *Nachrichtenbeschaffung*, müssen wir fragen: a) Wie weit geht der Bereich der »geheimen Nachrichtenbeschaffung«? b) Welche Funktionen der Nachrichtenbeschaffung können am besten geheim durchgeführt werden?
Zum Bereich der geheimen Nachrichtenbeschaffung gehören: (1) Aufklärung; (2) Verbindungen und elektronische Nachrichtenbeschaffung (sie werden vorwiegend von der NSA wahrgenommen); (3) klassische Spionage mit Hilfe von Agenten. Nach ihrem Nützlichkeitsgrad unterschied Mr. Bissell (1) die wichtigsten (2) weniger wichtigen und (3) erheblich weniger wichtigen.
Obwohl sie weniger wirksam ist, ist die klassische Spionage »bei weitem am wenigsten kostspielig«, wobei die hardware-Komponenten der Aufklärung und die Aktivitäten des NSA ihre Kosten erheblich steigern.
(In der Diskussion nach dem Essen erklärte eine Autorität auf dem Gebiet Kommunikationen-Elektronik, er stimme mit Mr. Bissells relativer Rangfolge der Bewertung überein. Trotz des technologischen Vorsprungs auf

dem Gebiet der Dechiffrierung ergebe sich aus der größeren Verfeinerung der meisten Dechiffriersysteme, daß (1) [Aufklärung] vor (2) rangiere. Ein anderer Beobachter bemerkte, daß die Budgets in ähnlicher Weise zueinander in Beziehung stehen; der vorherige Sprecher stimmte dem zu und bemerkte, obwohl es überraschend sei, erreichten die Budgets fast maximale Nutzwerte, wenn man von den Kriterien der Kosteneffektivität ausgehe.)

Die amerikanischen Aufklärungsoperationen nach dem Kriege begannen historisch als »verdeckte« Operationen und bestanden Anfang der 50er Jahre vorwiegend im Überfliegen kommunistischen Territoriums in Osteuropa. Auf diese frühen Versuche folgte das U-2-Projekt, das nur begrenzt Nachrichten und Informationen lieferte, dafür aber um so dramatischere Folgen hatte. Jetzt haben wir Aufklärungssatelliten. Luftaufklärung ist eines der offensten »Geheimnisse« im internationalen Leben; es handelt sich hierbei nicht mehr um eine eigentlich »geheime Tätigkeit«, und die Verantwortung hierfür hat das Pentagon.

Klassische Spionage wurde in den ersten Nachkriegsjahren mit besonderer Intensität in Westdeutschland betrieben – und zwar vor dem Mauerbau in Berlin. Berlin war ideal für die Bewegungsmöglichkeiten der Agenten in beide Richtungen, so daß ein erheblicher Strom an politischen und wirtschaftlichen Nachrichten (besonders aus Ostdeutschland) geliefert wurde.

In dem ganzen Zeitabschnitt seit Anfang der 50er Jahre galten natürlich der kommunistische Block und speziell die UdSSR selbst als wichtigstes Ziel aller Spionageaktivitäten. Die Umstände haben den Umfang der Operationen, die sich innerhalb des Blocks durchführen ließen, erheblich eingeschränkt; so konzentrierte man seine Bemühungen auf Angehörige des Blocks, die in neutralen oder befreundeten Regionen stationiert waren, sowie auf Operationen »dritter Länder«, die die Angehörigen anderer nichtkommunistischer Länder als Informationsquellen über den sowjetischen Block zu benutzen suchen.

In jüngster Zeit kam es zu einer Verlagerung der Priorität für die klassische Spionage auf Ziele in der unterentwickelten Welt. Teilweise als Ergebnis dieser Veränderung in den Prioriäten und teilweise im Zusammenhang mit anderen Entwicklungen ist die klassische Spionage, die in Europa betrieben wurde, erheblich zurückgegangen. Die UdSSR bleibt zwar ein vorrangiges Ziel, aber dem kommunistischen China würde man heute dieselbe Priorität einräumen.

Hinsichtlich der Art der Informationen, die man erlangen konnte, verminderte sich die relative Bedeutung der Spionage als Mittel, etwas über registrierbare Entwicklungen zu erfahren, über neue Bauanlagen, die Charakteristika von Transportsystemen, über die Stärke und Entwicklung der Streitkräfte und ähnliches, weil die Aufklärung zu einer weitaus wirksameren Technik der Nachrichtenbeschaffung geworden ist und (mit Ausnahme Chinas) mehr Freizügigkeit auf dem Reisesektor herrscht als noch vor einigen Jahren. Man hatte gehofft, die Spionage würde zur Beschaffung von Nachrichten über die sowjetische und osteuropäische Technologie beitragen, da dieser Informationsbereich nicht so ohne weiteres zu beobachten war. Ein weiterer Nachrichtendiensttyp, für den die Spionage als einzig verfügbare Technik in Frage zu kommen scheint, ist die Beurteilung und Diagnose der Absichten des Gegners. In der Praxis jedoch war die Spionage im Hinblick auf beide Arten der Nachrichtenbeschaffung enttäuschend. Sie sind aus verständlichen Gründen streng bewacht, und die Aufgabe ist zu schwer, als daß Ergebnisse mit einer gewissen Zuverlässigkeit und Regelmäßigkeit zustande kämen. Hinsichtlich der früheren Kategorie – Technologie – erwiesen sich die veröffentlichte Literatur und direkte berufliche Kontakte mit den Wisschaftlern als weitaus reichere Quellen.

(Ein Experte auf dem Gebiet der Kommunikationen-Elektronik machte den Einwurf, die gleiche Überlegung treffe für Unzulänglichkeiten in der S & T-Nachrichtenbeschaffung zu; die Technologie ist für Agenten ein zu schwieriges Gebiet, denn diese sind zu ungenügend ausgebildet, um das zu verstehen, was sie beobachten, da die technologischen Systeme immer komplizierter werden.)

Was nun befreundete neutrale Länder und Verbündete angeht, so ist es meistens einfacher, das Gewünschte durch offene Kontakte in Erfahrung zu bringen, durch menschliche Kontakte der US-Botschaft oder privater Bürger. Wir brauchen keine Spionage, um die Absichten der Engländer oder sogar Franzosen kennenzulernen.

(Der Sprecher wurde gefragt, ob die Spionage der anderen Seite von ähnlich begrenztem Nutzen sei oder ob sie – mit ihren Philbys – erfolgreicher gewesen sei.)

Mr. Bissell meinte, die sowjetischen Erfolge lägen in erster Linie auf dem Gebiet der Spionageabwehr, obwohl, wenn man zurückblicke, die Sowjetunion erfolgreicher bei der Anwerbung amerikanischer Wissenschaftler gewesen sei.

(Die Frage wurde gestellt, ob Burgess und MacLean reine CIA-Erfolge gewesen seien.)

Mr. Bissell bejahte dies.

(Wie sich ein anderer Diskussionsteilnehmer erinnerte, war die sowjetische Nachrichtenbeschaffung auf dem atomaren Sektor eine wesentliche Hilfe bei der sowjetischen atomaren Bewaffnung gewesen. Obwohl es nicht möglich ist, präzise die Auswirkungen dieser Nachrichtenbeschaffung zu beurteilen, schätzte Lewis Strauss, daß die Erfolge der Nachrichtenbeschaffung auf dem Nuklearsektor den Sowjets gestattet hätten, ihre erste Atombombe mindestens $1^1/_2$ oder vielleicht sogar $2^1/_2$ Jahre eher zur Detonation zu bringen als ein derartiger Test mit lediglich eigenen Anstrengungen möglich gewesen wäre.)

Man schließt allgemein, daß gegen den sowjetischen Block oder andere hoch entwickelte Gesellschaften die Spionage keine vorrangige Nachrichtenquelle ist, obwohl sie gelegentlich glänzende Erfolge zu verzeichnen

hatte. (Wie der Berliner Tunnel und mehrere Überläufer auf höchster Ebene.)
Ein wesentlicher Grund liegt darin, daß die Spionage hauptsächlich mit der Anwerbung von Agenten arbeitet und es ungeheuer schwierig ist, Agenten auf hoher Ebene anzuwerben. Ein Agent auf unterer Ebene, selbst wenn man voraussetzt, er bliebe loyal und es gäbe Möglichkeiten, Verbindungen mit ihm aufrechtzuerhalten, ist einfach nicht in der Lage, einem vieles über die Dinge zu berichten, über die man Informationen wünscht. Die Geheimnisse, die wir durch Aufklärung oder offene Quellen nicht enträtseln können, liegen versteckt in den Gehirnen von Wissenschaftlern und hohen Politikern und sind einem normalen Bürger selbst mittlerer Rangstufe nicht zugänglich.
Im Gegensatz dazu bietet die Welt der Entwicklungsländer größere Möglichkeiten für geheime Nachrichtenbeschaffung, einfach weil die Regierungen weniger hoch orientiert sind; es gibt weniger Sicherheitsbewußtsein; und es herrscht eine stärkere reale oder potentielle Machtverteilung unter den Parteien, Regionen, Organisationen und Einzelpersonen außerhalb der Zentralregierung. Das Hauptziel der Spionage in diesen Gegenden besteht darin, Washington rechtzeitig über das interne Machtgleichgewicht zu informieren, eine Form der Nachrichtenbeschaffung, die in erster Linie von taktischer Bedeutung ist.
Warum ist dies wichtig?
Veränderungen im Gleichgewicht der Macht sind äußerst schwierig zu erkennen, außer durch häufige Kontakte mit den Machtelementen. Immer wieder waren wir überrascht über Coups innerhalb des Militärs; oft versäumten wir es, mit jüngeren Unteroffizieren oder Offizieren zu sprechen, die an den Coups beteiligt sind. Dasselbe Problem gilt für Gewerkschaftsführer und andere. Häufig kennen wir die Machtbeziehungen nicht, weil Machtgleichgewichte dunkel und undurchsichtig sind und manchmal selbst den Hauptakteuren nicht gut bekannt sind. Nur wenn man die Hauptdarsteller gut kennt, hat man eine Chance, sorgfältige Voraussagen zu machen. Es gibt einen wirklichen Handlungsspielraum in diesen Gegenden; die Technik besteht wesentlich in der Durchdringung oder Unterwanderung, hierzu gehören auch Durchdringungsmethoden, die die Klassiker verdeckter Operationen entsetzen, weil hierbei nämlich die Standardnormen und »Regeln der Agentenanwerbung« mißachtet werden. Viele derartige Durchdringungen nehmen nicht die Form einer »Anstellung« an, sondern es werden enge oder freundschaftliche Beziehungen angeknüpft (die durch Geldzuwendungen von Zeit zu Zeit entweder gefördert oder nicht gefördert werden).
In einigen Ländern hat der CIA-Vertreter als enger Berater (und zumindest in einem Fall als Trinkgenosse) des Staatschefs fungiert. In diesen Situationen überschneiden sich natürlich die Aufgaben der Nachrichtenbeschaffung und politischen Aktionen bis zu einem Grade, daß sie fast nicht mehr von einander zu unterscheiden sind.

(Es wurde gefragt, warum nicht normale Diplomaten diese Beziehungen pflegen könnten.)

Mr. Bissell meinte, oft könnten sie es. Es gäbe jedoch besondere Fälle, wie beispielsweise in einer Republik, wo der Staatschef eine »besondere Beziehung« zu den ranghöheren CIA-Offizieren ohne Wissen des US-Botschafters unterhalten hätte, weil der Staatspräsident darum gebeten hatte. Der CIA-Mann leitete seine Berichte über CIA-Kanäle zurück an den Außenminister, aber der Botschafter in dem Lande sollte mit Einverständnis des Außenministers nicht informiert werden. In diesem Fall entstand ein Problem, als der zuständige stellvertretende Außenminister (der die Kabel von dem CIA-Mann entgegengenommen hatte) der neue Botschafter in diesem Lande wurde, aber der Staatspräsident mochte den neuen Botschafter und bat, daß mit ihm ebenfalls eine »besondere Beziehung« angeknüpft werde. Abgesehen von diesem ungewöhnlichen Fall schien allgemein zu gelten, daß der Botschafter ein formeller Vertreter der Vereinigten Staaten sein muß, dessen Beziehung zu der Regierung, bei der er akkreditiert ist, im wesentlichen über das Außenministerium dieses Landes laufen. Andererseits kann der CIA-Vertreter eine intimere und informellere Beziehung pflegen, deren privater Charakter innerhalb der Regierung des fraglichen Landes und innerhalb der US-Regierung besser geschützt werden kann. Wenn außerdem ein Staatschef die Bühne verläßt oder seine Meinung ändert, so kann man ohne Schwierigkeiten einen CIA-Stationschef versetzen, aber es könnte peinlich sein, wenn der US-Botschafter plötzlich abberufen werden müßte.

(War die zuvor beschriebene Beziehung wirklich eine »verdeckte Operation«?)

Die Tarnung mag darin bestehen, daß man die Sichtbarkeit der Beziehung vor einigen unteren Beamten oder im Falle eines »privaten Beraters« des Staatschefs vor Politikern der örtlichen Regierung schützt.

(Eine andere Beobachtung war, daß die Methode der Berichterstattung auf dem Wege über CIA-Kanäle einen Unterschied bedeute und einigen Einfluß habe. Ein Staatschef, der wüßte, daß CIA-Berichte in einem engeren Kreis erledigt würden, mit weniger begleitender Publizität, könnte diese Kanäle für einige Verbindungen vorziehen.)

Die zweite Kategorie sind *verdeckte Aktionen:*

Zu ihrem Bereich können gehören: (1) politischer Rat (2) Subventionen an einzelne; (2) finanzielle Unterstützung und »technische Hilfe« gegenüber politischen Parteien; (4) Unterstützung privater Organisationen einschließlich Gewerkschaften, Firmen, Genossenschaften usw.; (5) Geheimpropaganda; (6) »private Ausbildung« von einzelnen und Austausch von Personen; (7) wirtschaftliche Operationen; (8) paramilitärische oder politische Aktionsunternehmen mit dem Ziel, ein Regime zu stürzen oder zu unterstützen (wie das Unternehmen Schweinebucht und das Programm in Laos). Diese Operationen lassen sich auf verschiedene Weise klassifizieren: nach dem Grad und Typ der erforderlichen Geheimhaltung[,] nach ihrer

Legalität und vielleicht nach ihrem freundlichen oder feindseligen Charakter.
Wem gegenüber soll die Aktivität geheim bleiben? Nach 5 Tagen beispielsweise waren die U-2-Flüge nicht mehr geheim gegenüber den Russen, aber diese Operationen blieben streng geheim in den USA, aus guten Gründen. Wären diese Flüge der amerikanischen Presse zu Ohren gekommen, wäre die UdSSR gezwungen gewesen, Schritte zu unternehmen. Auf einer weniger ernsten Ebene gilt dasselbe Problem für die Aufklärung durch Satelliten. Dies sind Beispiele dafür, wie zwei feindliche Regierungen zusammenarbeiten, um Operationen gegenüber der Öffentlichkeit auf beiden Seiten geheimzuhalten. »Leider gibt es nicht genügend derartige Situationen.«
Es wurde die Bemerkung eingestreut, daß es einen anderen Grund für Geheimhaltung gäbe; wenn man die Aktivitäten zugeben müsse, wäre man gezwungen, die Ergebnisse vorzuzeigen, und zwar genau, ob sie gut oder schlecht wären.
Verdeckte Operationen können nach ihrer Legalität oder Illegalität klassifiziert werden. Viele von ihnen sind legal.
Sie lassen sich ebenso als »freundlich« oder »feindselig« klassifizieren. Die meisten Operationen in Westeuropa waren »freundlich«, obwohl sie die schwersten Ungehörigkeiten bedeuteten und in einigen Fällen illegale Aktionen waren (geheime Unterstützung für politische Parteien).
Im Falle eines großen Entwicklungslandes beispielsweise floß Geld in die Kasse einer Partei ohne Wissen dieser Partei. Die relativ wenigen wirtschaftlichen Operationen, die man durchführte, waren sowohl freundlicher Natur wie legaler Art. Eine dieser Operationen bestand darin, daß die CIA ein offenes Projekt in Erwartung eines offziellen Darlehens der AID in scheinbar privater Form zwischenfinanzierte. Ziel dieser Operation war es, der AID Zeit für irgendwelche harten Verhandlungen zu geben, ohne ein komplettes Scheitern der Transaktion zu verursachen. Die Klischeevorstellung ist natürlich, daß alle Geheimoperationen illegal und feindselig seien, aber dies ist wirklich nicht der Fall.
Die Rolle von Geheiminterventionen versteht man am besten im Gegensatz zu offenen Aktivitäten der US-Regierung. Die Diplomatie sucht Ergebnisse durch Verhandlungen auf der Basis von Regierung zu Regierung zu erreichen, manchmal offen, manchmal privat. Wirtschaftspolitik gegenüber dem Ausland und Kulturprogramme möchten in feundschaftlicher Weise die Wirtschaft anderer Länder und das Meinungsklima in ihnen modifizieren. Geheiminterventionen sind meistens dazu bestimmt, auf das interne Machtgleichgewicht einzuwirken, wobei man oft ziemlich kurzfristige Ziele im Auge hat. Bemühungen um den Wirtschaftsaufbau eines Entwicklungslandes müssen subtil sein, lange verfolgt werden, dürften ziemlich kostspielig sein und müssen offen die Mitarbeit großer Gruppen innerhalb des Landes gewinnen, wenn sie Erfolg haben sollen. Andererseits muß ein Versuch, die Kommunistische Partei des Landes zu schwächen oder eine

Wahl zu gewinnen und Ergebnisse innerhalb von spätestens zwei oder drei Jahren zu erzielen, offensichtlich getarnt erfolgen, er muß in pragmatischer Weise die Leute und die Mittel, die zur Verfügung stehen, benutzen und ebenso die Methoden, die wahrscheinlich wirksam sein könnten. Es ist nicht überraschend, daß sich innerhalb der US-Regierung die Praktiker dieser beiden Typen von Intervention in ihren Temperamenten und ihrer Vorliebe für bestimmte Methoden, Freunde und Ideologien unterscheiden.
Das Wesentliche beim Eingriff in das interne Machtgleichgewicht ist das Erkennen von Verbündeten, die durch geheimen Beistand nutzbarer und wirksamer, mächtiger und vielleicht klüger gemacht werden können. Bezeichnenderweise kennen diese lokalen Verbündeten die Quelle der Unterstützung, aber weder sie noch die USA können es sich leisten, ihre Existenz zuzugeben. Agenten für unbedeutendere und weniger brisante Interventionen, zum Beispiel geheime Propaganda und gewisse wirtschaftliche Aktivitäten, können mit Hilfe von Geld angeworben werden. Aber für die größeren und empfindlicheren Interventionen müssen die Verbündeten ihre eigenen Beweggründe haben. Im großen und ganzen war die CIA bemerkenswert erfolgreich bei der Aufspürung von Einzelpersonen und Mitteln, mit denen sie in dieser Weise arbeiten konnte. Zu dem Erfordernis einer vorher gegebenen Motivation gehört die Folgerung, daß ein Versuch, einen lokalen Verbündeten zur Befolgung eines Kurses anzustiften, an den er nicht glaubt, zumindest seine Wirksamkeit reduziert und die ganze Operation vernichten kann. Für die Subventionen an Studenten, Gewerkschafts- und kulturelle Gruppen, die kürzlich publik gemacht wurden, gilt, daß die CIA hierbei nicht ihre Handlungen kontrollieren wollte – nur gelegentlich, um sie in eine bestimmte Richtung zu dirigieren –, sondern in erster Linie sie ausweiten und ihre Effektivität steigern wollte.
Hinsichtlich der Beziehungen zu anderen Dienststellen zeigte sich Mr. Bissell beeindruckt von dem Grade der Verbesserung, die sich in den Beziehungen zum Außenministerium abzeichnet. Aus Washingtoner Sicht kam es zu einer Zunahme der Konsultationen auf ländlicher Schreibtischebene, häufiger noch auf Amtsebene und der Ebene des Stellvertretenden Außenministers, wenn die Operation feste Formen annahm. Das Hauptproblem vor fünf oder sechs Jahren war nicht ein Problem der Verantwortung oder Autorität, sondern der geheimen Absprachen.
Mr. Bissell gab eine kurze Kritik über die verdeckten Operationen ab:
Diejenigen CIA-Operationen, die am dringendsten einer Änderung bedürfen, sind die Benutzung und der Mißbrauch des »cover« (Tarnung, Dekkung). In dieser Hinsicht warf das »Hintergrundpapier« für diese Sitzung viele Fragen auf. Auf Grund der Enthüllungen über die Unterstützung privater Institutionen vor gar nicht langer Zeit wird klar, daß wir die Operationen hätten stärker aufteilen sollen.
Wenn die CIA wirksam sein soll, muß sie starken Gebrauch von privaten Institutionen machen, obwohl die Verbindungen, die aufgeflogen sind, nicht mehr zu neuem Leben erweckt werden können.

Wir müssen unter strengster Tarnung operieren und stärker auf die Verwendung von Mittelspersonen achten. Das Gesicht der CIA muß gegenüber der übrigen Welt besser geschützt werden. Wenn verschiedene Gruppen nicht die Quelle ihrer Geldzuschüsse gekannt hätten, wäre der Schaden, der sich aus der Enthüllung ergab, weitaus geringer gewesen.
Das Gesicht der CIA gegenüber verschiedenen privaten Gruppen – hierzu gehören Geschäftskreise und Studentengruppen – muß in Ordnung gebracht werden.
Das Problem von CIA-Operationen im Ausland ist häufig ein Problem für das Außenministerium. Die lokalen Verbündeten stellen fest, daß sie es stets mit einem Amerikaner, und zwar einem offiziellen Amerikaner, zu tun haben, denn die Tarnung erfolgt unverändert in Form eines Angestellten der US-Regierung. Es gibt starke Gründe für diese Praxis, und es ist stets wünschenswert, daß etwas CIA-Personal im Botschaftsgelände untergebracht wird, sei es nur als örtliche »Kommandostelle« und aus Kommunikationserfordernissen.
Trotzdem ist es möglich und wünschenswert, wenn auch schwierig und zeitraubend, im Ausland einen Apparat inoffizieller Tarnung aufzubauen. Dies erfordert die Benutzung oder Schaffung privater Organisationen, deren Personal größtenteils keine US-Bürger sein sollten, da sie freieren Zugang zur örtlichen Gesellschaft haben und so weniger Risiken für die offzielle Position der USA bieten.
Die USA sollten in stärkerem Maße Nicht-Staatsangehörige einsetzen, die durch Schulung und Ausbildung dazu ermutigt werden sollten, eine zweite Loyalität zu entwickeln, mehr oder weniger vergleichbar mit der Loylität des amerikanischen Mitarbeiterstabes. Wenn wir unsere Aufmerksamkeit Lateinamerika, Asien und Afrika zuwenden, so ist die Verhaltensfreiheit von US-Bürgern wahrscheinlich stärker ingeschränkt. Die wichtigste Veränderung, die vorzuschlagen wäre, besteht im Aufbau eines Systems inoffizieller Tarnung, man muß sehen, wie weit man mit Nicht-US-Bürgern gehen kann, besonders im Einsatzgebiet. Die CIA könnte in verstärktem Maße Nicht-Staatsbürgern als »Berufsagenten« einsetzen, d. h. sie könnte es mit einem Status versuchen, der in der Mitte zwischen dem Status des klassischen Agenten liegt, der für eine einzige abgetrennte Operation und vielleicht für einen begrenzten Zeitabschnitt verwendet wird, und dem Status eines Angehörigen des Mitarbeiterstabes, der durch seinen Beruf an vielen Operationen teilnimmt und über die Möglichkeiten der CIA gut informiert ist. Derartige »Berufsagenten« sollten durch Schulung, Ausbildung und die Aussicht auf langfristige Anstellung dazu angeregt werden, eine zweite Loyalität zu entwickeln, und sie könnten niemals in einer Weise eingesetzt werden, die zu der Grundloyalität gegenüber ihrem eigenen Lande im Gegensatz steht. Dies läßt jedoch immer noch einen weiten Spielraum für potentielle Einsatzmöglichkeiten offen. Die wirksamere Verwendung ausländischer Staatsangehöriger wird um so wünschenswerter, je stärker wir unsere Aufmerksamkeit Lateinamerika, Asien und Afrika

zuwenden, wo das Verhalten von US-Bürgern leicht einer Untersuchung ausgesetzt und wahrscheinlich in verstärktem Maße eingeschränkt ist.

Diese Empfehlungen zum Thema inoffizielle Tarnung und Berufsagenten machen deutlich, daß die Bemühungen um die Entwicklung der Möglichkeiten für verdeckte Operationen vorgesetzt werden müssen, selbst wo keine unmittelbare Notwendigkeit besteht, sie anzuwenden. Die Hauptaufgabe besteht in der Erkennung potentieller einheimischer Verbündeter oder Mitarbeiter – Einzelpersonen und Organisationen – und in der Anknüpfung von Kontakten zu ihnen sowie in der Schaffung einer Interessengemeinschaft.

Auf dem Gebiet der Planung von verdeckten Aktionen in den einzelnen Ländern ließe sich, so meinte Mr. Bissell, noch manches verbessern. Eine geheime Intervention ist wahrscheinlich am wirksamsten in Situationen, wo eine gemeinsame Anstrengung auf dem Wege über eine Anzahl getrennter Operationen mit dem Ziel unternommen wird, einander zu ergänzen, zu unterstützen und eine kumulative Wirkung zu haben.

Nach Mr. Bissells Ansicht könnten zweifellos einige geheim geförderte Programme offen durchgeführt werden. Oft wurden Aktivitäten auf dem Wege über CIA-Kanäle eingeleitet, weil sie schneller und informativer gestartet werden konnten, aber sie brauchen eigentlich nicht geheim zu sein. Ein Beispiel könnten gewisse Programme des Personenaustausches sein mit dem Ziel, potentielle politische Führer zu identifizieren und sie gegenüber den USA zu exponieren. Es sollte jedoch bemerkt werden, daß viele derartige unschuldige Programme wirksamer sind, wenn sie unter privater Schirmherrschaft durchgeführt werden, anstatt daß sie offziell von der US-Regierung unterstützt werden. Sie brauchen nicht getarnt zu werden, aber wenn legitime private Gebilde wie etwa die Stiftungen sie nicht einleiten, könnte es sein, daß sie sich nur durch die geheime Unterstützung von »Front«-Untersuchungen durchführen lassen.

Die Wirksamkeit vieler Propaganda-Operationen geht zurück. Einige lassen sich mit geringen Kosten fortsetzen, aber die größeren Aktionen (Radio usw.) sind aufgeflogen und kosten ziemlich viel Geld. Die USIA mag sie nicht, und obwohl sie eine gewisse Berechtigung vor 10 bis 15 Jahren als Stimme der Flüchtlinge und Emigranten hatten, scheinen sie weiter an Wert zu verlieren.

Nach Mr. Bissells Ansicht hätten in den letzten zwei Jahren die Heimlichen Dienste kleiner sein können. Es wurden in der Tat Schritte unternommen , ihr Ausmaß zu beschneiden. Es ist unmöglich, das Problem der Größe von Personal- und Tarnproblemen abzutrennen. Nach Mr. Bissells Eindruck sind die Heimlichen Dienste in starkem Maße zu einer Berufsinstitution und zu einem Karrierebetrieb geworden, ähnlich wie das Außenministerium (dessen Personal darauf abzielt, auf offene Posten einer gesicherten Karriere nachzurücken). Eine Konsequenz war, daß es zu einer Beschränkung der lokalen Kontakte kam. Eine subtile Veränderung vollzog sich, die einige der früheren Möglichkeiten der CIA zu reduzieren drohte. Früher

hatte die CIA einen Mitarbeiterstab mit einer großen Mannigfaltigkeit an Background, Erfahrungen und Fähigkeiten. Seine Mitglieder rekrutierten sich aus jedem Bereich öffentlicher und privater Tätigkeit. Wenn diese Mannigfaltigkeit und Verschiedenartigkeit dadurch verlorengeht, daß sich die Mitglieder aus dem College rekrutieren, ihre Ausbildung nach ziemlich genormten Standardmustern erfolgt und sie durch ordentlich geplante Berufskarrieren innerhalb der CIA weitergeführt werden, so verschwindet eine der wertvollsten Eigenschaften der Organisation.
Abschließend äußerte sich Mr. Bissell zu großen Operationen. Es liegt auf der Hand: Wenn eine Operation zu groß ist, kann sie kein streng gehütetes Geheimnis bleiben. Bestenfalls kann man dann auf ein erfolgreiches formelles Dementi hoffen. Der schlimmste aller Fehler im Zusammenhang mit der Operation Schweinebucht war der, daß man sich darauf verließ, die Operation ließe sich dementieren.
Es war eine kluge Entscheidung, daß Operationen von diesem Ausmaß nicht von der CIA durchgeführt werden, außer auf Schauplätzen wie Vietnam, wo andere Spielregeln und Maßstäbe gelten.
Verdeckte Operationen haben im allgemeinen kurzfristige Ziele, und die Rechtfertigung für die Kontrollmaschinerie ist, daß die Neigung der Operatoren zu kurzfristiger Planung durch den Prozeß der Überprüfung kompensiert werden kann. Mr. Bissell kann sich keine andere Möglichkeit vorstellen, wie man die Aufmerksamkeit stärker auf weitreichende Kosten und Werte lenken könnte. Eine Alternative ist, daß Vorsicht zu Unwirksamkeit führt. »Operative Typen« neigen dazu, ein Risiko einzugehen; das Gegengewicht sollten die anderen Stellen innerhalb der Regierung bieten.

In der Diskussion im Anschluß an Mr. Bissells Ausführungen wurde das Problem der CIA-Tarnung eine der interessantesten Fragen aus der Perspektive eines früheren Mitarbeiters des Außenministeriums genannt. Der Umfang von verdeckten Operationen, die anderen Regierungen bekannt sind, war eine ständige Quelle von Peinlichkeiten, und der zu diesem Zweck aufrechterhaltene und den Gastregierungen bekannte Mitarbeiterstab im Ausland war ständiger Ursprung peinlicher Verwicklungen. Von Zeit zu Zeit wurden Versuche unternommen, Auslandsstäbe zu reduzieren; obwohl die Einwilligung hierzu prinzipiell bereitwillig gegeben wurde, war es schwierig, die näheren Angaben zur Reduzierung des Stabes zu erlangen.
Ein früheres Mitglied der Special Group (der 18 Monate diesem Ausschuß angehört hatte) stimmte Mr. Bissells vorherigen Bemerkungen über Kontrollmechanismen zu, insoweit sie sich auf die Überprüfung neuer Projekte bezögen. Diese wurden besonders sorgfältig untersucht. Insofern sich die Special Group in diesem Zeitraum von 18 Monaten mit bereits im Gange befindlichen Projekten befaßte, gab es keine systematische, gründliche Prozedur für eine solche Überprüfung, da der Ausschuß mit all den neuen Vorschlägen beschäftigt war. Wenn es stimmen würde, daß die meisten

Operationen am nützlichsten für kurzfristige Ziele wären, dann sollte man vielleicht die Aufmerksamkeit verstärkt auf die Überprüfung bereits im Gange befindlicher Projekte und die frühere Beendigung weiterer Projekte lenken.

Ein ständiges Problem, das einen ehemaligen Beamten beunruhigt, ist die »Charta« der CIA, deren öffentliche Formulierung in dem National Security Act (CIA-Gesetz) von 1947 notwendigerweise vage war. Die volle Charta der CIA ist häufig revidiert worden, aber sie war und muß geheim bleiben. Das Fehlen einer öffentlichen Charta hat zur Folge, daß die Leute nach einer Charta suchen und die Autorität der CIA im Zusammenhang mit verschiedenen Aktivitäten in Frage stellen. Das Problem einer geheimen »Charta« bleibt ein Fluch, aber die Notwendigkeit der Geheimhaltung scheint eine Lösung dieser Frage auszuschließen.

Ein anderer früherer Beamter äußerte sich zur Unzulänglichkeit geheimer Nachrichtenbeschaffung als Mittel, die Absichten des Gegners auszukundschaften. Sherman Kent (ehemaliger Vorsitzender des Ausschusses für Nationale Bewertungen unterscheidet zwischen »Erfahrbarem« und »Nichterfahrbarem«, und wir sollten anerkennen, daß man vieles nicht auskundschaften kann; hierzu gehören die Absichten des Gegners.

Im Zusammenhang mit der Reduzierung des Personals in Übersee und den Programmen, deren Nützlichkeitsgrad sinkt, wurde festgestellt, daß die Kürzung und Einschränkung überalterten und unproduktiven Personals ein dornenreiches Problem sei. Da er die Wahrscheinlichkeit eines Appells an den Präsidenten gegeben sah und feststellte, daß nicht viele an einer Revision der Arbeitskräfte teilnehmen würden, arrangierte ein ehemaliger Beamter der Haushaltsabteilung die Teilnahme des Budget-Büros, der CIA, des FIAB und der zuständigen Unterstaatssekretäre an Überlegungen über haushaltspolitische Modifikationen. Was auftauchte, war ein starkes Beharrungsvermögen, teilweise das des Kalten Krieges. Einige stark kritisierte öffentliche Medienprojekte (namentlich zitiert) hatten sich als wertvoll erwiesen, wie der Sturz Nowotnys in der Tschechoslowakei zeigte, aber eine Anzahl unwirksamer Programme wurde beibehalten. Das Problem bestand darin, das Budget zu entlasten und etwas Neues an die Stelle der alten Programme zu setzen; es ging nicht darum, das Budget zu reduzieren, aber leider wollten die Chefs der CIA ihr arbeitendes Kapital kontrollieren. Wenn es nur möglich wäre, diesen Beamten zu sagen, sie sollten sich nicht den Kopf zerbrechen, wir zweigten X-Millionen Dollar für die CIA ab und versuchten lediglich eine bessere Verwendung derselben Dollarbeträge zu erreichen, dann wäre es möglich gewesen, etwas Geld in Bewegung zu setzen. Die große »Wenn«-Frage war eine besondere Stiftung, die einen erheblichen Betrag erhielt. Schließlich wurde alles in Ordnung gebracht, und die nächste große Revision wurde festgesetzt, kam aber infolge der kubanischen Raketenkrise niemals wirklich zustande. Die Revision wurde 1963 erneut auf höhere Touren gebracht.

Ein anderer Beobachter, der auf die Arbeit mit dem »kryptologischen Gesamtbudget« und die Privatindustrie Bezug nahm, folgerte, es sei häufig unmöglich, ein Budget zu kürzen; meistens könne man nur ein neues Projekt an die Stelle eines alten setzen.

Der Vorsitzende schlug eine Reihe von Fragen als Diskussionsgrundlage vor: Welches sind die Auswirkungen von Geheimoperationen, die auffliegen? Was kann man tun, um das Image der CIA aufzupolieren? Was kann man tun, um die Beziehung zwischen der CIA und der Presse zu verbessern? Hierzu wurde gesagt, die Ansicht eines Journalisten könne bei der Diskussion über diese Fragen hilfreich sein, aber man wandte sich dann einer Reihe vorheriger Probleme zu.

(1) Die Frage der Größe erfordere Aufmerksamkeit. In jeder Regierungsstelle kann Größe zu einem Problem werden; man wird sich mehr und mehr klar darüber, daß die Regierung zu groß und »ein ständig anschwellender Tumor ist«. An einem bestimmten Punkt muß es zu einem ziemlich rigorosen Abbau des Establishments der US-Außenpolitik kommen.

(2) Man sei nicht übermäßig beeindruckt von der Verwendung der CIA in der Dritten Welt; in jedem Fall könnten wir mehr Vertrauen in den Spielraum der Wahlmöglichkeiten in der Dritten Welt haben. Umgekehrt sei es nicht so einfach, wie Mr. Bissell meinte, die Machtstruktur in höher entwickelten Regionen wie Westeuropa und Japan kennenzulernen.

(Eine Frage wurde eingeworfen: Warum sollten wir mehr Vertrauen in den Spielraum der Wahlmöglichkeiten in der Dritten Welt haben? Vielleicht gibt es weniger Variationen als wir früher dachten. »Die Dinge gleichen sich aus und wir können bequemer leben.«)

(3) Wo beerdigt man den Leichnam? Man ist durch die Zitierung der Erfahrung mit Frank Wisners OPC (Büro für Politische Koordination) nicht vollständig überzeugt. Wir könnten um das Problem der Verantwortung herumkommen, das von »Beedle« Smith aufgeworfen wurde; wir könnten um die Befehlshierarchie herumkommen.

(4) bezog sich auf (3): Vielleicht müssen gewisse Summen dafür bezahlt werden, daß wir uns verdeckte Operationen unter CIA-Schirmherrschaft leisten. Vielleicht könnten wir die Nachrichtenbeschaffung unter die Ägide des Außenministeriums stellen und die verdeckten Operationen unter die des Sonderassistenten des Präsidenten für die Fragen der nationalen Sicherheit. Als Antwort auf die Punkte (3) und (4) wurden einige frühere Bemerkungen geklärt. Man würde nicht behaupten, daß die operationelle Seite der CIA so sein muß, wie sie ist. Eher würde man auf die Aufsplitterung der CIA in geheime Nachrichtenbeschaffung und verdeckte Operationen schimpfen. Man könne jedoch die operationelle Seite von der analytischen Seite trennen. Dies sei ein plausibler Fall, eine Lösung, für die man sich einsetzen könne. (Obwohl der Sprecher alles in allem dagegen war.) Aber die operationelle Seite aufzuspalten, wäre – wie die zeitweilige deutsche, englische und unsere eigene Erfahrung gezeigt hat – katastrophal.

Zum Thema Gewerkschaftsaktivitäten erklärte ein Diskussionsteilnehmer, daß es vor Mai 1967 allgemein bekannt gewesen sei, daß die CIA in einigen Fällen Gewerkschaftsprogramme unterstützt habe, aber zuerst *Ramparts* und dann Tom Braden machten dies öffentlich bekannt. Kenner internationaler Gewerkschaftsfragen wurden in Aufregung versetzt, und gewisse Journalisten steigerten noch ihre Schwierigkeiten dadurch, daß sie die AID mit der CIA vertauschten und behaupteten, das Programm der Freien Gewerkschaftsentwicklung (Free Labor Development) der AFL-CIO sei besudelt worden.

Seit diesen Enthüllungen nahmen die Dinge einen unerwarteten Verlauf. Erstens hat es keine wirklichen Schwierigkeiten mit internationalen Gewerkschaftsprogrammen gegeben. In der Tat kam es zu einer steigenden Nachfrage nach US-Gewerkschaftsprogrammen, und die Überforderung unserer Kapazität war unangenehm. Früher wußten diese ausländischen Gewerkschaften, daß wir knapp an Geldern waren, aber heute nehmen sie alle an, wir hätten geheime CIA-Gelder zur Verfügung, und so bitten sie um mehr Hilfe.

Schlimmer noch, Vic Reuther, der behauptet hatte, andere erhielten CIA-Gelder und dessen Bruder 50000 Dollar von der CIA in alten Noten erhalten hatte, wie dann von Tom Braden enthüllt wurde, setzt seine Beschuldigungen fort, die AFL-CIO habe Geld von der CIA genommen. Hier wiederum scheint niemand zuzuhören. »Das Netto-Resultat war fast gleich null. Wir haben die CIA wie eine Sünde akzeptiert.« So wurden beispielsweise die Gewerkschaften von British Guyana über CIA-Kanäle unterstützt, aber heute verlangen sie noch mehr Unterstützung als zuvor. So hat es, wenn man von unseren Erwartungen in der entgegengesetzten Richtung ausgeht, fast keinen Schaden gegeben.

Ein früherer Beamter des Außenministeriums machte einige Bemerkungen über Nachrichtendienstoperationen, wie sie aus dem Einsatzgebiet gesehen werden. Er stimmte Mr. Bissells Ausführungen zum Thema »Tarnung« zu. Das anfängliche Übereinkommen zwischen der CIA und dem Außenministerium sollte temporärer Natur sein, aber »nichts hat so Bestand wie das Kurzlebige«.

Wie sind Beamte der CIA unter »offizieller Tarnung« speziell für die Durchführung von Geheimoperationen ausgerüstet? Wenn der CIA-Stationschef eine »besondere Beziehung« zu dem Staatschef unterhält, dann würde man zu bedenken geben, dies geschähe, weil der Botschafter nicht einen roten Heller wert ist. Ferner schaffe eine derartige Sonderbeziehung das Risiko, daß der Staatschef, der zwei Kanäle nach Washington sieht, einen gegen den anderen ausspielen könnte. Einige ausländische Staatsmänner sind überzeugt, daß es wirklich eine »unsichtbare Regierung« gibt, und diesen Eindruck sollte man nicht gestatten.

Auch sind Vorurteile zugunsten geheim erlangter Nachrichten ärgerlich. Eine Möglichkeit, die falschen Auffassungen zu beseitigen, besteht darin, daß man die CIA zu einem echten Geheimdienst macht und nicht nur zu einer Dienststelle, die ein Duplikat des Außenministeriums ist. Bei Geldknappheit hat die CIA oft ein Vakuum gefüllt, aber dies ist nicht der richtige Weg.

Ein anderer Diskussionsteilnehmer stellte den Vorschlag des Diskussionsleiters in Frage, in stärkerem Maße nicht-amerikanische Staatsangehörige einzusetzen. Wie kann man Nicht-Staatsangehörige dazu bringen, daß sie ihre Arbeit leisten und Loyalität gegenüber den USA entwickeln?

Man sei nicht sicher, daß dies durchführbar sei, aber es sei einen Versuch wert. Es würde besser funktionieren, wenn man einen Staatsangehörigen aus Land B dazu benutzte, in Land C zu arbeiten, vorausgesetzt, daß sich sein Auftrag nicht (1) gegen die Interessen von Land B wendet und (2) nicht ruchlos ist. Man braucht eine Deckung, und das naturgegebene Vehikel ist eine Organisation mit nicht-amerikanischen Staatsangehörigen.

Ein anderer Beobachter war betroffen über das mangelnde Interesse am Auffliegen geheim finanzierter Rundfunk-Aktivitäten. Warum bestand so geringes Interesse für diese Tätigkeiten im Gegensatz zu dem ungeheuren Interesse für die Beziehung zwischen der CIA und der NSA? Man könnte folgern, die Öffentlichkeit sei wahrscheinlich nicht beunruhigt über die Durchdringung überseeischer Institutionen, zumindest nicht entfernt so beunruhigt wie über die Durchdringung von US-Institutionen. »Die Öffentlichkeit denkt nicht, es sei richtig; sie weiß nicht, wo es endet, sie blickt auf ihre Nachbarn.« Schließt die so vorgeschlagene stärkere Verwendung von privaten Institutionen jene in den USA ein oder bezieht sie sich nur auf US-Institutionen, die in Übersee operieren?

Als Antwort auf diese Fragen richtete sich die Aufmerksamkeit auf die Grenzen der Zuständigkeitsbereiche zwischen der CIA und dem FBI, da der CIA »interne Sicherheitsfunktionen« untersagt sind. Die CIA habe eine Abneigung gegen die Überwachung von US-Bürgern im Ausland (selbst wenn es besonders verlangt wird) und habe auch eine Abneigung dagegen, in den Vereinigten Staaten zu operieren, ausgenommen gegen Ausländer, die hier auf der Durchreise sind. Man würde wünschen, daß die CIA in stärkerem Maße private amerikanische Gesellschaften einsetze, doch für Ziele außerhalb der USA. Es wurde daran erinnert, daß die Geldzuschüsse für den Nationalen Studenten-Verband in jedem Fall für Aktivitäten außerhalb der USA oder für Aktivitäten mit Zielen im Ausland bestimmt waren.

Warum, so könnten wir fragen, soll die US-Regierung nicht der Regierung angehörende Institutionen mehr verwenden, und warum sollte sie mit ihnen in den USA zu tun haben? Wenn sich die Beziehungen im Ausland abspielen, dann muß in dem betreffenden Land eine Bürokratie aufrechterhalten werden, damit man mit den Einheimischen verkehren kann. Es ist auch wichtig, daß man sich in einer möglicherweise feindseligen Umwelt mit dem Kommunikationssystem abgibt. Wenn man Aktivitäten in Übersee auf dem Wege über US-Gesellschaften abwickelt, kann man den bürokratischen Stab größtenteils zu Hause behalten und kann über die Hauptsitze der Gesellschaften verkehren, in dem man vielleicht die Kanäle der

Gesellschaft für überseeische Verbindungen benutzt. (Hierzu gehören auch Geheimverbindungen.) Nach Meinung dieses Teilnehmers müsse sich die Unterscheidung in der Politik auf den Zweck beziehen, für den die private Institution verwendet wird, und nicht auf die Frage, ob man private Institutionen verwendet oder nicht. Nach Ansicht eines anderen Teilnehmers sei es zu wünschen, daß sich die Diskussionsgruppe mit den verschiedenen Typen von Institutionen befasse. Zum Beispiel: Solle die CIA erziehungsinstitutionen benutzen? Hätte die CIA die Auswahl von NSA-Offizieren beeinflussen sollen?
Einem sei es nicht bewußt, daß die CIA Einfluß auf die Wahl von NSA-Offizieren genommen habe; hätte sie dies getan, so hätte dies nicht geschehen sollen. Wäre es nicht möglich, mit Einzelpersonen anstatt mit Organisationen zu verkehren?
Ja, in vielen Fällen sei dies vorzuziehen. Es hinge von dem Geschick bei der Verwendung unserer Operationsmöglichkeiten ab.
Als ein Beispiel für die politische Nutzung auf geheimem Wege beschaffter Nachrichten nannte ein ehemaliger Beamter die geheime Erlangung von Chruschtschows »geheimer Rede« im Februar 1956. Die Rede war zu lang, als daß selbst Chruschtschow sie auswendig beherrschte, und mehr als hundert Leute hatten sie gehört. Wir nahmen sie aufs Korn und erlangten durch geheime Mittel eine Kopie. Das Außenministerium veröffentlichte den Text, und die *New York Times* druckte ihn in voller Länge ab.
Die Rückwirkungen waren in der ganzen Welt spürbar, besonders innerhalb des kommunistischen Blocks. Die Sowjets fühlten sich nicht in der Lage, die Echtheit des Textes zu dementieren, und die Auswirkungen auf viele Satellitenstaaten waren ungewöhnlich. Es war der Beginn der Spaltung in der kommunistischen Bewegung. Wenn man ein genaues Ziel hat und verfolgt es, kann man den Lauf der Geschichte verändern.
Ein anderer Beobachter zeigte sich beunruhigt über das früher erwähnte Problem der verstärkten Verwendung von privaten Institutionen. Besonders demoralisierend in der akademischen Welt sei das Gefühl der Ungewißheit über Institutionen, mit denen Einzelpersonen verbunden seien. Es ist ein großes Problem, Institutionen innerhalb des Landes zu durchdringen, wenn ein allgemeiner Vertrauensschwund herrscht, eine Furcht, daß nichts so ist, wie es erscheint.
Es wurde erwähnt, daß sich die nächste Sitzung am 15. Februar 1968 auf die Beziehung zu privaten Institutionen konzentrieren würde. Nach Ansicht eines Beobachters finde man die Lösung zum Teil in dem politischen Prozeß und in den Kontakten außerhalb der Regierung im Bereich politischer Aktion.
In Beantwortung einer Frage wurde die relative Nützlichkeit bestimmter Nachrichtendaten überprüft. Am wertvollsten sei Aufklärung, dann käme die kommunikations-elektronische Nachrichtenbeschaffung, danach die klassische Spionage.

Wir haben, so wurde bemerkt, die wichtigste Gesamtquelle, nämlich offene Daten, vergessen.

Die Sitzung wurde um 21.15 Uhr vertagt und die Teilnehmer an die nächste Sitzung am 15. Februar erinnert.

William R. Harris
Berichterstatter

Register